Josef Schmid / Heinrich Tiemann (Hrsg.)

Aufbrüche

Josef Schmid/Heinrich Tiemann (Hrsg.)

AUFBRÜCHE:

Die Zukunftsdiskussion in Parteien, Verbänden und Kirchen

Mit Beiträgen von
Walter Dittrich, Michael N. Ebertz, Stephan Eisel, Joschka Fischer, Peter Glotz, Rolf G. Heinze, Josef Hilbert, Franz Lehner, Wolfgang Luthardt, Herfried Münkler, Thomas Poguntke, Anton Rauscher, Michael Schibilsky, Theo Schiller, Josef Schmid, Hermann Schmitt, Wulf Schönbohm, Klaus Schubert, Franz Steinkühler, Heinrich Tiemann, Helmut Voelzkow, Otto Vogel, Guido Westerwelle

CIP-Titelaufnahme der Deutschen Bibliothek

Aufbrüche: die Zukunftsdiskussion in Parteien, Verbänden und Kirchen / Josef Schmid; Heinrich Tiemann (Hrsg.). -
Marburg: SP-Verl., 1990
ISBN 3-924800-42-1
NE: Schmid, Josef [Hrsg.]

SP-Verlag Norbert Schüren GmbH
Deutschhausstraße 31, 3550 Marburg

Druck: Clausen & Bosse, Leck
Printed in Germany
ISBN 3-924800-42-1

Inhalt

Josef Schmid/Heinrich Tiemann

Einleitung und Konzeption des Bandes

1. Der thematische Rahmen

Seit der Mitte der siebziger Jahre vollziehen sich in den westlichen Industriestaaten vielfältige ökonomische, soziale, kulturelle und politische Veränderungsprozesse, die zwar hinsichtlich der konkreten sachlichen Inhalte und zeitlichen Verlaufsmuster variieren, insgesamt aber einen grundlegenden und weitreichenden gesellschaftlichen Umbruch indizieren. Diverse Begriffe und theoretische Ansätze wie Postmaterialismus, Postfordismus, Postmoderne, Neokonservatismus etc. versuchen, diesen Wandel zu erfassen, ohne ihn jedoch hinsichtlich seiner Richtung und zukünftigen Entwicklung überzeugend präzisieren (Dubiel 1985:7). Die gesellschaftliche Lage und deren intellektuelle Reflektion sind daher durch eine "Neue Unübersichtlichkeit" (Habermas 1985) gekennzeichnet.

An dieser Stelle zu enden, hieße jedoch, das Problem schlichtweg zur Lösung zu erklären. Dem steht allerdings der Bedarf an tragfähigen Interpretationsmustern und praktikablen Lösungen gegenüber, der gerade in unsicheren Zeiten akut wird. Dies stellt nicht nur die Wissenschaft, sondern auch und vor allem die gesellschaftlich und politisch relevanten Gruppen – namentlich Parteien, Verbände und Kirchen – vor die Notwendigkeit, sich der neuen Situation zu stellen. Dementsprechend finden allerorts Diskussionen über die zukünftige Entwicklung statt und teilweise sind erste strategische Antwortmuster und Anpassungsmaßnahmen erkennbar (vgl. die Beiträge dieses Bandes und als ersten Überblick Schabedoth/Tiemann 1989).

In den politischen Parteien der Bundesrepublik sind gegenwärtig die traditionellen programmatischen Grundlagen durch mehr oder weniger heftige Auseinandersetzungen um die "richtige" Zukunftsperspektive in Bewegung geraten. Die CDU hat 1987 auf dem Mainzer Parteitag ihr "Zukunftsmanifest" beschlossen und setzt die Programmdiskussion in verschiedenen Politikfeldern fort. Im Gegenzug hat die SPD die inhaltliche Arbeit in Richtung auf ein neues Grundsatzprogramm hin ausgeweitet, das im Dezember 1989 in Berlin beschlossen worden ist. Auch die FDP beschäftigt sich unter Beteiligung parteiunabhängiger Persönlichkeiten mit einem neuen Grundsatzprogramm mit dem Motto "Liberal 2000"; während die Grünen sich ebenfalls mit ihrem "Umbau der Industriegesellschaft" um ein eigenes Zukunftsprojekt bemühen.

Die intensiven programmatischen Aktivitäten der Parteien verbinden dabei "soziologischen Scharfblick" mit "imaginärer Sinnkonstitution" (Naumann 1985:162), d.h. sie sind einerseits als Reflex der Umbruchsituation in Wirtschaft und Gesellschaft und der daraus resultierenden Nachfrage an neuartigen Lösungsvorschlägen und Handlungskompetenzen zu sehen. Andererseits wird dieses Verhalten von der Erkenntnis getragen, daß es sich bei der Eroberung bzw. der Verteidigung der politischen Macht um einen schwierigen, permanenten Prozeß handelt, der umfangreiche und langwierige programmatische und organisatorische Anstrengungen zur Voraussetzung hat. Gramscis Begriff der politischen Hegemonie erfährt so eine praktische Konjunktur und wird temporalisiert, denn: "Wer in den 90er Jahren der politischen Landschaft der Bundesrepublik Deutschland den prägenden Stempel aufdrücken wird, ist ... völlig offen .... Es wird diejenige politische Kraft sein, die zuerst die Kompetenz zur Definition der Zukunftsaufgaben gewinnt" (Weidenfeld 1986).

In einer ähnlichen Lage befinden sich Gewerkschaften, Unternehmerverbände und Kirchen; ihre Handlungsbedingungen haben sich ebenfalls erheblich verändert und auch sie sind genötigt, an der politisch-ideologischen Diskussion um die Zukunft der Bundesrepublik und deren Gestaltung teilzunehmen. Beispielsweise hat die IG Metall Ende Oktober 1988 einen "Internationalen Zukunftskongreß" veranstaltet, dem eine Reihe weiterer Veranstaltungen vorangegangen waren, um aus diesen Diskussionen einen Orientierungsrahmen für die weitere Arbeit zu gewinnen. Seitens des Unternehmerlagers ist eine Kampagne um den "Standort Bundesrepublik" in Gang gesetzt worden, die besonders auf die Konkurrenzfähigkeit an den Weltmärkten abgestellt ist. Die zugrundeliegenden realen Entwicklungen, die durch Begriffe wie "Neue Produktionskonzepte" oder "Arbeitspolitik" oder angedeutet seien, verlangen nach strategischen Lösungs- und Regulierungsformen durch die Tarifparteien. Und auch für die Kirchen verläuft der technisch-ökonomische Wandel nicht ohne neue Herausforderungen, wie die hier primär moralischen Implikationen der Stichworte "Sonntagsarbeit" oder "Genmanipulation" beispielhaft aufzeigen.

Die brüchig gewordenen Zukunftsperspektiven, die ehemals in den großen Ideologien und Sozialutopien zum Ausdruck gekommen sind, werfen auch für das politisch-administrative System Probleme auf. Die Setzung von verbindlichen Entscheidungen über die Allokation von Ressourcen bedarf hinreichender Legitimation beim Massenpublikum und relativ präziser und konsensfähiger Vorstellungen über Ziele und Mittel seitens der politischen Eliten. Regieren wird jedoch zunehmend schwieriger, weil einerseits die Strukturen und Problemlagen der "Risikogesellschaft" (Beck 1986) einem schnellen und tiefgreifenden Wandel unterworfen sind und weil andererseits die alten Instrumente und Prioritäten an Wirksamkeit und Gültigkeit verloren haben. Opake Wortschöpfungen wie Modernisierungspolitik kennzeichnen den Versuch, neue Themen zu bündeln, alte Politikfelder darin zu integrieren und in ihrem Bedeutungsgehalt zu verändern. Hinter ihnen steht, mehr oder weniger explizit formuliert, ein gewandeltes Selbstverständnis von Politik und eine Neukonfiguration des Verhältnisses von Staat und Gesellschaft (vgl. etwa Offe 1987, Hesse/Zöpel 1987).

Zukunft hat also Konjunktur und Relevanz. Allein ein Blick in die Fülle an Literatur, die unter diesem Schlagwort in Buchkatalogen und Datenbanken kategorisiert ist, bestätigt dies. Ohne dabei näher auf die Inhalte der verschiedenen Arbeiten einzugehen, kann vereinfacht folgende Unterscheidung getroffen werden. Zum einen steht die perspektivische Elaboration der gesamtgesellschaftlichen Entwicklung samt den ihr innewohnenden Krisentendenzen im Vordergrund, sei es nun in Form von Theorien, Szenarien oder Trendberichten auf einer mehr oder weniger seriösen methodischen Basis. Daniel Bells "Zukunft der westlichen Welt" oder Ossip K. Flechtheims "Kampf um die Zukunft" sind bekannte Beispiele dafür. Eng damit verbunden sind zum anderen die aus solchen globalen Prognosen ableitbaren speziellen Problemlagen und konkreten Lösungskonzepte bzw. deren kritische Diskussion. Diese können schwerpunktmäßig eher sachlich – z.B. in Politikfeldern – oder eher institutionell bzw. sozial fokussiert werden. Für beides existiert ein reichhaltiges Arsenal an Literatur. Um nur einige Titel zu nennen: "Fabrik der Zukunft", "Technologie der Zukunft", "Jugend ohne Zukunft?", "Frauenzukünfte", "Kirche im Jahr 2000". Hierzu gibt es eine Reihe von demoskopischen Materialien, die die entsprechenden Erwartungshaltungen einzufangen versuchen, sowie psychologische Studien, die sich mit der Messung optimistischer und pessimistischer Einstellungen und der Verarbeitung von (Zukunfts-) Unsicherheit beschäftigen.

Schließlich hat Zukunft ebenso wie Vergangenheit und Gegenwart auch etwas mit Zeit zu tun. Weit über die schlichte chronometrische Erscheinungsform hinaus indiziert sie das Ausmaß an Veränderung und Veränderbarkeit von sozialen Systemen (Luhmann 1987:70). Hyperstabile Gesellschaften mögen beispielsweise zwar die Uhr kennen; sie verfügen jedoch nicht über eine Zukunft im Sinne von Gestaltungsoptionen und "konkreten Utopien" (Bloch). Insofern stellt die gegenwärtige Zukunftsdiskussion auch eine praktische Absage an Theoreme der "posthistoire" (Gehlen) dar. Die wissenschaftliche Bearbeitung dieser Problematik setzt erst ein; dominant sind derzeit noch die mit der Arbeitszeitthematik verbundenen Überlegungen, doch sind jenseits der tarifpolitischen Bedeutung von Zeitregimen Versuche einer tiefergreifenden Analyse erkennbar. Die Wechselwirkungen zwischen Zeit, individueller und kollektiver Identität und Kultur – also Erfahrung und Lernprozesse bzw. die Bildung von kulturellem und sozialem Kapital (Bordieu 1981) – sowie ihre gesellschaftsstrukturelle Prägekraft stehen dabei im Mittelpunkt und bieten Ansatzpunkte für weiterreichende Untersuchungen als in diesem Bande beabsichtigt.

2. Zur Konzeption des Bandes

Der angedeuteten Vielschichtigkeit und Komplexität des Gegenstandes "Zukunftsdiskussion" läßt sich auf verschiedenen Wegen Rechnung tragen, etwa durch detaillierte Fallanalysen, vergleichende Untersuchungen oder abstrahierende, theoretische Generalisierungen. Der thematische Zuschnitt der einzelnen Beiträge will insgesamt ein breites Analyseraster abdecken und jeweils eine Untersuchungsdimension anhand einer politischen Organisation exemplarisch behandeln. Eine Bemerkung zu den Autoren: Sie repräsentieren ein breites Spektrum an Arbeitsschwerpunkten, disziplinärer Herkunft und Status; dies gilt für Wissenschaftler und Praktiker gleichermaßen. Daß eine solche Trennung allerdings einen künstlichen Charakter hat, zeigt das hohe Reflexionsniveau gerade der Selbstdarstellungen der jeweiligen Organisationen, was auch damit zusammenhängt, daß einerseits in der Zukunftsdiskussion die programmatischen Köpfe über einen hohen Stellenwert verfügen, und daß andererseits in einigen Fällen, mangels Bereitschaft der offiziellen Organisationsführungen, auf das intellektuelle Umfeld zurückgegriffen werden mußte.

Der Band gliedert sich in drei Teile: Den theoretischen Rahmen, die Selbstdarstellungen der Institutionen sowie die fallspezifischen Hintergrundanalysen. Der erste Abschnitt soll vor allem die Veränderungen in der gesamtgesellschaftlichen Wirklichkeit erfassen und deren theoretische und politische Implikationen entwickeln. Den Anfang markiert der Beitrag von Herfried Münkler, der begriffsgeschichtliche und inhaltsanalytische Grundlagen liefert und zur Klärung der doch meist beliebig verwendeten Notionen Zukunft, Fortschritt, Moderne und Utopie beiträgt. Rolf G. Heinze, Josef Hilbert und Helmut Voelzkow skizzieren den sozialstrukturellen Umbruch, der sich hinter den Tendenzen zur Pluralisierung, Individualisierung und Fragmentierung von Lebensverhältnissen abzeichnet. Hieraus resultieren neuartige Herausforderungen an und Bedingungen für die Politik und die sie formulierenden Organisationen und Institutionen. Franz Lehner nimmt eine Fragestellung auf, die in der derzeitigen politischen Diskussion nur recht vage behandelt wird, nämlich das Verhältnis von Technik, Betrieb und Politik. Er entfaltet das Paradigma einer Unternehmenspolitik, in dem der Gestaltung von Arbeit und Technik eine wesentliche Rolle zukommt.

Gehen die beiden letzten Beiträge in erheblichem Maße "am Staat vorbei" (Ronge), so berichtet Stephan Eisel aus der Binnenperspektive des Kanzleramtes über die Bemühungen der Bundesregierung, die Zukunft in den Griff zu bekommen. Er gibt dazu einen Überblick über das Regierungsprogramm Helmut Kohls und die Schriftenreihe des Bundeskanzleramtes "Bestandsaufnahme für morgen. Perspektiven und Orientierungen" und deren Auswirkungen auf die Tagespolitik. Schließlich nutzen die beiden Herausgeber das Privileg, nach der Lektüre (fast) aller Beiträge einen weiterführenden theoretischen Versuch zu unternehmen. Dieser basiert auf dem Zerbrechen von politischen Utopien und interpretiert den Zukunftsdiskurs (im Sinne einer analytischen Kategorie) als politisch-administrative Lösungsstrategie. Sie entwickeln ferner die Überlegung, daß Zeit und die mit ihr verbundenen Konfliktlagen die Gesellschaft der Zukunft in ihrem Wesensgehalt prägen und gehen damit ein Stück weit über die vorgegebene Fragestellung "Zukunftsdiskussion in Parteien, Verbänden und Kirchen" hinaus.

Im zweiten Abschnitt konzentrieren sich die Selbstdarstellungen der politischen Akteure vor allem auf die inhaltliche Wiedergabe und Interpretation der entsprechenden Programme und Beschlüsse. Die teilweise damit verquickten Hintergrundanalysen im dritten Abschnitt sollen dagegen schwerpunktmäßig die Entwicklungen, spezifische Kontexte, organisationsinterne Konflikte und strategische Ziele sowie die praktische Relevanz der Programme ausloten und mögliche wissenschaftliche Erklärungsansätze institutionenspezifisch abarbeiten. Eine kritische Kommentierung der vorliegenden Beiträge kann und soll allerdings nicht erfolgen. Sie stehen mit einer beachtenswerten Qualität für sich und die vorgestellte Organisation und belegen zugleich, daß manches vorschnelle Urteil über die Oberflächlichkeit von Diskussionen und Programmen in Parteien, Verbänden und Kirchen der Revision bedarf.

Wulf Schönbohm umreißt die programmatischen Aktivitäten der CDU seit der Modernisierung und begründet die Notwendigkeit der aktuellen Zukunftsdiskussion sowie ihrer Fortsetzung mit der strukturell erforderlichen Offenheit einer modernen Volkspartei. Peter Glotz setzt sich kritisch mit dem neuen Grundsatzprogramm der SPD auseinander; Guido Westerwelle beschreibt die Zukunftsprogrammatik der FDP und insistiert auf einer Fortentwicklung liberaler Positionen für die 90er Jahre. Joschka Fischer bezieht pointiert Stellung zu den politischen Positionen der Grünen und ihrem bislang verfolgten Weg.

Als Vertreter der Gewerkschaften erläutert Franz Steinkühler das Zukunftsprojekt der IG Metall. Die Grundbegriffe Solidarität und Freiheit werden von ihm als Leitideen für die gesellschaftliche Gestaltung begriffen. Otto Vogel diskutiert die künftigen Aussichten der deutschen Wirtschaft im internationalen Wettbewerb und fordert aus der Sicht des Unternehmerlagers Entlastungen bei Steuern und Löhnen. Die Positionen der evangelischen und katholischen Kirche entfalten Michael Schibilsky bzw. Anton Rauscher. Die beiden Autoren sehen in der religiösen Sinnstiftung wertvolle Ansatzpunkte für politisch-praktisches Handeln gerade im Hinblick auf ethische Zukunftsaufgaben. Dabei konzentriert sich Rauscher auf den Beitrag der katholischen Soziallehre und Schibilsky auf das Menschenbild der protestantischen Theologie.

Josef Schmid ergänzt die dominante "Bonner" Perspektive durch einen Blick in die CDU-Landesverbände und die dort laufenden Zukunftsdiskussionen. Rückblickend hebt er ferner die starke Stellung der Landesebene und ihren Einfluß auf die Bundespartei hervor. Wolfgang Luthardt betont die lange programmatische Tradition der SPD und setzt sich mit ihrer Bedeutung für die Partei auseinander. Er geht dabei einerseits entwicklungsgeschichtlich vor und wendet andererseits verschiedene politikwissenschaftliche Hypothesen zur Programminnovation auf den Fall an. Dagegen schätzt Theo Schiller die Bedeutung von Programmen am Beispiel der FDP für die politische Praxis als gering ein und hebt statt dessen die Rolle einer machtorientierten Überlebensstrategie hervor; ein kritischer Impetus, der sich durchaus auch auf andere Akteure beziehen könnte. Die Umweltthematik steht – exemplarisch für einen neuen Issue – im Mittelpunkt der Arbeit von Hermann Schmitt und Thomas Poguntke; sie untersuchen deren Bedeutung für die Grünen sowie für die anderen Parteien und greifen dabei auf Umfragedaten zurück.

Walter Dittrich führt die wichtigsten Diskussionslinien innerhalb der Gewerkschaften aus und stellt sie in den Kontext von Theoremen über das Ende der Arbeitsgesellschaft bzw. des fordistischen Akkumulationsregimes. Klaus Schubert beleuchtet die Bedeutung von politischen und ökonomischen Standortfaktoren; hierzu greift er auch auf international vergleichende Daten zurück. Michael N. Ebertz setzt sich mit Kirche und Religiosität in einer Zeit des soziokulturellen Umbruchs auseinander. Sein Ergebnis, daß krisenhafte Tendenzen mit familiären Tradierungsdefiziten zusammenhängen, gilt sicherlich nicht nur für den kirchlichen Bereich. Auch Parteien und Verbände kennen den Zerfall von Milieus.

Abschließend noch einige Anmerkungen zu den jüngsten Ereignissen in Deutschland. Der rapide Wandel in der DDR und der damit verbundene innenpolitischen Terrainwechsel kann hier nicht behandelt werden, wie überhaupt die Außen- und Sicherheitspolitik weitgehend unbearbeitet bleiben mußte. Zugleich belegt diese Entwicklung aber eindrucksvoll, wie schnell die Zukunft vor der Tür stehen kann. Gleichwohl gehen die Herausgeber davon aus, daß jenseits der tagespolitischen Grabenkriege, die sich gerade um die DDR-Problematik zu entfalten drohen, diese in ihrer gesellschaftspolitischen Substanz überwiegend vom thematischen Spektrum der Beiträge erfaßt wird.

I. Rahmenanalysen: Begriffliche, theoretische und empirische Grundlagen

Herfried Münkler

Was für eine Zukunft? Fortschritt, Moderne, Utopie - eine Begriffserklärung

1. Differenzierungen im "Fortschritt"

Zu Beginn der 90er Jahre herrscht im Bereich der geschichtstheoretischen Leitbegriffe nichts als Konfusion: Die allgemeine Entwicklungsrichtung der Gesellschaft, früher als Richtung nie umstritten, sondern konfliktträchtig nur bezüglich des Zeitraums, in dem eine bestimmte Etappe eben dieser Entwicklung durchschritten werden sollte, ist im Verlaufe der 80er Jahre zum Gegenstand heftiger Kontroversen geworden. Was von den einen als Fortschritt gefeiert wird, wird von den anderen als Rückschritt kritisiert. Der Einstieg in bestimmte technologische Entwicklungen, Atomenergie und Gentechnologie etwa, oder aber der Ausstieg daraus, sind, seitdem sich nicht nur in kleinen, abgeschlossenen Intellektuellenzirkeln, sondern in breiten Kreisen der Bevölkerung die Überzeugung durchgesetzt hat, daß es sich dabei um ein in Zukunft die gesamte Gesellschaft betreffendes Problem handelt, nicht länger Fragen, die auf der Basis kurzfristiger, zumeist nur betriebswirtschaftlich ermittelter Gewinn- und Verlustrechnungen entschieden werden können. Also wird, so die erste der nachfolgend vorzustellenden drei Varianten von Fortschrittskritik, gefordert, das kurzfristige, die weiteren und späteren Folgen des Einstiegs in diese Technologie nicht berücksichtigende betriebswirtschaftliche Kalkül durch langfristige, gesamtgesellschaftliche Berechnungen zu ersetzen, um so mögliche bzw. wahrscheinliche Folgelasten in der Form ökologischer und/oder medizinischer Kosten in die den Entscheidungen zugrunde liegenden Berechnungen einbeziehen zu können. Dabei wird im Rahmen der institutionellen Absicherung vernünftiger Entscheidungsverfahren auch daran gedacht, die unmittelbar Entscheidungsbetroffenen stärker an der Entscheidungsfindung zu beteiligen bzw. ihnen abgestufte Vetomöglichkeiten einzuräumen. Die Möglichkeit zukünftigen Fortschritts wird hier nicht grundsätzlich in Zweifel gezogen, sondern es wird im Gegenteil gerade im Sinne der Sicherung und Verstetigung des Fortschritts eine Effektivierung und Optimierung der ökonomischen und politischen Entscheidungsgrundlagen und -verfahren angestrebt.[1]

Skeptischer gegenüber der Möglichkeit eines zukünftigen, wie differenziert auch immer bestimmten Fortschritts wird die Debatte dort, wo der zur Disposition stehende Fragenkomplex nicht nur als ein in Zukunft die Gesellschaft als Ganzes betreffendes, sondern als ein in Zukunft die Gesellschaft überhaupt bedrohendes Problem begriffen wird. Hier ist es mit einer Erweiterung der ökonomischen Kalkulationsbasis nicht getan, sondern in Anbetracht der Irreversibilität der einmal getroffenen Entscheidungen (exemplifizierbar an der Atomenergie ebenso wie an der Gentechnologie) muß die Basis ökonomischer Gewinn- und Verlustrechnungen verlassen und die Debatte auf der Grundlage ethischer Prinzipien geführt werden (exemplarisch hierfür Alt 1983).

Damit hat der ehedem als Konsensgrundlage der westdeutschen Gesellschaft fungierende Begriff des Fortschritts seine integrierende Kraft verloren. Was unter dem Eindruck des Wiederaufbaus und des Wirtschaftswunders unfraglich war, steht nun zur Diskussion: Ob denn der Fortschritt tatsächlich, wie der Begriff seit Anfang des 19. Jahrhunderts besagt, einer zum Besseren sei (vgl. Kosellek, Fortschritt, in GG, Bd.2:384; Ritter, Fortschritt, in: HWPh, Bd. 2:1047) oder ob nicht vielmehr jeder weitere Schritt auf der Bahn dieses "Fortschritts" einer mehr in die atomare und ökologische Katastrophe sei. Danach kann die Katastrophe zwar noch abgewendet, die Menschheit gerettet werden, aber nur, wenn dies nicht durch schrittweisen Um- und Rückbau, sondern allein durch radikale Umkehr und Rückkehr, nicht durch "Differenzierungen im Begriff des Fortschritts", sondern allein durch konsequente Abkehr von jeglichem Fortschritt versucht wird.

1 Das sich im Verlauf der 80er Jahre verschärfende Problembewußtsein bezüglich der Zukunft des Fortschritts zeigt sich auch in den Untertiteln, die Iring Fetscher seinem Buch "Überlebensbedingungen der Menschheit" gegeben hat: Heißt es in der Auflage von 1980 noch ganz akademisch: "Zur Dialektik des Fortschritts", so geht in der Auflage von 1985 der Untertitel das Problem erheblich forscher an: "Ist der Fortschritt noch zu retten?". Fetscher bleibt bei der Antwort, die er bereits 1980 gegeben hat: Ja, wenn....

In einem vielzitierten, den Reflexionen "Über den Begriff der Geschichte" zugehörigen Fragment hat sich Walter Benjamin Ende der 30er Jahre diesem Gedanken aus marxistischer Sicht genähert, als er gegen Marx' Diktum, die Revolutionen seien die Lokomotiven der Weltgeschichte (MEW 7:85) zu bedenken gab: "Aber vielleicht ist dem gänzlich anders. Vielleicht sind die Revolutionen der Griff des in diesem Zuge reisenden Menschengeschlechts nach der Notbremse" (GS, Bd I, 3:1232). Die Revolution ist danach nicht eine Beschleunigung der Weltgeschichte, sondern deren Verlangsamung, ja geradezu deren abrupter Stop[2]. In einem anderen Fragment dieser Zeit hat Benjamin festgehalten, es müsse gegen den "sturen Fortschrittsglauben" die "geschichtsphilosophische und politische Tragweite des Begriffs der Umkehr" bedacht werden, und er fügt hinzu: "Der jüngste Tag ist eine rückwärts gewandte Gegenwart" (ebd.).

Es ist bemerkenswert, in welchem Maße die jüngere Debatte um die Möglichkeit und die Folgen des Fortschritts in theologischen Begriffen geführt worden ist. Mit Karl Löwith (1953, 1964) ließe sich dies dadurch erklären, daß die Idee des Fortschritts immer ein Säkularisat der Eschatologie geblieben ist, so daß jede nicht nur um "Differenzierungen im Begriff des Fortschritts", sondern um die grundsätzliche Möglichkeit von Fortschritt überhaupt geführte Debatte als geschichtstheologische Debatte geführt werden muß. Ursprüngliche Triebfeder des modernen Fortschrittglaubens sei, so Löwith im Anschluß an Friedrich Schlegel, "der revolutionäre Wunsch, das Reich Gottes zu realisieren" (1964:15ff.), aber dieser Wunsch habe sich von seiner ursprünglichen Zielorientierung gelöst und sei selbstläufig geworden – mit der Folge, daß wir "Fortschrittsfatalisten" geworden seien: "Er selbst, der Fortschritt, schreitet nun unaufhaltsam fort, wir können ihn nicht mehr aufhalten und umkehren". – Über zwanzig Jahre vor Löwith hat Walter Benjamin bereits eine ähnliche Beziehung zwischen Fortschritt, Paradies und Verhängnis hergestellt, als er in einer seiner Reflexionen "Über den Begriff der Geschichte" zu Klees Bild Angelus Novus notierte:

2 Im allgemeinen ist heute die Vorstellung vorherrschend, die Revolution sei eine Beschleunigung der Geschichte, und zweifellos hat Lenin in der Tradition der Marxschen Geschichtstheorie die Revolution so begriffen. Damit freilich ist, ohne daß hier schon auf die etymologische Herkunft des Revolutionsbegriffs von antiken Kreislauftheorien rekurriert werden müßte, die Bedeutung des Revolutionsbegriffs in der Neuzeit keineswegs erschöpft: Sowohl die englischen Revolutionäre von 1640ff. als auch zahlreiche Teilnehmer der amerikanischen Revolution haben diese als Anhalten einer verhängnisvollen Entwicklung begriffen – eine Vorstellung, die noch bei Robespierre und Saint-Just ausgemacht werden kann; vgl. Münkler 1989:16 sowie ders. 1990:14f.

"Ein Engel ist darauf dargestellt, der aussieht, als wäre er im Begriff, sich von etwas zu entfernen, worauf er starrt. Seine Augen sind aufgerissen, sein Mund steht offen und seine Flügel sind ausgespannt. Der Engel der Geschichte muß so aussehen. Er hat das Antlitz der Vergangenheit zugewendet. Wo eine Kette von Begebenheiten vor uns erscheint, da sieht er eine einzige Katastrophe, die unablässig Trümmer auf Trümmer häuft und sie ihm vor die Füße schleudert. Er möchte wohl verweilen, die Toten wecken und das Zerschlagene zusammenfügen. Aber ein Sturm weht vom Paradies her, der sich in seinen Federn verfangen hat und so stark ist, daß der Engel sie nicht mehr schließen kann. Dieser Sturm treibt ihn unaufhaltsam in die Zukunft, der er den Rücken kehrt, während der Trümmerhaufen vor ihm zum Himmel wächst. Das, was wir Fortschritt nennen, ist dieser Sturm" (GS, Bd. 1,2:697f.).

Ist für Löwith der Wunsch, wieder ins Paradies zurückzugelangen bzw. das Reich Gottes auf Erden zu errichten, die Ursache des Fortschrittverhängnisses, so begreift Benjamin den Fortschritt im Gegenteil als einen vom Paradies forttreibenden Sturm; beide jedoch beschreiben übereinstimmend den Fortschritt als eine Bewegung, die sich verselbständigt hat und unkontrollierbar geworden ist. Nicht länger ist der Fortschritt danach der Weg, den wir beschreiten, um zu einem festgelegten Ziel zu gelangen, sondern der Fortschritt ist eine Bahn, die wir zu beschreiten gezwungen sind, ohne zu wissen, wohin der Weg führt und wie lange er dauern wird. Unter diesen Umständen muß, soll die Menschheit jemals wieder Herr ihrer Zukunft werden, das Verhängnis des Fortschritts gebrochen werden; dann und nur dann kann die Menschheit der über ihr schwebenden apokalyptischen Drohung entgehen – einer "Apokalypse ohne Reich", so Anders (1983:207ff.), einer "kupierten Apokalypse", so Vondung (1988:12 u.ö.), also einer Apokalypse, die nicht mit dem Ende der alten auch den Anfang einer neuen Welt bringen würde, sondern die nichts anderes wäre als der sich in gewaltigen Katastrophen vollziehende Untergang der Menschheit.

Was hier erfolgt, ist die wesentlich mit theologischen Mitteln betriebene Destruktion einer Perspektivierung der Geschichte, die, spätestens seit der Konklusion einzelner, empirisch beschreibbarer Fortschritte zu dem gleichsam apriorisch gedachten Kollektivsingular Fortschritt (vgl. Kosellek, Fortschritt, in: GG, Bd. 2:384ff.), die Funktion eines Heils- und Erlösungsversprechens übernommen hat. Dieses Versprechen nun hat der tatsächlich stattfindende Fortschritt nicht einzulösen vermocht, und in dem Maße, in dem ihm dies nicht gelungen ist, wurde aus dem Heilsversprechen eine Unheilsdrohung, auch dies exemplarisch belegbar an Atomenergie wie Gentechnologie. An die Stelle der kritischen Prognostiker, die im Falle eines differenzierten und humanisierten Fortschrittbegriffs die zukünftigen Perspektiven zu entwickeln versuchen, treten hier, bei der zweiten Variante der Fortschrittskritik (Fortschritt als eine auf die als Ereignis gedachte Katastrophe zusteuernde Entwicklung) ebenso wie bei der dritten Variante (Fortschritt als bereits stattfindender irreversibler katastrophischer Prozeß) die Propheten[3], denen zufolge es überhaupt keine Zukunft mehr oder allenfalls eine der fortgesetzten Katastrophen für die Menschheit gibt.

Haben sich durch die am Ende der 80er Jahre stattfindenden Entwicklungen die Unheilsprophetien als falsch, zumindest als übertrieben erwiesen, und können wir nunmehr zur alten Fortschrittsorientierung zurückkehren? In der Kontrastierung der Seherin Kassandra mit dem Propheten Jona hat Jürgen Ebach (1987:15ff.) die politische Bedeutung von Unheilsprophetien differenziert zu bestimmen versucht: Wird auf die Warnung nicht gehört, so behält der Prophet recht und die Katastrophe tritt ein: Kassandra; wird die Warnung jedoch ernst genommen und es erfolgt eine zeitige und entscheidende Umkehr, so kann das Unheil noch abgewendet werden, der Prophet wird durch die Ereignisse Lügen gestraft und erweist sich als falscher Prophet: Jona. Ebachs Intention nun liegt darin, die fortschrittskritischen Intellektuellen der westlichen Industriegesellschaften gerade nicht auf die Rolle der Kassandra (wie sie Günther Anders übernommen hat), sondern auf die des Jonas zu verpflichten – was heißt, daß sie bereit sein müssen, um den politischen Erfolges ihrer Warnungen willen, sich ins Unrecht setzen zu lassen.

3 Mit dem Unterschied zwischen Propheten und Prognostikern hat sich Karl Popper (1984:113ff.) eingehend beschäftigt, freilich mit wenig Verständnis für die spezifische Funktion von Propheten in der Politik.

2. Ambivalenzen der Modernisierung

In der einschlägigen Literatur firmiert der Aufklärer Condorcet als der erste, der in seinem "Entwurf einer historischen Darstellung der Fortschritte des menschlichen Geistes" den Fortschritt nicht mehr auf ein bestimmtes Ziel gerichtet sah, sondern ihn als eine ins Unendliche verlaufende Bewegung begriff. Fortschrittlichkeit, definiert als politische Unterstützung des Fortschritts, ist nun nicht länger die Anstrengung, ein bestimmtes Ziel zu erreichen, sondern die Bejahung einer prinzipiell unendlichen Bewegung. Der Fortschritt ist selbstreferentiell geworden. Diese Vorstellung von einem gleichermaßen selbstläufigen wie zielgebundenen Fortschritt, von dem nur ausgesagt wird, er sei einer zum besseren, ist es, der in den oben vorgestellten drei Varianten der Fortschrittskritik eine mehr oder minder entscheidende Absage erteilt wird. Fortschritt, so die zumindest der ersten Variante zugrundeliegende Vorstellung, muß wieder zielorientiert, teleologisch gebunden werden.

Die beschriebene Fortschrittskritik hat in den letzten Jahren die zuvor alles dominierende Orientierung am Fortschritt überlagert, ohne sie jedoch wirklich verdrängen zu können, zumal die beiden Hauptströmungen des politischen Denkens, die in zahlreichen Varianten ausdifferenzierte marxistische Theorie und die nicht minder variantenreichen liberal-demokratischen Theorien westlicher Prägung, zentral auf der Idee des Fortschritts fußen. Merkwürdig uneindeutig bleibt freilich die marxistische Theorie bei der Frage, ob der Fortschritt nun eine zielorientierte oder eine tendenziell unendliche Bewegung sei, in der die Ziele von heute die Etappen von morgen seien. Einerseits wird der Vorwärtsbewegung der Geschichte ein klares Ziel, die Verwirklichung der kommunistischen Gesellschaft, gesetzt, wobei Revolutionen als politische Beschleunigungen des normalen Ganges der Geschichte, als Fortschrittssprünge, gedacht werden (vgl. Küttler:149ff. und Kossok:163ff., in Reinalter, 1980). Andererseits wird aber auch auf einen selbstreferentiellen Fortschritt als politisch-historischen Indikator Bezug genommen: Wenn etwa das Bürgertum als herrschende Klasse in seinem politischen Selbstverständnis nicht mehr fortschrittlich sei, so zeige dies an, daß es seine Rolle als weltgeschichtliche Klasse ausgespielt habe und nunmehr durch einen neuen Träger des Fortschritts, das Proletariat, ersetzt werden müsse. Fortschrittskritik, Fortschrittsskepsis ist in dieser Variante der marxistischen Theorie ein Zeichen von Dekadenz[4] – wobei freilich

4 Nietzsche hat die Akzente genau umgekehrt gesetzt, als er die Orientierung am Fortschritt als eine Erscheinungsform der Dekadenz begriff, als eine der mit der Sinnfrage verbundenen Illusionen, wohingegen die Anerkennung einer

offenbleibt, wie es um Fortschritt und Fortschrittlichkeit nach Erreichen der kommunistischen Gesellschaft bestellt sein soll. Mit den politischen Veränderungen in Osteuropa ist dieses Problem jedoch inzwischen zu einer weitgehend akademischen Frage geworden.

Bedeutsamer und auf absehbare Zeit folgenreicher ist die Art, in der die liberale politische Theorie den Begriff des Fortschritts operationalisiert hat, wobei den an den Problemen der Dritten Welt orientierten Modernisierungstheorien eine besondere Bedeutung zukommt. Dabei werden auf mehr oder minder differenzierte Weise die Entwicklungsstandards der westlichen liberalen Industriegesellschaften als Norm gesetzt und dann Mittel und Wege untersucht, mit und auf denen "rückständige" Gesellschaften diese Standards möglichst schnell und mit möglichst niedrigen Kosten erreichen können. Dabei wird, da es um Nach- und Aufholen geht, seltener von Fortschritt, zumeist von Entwicklung oder Modernisierung gesprochen, wobei das Modernisierungstheorem auf einer idealtypischen Kontrastierung von modernen und traditionalen Gesellschaften begründet wird. Hochgradig soziostrukturelle Differenzierung, das Fehlen einheitsstiftender Weltbilder, eine versachlichte Zweck-Mittel-Beziehung sowie die Freisetzung technologischer Kapazitäten unterscheiden danach die moderne von der traditionalen Gesellschaft[5]. Die traditionale Gesellschaft ist statisch, die moderne dynamisch, weswegen das Aufbrechen der die gesellschaftliche Statik sichernden politischen Strukturen und die Formierung einer modernisierungswilligen politischen Elite als Träger der neuen Dynamik das Schlüsselproblem der Modernisierung darstellt.

Nun hat sich jedoch im Verlaufe der letzten zwanzig Jahre gezeigt, daß die Modernisierung traditionaler Gesellschaften, deren Armutsprobleme durch die Transformation von Subsistenzwirtschaften in weltmarktorientierte Ökonomien zumeist eher verschärft als vermindert wurden, diesen Ländern obendrein noch das Bewußtsein ihrer Rückständigkeit verliehen hat: die Auflösung ehedem festgefügter Sozialstrukturen, der Verlust identitätsverbürgender Weltbilder, Verslumung statt Urbanisierung, hohe Arbeitslosigkeit und wirtschaftliche Abhängigkeit zeigen Modernisierung als bloße Eingliederung in einen von den Industrieländern beherrschten Weltmarkt. Zeitweise traten in der politikwissenschaftlichen Debatte darum an die Stelle der Modernisierungstheorien Imperialismus- bzw. Dependenci-

---

(sinnlosen) Wiederkehr des Gleichen den auszeichne, der von solch menschlich-allzumenschlichen Bedürfnissen frei sei: den Übermenschen.

5 Lerner (1964) hat den Weg von der traditionalen zur modernen Gesellschaft so skizziert: im sozio-ökonomischen Bereich Urbanisierung, im kulturellen Sektor Alphabetisierung, in der Kommunikation Nutzung von Massenmedien, im politischen Bereich Partizipation.

altheorien. Dennoch steht fest, daß für die Dritte-Welt-Länder jede Möglichkeit eines Weges zurück verbaut ist, zumal die politisch gesteuerten Modernisierungsprozesse zumeist nur Beschleunigungen einer Entwicklung waren, die sich ohnehin anbahnte oder bereits in Gang gekommen war. Können Politik und Politikwissenschaft hier einen Beitrag zur Überwindung der Krise leisten, so besteht der in der Verfeinerung und Subtilisierung wissenschaftlicher Analysen und Prognosen bei einer gegenüber den herkömmlichen Modernisierungstheorien stärkeren Einbeziehung von Fragen wirtschaftlicher Abhängigkeit, sei sie nun gestützt auf politischen Druck oder 'nur' vermittelt über den Weltmarkt. Auf die oben skizzierte Alternative bezogen wird man sagen können: Kommt es hier nicht zu Differenzierungen im Konzept des Fortschritts bzw. werden die inzwischen vorgenommenen Differenzierungen nicht auch politisch implementiert, so sind sozio-ökonomische und politische Katastrophen in der Dritten Welt leicht prognostizierbar.

3. Moderne versus Postmoderne

Politisch weniger faßbar als die Begriffe Fortschritt und Modernisierung ist der einer innerästhetischen Debatte entstammende Begriff der Moderne, und er würde schwerlich in einer Abfolge geschichtstheoretischer Leitbegriffe zwischen Fortschritt und Utopie zu finden sein, hätte nicht Jürgen Habermas von der Moderne als einem unvollendeten Projekt gesprochen, das es gegen seine vorschnellen postmodernen Liquiditeure zu verteidigen gelte (1986:444ff.). Zunächst jedoch zur innerästhetischen Debatte: Hat John Ruskin den Begriff des Modernismus pejorativ gebraucht, als er ihn als Sammelbezeichnung für die aus seiner Sicht die Neuzeit charakterisierende Trias Atheismus, Industrialismus und Maschinenzivilisation gebrauchte (bis heute hängen einem als -ismus gefaßten Modernitätsbewußtsein negative Konnotationen an), so hat dagegen Baudelaire ein der platonischen Idee der einen und absoluten Schönheit opponierendes relatives Schönheitsbewußtsein als Signum der Moderne gefeiert. Das Spannungsverhältnis zwischen beiden Schönheitsidealen macht danach die ästhetische Moderne aus. Das hat freilich verhindert, daß die Moderne je anders definiert werden konnte als durch die polemische Absetzung gegen eine ihr vorausgegangene Kunstauffassung, die sich zuvor selbst als Moderne bezeichnet hat. So blieben im innerästhetischen Sprachgebrauch die Merkmale der Moderne fugitiv und transitorisch.

Dagegen hat Jürgen Habermas einen auf soziokultureller Grundlage entwickelten Begriff der Moderne entfaltet, der, historisch nicht ganz eindeutig, weil gelegentlich mit der Neuzeit identifiziert, dann aber auch erst auf den Begriff der Aufklärungsepoche terminiert, die Moderne als ambivalentes, jedenfalls noch unvollendetes Projekt der Befreiung des Menschen versteht.

Demgegenüber haben die theoretischen Vertreter der Postmoderne, allen voran Jean-Francois Lyotard (1985, 1986, 1987), die Moderne als elitär und Totalität bezeichnet und dagegen die Konzeption einer antitotalitären und antielitären Postmoderne gestellt[6]. Für Lyotard ist es der Zerfall der großen Legitimationserzählungen, etwa die Erzählung von der Vervollkommnungsfähigkeit des Menschen, die, so Condorcet, durch Bildung zu befördern sei, oder die Erzählung von der Emanzipation der Menschheit durch das Proletariat als allgemeines Subjekt, wie sie von Marx in Umlauf gebracht worden ist, der das Ende der Moderne markiere. An die Stelle der auf Vervollkommnung des Menschen abhebenden Bildung ist in Schule und Universität die Produktion verwertbarer Kompetenz getreten und auch das Proletariat hat nirgendwo die in es gesetzten Erwartungen erfüllt – also hat auch der sich in seinem politisch-moralischen Führungsanspruch auf diese Legitimitätserzählung berufende Intellektuelle abzutreten (vgl. Münkler, 1990a:68ff.) – wobei Intellektuelle für Lyotard die heißen, die durch Identifikation mit einem universelle Werte verkörpernden Subjekt, das sie politisch-moralisch zu vertreten prätendieren, eine Leit-, Kontroll- und Aufsichtsfunktion für sich beanspruchen.

Michel Foucault hat in seinen kleinen politischen Schriften und Interviews ähnliche Überlegungen angestellt, wenn er auch nicht gänzlich auf den Intellektuellen verzichten, sondern vielmehr den "universellen" durch den "spezifischen" Intellektuellen ersetzt wissen wollte (1978:44ff.), der sich im Kampf gegen "Mikromächte" zu behaupten hatte (1976:108ff.).

Demgegenüber hat Jürgen Habermas darauf bestanden, daß die großen Krisen der Moderne nicht aus der Insistenz der Intellektuellen auf universellen Normen und generellen Werten resultierten, sondern vor allem aus der sozioökonomischen Entwicklung, die bei Foucault blaß bleibt, bei Lyotard, dem Theoretiker der Postmoderne, gar nicht mehr zur Kenntnis genommen und von Daniel Bell, dem führenden Kopf der amerikanischen

6 Der Begriff Postmoderne entstammt der amerikanischen Literaturdebatte, in der Leslie Fiedler die modernen Literatur als elitär und oberschichtorientiert kritisiert und dagegen für eine populäre, allen Lesern offene postmoderne Literatur plädiert hat (vgl. Welsch 1988:13ff.). Diese Debatte hat sich anschließend in der Architekturtheorie wiederholt. Eine präzise Definition von Postmoderne erweist sich als ebenso schwierig wie die von Moderne. Die Postmoderne läßt, ihren pluralistischen Anspüchen gemäß, alles als ein sie charakterisierendes Merkmal zu, insofern dieses nur bereit ist, sich mit anderen Merkmalen diese Rolle zu teilen und keine Ausschließlichkeitsansprüche erhebt. Insofern bleibt als Minimaldefinition der Postmoderne nur die als antitotalitär übrig.

Neokonservativen, als Norm genommen wird, der sich Intellektuelle mitsamt ihren Wertvorstellungen anzupassen haben. Die Nähe der Postmodernen zu den Neokonservativen zweifellos überzeichnend, schreibt Habermas:

> "Der Neokonservativismus verschiebt nämlich die unbequemen Folgelasten einer mehr oder weniger erfolgreichen Modernisierung von Wirtschaft und Gesellschaft auf die kulturelle Moderne. Die Stelle der nichtanalysierten Ursachen müssen dann jene Intellektuellen einnehmen, die sich dem Projekt der Moderne immer noch verpflichtet fühlen" (1981:450f.).

Der Gegensatz zwischen Moderne und Postmoderne kristallisiert sich in politischer Hinsicht also u.a. an der Frage nach der politischen Rolle und dem gesellschaftlichen Selbstverständnis der Intellektuellen. Will Habermas, wie von ihm selbst zuletzt im sogenannten Historikerstreit praktiziert, an der Rolle eines auf universelle Normen und Werte verpflichteten und diese öffentlich einklagenden Intellektuellen festhalten, so haben Foucault (tendenziell) und Lyotard (gänzlich) diese Rolle theoretisch verworfen. Aus Habermas' Sicht ließe es sich nun den typischen Selbstbegründungsaprioorien der postmodernen Theoretiker zurechnen, daß sie diese Rolle selbst freilich weiterhin gespielt haben bzw. noch spielen, auch wenn sie dies nicht eingestehen. Darauf könnten die Postmodernen replizieren, daß der Habermas'sche Intellektuelle die modernisierte Variante des von Fritz Ringer (1969) beschriebenen Mandarins darstellt, eines den Anspruch auf politisch-moralische Führung erhebenden Gebildeten, von dem Habermas selbst einmal vermerkt hat, er sei entgegen Ringers These keineswegs schon 1933 untergegangen (1971:240f.).

4. Ende der Utopien?

Im Zusammenhang mit der Krise des Wohlfahrtstaates hat Jürgen Habermas (1985b:141ff.) geglaubt, eine "Erschöpfung der utopischen Energien" konstatieren zu müssen. Tatsächlich war in den 80er Jahren auf Seiten der Linken nur noch wenig zu spüren von jener zukunftsgerichteten Aufbruchstimmung der späten 60er Jahre; statt dessen bestimmten Fortschrittskritik, wenn nicht gar Untergangsvisionen (s.o.) die Diskussion. Gleichzeitig gaben sich die Konservativen jedoch fortschrittsoptimistisch und wetteiferten in der Entwicklung von Utopien, die sich wesentlich durch die Rasanz des in ihnen stattfindenden technologischen Fortschritts auszeichneten. Das war möglich infolge einer sukzessiven Restriktion des Utopischen auf eine Ordnungsvision, deren Realisierung in Verbindung gebracht wurde mit einem einsinnig gedachten, als Fortschritt bezeichneten Geschichtsverlauf. Indem das Utopische hier auf eine in die Zukunft projizierte Intensivierung des Bestehenden reduziert wurde, kam es zu der ideengeschichtlichen Kuriosität eines fortschrittsorientierten Konservativismus, der obendrein noch zum Träger des utopischen Potentials der Gesellschaft geworden zu sein schien (vgl. Münkler 1987:228ff.).

Seit Thomas Morus gilt die Utopie als eine Erzählung von der als wirklich erlebten idealen Gesellschaft. Das Ideal, so versichert der Erzähler, ist nicht ein unrealisierbarer Wunsch, sondern, so die frühneuzeitliche Utopie, es sei realisierbar in fernen Gebieten, schwer zugänglichen Ländern oder, so die Utopien der Aufklärung, die nach der völligen Erforschung der Erde von der räumlichen zur zeitlichen Distanz übergehen (vgl. Kosellek 1985:1ff.), es ist in der Zukunft verwirklicht und die aus der Zukunft in die Gegenwart Zurückkehrenden berichten darüber. Diese Verzeitlichung des Utopischen erst ließ den Fortschritt zu einer potentiellen Brücke zwischen gegenwärtiger Realität und utopischer Zukunft werden.

Natürlich ist der als realisiert gedachte Wunsch nicht erst mit Morus ins politische Denken eingetreten, aber Morus hat ihm die Form und den Namen gegeben, in der und unter dem er hinfort auftreten sollte. Die Wunschträume des Volkes, ebenfalls ein utopisches Potential, gerieten so immer mehr unter die Kontrolle einer Gruppe von Intellektuellen, die anstelle des wilden und undisziplinierten Träumens nun diese Träume als realisierte genau und präzise darzustellen versuchten und dabei immer mehr Ordnungs- und Disziplinierungsaspekte in den Mittelpunkt stellten. Beginnend bei Morus ist die Geschichte der Sozialutopien - auch - eine Geschichte der Sozialdisziplinierung. Es war darum auch kein Bruch in der Geschichte des utopischen Denkens, als im 20. Jahrhundert an die Stelle der utopischen Entwürfe zunehmend antiutopische Visionen traten - zu nennen sind Samjatins "Wir", Wells' "Zeitmaschine", Huxleys "Schöne neue Welt", sowie Orwells "1984". Fast alles, was hier an Repression und Disziplinierung geschildert wird, findet sich bereits bei Morus und Campanella. Was sich geändert hat, ist die Perspektive, aus der diese Ordnung vorgeführt wird.

Haben sich damit die Möglichkeiten des Utopischen erschöpft: Einerseits die Schreckensvisionen einer von Herrschaft und Kontrolle überzogenen Welt in den Anti-Utopien und andererseits die Inversion von Möglichem und Tatsächlichem in den konservativen Utopien, für die Zukunft Gegenwart plus mehr Technologie ist? Sind wir eingetreten in ein postutopisches Zeitalter, in dem die utopischen Energien verbraucht und die utopischen Varianten allesamt durchgespielt sind, so daß selbst die Utopie zuletzt zur Affirmation der Realität wird? Nein, wenn man bereit ist, die Utopie nicht länger nur als eine Ordnungsvision zu fassen und ihre Fixierung auf einen einsinnig gedachten Geschichtsverlauf nicht beibehält. Differenzierungen im Begriff des Utopischen können dieses womöglich doch noch aus einem alternativlos gedachten Geschichtsprozeß entbinden. Ohne umfassenden Ordnungsanspruch, bei stark zurückgenommenen Forderungen nach Allgemeinverbindlichkeit und Universalität sowie ohne jedwede Verbindung zu einem als zwangsläufig etikettierten Geschichtsprozeß taucht das Utopische dann wieder auf in jenen alternativen Projekten, Werkstätten und Bauernhöfen, die sich in den Nischen dieser Gesellschaft als eine zweite Ökonomie angesiedelt haben. Sie widerlegen die konservative Behauptung, die Zukunft sei – alternativlos – die Extrapolation des Bestehenden, indem sie ein Weniger an Komfort und ein Mehr an gesellschaftlich notwendiger Arbeit als Grundlage einer besseren Zukunft präsentieren. Solche Projekte sind sicherlich nicht die einzige Rettung des Utopischen, aber sie sind der Ausgangspunkt, von dem aus das Utopische in Abgrenzung gegen einen undifferenzierten Fortschrittsbegriff und intellektuelle Ordnungsvisionen wieder orientierende Kraft zu erlangen vermöchte.

Rolf G. Heinze/Josef Hilbert/Helmut Voelzkow

Sozialstruktureller Umbruch und politische Folgen

1. Einführung

Der Titel unseres Beitrages läßt möglicherweise einen prognostischen Zugriff auf die Zukunft vermuten. Ausgehend von einer Analyse des sozialstrukturellen Wandels würden – dieser Erwartungshaltung entsprechend – die politischen Implikationen, die sich aus dem Zukunftsbild der Sozialstruktur ableiten ließen, diskutiert. Im Extremfall könnten sogar Spekulationen über zukünftige Wahlergebnisse oder andere politische Konstellationen angestellt werden, die sich auf die Aussagen über die absehbare Sozialstruktur stützen.

Mit einem solchen Blick in die Glaskugel aber wollen und können wir nicht dienen; wir wollen jedoch in unserem Beitrag für diesen Sammelband, der ja eine Reihe von programmatischen Beiträgen aus der Feder von Repräsentanten wichtiger Parteien und Verbände enthält, thesenartig einige Überlegungen aus der sozialwissenschaftlichen Diskussion wiedergeben und zur Diskussion stellen, die zugespitzt in der These münden, daß sich der Aktionsradius verbandlicher und staatlicher Politik in der letzten Zeit verkürzt hat und aller Voraussicht in der Zukunft weiter verkürzen wird. Diese These wird in drei Stufen aufgebaut:

Der erste Schritt bezieht sich auf Veränderungen in der Sozialstruktur: Wenn es derzeit Anlaß gibt, von einem sozialstrukturellen Umbruch zu sprechen, dann bezieht sich diese etwas dramatisierende Begrifflichkeit auf eine vielfach konstatierte sozialstrukturelle Fragmentierung und Individualisierung. Wir skizzieren hier vor allem zwei zentrale Aspekte dieses Prozesses – die Erosion des Normalarbeitsverhältnisses und die Krise traditioneller Gemeinschaften.

Der zweite Schritt stellt einen Zusammenhang zwischen diesem Differenzierungs- und Individualisierungsprozeß einerseits und dem System der Interessenvermittlung andererseits her. Die Vermutung ist, daß sich die sozialstrukturelle Basis der Träger des politischen Prozesses, also vor allem der politischen Parteien und Interessenverbände, in einer Weise zerfasert, die ihre bislang gezeigte und möglicherweise als selbstverständlich unterstellte Leistungs- und Funktionsfähigkeit in Frage stellt.

In einem dritten Schritt werden dann schließlich einige mögliche Implikationen für die (staatliche) Politik angesprochen.

2. Wichtige Aspekte des sozialstrukturellen Umbruchs

Die soziologischen Debatten der 80er Jahre, z.B. um die Zukunft der Arbeit, die Rolle der Geschlechter, einen kulturellen Umbruch ("Wertewandel"), die "Risikogesellschaft" oder neue soziale Bewegungen, haben – wenn schon kein gemeinsames positives – so doch wenigstens ein gemeinsames negatives Merkmal: Der Ausgangspunkt der sozialen Dynamik wird immer weniger in der Produktionssphäre gesehen. Vielmehr dominieren auch in gesellschaftspolitischer Hinsicht neue Spannungslinien, z.B. zwischen Ökonomie und Ökologie, die Diskussion und weichen die traditionellen Konfliktlagen und Interessenformierungen auf. (Vobruba 1989:61; vgl. auch Offe 1984, Raschke 1985 und Inglehardt 1989).

Und in deren Folge ist auch mit einer Auflösung der traditionellen Solidaritätsmuster zu rechnen. Zur Charakterisierung solch veränderter sozialstruktureller Gegebenheiten wird in der sozialwissenschaftlichen Debatte in letzter Zeit oft auf den Begriff "Individualisierung" zurückgegriffen.

Mittlerweile liegen zahlreiche Untersuchungen vor, die solche Individualisierungs- und Fragmentierungsprozesse für den Bereich der Arbeitswelt feststellen. So kommen die Analysen, die sich mit der "Zukunft der Arbeit" befassen, in weitgehender Übereinstimmung zu dem Ergebnis, daß vor allem solche Arbeitsverhältnisse an Bedeutung gewinnen werden, die mehr oder weniger stark vom Idealbild des "Normalarbeitsverhältnisses" abweichen. "Umrissen wurde mit diesem Begriff das Arbeitsverhältnis, das als dauerhaftes kontinuierliches qualifiziertes Vollzeitarbeitsverhältnis im größeren Betrieb vorgestellt wurde." (Mückenberger 1989:211) Flexible Arbeitszeiten, Teilzeitarbeit, befristete Arbeit, Teleheimarbeit, neue Selbständigkeit etc. sind mittlerweile allgemein bekannte Begriffe, die die Vielschichtigkeit der Umbrüche in der Arbeitslandschaft zum Ausdruck bringen. Zu dieser neuen Topographie der Arbeit gehört nach wie vor auch die Dauerarbeitslosigkeit, die immer mehr Erwerbspersonen aus dem Arbeitsmarkt drängt. Auch zukünftig dürfte sich an der Höhe der Arbeitslosigkeit und der Strukturierung und Segmentierung des Arbeitsmarktes nicht viel verändern (vgl. Engelen-Kefer 1989).

Obwohl offen ist, wie sich die Umbrüche in der Arbeitslandschaft letzttendlich niederschlagen, wird der Trend zu neuen Beschäftigungsformen kaum umzudrehen sein (aus international vergleichender Sicht s.a. Sylos Labini 1988, bes. S. 169ff. sowie die Debatte um den "disorganisierten Kapitalismus" bei Offe 1985 und Lash/Urry 1987). Die Komplementarität von betriebswirtschaftlichen Kalkülen, politischen Interessen und den Hoffnungen vieler Menschen auf neue Chancen für eine individuelle und bessere Abstimmung von Erwerbsarbeit und arbeitsfreier Zeit hat hier eine Veränderungswelle ausgelöst, die nicht mehr aufzuhalten ist.

Vorangetrieben wird diese sozialstrukturelle Fragmentierung auch durch die wachsende Bedeutung des Dienstleistungssektors. Ohne an dieser Stelle auf die Diskussion näher einzugehen, ob wir uns auf dem Weg in die nachindustrielle Dienstleistungsgesellschaft befinden (vgl. u.a. Scharpf 1986, Dietz 1988 und Albach 1989), ist zu konstatieren, daß rd. 80% der neu geschaffenen Arbeitsplätze in den letzten Jahren im Dienstleistungssektor angesiedelt sind. Es ist nicht davon auszugehen, daß sich die Expansion solcher Tätigkeiten am Bild des "Normalarbeitsverhältnisses" orientiert, vielmehr entwickeln sich in diesem sehr heterogenen Sektor (zu dem beispielsweise sowohl die wachsende Zahl der Computerspezialisten und Anwälte als auch die ebenfalls an Bedeutung gewinnenden "Jobs" mit nur geringen Qualifikationsanforderungen, beispielsweise im Gaststättengewerbe, zählen) Beschäftigungsverhältnisse, die entweder nach "unten" oder nach "oben" vom traditionellen Arbeitsverständnis abweichen. Ähnliche und z.T. identisch verlaufende Prozesse der Erosion zeigen sich in vielen Klein- und Mittelbetrieben, deren arbeitsmarktpolitische Bedeutung in der klassischen Industriesoziologie zumeist übersehen wurde. Zur weiteren Auflösung des Normalarbeitsverhältnisses tragen auch die Alternativbetriebe sowie ganz allgemein die wachsende Zahl von "Selbständigen" bei.

Veränderungen in der Topographie der Arbeit ergeben sich aber nicht nur wegen neuer Beschäftigungsformen. Bereits seit Anfang der 80-er Jahre werden auch Verschiebungen im System der industriellen Beziehungen konstatiert. Die betriebliche Interessenvertretung durch Betriebsräte gewinnt gegenüber der überbetrieblichen durch die Gewerkschaften an Gewicht (vgl. Keller 1989). Dieser Trend zur schleichenden Unterhöhlung gewerkschaftlicher Solidarität wird weiter verschärft werden durch Veränderungen in der betrieblichen Sozialverfassung, d.h. bei der Organisation und Überwachung der Arbeit. Diese Annahme basiert auf der (allerdings noch wenig beachteten und empirisch untersuchten) Vermutung, daß auch in den Betrieben selbst das Leitbild, wie und mit welchen Motiven gearbeitet wird, einem Wandel unterliegt, der die Abkehr von traditionellen Solidaritätsmustern fördert. Sowohl im Anforderungsprofil vieler Unternehmen als auch in der gewerkschaftlichen Arbeitspolitik orientiert man sich zunehmend am Leitbild des qualifizierten Facharbeiters, der nicht nur vielseitig einsetzbar ist, sondern der sich auch noch durch Kreativität und Kooperationsbereitschaft, vor allem aber durch Eigeninitiative und Selbstkontrolle auszeichnet.

Klassische unternehmerische Aufgaben wie die Organisation, Koordination und Kontrolle des Arbeitsprozesses werden so ein Stück weit auf die Arbeitnehmer verlagert (vgl. Mahnkopf 1989). Nicht selten geht dies sogar soweit, daß Arbeitnehmer – bspw. über Qualitätszirkel – für Prozeß- und Produktinnovationen in die Pflicht genommen werden. So wünschenswert all dies im Hinblick auf eine sinnvollere und angereicherte Arbeit auch sein mag, für die Solidarität der Arbeitnehmer dürfte es eine "Schattenseite" geben. Für ihren Zusammenhalt untereinander wird es nicht förderlich sein, wenn sie bei all ihren Tätigkeiten unternehmerisch denken müssen und sich in ihrem wohlverstandenen Eigeninteresse ständig den Kopf "ihres Kapitalisten" zerbrechen müssen.

Ein ähnliches Bild der Auflösung sozialer Formationen und kollektiver Identitäten ergeben die Analysen der Lebenswelt. Hier wird ein Funktionsverlust traditioneller Gemeinschaften und eine "neue Unübersichtlichkeit" (Habermas) konstatiert. Der Wandel der Bedeutung und des Stellenwerts von Ehe, Familie und Nachbarschaft wird bereits anhand einiger ausgewählter Daten recht deutlich:

- Die "Normalfamilie" – d.h. die vollständige Familie mit Eltern und Kind(ern) – verliert an Bedeutung. Während 1972 immerhin noch 40 % aller Haushalte so zusammengesetzt waren, belief sich der Anteil dieses Haushaltstyps in 1985 nur noch auf 32 %. Stattdessen stieg der Anteil der Einelternfamilie sowie der kinderlosen Ehepaare und nichtehelichen Lebensgemeinschaften (vgl. Peukert 1989:156f.)
- Von 100 Ehen, die zwischen 1900 und 1909 geschlossen wurden, hatten nur 10% keine Kinder, und zusammen gingen aus ihnen 364 Kinder hervor. Im Vergleich dazu eine wesentlich jüngere Kohorte, nämlich die von 1970 bis 1974: Aus 100 Ehen dieser Jahre blieben 20 Prozent ohne Kinder und insgesamt gingen aus ihnen nur 148 Kinder hervor (Zapf 1989:9f.).
- Die Heiratshäufigkeit – gemessen an der Zahl der Eheschließungen je 1000 Einwohner – ist im Zeitraum von 1960 bis 1987 von 9,4 % auf 6,3 % gesunken. Demgegenüber ist eine Zunahme der Scheidungsquote zu verzeichnen. Trotz nicht völlig sicherer Datenlage kann heute davon ausgegangen werden, daß mehr als 30 % aller in den letzten Jahren geschlossenen Ehen durch Scheidung gelöst werden (vgl. Datenreport 1989:45ff.; Hoffmann-Novotny 1988).

Dieser knappe Überblick über Auflösungsphänomene traditioneller Gemeinschaften verdeutlicht, daß die Familien, Verwandtschaften, Nachbarschaften etc. einem langsamen, aber kaum aufzuhaltenden Zerfallsprozeß ausgesetzt sind. Gemeinschaftliche Bindungen und Traditionen verlieren für die Lebensgestaltung der Menschen an Gewicht; demgegenüber steigt das Interesse und der Zwang zu mehr Mobilität und Eigenverantwortung, was insgesamt zu einer stärker individualisierten Gesellschaft führt (vgl. Beck 1986).

Die in den verschiedenen Zusammenhängen thematisierte "Individualisierung" hat unter politisch-normativen Gesichtspunkten ein "Doppelgesicht" (Evers 1989:47). Zapf u.a. (1987:17) umreißen diese Ambivalenz wie folgt:

> "Immer mehr Menschen, immer mehr Familien und Haushalte finden sich in Lebensumständen, für die es keine klaren Verhaltensregeln gibt. In mancher Hinsicht verringern sich dadurch traditionelle Konflikte und Spannungen. Die Wahlmöglichkeiten für die einzelnen Individuen und Haushalte steigen. Aber auch die Gestaltungs- und Entscheidungsnotwendigkeiten steigen, und es entstehen neue Konflikte und Ungleichheiten." ^

Die "Individualisierung" birgt also Chancen und Risiken in sich. Fach (1988) stellt die Schattenseiten des ablaufenden sozioökonomischen Wandels in den Vordergrund; die durch Enttraditionalisierung gewonnenen neuen Freiheiten förderten dic Vereinzelung und seien letztendlich der "programmierte Autismus".

3. Folgen der Individualisierungsprozesse im System der Interessenvermittlung

Die hier nur in aller Kürze skizzierten Befunde der empirischen und theoretischen Sozialstrukturforschung ergeben, "daß 'moderne' Sozialstrukturen dahin tendieren, großflächige Gleichförmigkeiten der sozialen Lage und des soziokulturellen Milieus zu ersetzen und an deren Stelle atomisierte, pluralisierte, im raschen Wandel befindliche und deshalb wenig assoziationsgeeignete soziale und kulturelle Formationen treten zu lassen" (Offe 1989:16). Für die Parteien und Verbände als die tragenden Säulen des Systems der Interessenvermittlung hat dies überaus problematische Folgen.

Die sozialstrukturelle Ausdifferenzierung und der damit verbundene Verfall traditioneller Sozialmilieus reduziert die Bindungsfähigkeit der Parteien und Verbände. In Folge des allgemeinen Verlustes kollektiver Identitäten ergibt sich eine "Austrocknung der vororganisatorischen Quellen formaler Organisierung und organisatorischer Loyalität" (Streeck 1987:475), was die intermediären kollektiven Akteure in ihrer binnenorganisatorischen Stabilität schwächt.

Beispielsweise gibt es im Hinblick auf die Parteien zahlreiche Hinweise dafür, daß deren Bindungskraft zurückgeht. Die Parteiidentifikation schmilzt infolge des allgemeinen Individualisierungstrends und des Entstehens neuer politischer Konflikte zusammen.

Auch bei den Verbänden führt die zunehmende Vielfalt bei den Interessen und Interessendeutungen der Mitglieder zu Stabilitätsproblemen. So stehen beispielsweise die Gewerkschaften als Vertretungsorgan einer Arbeitnehmerschaft, deren Binnenheterogenität immer größer wird, vor erheblichen Organisationsschwierigkeiten (vgl. u.a. Streeck 1981, Windolf 1989, Regini 1986). Die traditionelle Klientel schrumpft. Und die potentielle neue Klientel, beispielsweise die "technische Intelligenz" bzw. die "qualifizierte Arbeiterelite", ist aufgrund ihrer privilegierten Stellung wenig assoziationsfreudig. Die diversen Partizipationsangebote des Managements der Unternehmen führen in dieser Arbeitnehmergruppe eher zu einer Internalisierung der Unternehmensziele als zu einer Solidarität mit anderen, weniger privilegierten Arbeitnehmergruppen. Die Heterogenität der Interessenlagen ergibt eine zunehmend individualisierte Interessendeutung und -politik, die eindeutig zu Lasten der gewerkschaftlichen Orientierungs-, Mobilisierungs- und Organisationskraft geht. Zwar konnten bislang noch erhebliche Mitgliederverluste verhindert und der Organisationsgrad gehalten werden. Als problematisch erweist sich aber, daß die Mitgliederstrukturen nicht mehr mit den Beschäftigtenstrukturen übereinstimmen. Die Organisationsdefizite bei bestimmten Arbeitnehmergruppen, neben der "technischen Intelligenz" sind beispielsweise Frauen, Jugendliche und Arbeitslose zu nennen, erzeugen eine strukturelle Mitgliederlücke, die den Anspruch der Gewerkschaften, alle Arbeitnehmer zu repräsentieren, immer fraglicher werden läßt (vgl. Heinze et al. 1981 sowie Welzmüller 1988 und Heubrock 1989).

Die Parteien und Verbände stehen aufgrund der sozialstrukturellen Differenzierungs- und Individualisierungsprozesse innerhalb ihrer sozialen Domänen unter Anpassungsdruck. Ihre klassische Aufgabe, die heterogene Vielfalt von Mitgliederinteressen in eine politisch handhabbare, homogene Einheit zu überführen, wird zu einem immer schwierigeren Geschäft.

Die Parteien haben nur sehr beschränkte Möglichkeiten, den organisatorischen Folgen der sozialstrukturellen Umbrüche zu begegnen. Alle Parteien haben ihre Apparate deutlich vergrößert und die Betreuung der Mitgliedschaft als zentrale Aufgabe ausdifferenziert. Sie versuchen, Stammwähler, Parteimitglieder und politische Aktivisten wieder stärker an sich zu binden, indem sie ihre "Basisarbeit" in Stadtteilen oder in Bürgerinitiativen, Vereinen und anderen gesellschaftlichen Organisationen verstärken. Ob es allerdings gelingt, die alten, in Auflösung begriffenen Sozialmilieus durch neue Milieuzusammenhänge zu ergänzen oder zu ersetzen, wird selbst bei Parteimanagern in Zweifel gezogen.

In Reaktion auf die für den Bestand der Organisation prekäre Individualisierung versuchen die Parteien darüber hinaus, sich über eine stärkere Anlehnung an den Staat, im Extrem sogar durch eine weitgehende Alimentierung durch den Staat, über Wasser zu halten. Die Mitglieder sind zwar nach wie vor unverzichtbar, um nach außen die gesellschaftliche Einbindung der Partei zu demonstrieren, ansonsten aber werden die staatstragenden Parteien immer mehr zu staatsgetragenen Parteien.

Die Verbände haben im Gegensatz zu den Parteien über die beiden genannten Strategien der (Re-)Aktivierung sozialer Milieus und der Akquirierung staatlicher Organisationshilfen hinaus einen weiteren Ansatzpunkt, um den Verlust an innerer Homogenität der Mitgliedschaft organisationspolitisch zu verkraften. Wenn sich die solidarischen Motive der Mitglieder nicht mehr als ausreichend erweisen, um der Organisation die nötige Handlungsfähigkeit zu verleihen, werden selektive Anreize, also ein Angebot von verbandlichen Leistungen, die allen Verbandsmitgliedern, aber eben nur diesen zugute kommen, ins Spiel gebracht. Mit einem solchen diskriminierungsfähigen Leistungsspektrum versuchen sie, die Motivation zur Mitgliedschaft und zur Ressourcengewährung zu erhöhen. Ein nachfragegerechtes Angebot selektiver Leistungen erlaubt es einem Verband, sich im Einzelfall von empirischen Mitgliederpräferenzen zu lösen. In dem Maße aber, wie sich die nach außen vertretenen Ziele eines Verbandes aufgrund des Angebots selektiver Leistungen von den tatsächlichen Mitgliederinteressen lösen, verlieren Eintritt und Austritt ihre ursprüngliche Kontrollfunktion. Sie dokumentieren allenfalls noch die Bindungskraft der selektiven Leistungen, aber nicht mehr die inhaltliche Übereinstimmung von Verbandsspitze und Mitgliedschaft.

Als Alternative zu einer stärkeren Anlehnung an den Staat und zum forcierten Ausbau des Dienstleistungsangebots wird innerhalb der Gewerkschaften gerade in der jüngeren Vergangenheit der Ruf laut, sich organisatorisch und politisch umzuorientieren (vgl. Hoffmann u.a. 1990, Gorz 1989, Kern/Sabel 1989 oder Zoll 1989). Es gelte, die Individualisierungstrends in der (potentiellen) Mitgliedschaft ernstzunehmen und aufzugreifen, und wichtige Mittel hierfür seien neue Dialog- und Kulturforen – vor allem auf der dezentralen Ebene – sowie eine stärkere Öffnung gegenüber solchen Themen und Interessen, die bislang in den Gewerkschaften nicht ausreichend Gehör fanden, z.B. Mitarbeiter von Alternativbetrieben oder Arbeitslose.

Die vorgegebene Struktur des Parteien- und Verbändesystems in der Bundesrepublik hat sich durch die genannten Anpassungsstrategien trotz der Individualisierungsprozesse an der sozialen Basis als weitgehend stabil erwiesen (vgl. z.B. für die Gewerkschaften Amingeon 1989). Die Aufgaben- und Zuständigkeitsfelder der Parteien und Verbände sind so zugeschnitten, daß sie ihren sozialen Vertretungsanspruch auch dann halten können, wenn innerhalb ihrer Mitgliedschaft einzelne Gruppen ausmachbar sind, die andere Interessen als die von der Partei oder dem Verband artikulierten wahrnehmen. Zudem hat sich die Parteienlandschaft in den 80er Jahren durch die parlamentarischen Erfolge der "Grünen" sowohl in bezug auf die Vertretung von Konfliktthemen als auch im Hinblick auf die Integration neuer sozialer Bewegungen als "lernfähig" und relativ flexibel erwiesen. Ähnliche Prozesse der Institutionalisierung von Protest- und Oppositionsgruppen zeigen sich auch im System der organisierten Interessen (vgl. z.B. Forschungsjournal Neue Soziale Bewegungen 1989).

Die Reaktion der etablierten Parteien, Verbände und Gewerkschaften auf die Individualisierung läßt sich mithin als eine größere Unabhängigkeit von den Interessen der Mitglieder zusammenfassen. Freilich beschreibt dies keineswegs umfassend das, was an Veränderungen im System der gesellschaftlichen Interessenartikulation zu beobachten ist. Quasi als Kehrseite zu den geschilderten Prozessen bei den "Altorganisationen" war in den letzten zwei Dekaden ein unaufhaltsamer Aufstieg von zeitlich, sachlich und sozial eng begrenzten Bürgerinitiativen und Protestbewegungen zu beobachten. Ihre Integrationskraft holen sie aus gemeinsamer Betroffenheit und/oder aus Wertorientierungen, wie sie im Umfeld der Studentenbewegung Ende der sechziger, Anfang der siebziger Jahre propagiert wurden.

Die teilweise hohe öffentliche Aufmerksamkeit, die diesen Gruppen und Initiativen zuteil wurde, ermutigte viele Bürger, ihre demokratischen Rechte aktiver wahrzunehmen, und dies auch in solchen Fällen, in denen es ausschließlich um die Verfolgung von Partikularinteressen ging. Dieses neu erwachte "Bürgerengagement" schlug sich bislang in einigen rechtlichen Änderungen nieder, die den Initiativen "vor Ort" zusätzliche, wenngleich bescheidene politische Mitsprachemöglichkeiten im politischen Entscheidungsprozeß eröffneten; darüber hinaus bedienen sich die neuen Interessengruppen und Initiativen oftmals des Klageweges, um ihre Anliegen durchzusetzen.

4. Folgen für das staatliche Handeln

Was bedeuten nun die aus den sozialstrukturellen Umbrüchen erwachsenden Organisationsprobleme der Parteien und Verbände für die staatliche Politik? Wird durch die immer höher schlagenden Individualisierungswellen bei den Parteien und Verbänden das bislang "relativ solide System sozio-politischer Großorganisationen" zerschlagen und tritt an dessen Stelle "eine organisationspolitisch amorphe, tendenziell populistische bzw. syndikalistische Vielfalt von Gruppen und kollektiven Akteuren" (Offe 1989:15)? Um dies zu verhindern, reagieren die Parteien und Verbände auf die sozialstrukturellen Differenzierungs- und Fragmentierungsphänomene mit verschiedenen Strategien zur Stabilisierung ihrer jeweiligen Organisation. Sie versuchen dabei, eine gewisse Unabhängigkeit von den auseinanderlaufenden Interessen und Präferenzen ihrer Mitglieder oder Wähler zu gewinnen.

Allerdings führen sowohl die Strategie der Verbände, die Mitglieder durch selektive Anreize zu binden, als auch die Strategie der Verbände und der Parteien, Mitgliederunterstützung durch Staatsunterstützung zu ersetzen, zu einem System organisierter Interessenvermittlung, das seiner ursprünglichen Funktion, nämlich gesellschaftliche Interessen zu repräsentieren, immer weniger gerecht wird. Je erfolgreicher Parteien und Verbände dabei sind, sich mit Hilfe von Dienstleistungen und Staatsstützung von den Interessen und Präferenzen ihrer Mitglieder zu lösen, desto weniger findet sich die Interessenvielfalt, die durch den sozialstrukturellen Wandel erzeugt wird, im Vorfeld staatlicher Entscheidungen wieder. Im Extrem gleichen die Verbände entweder einem Dienstleistungsunternehmen (ADAC) oder einer öffentlich finanzierten Verwaltungsstelle (Wohlfahrtsverband), während die Parteien nur noch als staatlich alimentierte Rekrutierungseinrichtungen für politische Wahlämter gelten könnten.

Die solchermaßen trotz der sozialstrukturellen Umbrüche gewonnene organisatorische Stabilität der Großparteien und Großverbände hat jedoch ihren Preis. Spricht man heute mit Politikern oder mit Mitarbeitern der staatlichen Administration, dann ist zumindest zu hören, daß das "politische Geschäft" schwieriger geworden sei. Zum einen verfügten die etablierten Interessenorganisationen über vielfältige Einflußkanäle und Obstruktionspotentiale, um partikulare Interessen durchzusetzen, die im Einzelfall noch nicht einmal von der jeweiligen Mitgliedschaft voll getragen werden. Hinzu komme, daß einmal getroffene Entscheidungen oder die mit den Verbänden ausgehandelten Vereinbarungen häufig durch "Initiativen von unten" wieder zur Disposition gestellt werden.

Dieser Darstellung wird von den Protest- und Oppositionsgruppen entgegengehalten, ihre Einflußmöglichkeiten seien im Verhältnis zu den dominierenden Parteien und Verbänden völlig unzureichend. Dabei wird darauf verwiesen, daß in den allermeisten Fällen, vor allem im Bereich des Umweltschutzes, die Maßnahmen des Staates weit hinter dem zurückbleiben, was sachlich geboten wäre.

Für die weitere Entwicklung der Bundesrepublik oder einem wie auch immer vereinten Deutschland dürfte wahrscheinlich sein, daß sich beide Entwicklungen weiter vertiefen. Auf der einen Seite steht die eingefahrene und sich weiter verfestigende wechselseitige Durchdringung von Staat und etablierten Interessenorganisationen. Der Tendenz nach läuft dies darauf hinaus, daß eine Fülle von gesellschaftlichen Interessen, die nicht über eine vergleichbare Mobilisierungs- und Organisationskraft verfügen, im politischen Prozeß nicht hinreichend Berücksichtigung finden. Auf der anderen Seite wird dieser Selektivität staatlicher Politik mehr oder weniger massiver Protest "von unten" entgegengehalten.

Dieses Nebeneinander von etablierten, routinisierten Abstimmungsprozessen von Staat und "Altorganisationen" einerseits und eher unsystematisch und teilweise eruptiv sich Gehör verschaffenden Protestpotentialen andererseits vielfach als Quelle vermeintlicher "Unregierbarkeit", zumindest aber als Ursache von Selbstblockaden im politisch-administrativen System angesehen. Diese Einschätzung ist sicherlich zutreffend, wenn die Ergebnisse eines solchermaßen determinierten politischen Prozesses an den sachlichen und normativen Erfordernissen bemessen werden. In einer international vergleichenden Perspektive erweist sich die Bundesrepublik Deutschland in der Anpassung an neue Interessen und Präferenzen jedoch als vergleichsweise flexibel. Ob dies ausreicht, um die Konflikte zwischen institutionalisierter Interessenartikulation und Bürgerprotest ohne Gefahren für die politische Stabilität auszuhalten, ist indes ebenso offen wie die Frage, ob die ungelösten sozialen und ökologischen Probleme nicht eines Tages destabilisierend auf die Politik zurückschlagen werden.

Franz Lehner

Technik, Betrieb und Politik[1]

Neue innovations- und qualitätsorientierte Produktionskonzepte, die auf der Verbindung computergestützter Produktionstechnologien mit qualifizierter Arbeit, insbesondere auch Facharbeit basieren, eröffnen für die Wirtschaft in der Bundesrepublik Deutschland und anderen entwickelten Industriegesellschaften in wirtschaftlicher wie sozialer Hinsicht interessante Zukunftschancen. Diese Chancen werden wegen hoher Innovationsbedarfe und struktureller Hemmnisse bisher jedoch wenig genutzt.

In dem vorliegenden Beitrag werden diese Zusammenhänge analysiert sowie betriebliche und politische Strategien zur Lösung der damit verbundenen Innovationsprobleme diskutiert.

1. Wettbewerbsfähigkeit und Produktionskonzepte in der Industrie

In den 70er und 80er Jahren wurden in der deutschen Industrie immer mehr computergestützte Technologien eingesetzt, um zu rationalisieren, d.h. um Arbeitskräfte und Arbeitskosten zu sparen. Das Konzept einer voll automatisierten zentralgesteuerten Produktion schien sich durchzusetzen und die Vision einer menschenleeren Fabrik konkrete Gestalt anzunehmen. Heute wird jedoch erkennbar, daß diese Entwicklung nicht nur unter sozialen, sondern vor allem auch unter wirtschaftlichen Gesichtspunkten eine Fehlentwicklung ist.

Weltweit veränderte und sich weiter verändernde Wettbewerbsbedingungen haben seit Jahren zu einem verschärften Innovationswettbewerb vor allem in der industriellen Produktion, zunehmend aber auch im Dienstleistungsbereich geführt. Schwellenländer und wenig entwickelte Industrieländer bauen in bezug auf technisch und qualitativ einfache Massengüter

---

1 Dieser Beitrag basiert auf Forschungsarbeiten im Rahmen des von der Deutschen Forschungsgemeinschaft an der Ruhr-Universität Bochum eingerichteten Sonderforschungsbereiches "Neue Informationstechnologien und flexible Arbeitssysteme". Diskussionen im Rahmen dieses Sonderforschungsbereiches, insbesondere mit Werner Engelhardt, Michael Kleinaltenkamp, Wolfgang Maßberg, Klaus Schubert und Bernhard Zimolong verdanke ich interessante Anregungen zu diesem Beitrag. Interessante Anregungen verdanke ich auch Stephan von Bandemer, Peter Brödner, Helmut Nolte, Jürgen Nordhause-Janz und Georg Simonis.

industrielle Kapazitäten auf und treten verstärkt als Anbieter auf. Da die Märkte für solche Massengüter weitgehend ausgereift sind und deshalb über Preiskonkurrenz gesteuert werden, verfügen Unternehmen in Schwellenländern und wenig entwickelten Industrieländern wegen niedriger Lohnkosten und niedriger sozialer Standards häufig über erhebliche komparative Wettbewerbsvorteile.

Diese Vorteile können in vielen Märkten durch eine Rationalisierung der Produktion nicht hinreichend kompensiert werden.

Interessante Chancen bieten sich dagegen den Unternehmen in den hoch entwickelten Industriegesellschaften durch die Einführung neuer Produktionskonzepte, die auf die flexible Produktion technisch und qualitativ hochwertiger Konsum- und Investitionsgüter abstellen. Hier handelt es sich um Märkte, die durch einen Innovationswettbewerb dominiert werden, d.h. durch die rasche Einführung von Produkten mit höheren technischen Standards und hoher Qualität (vgl. u.a. Cooley 1989; FAST-Gruppe 1987). Die entscheidenden Wettbewerbsfaktoren auf diesen Märkten sind die breite Verfügbarkeit von Kapital, Wissen und qualifizierter Arbeit sowie ausgebaute Infrastrukturen für Bildung, Forschung und Entwicklung. Das sind wichtige Voraussetzungen für die Innovationsfähigkeit von Unternehmen sowie für eine technisch und qualitativ hochwertige Produktion. In dieser Hinsicht verfügen Unternehmen in hoch entwickelten Industriegesellschaften in aller Regel über große komparative Wettbewerbsvorteile.

In bezug auf die wettbewerbsfähige Produktion technisch anspruchsvoller und qualitativ hochwertiger Güter gibt es unterschiedliche Modelle. Dazu gehören insbesondere die flexible Massenproduktion in Japan, die flexible Präzisionsproduktion in der Bundesrepublik Deutschland und die flexible Spezialisierung in Italien (Piore/Sabel 1984).

Die flexible Massenproduktion in Japan verbindet die Produktion standardisierter Güter in großen Serien mit hoher Qualität und rascher Produktinnovation. Es handelt sich dabei um eine forschungs- und entwicklungsintensive Produktion von Massengütern, deren wirtschaftlicher Erfolg darauf beruht, daß Produkte jeweils schnell auf den neuesten Forschungs- und Entwicklungsstand gebracht werden und ein hoher Qualitätsstandard gesichert wird, aber dennoch die Kostenvorteile von Massenfertigung genutzt werden können. Ein kontinuierlich hohes Niveau von Prozeß- und Produktinnovationen ist dabei von entscheidender Bedeutung. Dieses Produktionskonzept ist für Konsumgüter besonders gut geeignet, kann aber auch in der Investitionsgüterindustrie, beispielsweise im Maschinenbau, eingesetzt werden.

Die flexible Präzisionsproduktion in der Bundesrepublik Deutschland und die flexible Spezialisierung in Italien beruhen dagegen nicht auf Massenfertigung, sondern auf kundenorientierter Produktion in Einzel- oder

Kleinserienfertigung. Der Unterschied zwischen diesen beiden Produktionskonzepten liegt im wesentlichen darin, daß die flexible Präzisionsproduktion auf einzelne Unternehmen bezogen ist, während die flexible Spezialisierung auf Netzwerken von stark, aber unterschiedlich spezialisierten Unternehmen basiert. Für beide Produktionskonzepte sind hohe Qualität und rasche Produktinnovation entscheidend für den wirtschaftlichen Erfolg. Eine hohe Flexibilisierung sichert trotz Einzel- oder Kleinserienfertigung eine kostengünstige Produktion und entsprechende Wettbewerbsvorteile. Ein kontinuierlich hohes Niveau von Prozeß- und Produktinnovationen ist auch hier von entscheidender Bedeutung. Diese Produktionskonzepte sind auf die Investitionsgüterindustrie zugeschnitten, können aber auch in der Konsumgüterindustrie eingesetzt werden.

Alle drei Produktionskonzepte beruhen auf einer grundlegenden Reorganisation von Arbeitsprozessen. Diese ist charakterisiert durch eine produktorientierte Zusammenfassung von Arbeitsplätzen und Produktionsmitteln, Gruppenarbeit und eine Dezentralisation von Planungs- und Steuerungsfunktionen. Dabei wird durch die Verbindung von qualifizierter Arbeit, insbesondere Facharbeit, und moderner DV-gestützter Produktionstechnologie ein hohes Maß an Flexibilität, Wirtschaftlichkeit und Qualität der Fertigung geschaffen. Besonders wichtig sind dabei die rasche Anpassung der Produktion an veränderte Marktbedingungen, kurzfristige Aufträge und die besonderen Wünsche einzelner Kunden, aber auch die Verringerung von Durchlaufzeiten, die Reduzierung von Lagerbeständen und die Sicherung hoher Produktqualitäten (Brödner, 1985; Piore/Sabel 1984; Wildemann 1988). Forschung und Entwicklung einerseits und Fertigung andererseits werden, zumindest vom Prinzip her, miteinander so verbunden, daß das Erfahrungswissen aus der Fertigung kontinuierlich in die Forschung und Entwicklung einfließt. Insgesamt haben wir es mit Produktionskonzepten zu tun, die auf Produkt- und Prozeßinnovation, Qualität und Anpassungsfähigkeit zugeschnitten sind und sich nicht an einfachen Rationalisierungs- oder Kostenminimierungsvorstellungen orientieren.

2. Die Umstrukturierung der Arbeitsorganisation

Solche Produktionskonzepte sind mit weitreichenden Veränderungen betrieblicher Strukturen verbunden. Sie beruhen auf arbeitsorganisatorischen Prinzipien, die denen der in der Industrie dominierenden Fließfertigung, aber auch denen konventioneller Werkstattfertigung entgegenstehen und echte Alternativen bilden. Sie ersetzen insbesondere das Verrichtungsprinzip durch eine Produktorientierung und arbeitsteilige Ablaufstrukturen durch Gruppenarbeit. Die neuen Produktionskonzepte stellen auf computergestützte Produktionssysteme ab, in denen die Fertigung nach Produkten strukturiert ist. Werkstücke oder Werkstückspektren werden jeweils in einer Arbeitseinheit möglichst komplett zu einem Zwischen- oder Endprodukt bearbeitet. Die Produktionsmittel für die Fertigung dieser Werkstücke bzw. Werkstückspektren werden räumlich und organisatorisch zusammengefaßt und die benötigten Mitarbeiter zu einer Arbeitsgruppe zusammengeführt. Dabei werden Arbeitsplätze integriert und Arbeitsteilung abgebaut.

Von entscheidender Bedeutung ist darüber hinaus die Dezentralisierung von Steuerungs-, Planungs- und Kontrollfunktionen. Die einzelnen Arbeitseinheiten sind zwar miteinander informationstechnisch vernetzt, erhalten jedoch alle Planungs- und Steuerungsaufgaben, die den Fertigungsablauf in ihrer Arbeitseinheit unmittelbar betreffen, zu einer weitgehend selbstständigen Entscheidung übertragen. Die zentrale Steuerung des Produktionsablaufes wird zugunsten einer Vernetzung teilautonomer, dezentral gesteuerter Arbeitseinheiten eingeschränkt. Auf eine vollständige Verkettung der einzelnen Arbeitseinheiten wird zugunsten höherer Flexibilität verzichtet. Solche teilautonomen, flexiblen Fertigungsstrukturen lassen sich in unterschiedlicher Weise über mehrere Stufen der logistischen Kette eines Produktes gestalten. Fertigungszellen oder Fertigungsinseln, in denen jeweils fertigungstechnisch ähnliche Teile hergestellt werden, lassen sich zusammen mit anderen Arbeitseinheiten zu Fertigungssegmenten zusammenfassen. Dadurch werden durchgängige flexible Fertigungsstrukturen geschaffen, die in der Ausrichtung auf ein Produkt oder Produktionsprogramm mit den Marktbezügen von Unternehmen verknüpft werden (Wildemann, 1988).

Die Dezentralisierung von Planungs- und Steuerungsfunktionen sowie die Schaffung produktorientierter, teilautonomer Arbeitseinheiten führt zu einer Entflechtung von Kapazitäten und reduziert die wechselseitige Abhängigkeit zwischen Arbeitseinheiten. Dadurch erhöht sich die Flexibilität der Fertigung; sie kann leichter an veränderte Mengen, Aufgaben und Termine, aber auch an Störfälle angepaßt werden. Die Dezentralisation von Planungs- und Steuerungsfunktionen schafft damit die Voraussetzungen für eine schnelle Anpassung an wechselnde und differenzierte Marktbedingungen. Das wird für immer mehr Unternehmen in den entwickelten Industriegesellschaften eine zentrale Bedingung ihrer Wettbewerbsfähigkeit.

Die Einrichtung produktorientierter Arbeitsgruppen mit geringer Arbeitsteilung erzeugt eine Konzentration produktspezifischer Kenntnisse. Das fördert die Qualität der Fertigung. Vor allem aber können dadurch Erfahrungen aus der Fertigung besser und schneller in die Produkt- und Verfahrensinnovation eingebracht werden. Deshalb sind neue Produktionskonzepte nicht nur flexibler und wirtschaftlicher, sondern auch innovationsfreundlicher als die gegenwärtige arbeitsteilig orientierte Arbeitsorganisation. Die Einführung neuer Produktionskonzepte und neuer arbeitsorganisatorischer Strukturen ist mit einer weitreichenden Umstrukturierung von Betrieben verbunden. Sie erfordern neue Formen von Management und Steuerung, neue Aufbau- und Ablaufstrukturen, neue Qualifikationen, neue Formen von Arbeitsbeziehungen und andere Veränderungen betrieblicher Strukturen. Flexible Produktionssysteme mit teilautonomen, dezentral gesteuerten Arbeitseinheiten verlangen flache Organisationsstrukturen mit wenig hierarchisierten und formalisierten Entscheidungsstrukturen.

Die Einführung neuer Produktionskonzepte konfrontiert auch die Beschäftigten mit neuen Anforderungen. Es liegt auf der Hand, daß Gruppenarbeit und der Abbau von Arbeitsteilung für die Arbeitskräfte in der Werkstatt zwar auf der einen Seite mit einer Erweiterung der Aufgabenvielfalt und der Entscheidungsbefugnisse und damit mit einer qualitativen Anhebung ihrer Tätigkeit verbunden ist, auf der anderen Seite aber ein breiteres Wissen und berufsübergreifende Basisqualifikationen, insbesondere im Hinblick auf dispositive und planerische Tätigkeiten verlangt. Zudem kann eine produktorientierte Fertigung ihre Möglichkeiten erst dann voll entfalten, wenn die Arbeitskräfte in der Fertigung über gute Produktkenntnisse verfügen.

Diese, hier nur grob und exemplarisch umrissenen weitreichenden betrieblichen Umstrukturierungserfordernisse stellen, wie im folgenden noch ausgeführt wird, erhebliche Hemmnisse für die Einführung neuer Produktionskonzepte dar.

3. Chancen und Hemmnisse neuer Produktionskonzepte

Im Rahmen neuer Produktionskonzepte ist qualifiziertes Personal, auch und gerade in der Werkstatt, insbesondere Facharbeiter, ein entscheidender Faktor der Flexibilität, Wirtschaftlichkeit, Innovations- und Wettbewerbsfähigkeit der Industrie in den entwickelten Industriegesellschaften. Dagegen werden Rationalisierungsstrategien, die primär auf einen Abbau von Arbeitskosten und Beschäftigung abzielen, häufig wirtschaftlich obsolet.

Damit stoßen wir auf eine gesellschaftspolitisch interessante Situation, in der eine sozialverträgliche Technikgestaltung nicht mehr in Widersprüchen zur Wirtschaftlichkeit steht, sondern im Gegenteil eine ihrer entscheidenden Voraussetzungen darstellt. Die hier diskutierten Produktionskonzepte basieren auf Bedingungen, wie die Rücknahme von Arbeitsteilung und die Verstärkung von Gruppenarbeit, die Schaffung von Arbeitsplätzen mit breiter Tätigkeit und höherer Verantwortung sowie die mitarbeiterorientierte Gestaltung von Mensch-Maschinenbeziehungen, die eine zentrale Rolle in der Konzeption einer sozialverträglichen Technikgestaltung spielen. Sie entsprechen also nicht nur gewandelten wirtschaftlichen, sondern auch gewandelten sozialen Bedingungen. Das schafft auch Möglichkeiten, die industrielle Produktion grundlegend zu verändern und an technischen, wirtschaftlichen und sozialen Wandel anzupassen, ohne daß dabei wirtschaftliche Einbrüche oder soziale Konflikte auftreten.

In Anbetracht dieses Sachverhaltes müßte man theoretisch erwarten, daß sich neue Produktionskonzepte in den entwickelten Industriegesellschaften rasch und breit durchsetzen. Das ist jedoch, wie wir empirisch feststellen können, nicht der Fall. Nuber u.a. (1989) weisen in der bisher umfassendsten Untersuchung zur Verbreitung moderner Produktionsstrukturen in der Bundesrepublik auf das Phänomen der Persistenz von Organisationsformen auch bei der Einführung neuer Produktionstechniken hin. Selbst in den Bereichen, in denen sie nach dem verfügbaren Erkenntnisstand die Wirtschaftlichkeit und Wettbewerbsfähigkeit nachhaltig verbessern, setzen sie sich nicht oder nur zögernd durch.

Gründe dafür liegen zunächst in verfestigten betrieblichen und überbetrieblichen Strukturen. Betriebliche Aufbau- und Ablaufstrukturen, Entscheidungsverfahren, Kompetenzzuweisungen, Managementstile, Arbeitsbeziehungen, Qualifikationsstrukturen und die meisten anderen Komponenten von Unternehmen sind Teil eines Systemes, das in der Regel auf Konzepten von Arbeitsteilung, Spezialisierung, Formalisierung und Hierarchisierung aufbaut, sich über längere Zeit bewährt hat und deshalb eine hohe Stabilität besitzt. Dieses System des Unternehmens wird durch die Umfeldstrukturen, in die es eingebunden ist, verstärkt. Diese Umwelt, insbesondere Bildungs- und Ausbildungsstrukturen, Lohn- und Gehaltsstrukturen, die Organisation von Interessen, soziale Statuszuweisungen und Schichtungsstrukturen, die staatliche Regulation der Wirtschaft, Forschung und Entwicklung, basiert ebenfalls auf Arbeitsteilung und Spezialisierung. Das schlägt sich auch in gesellschaftlichen Wert- und Einstellungsstrukturen nieder.

Es liegt in der Natur von Innovationen, daß diese immer in mehr oder weniger starkem Maße im Gegensatz zu bestehenden Strukturen stehen und insofern auf Restriktionen stoßen. Das erzeugt zwar Innovationskosten, in der Regel aber keine unüberwindbaren Innovationshemmnisse.

In unserem konkreten Fall liegt denn auch das Problem weniger in den bestehenden Strukturen und den damit verbundenen Restriktionen, sondern in dem hohen sozialen Innovationsbedarf neuer Produktionskonzepte und Defiziten an entsprechendem Gestaltungswissen. Die Einführung neuer Produktionskonzepte erfordert, wie ich im zweiten Teil dieses Beitrages dargestellt habe, weitreichende Veränderungen betrieblicher und überbetrieblicher Strukturen. Die Bestimmung und Gestaltung dieser Innovationen ist mit beträchtlichen Ungewißheiten und Risiken verbunden, weil das dafür benötigte Wissen nicht hinreichend und vor allem nicht hinreichend konkret verfügbar ist. Hinsichtlich des benötigten wirtschafts- und sozialwissenschaftlichen Wissens bestehen beträchtliche Defizite, insbesondere Diffusionsdefizite und Defizite an umsetzbaren Lösungen.

Unter diesen Bedingungen tendieren Unternehmen sowie ihr Management und ihre Belegschaften ebenso wie andere relevante Akteure zu strukturkonservativem Verhalten. Das äußert sich insbesondere darin, daß neue Technologien in traditionelle Organisations- und Arbeitsstrukturen eingebaut werden. Zudem werden sie eher als Rationalisierungsinstrument genutzt, denn als Instrument zur Flexibilisierung der Produktion und zur Verstärkung und Beschleunigung von Produkt- und Verfahrensinnovationen. Negative Folgen dieser Nutzung werden häufig über Rationalisierungsschutz-Abkommen kurz- und mittelfristig abgefangen.

4. Betriebliche Innovationsstrategien

In Anbetracht der mit ihrer Gestaltung und Einführung verbundenen Ungewißheiten und Risiken mag die Zurückhaltung vieler Unternehmen sowie ihres Managements und ihrer Belegschaften gegenüber neuen Produktionskonzepten in einer kurzfristigen Betrachtungsweise sinnvoll sein. Auf längere Sicht ist es jedoch die falsche Strategie.

Wie im ersten Teil dieses Beitrages ausgeführt wurde, ist die rasche Einführung qualitäts- und innovationsorientierter flexibler Produktionskonzepte vor dem Hintergrund weltweit veränderter und sich weiter verändernder Wettbewerbsbedingungen in vielen Bereichen der Wirtschaft für die Sicherung und den Ausbau der Wettbewerbsfähigkeit von zentraler Bedeutung.

Für Innovationsstrategien gibt es von der Natur der Sache her keine Patentrezepte. Innovative Prozesse oder ein innovationsfreundliches Betriebsklima lassen sich auch nicht einfach organisieren. Man kann jedoch strukturelle Bedingungen schaffen, die die Entstehung eines innovationsfreundlichen Klimas, die Initiierung und Beschleunigung innovativer Prozesse sowie die Entwicklung tragfähiger Innovationsstrategien begünstigen. Ein geeigneter Ansatzpunkt dafür ist die Existenz von Ungewißheit und Risiko als einem zentralen Innovationshemmnis. Dabei ist zu berücksichtigen, daß Ungewißheit nicht nur ein Problem fehlenden Wissens ist.

Fehlendes Wissen über die Gestaltungsmöglichkeiten neuer Produktionskonzepte hat, wie ich bereits erwähnt habe, auch zur Folge, daß die konkreten Ziele für die Neugestaltung von Produktionssystemen nicht hinreichend geklärt werden können. Es muß also im Unternehmen ein breiter Konsens bezüglich der zu erreichenden grundlegenden Ziele, der an ein neues Produktionskonzept zu stellenden Anforderungen und des Vorgehens bei der Neugestaltung geschaffen und gesichert werden. Das erfordert die Initiierung eines breiten und offenen Dialogprozesses im Betrieb. Darüber hinaus ist es für die Bewältigung von Ungewißheit und Risiko hilfreich, wenn die Neugestaltung des Produktion sowie ihre Ziele und das einzuschlagende Vorgehen möglichst gut in der Motivation von Management und Belegschaft und der Unternehmenskultur verankert wird. Es muß also eine Innovationsphilosophie entwickelt werden, die nicht bloß Parolen, sondern ein im Unternehmen breit anerkanntes Wertsystem darstellt. Eine solche Unternehmensphilosophie kann man sich nicht einfach von einem externen Berater oder einem Wissenschaftler ausarbeiten lassen; sie muß vielmehr im Unternehmen selbst erarbeitet werden. Auch dazu ist ein Dialogprozeß im Betrieb notwendig.

Die Initiierung breiter und offener Dialogprozesse kann zwar wichtige Voraussetzungen und Impulse für eine rasche und erfolgreiche Entwicklung und Einführung neuer Produktionskonzepte schaffen, sie ist jedoch auch kein Patentrezept. Das gilt umso mehr, als die traditionellen hierarchischen und formalisierten Aufbau- und Ablaufstrukturen in den meisten europäischen und amerikanischen Unternehmen, die Initiierung und die Entfaltung von breiten Dialogprozessen erheblich behindern. Die innerhalb dieser Strukturen teilweise vorhandenen formalisierten Beratungs- oder Entscheidungsgremien der relevanten betrieblichen Akteure, z.B. die betrieblichen Mitbestimmungsgremien in der Bundesrepublik Deutschland, können den erforderlichen Dialog zwar vielleicht unterstützen, aber nicht selbst erbringen und auch nicht ersetzen.

In diesem Zusammenhang ist es interessant, sich die unterschiedlichen Dialogpraktiken in japanischen Unternehmen einerseits und den meisten europäischen und amerikanischen Unternehmen andererseits zu vergegenwärtigen. Wie in japanischen Unternehmen werden auch in amerikanischen und europäischen Unternehmen vermehrt beteiligungsorientierte Entscheidungsverfahren eingeführt. In den meisten europäischen und amerikanischen Unternehmen sind solche Verfahren stark formalisiert. In japanischen Unternehmen dagegen werden beteiligungsorientierte Entscheidungsverfahren weniger formalisiert und offener gestaltet. Jedes Mitglied des Betriebes, das glaubt, einen sinnvollen Beitrag zu der jeweiligen Aufgabe leisten zu können, kann sich beteiligen. Ein kleines, für das jeweilige Innovationsprojekt verantwortliches Team von "Moderatoren" hat die Aufgabe, mit allen Beteiligten zu sprechen und konsensuale Lösungen zu ermitteln (Vgl. Ouchi, 1981).

Es ist häufig wenig sinnvoll zu versuchen, in Japan übliche Strukturen und Verfahren in europäische oder amerikanische Kontexte zu übertragen. Im konkreten Fall verweist jedoch das japanische "Modell" auf einen wichtigen Lösungsansatz, nämlich auf die Verbindung einer offenen Beteiligung mit einem Moderatorenkonzept. Diese Verbindung sorgt dafür, daß trotz der Offenheit der Beteiligung der Dialog zielorientiert und effizient gestaltet werden kann. Diese Lösung läßt sich auch in europäische oder amerikanische Unternehmenskontexte übertragen. Das Moderatorenkonzept ist auch geeignet, Hemmnisse für einen breiten und offenen Dialog zu überwinden, die aus der in den meisten europäischen und amerikanischen Unternehmen vorherrschenden starken Arbeitsteilung und Spezialisierung resultieren. Moderatorenteams können so zusammengesetzt werden, daß sie Personen aus unterschiedlichen Bereichen (Vertrieb, Forschung und Entwicklung, Fertigung etc.) und mit unterschiedlichen Kenntnissen und Erfahrungen enthalten. Dadurch lassen sich Innovationsprojekte, in unserem konkreten Fall die Entwicklung und Einführung neuer Produktionskonzepte, bereichsübergreifend integrieren.

Das ist, wie unter anderem Staudt (1986) hervorhebt, generell eine wichtige Voraussetzung erfolgreicher Innovationspolitik. In bezug auf die Einführung und Gestaltung neuer Produktionskonzepte ist die bereichsübergreifende Integration von Dialogprozessen und der darauf aufbauenden Innovationsprozesse unabdingbar, weil die Flexibilität, Leistungsfähigkeit und Wirtschaftlichkeit dieser Konzepte auf einer produktorientierten Integration von Vertrieb, Forschung und Entwicklung, Konstruktion, Fertigung und anderer Bereiche beruht.

Neben der Einrichtung leistungsfähiger Dialogstrukturen gibt es eine Reihe weiterer interessanter Komponenten für eine erfolgversprechende betriebliche Strategie zur Entwicklung und Einführung neuer Produktionskonzepte, die ich hier nur kurz ansprechen will. Wichtig ist beispielsweise, die Umstrukturierung zunächst auf Teilbereiche zu beschränken und eine Umstrukturierung von unten nach oben aufzubauen, um Risiken in Grenzen zu halten. Aus dem gleichen Grunde ist auch der systematische Rückgriff auf bereits erprobte Lösungen sowie ein Erfahrungsaustausch mit anderen Unternehmen, die ähnliche Projekte durchführen oder bereits abgeschlossen haben, wichtig. Bedeutsam ist auch die Nutzung von Möglichkeiten zur Verstärkung und besseren Nutzung vorhandener Innovationspotentiale, zum Beispiel der Einsatz interner Wettbewerbsmechanismen und anderer Anreizstrukturen. Dennoch bleibt die Etablierung offener, aber zielgerichteter und leistungsfähiger Dialogstrukturen eine zentrale Voraussetzung für eine erfolgreiche betriebliche Strategie zur Entwicklung und Einführung neuer Produktionskonzepte.

5. Politische Steuerung der Innovation von Produktionsssystemen

Die rasche Einführung neuer Produktionskonzepte, die auf der Verbindung computergestützter Produktionstechnologien mit qualifizierter Arbeit basieren, ist nicht nur ein betriebliches oder unternehmerisches, sondern auch ein politisches Problem. Wie ich in diesem Beitrag dargestellt habe, eröffnen solche Produktionskonzepte einerseits für die Bundesrepublik Deutschland und andere entwickelte Industriegesellschaften in wirtschaftlicher wie sozialer Hinsicht interessante Zukunftschancen. Andererseits setzen sie sich jedoch trotz ihrer Wirtschaftlichkeit nicht oder nur zögernd durch, weil sie auf beträchtliche Innovationshemmnisse stoßen, die durch hohe Ungewißheit und verfestigte Strukturen bedingt sind. Über den Abbau solcher Hemmnisse bieten sich für die Politik realistische Möglichkeiten, eine raschere und breitere Entwicklung und Diffusion neuer Produktionskonzepte zu unterstützen.

Da wichtige Innovationshemmnisse ihre Ursache in Defiziten an gesichertem und anwendbarem Wissen und daraus resultierender Ungewißheit haben, bietet es sich besonders an, forschungs- und technologiepolitische Instrumente zur beschleunigten Erzeugung und Umsetzung von Wissen zur Gestaltung neuer Produktionskonzepte einzusetzen.

Ein geeignetes Instrument wäre die Förderung von Verbundprojekten zwischen wissenschaftlichen Einrichtungen und Unternehmen, in deren Rahmen bezogen auf das jeweilige Unternehmen konkrete Gestaltungslösungen für neue Produktionskonzepte entwickelt, experimentell erprobt und ausgewertet werden. Dadurch würde eine enge Verbindung von praktischen Erfahrungen und Anforderungen einerseits und wissenschaftlichen Erkenntnissen und Methoden andererseits hergestellt und damit eine wichtige Voraussetzung für eine rasche Erzeugung umsetzbaren Wissens geschaffen. Darüber hinaus können damit auch leistungsfähige Kooperationsstrukturen zwischen Wissenschaft und Praxis aufgebaut und damit Infrastrukturen für Forschung und Entwicklung sowie Transfer und Vermittlung ausgebaut werden. Schließlich können durch solche Verbundprojekte in der Wirtschaft auf breiterer Basis prototypische Lösungen für die Gestaltung neuer Produktionskonzepte eingesetzt werden, die sich aufgrund ihrer Wirtschaftlichkeit zunehmend über ökonomische Mechanismen weiter verbreiten (Lehner 1990a).

Politischer Handlungsbedarf läßt sich insbesondere auch im Hinblick auf erhebliche Innovationshemmnisse begründen, die mit staatlichen bzw. öffentlichen Regulationen und Leistungen zusammenhängen. Dazu gehören beispielsweise die an Arbeitsteilung und Spezialisierung orientierte Regelung von Bildung und Ausbildung, eine beschäftigungsungünstige Regelung der Finanzierung der sozialen Sicherungssysteme, die Verstärkung von Rationalisierungstendenzen durch staatliche Subventionen oder eine einseitig technikdeterminierte Forschungs- und Entwicklungspolitik. Das will ich hier nicht ausführlicher diskutieren, sondern es mit der Feststellung bewenden lassen, daß im Hinblick auf diese und andere Regelungen und Leistungen ein erheblicher politischer Innovationsbedarf besteht (Lehner 1990b; Lehner/v.Bandemer 1990).

Entscheidend sind in unserem Zusammenhang nicht nur inhaltliche Veränderungen, sondern mehr noch strukturelle Veränderungen. Die Anpassung an unterschiedliche betriebliche Bedingungen erfordert ein hohes Maß an Dezentralisation staatlicher Regulierung und Leistungsprogramme, die Anpassung an Wandel eine hohe Flexibilität. In vielen Fällen dürfte sich eine größere Flexibilität nur durch eine starke Deregulierung erreichen lassen. Um dabei keine Regulierungsdefizite entstehen zu lassen, die soziale Konflikte verschärfen und Innovationen hemmen, müssen anstelle staatlicher Regulation alternative Regelungsmechanismen, insbesondere auch Mitbestimmungsstrukturen gesetzt werden.

Die Veränderung und Umstrukturierung staatlicher Regulation sowie staatlicher bzw. staatlich regulierter Leistungen könnte prinzipiell als Instrument der Innovationsförderung genutzt werden. Es ließen sich viele Felder und Ansatzpunkte, unter anderem im Bildungsbereich, im Arbeits- und Sozialrecht oder in der Steuerpolitik nennen, in denen Rahmenbedingungen und Anreize geschaffen werden, die die Einführung neuer Produktionskonzepte fördern. Durch neue, dezentrale Regelungsstrukturen ließen sich zudem neue wirtschaftliche und soziale Bedingungen für innovative Entwicklungen schaffen. So würde die Verlagerung von Regulierungsfunktionen in dezentrale Mitbestimmungsstrukturen nicht nur zu einer flexibleren Regulierung beitragen, sondern auch den Auf- und Ausbau betrieblicher und überbetrieblicher Dialogstrukturen fördern.

All das würde jedoch auf breiter Basis politische Innovationen voraussetzen, die nach allen Erfahrungen die Handlungsfähigkeit von Politik und Staat beträchtlich überfordern würde. Der starke Einfluß organisierter Interessen, schwerfällige und segmentierte bürokratische Strukturen, enge zeitliche Handlungshorizonte von Parteien und andere Faktoren lassen zumeist wenig Raum für umfassende politische Innovationen und Reformen. Das gilt umso mehr, als die hier relevanten Regulations- und Leistungsbereiche in vielschichtiger Weise mit traditionellen Strukturen und Interessenbezügen von Wirtschaft und Arbeit verflochten sind (Lehner/v.Bandemer 1990).

Deshalb ist eher zu erwarten, daß staatliche oder staatlich beeinflußte Regulations- und Leistungsstrukturen nicht im Sinne der Schaffung günstiger Voraussetzungen vorgängig auf die Erfordernisse neuer Produktionskonzepte abgestimmt werden, sondern nachträglich an veränderte Produktionsstrukturen angepaßt werden. Es würde jedoch schon viel gewonnen, wenn solche Anpassungsprozesse beschleunigt werden könnten. Auch das würde eine beträchtliche Handlungs- und Innovationsfähigkeit von Politik und Staat voraussetzen.

In Anbetracht dieses Sachverhaltes ist die Entwicklung und Einführung neuer, qualitäts- und innovationsorientierter Produktionssysteme auch noch in einem weiteren Sinne ein politisches Thema, nämlich in dem Sinne, daß wir für die Produktion von Politik solche Systeme benötigen. Wir benötigen Strukturen der Politikproduktion, die auf der Dezentralisation von Steuerungsfunktionen, auf einer Integration unterschiedlicher staatlicher und privater Akteure, kooperativen Verbundstrukturen von privatem und öffentlichem Sektor, flachen und offenen Organisationsstrukturen in der

Bürokratie, ausgebauten Dialogstrukturen mit leistungsfähiger politischer Moderation und weiteren Elementen flexibler, qualitäts- und innovationsorientierter Produktion beruhen. Es wäre reizvoll, dieses hier weiter zu diskutieren, würde aber den Rahmen dieses Beitrages sprengen.

Stephan Eisel

Perspektiven und Orientierungen Zukunftsdiskussion aus der Sicht der Regierung Kohl

Die Frage danach, welche Zukunftsperspektiven sich aus gegenwärtigen Entwicklungen ergeben können oder/und sollen, gehört ohne Zweifel zu den grundlegenden Aufgaben des Politischen. Zugegebenermaßen tritt diese Aufgabe im politischen Alltag oft hinter die Aufarbeitung der Folgen von Vergangenem und die tägliche Beschäftigung mit Problemen der Gegenwart zurück, obwohl gerade in der Frage nach der Zukunft die große Chance von Politik liegt, denn hier kann sich die Gestaltungsfreiheit politischer Phantasie am ehesten vom Zwang der Umstände lösen.

Zudem haftet Zukunftsdiskussionen durchaus eine moralische Qualität an, weil sie letztlich die Frage zu beantworten suchen "Wie wir leben wollen"[1]. Zukunftsdiskussionen sind so gesehen in der Politik die Kür, die Bewältigung von Gegenwartsproblemen wird oft als Pflicht empfunden – und gerät gerade deshalb nicht selten zur reinen Verwaltung des status quo.

In der Geschichte der Bundesrepublik Deutschland geriet die Frage nach der Gestaltung der Zukunft bisher dreimal in das Zentrum des Politischen:

1. Zukunftsentwürfe nach 1945

Zwangsläufig stand die Zukunftsfrage nach der totalen Zerstörung, mit der sich die Gründer der Republik nach dem Ende des 2. Weltkrieges und der Diktatur des Nationalsozialismus konfrontiert sahen, ganz oben auf der Tagesordnung. Dabei war die bedingungslose Kapitulation am 8. Mai 1945 für Deutschland weit mehr als das Eingeständnis einer vernichtenden militärischen Niederlage. Mit diesem Datum verbindet sich der Verlust staatlicher Souveränität und der fast völlige Zusammenbruch des staatlichen Machtgefüges. Hinzu kam für die Deutschen die Konfrontation mit der moralisch unbegreiflichen, für undenkbar gehaltenen Grausamkeit der nationalsozialistischen Dikatur, insbesondere der Judenvernichtung.

1 So auch der Titel eines 1986 erschienen Buches: Bernhard Vogel (Hrsg.), Wie wir leben wollen, Bonn 1986.

Der Einschnitt des Jahres 1945 war also wesentlich tiefer als der des Jahres 1918.[2]

Daß der 8. Mai 1945 von vielen Deutschen als "Tag der Befreiung"[3] empfunden wurde, hatte nicht zuletzt mit der Realisierung jener Zukunftsentwürfe zu tun, die die Nachkriegsdebatte prägten und die ihre Wurzeln in den Widerstandskreisen gegen Hitler hatten: Der Aufbau eines föderalen Bundesstaates, die Durchsetzung der Sozialen Marktwirtschaft, die Mitwirkung bei der europäischen Integration und die außenpolitische Orientierung in die Gemeinschaft westlicher Demokratien.

2. Erhards Zukunftkonzept

Die zweite große Zukunftsdebatte entstand als Reaktion auf jenen ausgeweiteten Konsens, der sich mit dem Erfolg von nunmehr realisierten Zukunftsentwürfen der Gründerzeit einstellte. Ernst Fraenkel diagnostizierte 1964 völlig zu Recht: "Eine der bedenklichsten Erscheinungen der neudeutschen Demokratie ist darin zu erblicken, daß die zwischen Regierung und Opposition bestehenden Kontroversen nicht ausreichend hervortreten,.. daß wir nicht an einem über-, sondern an einem unterentwickelten Pluralismus leiden" (Fraenkel 1964).

Dies vor Augen ist das Scheitern jener Zukunftskonzeption der "Formierten Gesellschaft" zu verstehen, die 1964/65 ein Kreis externer Berater um Kanzler Erhard entwickelt hatte. Vor dem Düsseldorfer CDU-Parteitag führte Erhard dazu aus: "('Formierte Gesellschaft') heißt, daß diese Gesellschaft nicht mehr aus Klassen und Gruppen besteht, die einander ausschließende Ziele durchsetzen wollen, sondern daß sie, fernab aller ständestaatlichen Vorstellungen, ihrem Wesen nach kooperativ ist, das heißt, daß sie auf dem Zusammenwirken aller Gruppen und Interessen beruht. Diese Gesellschaft, deren Ansätze im System der 'Sozialen Marktwirtschaft' bereits erkennbar sind, formiert sich nicht durch autoritären Zwang, sondern aus eigener Kraft, aus eigenem Willen, aus der Erkenntnis und dem wachsenden Bewußtsein der gegenseitigen Abhängigkeit" (nach Laitenberger 1986). Mit diesem Entwurf wollte Erhard eigentlich jene allgemeine Re-

2 Zu grundlegenden Fragen, die sich daraus für die Stabilität der zweiten deutschen Demokratie ergaben, siehe ausführlicher: Eisel, Stephan: Minimalkonsens und freiheitliche Demokratie, Paderborn/München/Wien/Zürich 1986.

3 Helmut Kohl, Bericht zur Lage der Nation im geteilten Deutschland am 27.5.1985, in: Bulletin des Presse- und Informationsamtes der Bundesregierung Nr. 24 (vom 28.2.1985), S. 198 und Richard von Weizsäcker, 40. Jahrestag der Beendigung des Zweiten Weltkrieges, in: Bulletin des Presse- und Informationsamtes der Bundesregierung, Nr. 52 (vom 9.5.1985), S. 441.

formstimmung mobilisieren, die zur Realisierung von Zukunftskonzepten unverzichtbar ist. Unterstellt wurde ihm jedoch, er wolle durch eine Gemeinschaftsidealisierung die Vielfalt unterschiedlicher Interessen ausschalten.

3. Brandt'sche Reform- und Planungseuphorie

Vor dem Hintergrund der von Ernst Fraenkel beschriebenen Konsensausweitung – die in der Großen Koalition vorübergehend auch ihre politische Manifestation fand – ist die Reformeuphorie der Regierung Brandt zu sehen, die 1969 nicht nur rhetorisch ein neues Zeitalter einläuten wollte. Mit dem Ziel der "Gesellschaftsveränderung", dem die 68er-Bewegung politische Relevanz verliehen hatte, wurde nunmehr die Erarbeitung von Zukunftsentwürfe auch zentraler Bestandteil des politisch-administrativen Apparates. Auch in der Organisation der jeweiligen Planungseinheiten im Bereich der Bundesregierung spiegelte sich dieser Wandel: Die Planungsabteilungen der Ministerien und auch im Bundeskanzleramt wurden spürbar aufgewertet und ausgebaut.

Ausgangspunkt war dabei eine Analyse über das Kanzleramt, in der der neue Chef des Bundeskanzleramtes, Horst Ehmke, am 8.März 1970 ziemlich lapidar feststellte: "Es gab keine Aufgabenplanung" (Brausewetter 1976:20). Unter Ehmke's Regie wurde damals im Kanzleramt erstmals eine eigene Planungsabteilung eingerichtet, deren Leitung Prof. Reimut Jochimsen übernahm. Damit einher ging die Berufung von Planungsbeauftragten in den einzelnen Ministerien. Mit dieser Aufwertung der administrativen Planungseinheiten verlor externer Expertenrat spürbar an Bedeutung. Die "Planung der Planung" (Brausewetter 1976:31) wurde zum Selbstzweck. Ehmke (1971: 2026-2035) nannte dabei "Informationsfunktion", "Koordinierungsfunktion", "Integrationsfunktion", "Anstoßfunktion" und "Kontrollfunktion" als Hauptaufgaben. Er stieß freilich auf vielfältige Vorbehalte insbesondere im Bereich der Ministerien (Brausewetter 1976:31ff.).

4. Ambivalenz extensiver administrativer Planung

Nur langsam wurde der Mangel an Flexibilität eines derart auf Planung fixierten Politikverständnisses erkannt, das sich zudem in große Abhängigkeit administrativer Apparate begab, deren status-quo-Verliebtheit nicht zu Unrecht geradezu sprichwörtlich ist. Die sozialliberale Koalition unter der Kanzlerschaft Willy Brandts war mit einem Verständnis angetreten, das detaillierte Planung als Voraussetzung effektiven politischen Handelns sah. Ernst-Wolfgang Böckenförde hat die Ambivalenz und damit den zentralen

Mangel solcher extensiver politischer Planungstätigkeit offengelegt: "Die Wirkung der Planung, bezogen auf den politischen Entscheidungsprozeß, besteht zunächst in der Verminderung der Ungewißheit über Voraussetzungen, Möglichkeiten und Mittel der Verwirklichung, Wirkungen und Folgen bestimmter politischer Entscheidungen. Dadurch wird der Radius möglicher politischer Entscheidungen einerseits begrenzt, andererseits aber auch effektiver gemacht" (Böckenförde 1972:455).

Auf die Reformeuphorie der Kanzlerschaft Brandt's, die zugleich eine Planungseuphorie war, folgte das verwaltende Krisenmanagement der Regierung Helmut Schmidt. Politische Kreativität und Gestaltungskraft wurden fast völlig einer bewahrenden Verteidigung des politisch Geschaffenen geopfert. In wichtigen Politikbereichen – hier sei nur der Umweltschutz genannt – blieben Entscheidungen ebenso aus, wie ihre Vorbereitung. In anderen Feldern fehlte die Einordnung entsprechender Entscheidungen in längerfristige Perspektiven, beispielsweise im Zusammenhang mit der Errichtung des Europäischen Währungssystems (EWS).

5. Kohls Erneuerungsanspruch

Dies änderte sich, als Helmut Kohl im Oktober 1982 zum Kanzler gewählt wurde. Schon nach der Bundestagswahl 1976 hatte er als Oppositionsführer die sozialliberale Regierung zunehmend mit dem Hinweis auf mangelnde Zukunftsverantwortung attackiert. Besonders deutlich wurde dies mit jener neuen Argumentationsweise, mit der die Union die wachsende Staatsverschuldung ablehnte. Es ging dabei nicht mehr zuerst um fiskalische und wirtschaftspolitische Bedenken, sondern um das moralische Argument, mit einer wachsenden Staatsverschuldung werde in der Gegenwart verbraucht, was künftigen Generationen zustehe. Erst mit dieser Argumentation erhielt die Kritik an der Schmidt'schen Haushaltspolitik jene politische Breitenwirkung, die die SPD in ernsthafte Argumentationsnöte brachte.

Dem Regierungswechsel vom Oktober 1982 war also eine längere Zukunftsdebatte vorausgegangen, mit der die CDU/CSU ihre Regierungsfähigkeit vor allem durch überzeugende Zukunftsentwürfe zu untermauern suchte (Geißler 1979).

Der auf dieser Grundlage von Helmut Kohl in seiner ersten Regierungserklärung erhobene politische Anspruch der Erneuerung der Gesellschaft konnte nur durch grundlegende Reformvorhaben eingelöst werden. Da die Regierung Kohl allerdings zunächst mit der Aufarbeitung der – wie sie es selbst nannte – "Erblast" beschäftigt war, wurden Zukunftsoptionen parallel dazu im wesentlichen insoweit umgesetzt, als sie schon zu Oppositionszeiten erarbeitet worden waren.

Dies hatte auch zur Folge, daß es den Planungsgruppen der Ministerien nunmehr nicht mehr oblag, diese Reformvorhaben zu definieren, denn die politischen Vorgaben waren eindeutig. Die Planer gerieten unversehens in die Rolle, nicht mehr Ziele politischen Handelns festzulegen, sondern die Umsetzung politischer Vorgaben zu planen. Diese neue Rolle brachte eine Beschränkung ihres Einflusses mit sich. Der regierungsamtliche Planungsapparat wurde so vom Kopf auf die Füße gestellt: Die Politik beanspruchte wieder den ihr zustehenden Primat über die Administration und externer wissenschaftlicher Rat wurde wieder verstärkt herangezogen.

6. Tagesordnung der Zukunft

Einen gewissen Einschnitt brachte dann das Jahr 1986, in dem Bundeskanzler Kohl in Vorbereitung auf eine zweite Legislaturperiode das Stichwort "Zukunft" deutlich in den Vordergrund rückte. Eine wichtige Rolle spielte dabei eine Rede, die Kohl am 30. Mai 1986 bei einer Tagung der Konrad-Adenauer-Stiftung im Berliner Reichstag hielt.

Kohl nannte fünf Bereiche, die seiner Meinung nach "ganz oben stehen auf der Tagesordnung der Zukunft:

Erstens: Wir müssen die gewaltigen demographischen Umbrüche bewältigen, die jetzt schon absehbar sind. Dieser Herausforderung stehen wir auf den unterschiedlichsten Politikfeldern gegenüber. Sie wird uns viel politische Phantasie und noch mehr Tatkraft abverlangen.

Zweitens: Es gilt die menschliche, die humane Qualität unseres modernen Industriestaates zu bewahren und ihr neue Dimensionen zu erschließen. Subsidiarität – dazu gehört auch Dezentralisierung –, Flexibilität und Transparenz – das heißt Offenheit und Machtkontrolle – sind Kennzeichen einer Gesellschaft mit menschlichem Gesicht.

Drittens: Wir wollen unsere Industrienation als Kulturgesellschaft gestalten, als eine Gemeinschaft, in der die Menschen neben dem notwendigen Broterwerb ihre Zeit sinnvoll und persönlich befriedigend zu nutzen wissen.

Viertens: Der Fortschritt in Wissenschaft und Technik muß noch gezielter in den Dienst des Menschen gestellt werden. Gefragt bleibt dabei der Mut zur Forschung, der dem Menschen eigen ist. Zugleich geht es um eine Ethik der technisch-wissenschaftlichen Zivilisation.

Fünftens: In der Außen- und Sicherheitspolitik rücken wir die Friedensgefährdung durch Hunger und Not in der Welt sowie durch den Nord-Süd-Konflikt noch mehr in den Vordergrund. Nicht weniger liegt uns an der

Wahrung des Gleichgewichts zwischen Ost und West, auf beiden Seiten mit weniger Waffen. Das geht nicht ohne eine Stärkung Europas, die aber für mich niemals Abwendung vom Atlantischen Bündnis bedeutet.

Mit diesen fünf Themen wende ich mich ganz bewußt Perspektiven zu, die über die nächste Legisltaurperiode hinausreichen. Zukunftsfragen lassen sich nicht in einen Rhythmus von vier Jahren zwängen."[4]

7. Perspektiven und Orientierungen

Diese von Kohl ausgegebenen Leitlinien fanden sich später in seiner Regierungserklärung vom März 1987 wieder, die sich auch mit ihrem programmatischen Titel "Die Zukunft gewinnen – Die Schöpfung bewahren" festlegte. Als Instrument zur Umsetzung des genannten politischen Arbeitsprogramms vergab das Bundeskanzleramt unter der neuen Leitung von Bundesminister Wolfgang Schäuble Gutachteraufträge an renommierte Wissenschaftler. Sie wurden zum großen Teil in einer Schriftenreihe "Perspektiven und Orientierungen" des Bundeskanzleramtes publiziert.

Die bisher in dieser Schriftenreihe veröffentlichten Bände lassen deutlich den Rückbezug auf die als "Tagesordnung der Zukunft" beschriebenen politischen Aufgaben erkennen[5].

---

4 Helmut Kohl, Tagesordnung der Zukunft, in: Bulletin des Presse- und Informationsamtes der Bundesregierung, Nr. 63 (vom 5.6.1986), S. 531.

5 Band 1: Hans Bertram, Jugend heute (Die Einstellungen der Jugend zu Familie, Beruf und Gesellschaft), 1987
Band 2: Peter Koslowski, Die postmoderne Kultur (Gesellschaftlich-kulturelle Konsequenzen der technischen Entwicklung), 1988 (2. Aufl.)
Band 3: Ursula Lehr, Zur Situation der älterwerdenden Frau (Bestandsaufnahme und Perspektiven bis zum Jahr 2000), 1987
Band 4: Wolfgang Zapf u.a., Individualisierung und Sicherheit (Untersuchungen zur Lebensqualität in der Bundesrepublik Deutschland), 1987
Band 5: Dieter Oberndörfer, Schutz der tropischen Regenwälder durch Entschuldung, 1989
Band 6: Holger Bonus/Alfred Grosser/Vittorio Hösle/Hermann Lübbe/Joseph Rovan/Wolfgang Schäuble, Herausforderungen für die Politik, 1989
Band 7: Bert Rürup, Wirtschaftliche und gesellschaftliche Perspektiven der Bundesrepublik Deutschland, 1989
Band 8: Horst Albach, Dienstleistungen in der modernen Industriegesellschaft, 1989
Band 9: Karla Forbeck/Johannes Andreas Wiesand, Von der Industriegesellschaft zur Kulturgesellschaft ?, 1989
Band 10: Franz-Xaver Kaufmann, Zukunft der Familie (erscheint voraussichtlich im April 1990)
Alle erschienen in der C.H. Beck'schen Verlagsbuchhandlung München.

8. Politische Realisierung

Beispielhaft sei die politische Wirkung solcher Gutachten am Thema "Schutz des tropischen Regenwaldes durch Entschuldung" aufgezeigt. Oberndörfer hatte den zunächst überraschenden Vorschlag gemacht, die beiden scheinbar völlig getrennten Themen Umweltschutz und Verschuldung von Entwicklungsländern zu verknüpfen. Er schlug vor, den Entwicklungsländern bevorzugt Schulden zu erlassen, die einen Teil der so gewonnenen Mittel in Umweltschutzmaßnahmen – und hier vor allem in den Schutz des tropischen Regenwaldes – investieren wollten.

Schon in seiner Regierungserklärung im März 1987 war Kohl auf das sich zuspitzende Problem des globalen Umweltschutzes eingegangen. Zugleich setzte er in dieser Regierungserklärung auch einen Schwerpunkt im Blick auf die Entwicklungspolitik. Nunmehr folgte die konkrete Regierungspolitik den Vorschlägen Oberndörfers, die Themen miteinander zu verbinden.

Beim Weltwirtschaftsgipfel 1988 in Toronto – und dann auch bei der gemeinsamen Tagung des Internationalen Währungsfonds und der Weltbank in Berlin – ergriff Helmut Kohl eine entsprechende Initiative, die zunächst auf Reserven bei seinen Partnern stieß. Beim folgenden Weltwirtschaftsgipfel, ein Jahr später in Paris, war das Verständnis für die neue Konzeption ungleich größer. Auf deutsche Initiative wurde dort eine eigene Umwelterklärung verabschiedet. Darin werden finanzielle und technische Maßnahmen zur Erhaltung der tropischen Wälder empfohlen und ein Schuldenerlaß für Umweltmaßnahmen als nützlich anerkannt. Die Bundesregierung setzte die Konzeption "Schuldenerlaß für Umweltschutz" ("debts for nature") auch national um. Das Gesamtvolumen der seit 1978 durchgeführten Schuldenerlasse aus deutschen Entwicklungskrediten umfaßt über 30 Länder und ca. 8,9 Milliarden DM. Allein seit 1988 beträgt das Gesamtvolumen der von der Bundesregierung beschlossenen und zum großen Teil bereits erlassenen Schulden ca. 4,6 Milliarden DM. Es betraf vor allem sechs hochverschuldete afrikanische Länder, bei denen die Bundesregierung in zwei Fällen – Kenia und Äthiopien – Umweltschutzmaßnahmen zur Voraussetzung des Erlasses gemacht hatte. Verhandlungen mit weiteren Ländern – insbesondere Brasilien – laufen noch. Parallel dazu wurde 1988 auch ein Verfahren zur Umweltverträglichkeitsprüfung in die Abläufe der Planung und Steuerung bilateraler Entwicklungsprojekte in Kraft gesetzt.

9. Herausforderungen für die 90er Jahre

Ähnlich wie in seiner Rede "Tagesordnung der Zukunft" 1986 in Berlin, definierte Helmut Kohl mit einer Regierungserklärung im April 1989 drei große Herausforderungen für die 90er Jahre:

> "Erstens: Wir erleben einen atemberaubenden Aufstieg neuer Wirtschaftszentren: die neue Freihandelszone USA/Kanada und die Entwicklung im ostasiatisch-pazifischen Raum... Unsere Antwort auf diese gemeinsame Herausforderung ist der gemeinsame Binnenmarkt 1992. ... Das Zerbröckeln jahrzehntelanger Verkrustungen in Europa schafft neue Hoffnungen für die Einheit unseres Vaterlandes... Ich sage für mich und diese Regierung: Unser Ziel bleibt ein freies und geeintes Deutschland in einem freien und geeinten Europa.
> Zweitens: Globale Umweltgefährdungen, wie zum Beispiel die weltweiten Klimaveränderungen rühren ohne Unterschied an den Lebensnerv aller Völker. Wir brauchen deshalb eine weltumspannende Umweltpartnerschaft... Die 90er Jahre sollen das Jahrzehnt eines weltweiten ökologischen Aufbruchs werden. Dazu gehört auch eine neue Solidarität zwischen armen und reichen Ländern.
> Drittens: In einer Zeit raschen gesellschaftlichen und technolgischen Wandels wissen viele Menschen nicht mehr, woran sie sich halten sollen...Deshalb müssen wir Institutionen stärken, die Halt geben: An erster Stelle die Familie...Auch der Staat muß verläßlich sein – vor allem wenn es um die friedensstiftende Funktion des Rechts geht."[6]

Die so von niemand vorhergesehenen – und hier nicht zu behandelnden – Ereignisse der folgenden Monate mit den dramatischen Umbrüchen in den Ländern Mittel- und Osteuropas, vor allem in der DDR, haben dann erneut die natürliche Grenze politischer Planung gezeigt: Geschichte hält sich nicht an Reißbrettentwürfe, und die eingetretene Entwicklung in Europa mit der konkreten Chance der deutschen Einheit folgte keinem der vielen Planspiele. Wer sich deshalb in politischer Verantwortung abhängig macht von abstrakter Planung, steht schnell in der Gefahr, im entscheidenden Augenblick die Chance der Gestaltungsfreiheit zu verpassen. Politische Zukunftsgestaltung muß deshalb immer beides im Auge haben: Rechtzeitig – auch durch zunächst unpopuläre Entscheidungen – Vorsorge für Entwicklungen zu treffen, die sich schon heute deutlich abzeichnen, deren Auswirkungen aber noch in der Ferne liegen, zugleich die Freiheit zu behalten, zu

---

6 Helmut Kohl, Arbeitsprogramm der Bundesregierung - Perspektiven für die neunziger Jahre, Regierungserklärung vom 27.4.1989, in: Bulletin des Presse- und Informationsamtes der Bundesregierung Nr. 40, S. 361 (vom 28.4.1989).

handeln, wenn die Wirklichkeit nicht den Planungen folgt, sondern ihre überraschenden Chancen hervorbringt.

Heinrich Tiemann/Josef Schmid

Zukunft als Politikum Strategischer und theoretischer Stellenwert des Diskurses

1. Dimensionen der Zukunftsdiskussion

Bei politischen Parteien, gesellschaftlichen Gruppen und Verbänden ist der Begriff "Zukunft" ein beliebtes Schlagwort. Einmal mehr scheint sich die alte Erkenntnis zu bewahrheiten: Je mehr die Perspektive schwindet, desto wichtiger und häufiger der Begriff. Die gegenwärtige Verfassung der sozialen Welt und der Einbruch globaler Krisen haben den bis dahin gültigen Zukunftsoptimismus nachhaltig erschüttert; "Zukunft" in all ihren politischen Schattierungen hat viel von ihrer Attraktivität verloren (Puntscher-Riekmann 1989). Alle wichtigen gesellschaftlichen Gruppen – Parteien, Verbände und Kirchen –, für die ein Grundbestand an normativen Orientierungsmustern bestandsnotwendig ist, sind von der Erosion der sozialen Zeitperspektiven betroffen.

Auch das politisch-administrative System selbst bedarf mehr als der technokratischen Planung im Sinne einer zukünftigen Gegenwart (Luhmann 1976), die mittels statistischer oder theoretischer Verfahren kalkuliert und damit 'defuturisiert', d.h. ihrer Offenheit und ihres utopischen Horizonts beraubt wird.

"Zukunft" bzw. die damit verbundenen Diskussionslinien lassen sich analytisch auf unterschiedlichen Ebenen abhandeln.

- Erstens kann nominal, d.h. dem Wortsinne nach verfahren werden, um etwa Inhalte und Genese der als Zukunftsprogramme bezeichneten Aussagen und die dabei relevanten Akteure zu untersuchen.
- Zweitens lassen sich Prozesse des gesellschaftlichen Wandels und daraus resultierende Problemlagen identifizieren, die als 'Ursachen' der Zukunftsdiskussion fungieren. Oder anders formuliert, es werden die grundlegenden Fragen gesucht, auf die die Zukunftsdiskussion eine Antwort gibt bzw. zu geben hätte.
- Drittens läßt sich der Blick auf gesellschaftssystemische Korrelate werfen und Zukunft, genauer: eine spezifische Dimension von Zeit, als theoretische Kategorie verwenden.

Im folgenden stehen Aspekte im Vordergrund, die sich von den beobachtbaren Auseinandersetzungen und Aussagen der vorliegenden Zukunftsprogramme lösen. Ansatzweise wird ein steuerungstheoretischer Argumentationsstrang entfaltet, der auf die Verknüpfung materieller und symbolischer Politikkomponenten abzielt. Daran anschließend geht es um die Funktionen und die Auflösungstendenzen traditioneller gesellschaftlicher Utopien sowie deren Verhältnis zum Zukunftsdiskurs. Schließlich wird der Versuch unternommen, die gesellschaftsstrukturelle Relevanz von Zukunft und Zeit anzureißen. Dabei ist es notwendig, kurz auf abstraktere, stärker theoretisch orientierte Forschungen zu dieser Problematik einzugehen. Uns liegt es fern, die verschiedenen Ansätze zu einer konsistenten Gesellschaftstheorie zusammenzufassen oder systematisch zu kritisieren; wir begnügen uns mit dem Fokus "Zukunftsdiskussion".

2. Zukunftsdiskussion zwischen symbolischer und materieller Politik

Kritiker der intensiven Zukunftsdiskussion der politischen Akteure unterschiedlicher Couleur führen gerne deren politisch-praktische Irrelevanz ins Feld. Und sie haben recht, wenn die Umsetzung der schönen Programme in Regierungshandeln als Ratio dieser Diskussion zugrundegelegt wird. Demnach reduziert sich die Zukunftsdiskussion auf symbolische Politik, eben auf Show und manipulativen Schein, hinter dem materiell nichts steckt: "Design statt sein" (Guggenberger). Umgekehrt betonen die Protagonisten der Zukunftsdiskussion die politische Relevanz und die Ernsthaftigkeit des Unternehmens. Ansätze in die richtige Richtung – und das sei das wichtige – seien gemacht und Politik wäre eben das berühmt-berüchtigte Bohren dicker Bretter, das schon Max Weber konstatiert hat.

Diese Auseinandersetzung folgt unabhängig von der Interessenlage ihrer Teilnehmer der in der politikwissenschaftlichen Literatur gängigen dichotomischen Behandlung von symbolischer versus materieller Politik (Edelman 1976, Voigt 1989) oder Schaupolitik versus Entscheidungspolitik (Käsler 1989). Hier werden beide Formen von Politik getrennt und einander gegenübergestellt.

Die Zukunftsdiskussion – so unsere These – zeichnet sich gerade dadurch aus, daß sie diese Kluft überbrücken will. Und dies ist unter den gegenwärtigen soziopolitischen Kontextbedingungen auch eine notwendige Leistung, da staatliche Steuerung in vielen Bereichen nur noch als reflexive funktioniert und diese wiederum an das Vertrauen in die "Zukunftsfähigkeit" (Bericht der Kommission 1983:27) rückgebunden ist.

Begreift man die Zukunftsprogramme in ihrem Kern als Meta-Diskussion, die vor allem Issues, relevante Probleme und Fragestellungen definiert, so erweist sich ihr Erfolg weniger in praktischer Politik als in der Strukturierung des umkämpften und brüchigen politischen Terrains. Solche hegemonialen Strategien waren immer schon jenseits aller Wahlkampftaktik und konkreter politischer Planung Grundlage der Gewinnung bzw. Sicherung von politischen Mehrheiten. In der gegenwärtigen Krisensituation muß allerdings mehr geleistet werden als bisher, denn die impliziten Voraussetzungen einer hegemonialen Strategie sind ins Wanken gekommen.

Um die Wiederherstellung einer normativen Basis für die Funktionsweise des politischen Systems geht es u.E. in der aktuellen Zukunftsdiskussion, in der Sinn über die Möglichkeiten und die Richtung einer Beeinflussung der gesellschaftlichen Entwicklung organisiert werden soll.

Es sind nicht nur die im engeren Sinne staatlichen Akteure, die von der Motivations- und Sinnkrise erfaßt werden. Alle politischen Gruppierungen mit mehr oder weniger intensivem Staatsbezug sind davon betroffen, aber auch kaum eine relevante gesellschaftliche oder kulturelle Organisation bleibt von ihr ungeschoren. Daß sich die spezifischen Reaktionen auf diese Herausforderung in ihren konkreten Ausprägungen unterscheiden, ist selbstverständlich und evident. Allerdings ist das politisch-administrative System nicht nur Opfer der gewandelten Bedingungen, gerade durch sein Funktionieren wirkt es als Krisenverstärker. Die Disjunktion von Steuerung und Symbolik erzeugt zunehmend Schäden im politischen Vertrauenshaushalt – und bleibt trotzdem notwendig. Notwendig ist dies deshalb, weil die Komplexität der politischen Materie ohne die Verweisung auf tragfähige Ideologien, Sinnzusammenhänge oder gesellschaftliche Utopien kaum mehr vermittelt werden kann – zumal Politik ohne diese Elemente dem Verdacht nicht entrinnen kann, bloße Verwaltung zu betreiben. Auf der anderen Seite erscheint die symbolische Form als entinhaltlicht – als Rauch ohne Feuer – und verkommt zur reinen Fassade oder Show. Und zunehmend instrumentalistisch gewendet, verlieren auch die letzten Bestände an Normen aus einer schrumpfenden Lebenswelt an naturwüchsiger, unhinterfragter Geltung. Dergestalt rationalisiert wird beispielsweise Kultur zusehends politisch und problematisch – sei es nun als Einklage von Partizipation und Transparenz oder als Furcht vor belastender Verantwortung und Autonomie. Die ambivalenten Effekte des fortschreitenden Modernisierungsprozesses treten immer stärker zutage. In den Grünen und besonders den Republikanern finden sie wahlpolitische Artikulationsmöglichkeiten und daraus resultierende politische Aufmerksamkeit.

Neben diesen internen Krisenmechanismen verschärft die Ausweitung des Handlungsbereiches die Anfälligkeit des politischen Systems. Nicht weil – wie Konservative gerne ins Feld führen – der Staat überlastet ist, sondern weil seine Uferlosigkeit Konturen verwischt, Komplexität erhöht und den Modernisierungsprozeß verstärkt. Immer mehr Entscheidungen und Interventionen finden statt, immer weniger wird die grundlegende politische Richtung erkennbar, sodaß der Eindruck des ziellosen Hyperaktivismus verstärkt wird und der Ruf nach Zwecksetzung oder nach Ruhe an Lautstärke gewinnt. Dies wiederum steigert den Parteienwettbewerb, über den dann die Spirale eine Umdrehung weiter geführt wird: Mediengerechter, technisierter Wahlkampf, programmatische Inflation und das dumpfe Gefühl beim Adressaten, nur Antworten zu erhalten auf Fragen, die nicht gestellt worden sind.

Hier setzt also die Zukunftsdiskussion an und versucht die Quadratur des Kreises. Es gilt, Wahlkampfrhetorik mit staatlichen Entscheidungen, symbolische mit materiellen Politiken zu verbinden und Deutungsmuster über die Richtung und die Gestaltbarkeit des gesellschaftlichen Wandels zu liefern, Themen vorzustrukturieren und die Grenzverläufe von Staat und Gesellschaft neu zu definieren, kurzum: ein spezifisches Politikverständnis zu vermitteln.

Schaubild 1: Problemstrukturen moderner Politik

Gesellschaftliche Kontextveränderungen: Wertewandel, Risikogesellschaft, Pluralisierung, Individualisierung, Neue Technologien, etc. neue politische Problemlagen, soziale und normative Desintegration		
Politisch-administratives System:	Parteiensystem:	Verbändesystem:
Folgen der fragmentierten Politik	Wettbewerb Imitation	wechselseitige Einflußnahmen und Strukturadaption
	Entgrenzung von Politik und Staat	

3. Zukunftsdiskussion als Ersatz für große Utopien

In der gegenwärtigen politischen Auseinandersetzung – so unsere These – sollen Zukunftsentwürfe die Funktionen übernehmen, die bis vor kurzem noch Utopien wahrgenommen haben. Utopien wie Sozialismus oder Nation(alstaat) – um die beiden wichtigsten zu nennen – haben immer zugleich

- Kontinuität im Handeln der Menschen vermittelt, indem sie Identität in der Geschichte stifteten;
- politisch-ideologisch homogenisiert, d.h. immer auch ein Bündel von Politiken generiert und verbunden sowie im Hinblick auf die jeweiligen sozialen Gruppen integriert;
- die (Zeit-)Abläufe dynamisiert und durch die Differenz von Zukunftsentwurf und Realität Handlungsimperative erzeugt.

Utopien verlieren ihre Prägekraft, wenn in ihrem Ensemble durch gesellschaftliche Prozesse fundamentale Veränderungen eintreten. Eine beträchtliche "Unübersichtlichkeit" (Habermas 1985) und nicht näher spezifierbare Ängste kennzeichnen die manifeste Krise industriegesellschaftlicher Rationalität und Modernität. Das Zerbrechen der zentralen gesellschaftlichen Normen und die Fragmentierung des Alltagswissens stehen dabei in engem Zusammenhang mit der breiten Bewußtwerdung der ökologischen und ökonomischen Krisen sowie der massenhaften und tiefgreifenden Erfahrung von Endlichkeit und Grenzen der Machbarkeit. Anstelle homogener Gruppen und darauf bezogener, zusammenhängender Politikfelder, tritt ein ausdifferenziertes Feld von Politiken ohne spezifischen Adressatenbezug.

Heterogenität tritt an die Stelle von Homogenität – mit weitreichenden negativen Auswirkungen für die Motivations- und Anziehungskraft von Utopien. Die Illusion eines "abgesicherten Fortschrittspfades" ist dem Bild einer allzeitigen Krisenhaftigkeit der 80er Jahre gewichen (Prisching 1989:11). Die Machbarkeitsvorstellungen sind radikal erschüttert, Ratlosigkeit beherrscht die politische Szenerie. Insofern überrascht es nicht, daß Politik im Bewußtsein der Bevölkerung als bloße Verwaltung empfunden und ihr jedwede Gestaltungskraft abgesprochen wird. Zukunft wird nunmehr als Kontinuitätsbruch erfahren und ist als homogene und integrative Vorstellung nicht mehr denkbar.

Was allen dämmert ist, daß die Grenzziehungen zwischen Vergangenheit, Gegenwart und Zukunft derzeit nicht mehr eindeutig vorgenommen werden können. In dynamischen Zivilisationen schrumpft, wie Lübbe (1988:1244) betont, die Zukunftsdimension. Die Moderne hat, wie Jürgen Habermas (1985) resümiert, an utopischer Energie verloren. Der Zeitgeist

ist eher postmodern (Kemper 1988) – keiner glaubt mehr an die heile Welt von morgen.

Der Bedarf an Identität, an Vertrauen und an Sicherheit jedoch wächst allenthalben. Dabei sind neue Orientierungen und Suchbewegungen individuell wie gesellschaftlich notwendig. Individuen wie gesellschaftliche Organisationen und Gruppen können ohne ein Bild von "Zukunft" nicht leben und handeln; alle brauchen eine solche Vorstellung, um sich in der Gegenwart zu orientieren. Insofern überrascht die inflationäre Verwendung des Begriffes "Zukunft" im politischen Wettbewerb in Programmen, Stellungnahmen, Überschriften und Leitsätzen nicht.

Zukunftsdiskussionen versuchen damit die blaß gewordenen Ideenangebote der alten Utopien zu substituieren. Sie sind im Unterschied zu diesen durchaus partial und widersprüchlich, eher für den schnellen politischen Gebrauch produziert als in langfristigen gesellschaftlichen Diskursen entwickelt; aber dafür mit höherem Flexibilitätspotential ausgestattet. Zukunftsdiskussionen verlassen auch nicht mehr wie die klassischen Utopien den Boden der gesellschaftlichen Möglichkeiten und Bedingungen; sie arbeiten statt dessen eine reale gesellschaftliche Umbruchsituation auf und präsentieren die ersten programmatischen Aufbrüche, in denen sich nicht zuletzt die Ergebnisse wissenschaftlicher Analyse wiederfinden. Im Falle der Parteien können sie die verbindende Klammer zwischen Grundsatz-, Wahl- und Fachprogrammen schaffen, über die sie politisches Profil gewinnen, sichern und dem politischen Orientierungsbedürfnis des Wählerpublikums Rechnung tragen. Sie helfen, faktische Gemeinsamkeiten zu stabilisieren oder zu dementieren und unter den Bedingungen der Mediengesellschaft die Ver- und Entkoppelung von Politik als "Fassadenpolitik" und der "wirklichen Politik" (Prisching 1989) zu organisieren.

4. Auf dem Weg zur Zeitgesellschaft?

In der Beschäftigung mit "Zukunft" spielt Zeit ein wichtige Rolle, nicht nur weil die Diskussion offenbar über die Gegenwart hinausreicht, sondern indem sie auf auf eine tieferliegende Strukturproblematik verweist. Jede Gesellschaft verfügt nämlich über eine ihr eigene Zeitordnung, die die jeweiligen Erfahrungen und Vorstellungen von Vergangenheit, Gegenwart und Zukunft prägen. Zeit ist demnach nichts "Natürliches", sondern Produkt gesellschaftlicher Entwicklung und Struktur und erfaßt sämtliche Lebensbereiche. In der Dimension Zeit lassen sich die verschiedensten soziopolitischen Aspekte und Auseinandersetzungen bündeln und entfalten dadurch gesellschaftsstrukturelle Wirkung. Zugleich strukturiert Zeit die

Handlungsweisen in komplexen sozialen Systemen und übt in unauffälliger Form Zwänge aus.

Uns interessiert an dieser Stelle primär die Funktion von Zeit als "Medium der Relationalität" (Elias), das neben dem Raum und der Produktion eine spezifische Form der Individualität und der Sozialität erzeugt und organisiert. Damit ist eine dreiteilige Matrix konstruiert, in deren Rahmen sich Gesellschaft konstituiert und je nach Ausprägung dieser Matrix konkrete Gestalt annimmt. Gesellschaft kann dabei weiter nach Teilbereichen bzw. Subsystemen ausdifferenziert und so die Zusammenhänge spezifischer gefaßt werden.

Schaubild 2: Konstitutionsdimensionen von Gesellschaft

Medium der Relationalität	Grundformen der Gesellschaft
Raum	Nationalstaat
Produktion	Klassengesellschaft
Zeit	postmoderne Informations- und Kulturgesellschaft

Räumliche Nähe und Abgegrenztheit führen demnach zu einer Form der Vergesellschaftung, die der Tönnies'schen Gemeinschaft nahekommt und die sich durch die ähnliche bzw. homogene Vereinigung von Personen auszeichnet. Der Raumgedanke und die strukturierende Funktion von Raum ist in ähnlicher Weise in unterschiedlichen staatstheoretischen Ansätzen aufgenommen worden, um vor allem die Autonomie des Politisch-Staatlichen vom Gesellschaftlichen zu begründen (vgl. Schmitt 1981, S. 55ff., 71ff., ders. 1974, Poulantzas 1978, bes. S. 85ff. und Mann 1984). In seiner modernen Erscheinungsform führt Raum als Relationalitätsmedium zum Nationalstaat, d.h. der territorial bestimmten und von an sich gleichen Bürgern bewohnten Gesellschaftsform.

Die Notwendigkeit der Produktion von Gütern im weitesten Sinne (oder in der älteren Terminologie von Habermas: Arbeit und Interaktion) führt zu einer heterogenen Verbindung von Individuen in Form von "Gesellschaft" (Tönnies). Exemplarisch hierfür sind marxistische Klassentheorien, wonach sich aus der Verfügung bzw. der Nicht-Verfügung über Produktionsmittel die sozialen Grundmuster ergeben. Im weiteren Sinne verwendet, erzeugen die "Menschenproduktion" und die "Beziehungsarbeit" (Negt/Kluge 1981) ebenfalls ihre gesellschaftlichen Strukturen wie beispielweise Privat- und Intimsphäre.

Zeit verbindet Menschen einer Epoche als Zeitgenossen, die über den bloß kalendarischen Zusammenhang hinaus über gemeinsame Vergangenheits- und Zukunftshorizonte verfügen. Dadurch werden übereinstimmende Erfahrungen und Erwartungen erzeugt, Ereignisse in ähnlicher Weise sortiert, woraus dann Tradition, Geschichte, Biographie und Identität entstehen können. Darüberhinaus beeinflussen Zeitordnungen weite Teile der gesellschaftlichen Strukturen und Prozesse, indem sie zum Beispiel über den "Normalarbeitstag" die Grenze zwischen Arbeit und Freizeit regulieren und damit erheblich zur normativen Integration von Industriegesellschaften beitragen (Deutschmann 1983). Auch wohlfahrtsstaatliche Sicherungssysteme lassen sich unter einer Zeitperspektive behandeln, werden damit doch vor allem zukünftige Risiken abgesichert (Beck 1988, Kap. IV).

Zwischen diesen drei Medien der Relationalität bestehen sowohl untereinander Zusammenhänge als auch Wechselwirkungen mit der Gesellschaftsstruktur, insbesondere mit dem jeweils erreichten Stand der Technik sowie Verdichtungen im Bereich einzelner Subsysteme (vgl. etwa Heinze/Offe 1987). Der gestiegene Stellenwert der Dimension Zeit hängt – neben den oben skizzierten Faktoren – auch zusammen mit dem beschleunigten gesellschaftlichen Wandel (Hart 1977), neuen Informations- und Kommunikationstechnologien, denen eine Tendenz zur Entwertung des Raumes und der Immaterialisierung von Produktion innewohnt. Will sich also eine Gesellschaft weiterhin auf Innovation und Dynamik ausrichten, so wird eine sowohl vorwärts wie rückwärts gewandte Zeitpolitik notwendig. Dies bildet neben der Versöhnung von materieller und symbolischer Politik und der Erzeugung eines funktionsfähigen Ersatzes für Utopien (s.o.), den theoretischen Ausgangspunkt zur Interpretation des Zukunftsdiskurses wie auch – in die andere zeitliche Richtung gewendet – der Debatten um die deutsche Geschichte.

Relevante Strukturen einer Zeitgesellschaft sind in einer ersten groben Skizze deren soziale Schichtungslagen und ökonomische Verwertungszusammenhänge. Durch veränderte Zeitregime entstehen neue soziale Differenzierungslinien, die die alten überlagern und individuelle und kollektive Subjekte hervorbringen, die sich nach kulturellen und sozialen Kompetenzen unterscheiden (Bordieu 1981).

Ins Ökonomische gewendet, zerstört die neue Zeitökonomie die bisherigen Trennlinien zwischen Arbeit und Freizeit, die Dualität von System- und Lebensweltzeit, die Korrelation von Anwesenheit und Lohn und will die Verwertbarmachung des "Kopfes" zur Steigerung des Kreativitäts- und Flexibilitätspotentials vorantreiben.

Dies alles verlangt nach politischer Regulierung im Sinne einer Zeitverfassung, die ein sozialverträgliches Zeitregime schaffen soll. Sie erfordert mindestens, den Umfang und die Verteilung von zeitlichen Lagen zu regeln und den Umstieg in andere Zeitzonen zu ermöglichen. Eine Politik, die sich dieser Aufgabe entzieht, erreicht keine langfristige Tiefenwirkung. Parteien, Verbände (und Kirchen) sind daher aufgerufen, neben dem Kampf um die Macht auch wieder gesellschaftliche Sinnstiftungsfunktionen zu übernehmen und zu Trägern glaubwürdiger Zukunftsvorstellungen zu werden.

II. Positionen: Selbstdarstellungen der Zukunftsdiskussionen

Wulf Schönbohm

Die Zukunftsdiskussion der CDU muß weitergehen

1. Warum die Union Zukunftsoffenheit braucht

Zukunftsoffenheit ist für die politische Überlebensfähigkeit einer Volkspartei langfristig gesehen von entscheidender Bedeutung. Der frühere Generalsekretär und jetzige stellvertretende Vorsitzende der CDU, Heiner Geißler, hat dies in seiner Rede auf dem 37. Bundesparteitag der CDU 1989 in Bremen wie folgt ausgedrückt:

> "Für den politischen Erfolg der CDU als Volkspartei ist es entscheidend, daß sie rechtzeitig bemerkt, welche politischen Fragen virulent werden. Erkennt sie diese nicht oder gibt sie darauf keine überzeugende Antwort, dann machen sich diese Probleme selbständig und suchen sich politisch eine andere Trägerschaft. Die Folgen sind dann neue soziale Bewegungen oder neue Parteien. Dadurch wird die Wählerbasis einer Volkspartei natürlich schmaler".

Auf Zeiten des gesellschaftlichen Wandels und des politischen Umbruchs können Volksparteien mit zukunftsorientierten Konzepten zur Gestaltung des Wandels oder mit dem Rückzug auf traditionelle Positionen reagieren, die in Zeiten tiefgreifender Veränderungen Halt und Schutz bieten. Dieser Rückzug auf den traditionellen Minimalkonsens unter Verdrängung aller neueren, oft verwirrenden Entwicklungen kann kurzfristig zu einer vorübergehenden Stabilisierung der politischen Verhältnisse innerhalb und außerhalb der Partei führen, ist aber auf lange Sicht keine politisch überzeugende Antwort. Deshalb braucht die CDU als Volkspartei eine entsprechende Sensibilität und Aufgeschlossenheit gegenüber Zukunftsthemen. Der internationale, gesellschaftliche, wirtschaftliche, technisch-wissenschaftliche und allgemeine politische Wandel wird sich in absehbarer Zeit nicht verlangsamen, sondern eher noch beschleunigen. In der politischen Auseinandersetzung werden sich für diejenige Partei Wettbewerbsvorteile ergeben, die diesen Wandel erkennt, richtig analysiert und entsprechende politische Konsequenzen zieht.

Im vergangenen Jahrzehnt hat sich das Wahlverhalten deutlich geändert. Die Wählergemeinschaft insgesamt orientiert sich heute zunehmend auch an den Zukunftsperspektiven, die Politikangebote der verschiedenen Parteien enthalten, und nicht allein an politischen Leistungsbilanzen. Deshalb muß die CDU darauf achten, daß ihr Name in der Öffentlichkeit mit der Behandlung zukunftsrelevanter Themen verbunden wird. Für künftige Wahlerfolge ist es von zentraler Bedeutung, daß die CDU in den Augen einer Mehrheit der Wählerschaft auch die Kompetenz bei zukunftsrelevanten Themen besitzt.

2. Die CDU wird moderne Volkspartei

In den 70er Jahren hat sich die Christlich Demokratische Union zur modernen, offenen und diskutierenden Volkspartei weiterentwickelt. Diese Modernisierung der CDU hatte politisch-programmatische und organisatorische Aspekte, die in ihrem Zusammenwirken für die CDU entscheidende Impulse zur Wiedergewinnung der Regierungsmehrheit gaben.

In organisatorischer Hinsicht von Bedeutung waren dabei besonders

- die Verdreifachung der Mitgliederzahl,
- die Gründung zahlreicher neuer Gemeinde- und Stadtverbände,
- die Einrichtung von Geschäftsstellen auf Kreisebene sowie
- der Aufbau einer effektiven Parteizentrale

In politisch-programmatischer Hinsicht besonders wichtig waren

- die Beschlüsse des Parteitages 1973 in Hamburg, wo die CDU erstmals erfolgreich einer breiten Öffentlichkeit ihr neues Profil als diskutierende Programmpartei bewußt machen konnte;
- die Beschlüsse des Mannheimer Parteitags von 1975 ("Mannheimer Erklärung", "Frau und Gesellschaft"), mit denen die CDU die Neue Soziale Frage aufwarf, die bis heute die sozialpolische Diskussion in der Bundesrepublik Deutschland mitbestimmt; und vor allem
- das CDU-Grundsatzprogramm, mit dem die Partei 1978 nach über sechsjähriger Diskussion ihr politisches Selbstverständnis und die Grundlagen ihres politischen Handels verbindlich festlegte.

Die wichtigste Funktion von Parteiprogrammen liegt zunächst darin, die politischen Zielvorstellungen einer Partei nach einem Diskussionsprozeß durch verbindliche Beschlüsse festzulegen und damit gleichzeitig Alternativen zu den Vorstellungen der konkurrierenden Parteien aufzuzeigen. Als Folge der während ihrer Oppositionszeit verabschiedeten Programme und Konzepte ist es der CDU damals zu einem erheblichen Teil gelungen, die Inhalte der öffentlichen Diskussion mitzuprägen.

Mittlerweile ist die CDU seit nahezu acht Jahren führende Regierungspartei und stellt seit 1982 den Bundeskanzler. Seitdem besteht für die CDU eine prinzipiell andere Situation, da sie infolge des in Koalitionsregierungen unumgänglichen Zwangs zum Kompromiß der Gefahr ausgesetzt ist, daß ihr eigenständiges inhaltliches Profil zumindest in der öffentlichen Wahrnehmung beeinträchtigt wird. Die CDU befindet sich in einem strukturellen Konflikt, da sie einerseits ihr Handeln als Regierungspartei in der Öffentlichkeit vertreten und andererseits darauf achten muß, daß sich ihr eigenständiges inhaltliches Profil nicht verwischt – Regierungspolitik und Parteipolitik können nicht immer deckungsgleich sein.

Die Diskussion und Verabschiedung von Programmen und Konzepten ist dafür ein geeigneter Weg, den die CDU seit 1982 mit Erfolg gegangen ist. Deshalb waren auch alle Bundesparteitage der CDU in Nichtwahljahren seit ihrer Regierungsübernahme Programmparteitage – Stuttgart 1984, Essen 1985, Mainz 1986, Wiesbaden 1988, Bremen 1989.

3. Das christliche Menschenbild als ethische Grundlage christlich-demokratischer Politik

Der immense politische und soziale Wandel und die damit verbundenen Entwicklungsmöglichkeiten und Herausforderungen sind auch dadurch gekennzeichnet, daß sie neue Gefahren heraufbeschwören und damit neue Fragestellungen mit sich bringen, die ethische Betrachtungsweisen stärker in den Mittelpunkt politischer und programatischer Überlegungen rücken, um Risiken und Chancen abwägen, um über Prioritäten entscheiden zu können.

Um die mit den großen Zukunftsfragen verbundenen Herausforderungen zu bestehen, braucht die Politik einer Partei einen ethisch-moralischen Kompaß, an dem sie ihre Überlegungen über die Gestaltung der Zukunft orientieren kann. Für die CDU sind dies das christliche Verständnis vom Menschen und die sich daraus ergebenden Grundwerte Freiheit, Solidarität und Gerechtigkeit, was seit Gründung der CDU seinen Niederschlag in der Formel "Politik aus christlicher Verantwortung" gefunden hat. Im Grundsatzprogramm von 1978 hat die CDU ihr politisches Selbstverständnis entsprechend definiert.

Diese grundsätzlichen Positionen können in der politischen Praxis natürlich nicht ohne Folgen bleiben. Der Beschluß "Wissenschaft und Technik im Dienst des Menschen" leitet deshalb auch konkrete Forderungen ab, die den Schutz menschlicher Würde besonders betreffen, z.B. das Verbot der Ersatzmutterschaft, das Verbot verbrauchender wissenschaftlicher Forschung an Embryonen und das Verbot des Klonens sowie der Chimären- und Hybridbildung in der Gentechnologie.

Die Beschlüsse der CDU-Bundesparteitage von 1988 in Wiesbaden und 1989 in Bremen wurden als Ganzes unter die Gesamtüberschrift "Politik auf der Grundlage des christlichen Menschenbildes" gestellt. Die Beschlüsse dieser Parteitage befassen sich unter anderem mit auf den ersten Blick so verschiedenen Themenbereichen wie Außen-, Ausländer- und Umweltpolitik. Für die CDU ergibt sich ihr innerer Zusammenhang aus der grundsätzlichen Orientierung christlich-demokratischer Politik am christlichen Menschenbild und der Unverfügbarkeit menschlicher Würde:

- Wer aus welchen Gründen in welchem Land Menschenrechte verletzt, ist für Christliche Demokraten eine nachrangige Frage. Menschenrechtsverletzungen lehnt die CDU grundsätzlich ab, weil alle Menschen dieselbe Würde besitzen - in Chile wie in Nicaragua, in Rumänien wie in Südafrika.
- Das christliche Menschenbild verpflichtet zur Integration der bei uns lebenden ausländischen Mitbürgerinnen und Mitbürger, denn menschliche Würde besteht unabhängig von Nationalität. Deshalb lehnt die CDU alle Formen von Ausländer- bzw. Fremdenfeindlichkeit ab.
- der Mensch ist Teil der Schöpfung, Pflanzen und Tiere sind seine Mitgeschöpfe. Daraus ergibt sich für Christliche Demokraten die Verpflichtung, die Natur auch um ihrer selbst willen und nicht nur als Lebensgrundlage des Menschen zu schützen.

Das christliche Menschenbild als ethische Grundlage der Diskussion zukunftsrelevanter Themen in der CDU ist für die Christlich Demokratische Union ein tragfähiger Ansatz: Er steht in der Kontinuität der Partei- und Parteiprogrammgeschichte, er dient als "einigendes Band", das die verschiedenen Strömungen in der Partei miteinander verbindet, und ermöglicht eine Abgrenzung zum politischen Gegner (nach links wie ganz rechts) auf der Werteebene.

4. Zukunftsdikussion in der CDU - Erfolge und Defizite

In ihrer Programm- und Zukunftsdiskussion ging es der CDU vor allem darum, einerseits traditionell von ihr besetzte Themen perspektivisch weiterzuentwickeln, z.B. die Wirtschafts- und Technologiepolitik in den Stuttgarter Leitsätzen von 1984, andererseits aber auch neue Fragestellungen aufzugreifen, z.B. die Frauenpolitik und die Umweltpolitik.

Die CDU hat klarer als die anderen Parteien erkannt, daß die Gesellschaft der Bundesrepublik Deutschland von einer gewachsenen sozialen Vielfalt geprägt ist und mit althergebrachten Kategorien nicht mehr treffend analysiert werden kann. Aufgabe einer Volkspartei ist es daher, dieser Vielfalt an Lebensstilen, Milieus und sozialen Kleingruppen Rechnung zu tragen, sich an individuellen Bedürfnissen zu orientieren, solange diese nicht im Konflikt mit Interessen der Allgemeinheit stehen. Deshalb plädiert die CDU in ihren Stuttgarter Leitsätzen zum Thema Arbeitszeit für die Individualisierung und Flexibilisierung einer stärker selbstbestimmten Arbeitszeit. Das nutzt Arbeitnehmern, Arbeitgebern und den Familien.

Der Wert eines Menschen hat jedoch nichts damit zu tun, ob er Erwerbsarbeit leistet oder nicht. Deshalb hat die CDU folgerichtig mit dem Konzept unter der Überschrift "Neue Arbeit" den althergebrachten Begriff von Arbeit im Sinne von Erwerbsarbeit definitorisch und inhaltlich erweitert auf Arbeit, die z.B. in der Familie oder in ehrenamtlichen Tätigkeiten geleistet wird. Die praktischen Folgen dieser Konzeption sind die Anerkennung von Kindererziehungszeiten im Rentenrecht, die Einführung eines Erziehungsgeldes sowie eines Erziehungsurlaubes bei gleichzeitiger Beschäftigungsgarantie gewesen, denen die Anerkennung weiterer Bereiche wie z.B. von Pflegearbeit folgen muß.

"Grundsätze", so hat der CDU-Fraktionsvorsitzende im baden-württembergischen Landtag, Erwin Teufel, einmal gesagt, "sind dazu da, Folgen zu haben". Denn die schönsten Zukunftsdiskussionen und Programmbeschlüsse bleiben – vor allem für eine Regierungspartei – letztendlich folgen- und wirkungslos, wenn sie politisch nicht umgesetzt werden. Daß die politische Umsetzung von programmatischen Beschlüssen zu Themen, mit denen die Partei Neuland betreten hat, auf besonders starke Widerstände stößt, ist leicht nachvollziehbar. Dies zeigt sich an den Essener Leitsätzen der CDU über "Die neue Partnerschaft zwischen Mann und Frau", die Aussagen über die Rolle der Frauen in Familie, Politik und Gesellschaft beinhalten, die weit über ihre bis dahin geltende Politik hinausreichen. Im Parteialltag der CDU haben sich diese Aussagen noch nicht überall ausgewirkt. So stellen die Leitsätze fest:

"Die einseitige Zuweisung von Rationalität und fachlicher Leistung zum Beruf und die einseitige Zuweisung von sozialen Tugenden und persönlicher Zuwendung zur Familie ist überholt. Rationalität, fachliche Leistung, soziale Tugenden und persönliche Zuwendung werden im Berufsleben und in der Familie gleichermaßen verlangt. Eine ganzheitliche Entfaltung der Persönlichkeit wird begünstigt, wenn Jungen und Mädchen in der Familie und in der Ausbildung, wenn Männer und Frauen in Ehe und Beruf die Anforderungen und Bedingungen beider Bereiche erleben. So wird auch partnerschaftliches Verhalten gefördert. (...) Es ist der Ausdruck eines überholten Denkens, die Aufgaben der Frau auf die Mutter und Hausfrau und die Aufgaben des Mannes auf die der Erwerbstätigkeit beschränken zu wollen".

Es mag sein, daß eine Minderheit der CDU-Mitglieder die wesentlichen Aussagen der Essener Leitsätze immer noch nicht akzeptiert oder überzeugend vertritt. Gerade in einer großen Volkspartei brauchen Bewußtseinsänderungsprozesse ihre Zeit. Aber kein verantwortlicher CDU-Politiker kann es sich auf Dauer leisten, in der Frauenpolitik hinter den Aussagen der Leitsätze zurückzubleiben oder diese abzulehnen. Die selbstbewußt gewordenen Frauen und die in dieser Frage sensibel gewordenen Männer in der CDU werden dafür sorgen. Trotz dieser positiven Beispiele muß sich die CDU immer wieder kritisch fragen lassen, ob sie Zukunftsthemen rechtzeitig und offensiv genug aufgreift. Der Bremer Parteitagsbeschluß zur Umweltpolitik war m.E. zu vorsichtig, um die CDU glaubwürdig als Umweltpartei zu etablieren. Daß in Bremen noch nicht einmal die Erhebung einer Naturschutzabgabe beschlossen wurde, belegt dies.

5. Flexible und offene Organisationsstrukturen

Nicht ganz zu Unrecht wird von einer Vertrauenskrise gegenüber Parteien gesprochen, was auch mit dem Stil und den Formen ihrer politischen Arbeit zusammenhängt. Die CDU muß den gesellschaftlichen Wandel nicht nur inhaltlich beantworten, sondern auch die Formen und den Stil ihrer Parteiarbeit ändern, mit denen sie den politischen Dialog führen will.

- Die schon dargestellte immer stärkere Ausdifferenzierung der Gesellschaft der Bundesrepublik, die starke Erhöhung des Wechselwähleranteils in der Gesamtwählerschaft erfordert, daß die Partei auf allen Ebenen mehr und effektivere Überzeugungsarbeit leistet als bisher.
- Ein attraktives Fernsehprogramm und immer mehr Freizeitangebote sorgen mit für Desinteresse an lokalen Parteiveranstaltungen. Die meisten Bürger verfolgen Politik heute passiv indirekt am Fernsehen und meistens nicht direkt bei den politischen Parteien.

- Die Bereitschaft zu kontinuierlicher und jahrelanger Mitarbeit in den Parteien ist insgesamt zurückgegangen, wenn auch die grundsätzliche Bereitschaft, sich politisch zu engagieren, gestiegen ist. Letzteres nützt jedoch eher den neuen sozialen Bewegungen und sogenannten Ein-Themen-Parteien und -Initiativen, die lediglich die Interessen kleiner Segmente in der Wählerschaft vertreten, und nicht den politischen Parteien, die auf ein kontinuierliches politisches Engagement im Rahmen eines politischen Gesamtkonzepts angewiesen sind.

Die CDU kann nicht umhin, sich auf diese Gegebenheiten auch organisatorisch einzustellen, denn zunehmende gesellschaftliche und politische Vielfalt erfordert mehr denn je die organisatorische Offenheit und Flexibilität einer Volkspartei. Der auf dem Bremer Bundesparteitag 1989 verabschiedete Beschluß über "Moderne Parteiarbeit in den 90er Jahren" zeigt, daß die CDU diese Problematik und die organisatorischen Mängel ihrer Arbeit erkannt hat. Die auf Bundesebene erfolgreich durchgeführte organisatorische Modernisierung und Öffnung der Partei muß in den Landesverbänden sowie Kreis- und Ortsverbänden ihre Entsprechung finden. Die CDU wird sich aber vor allem auf Landes-, Kreis- und Ortsebene noch systematischer öffnen müssen für den durchaus vorhandenen Sachverstand innerhalb und außerhalb der eigenen Mitgliederschaft, um ihn an der Formulierung von politischen Aussagen rechtzeitig zu beteiligen. Die Partei muß dazu die gesamte Palette an Möglichkeiten zur Erhöhung ihrer Kommunikations- und Dialogfähigkeit nutzen.

6. Politische Offenheit und Problembewußtsein

Die CDU hat es auch als Regierungspartei geschafft, die politisch virulenten und für die Zukunft wichtigen Themen und Inhalte mitzuprägen und öffentliche Diskussionen darüber mitzubestimmen. Technologiepolitik, Frauenpolitik, Flexibilisierung der Arbeitszeit, Familienpolitik, Sozialpolitik, Außen- und Deutschlandpolitik – nicht nur diese Bereiche wären ohne die politischen Anstöße und Innovationen aus der Programmarbeit der CDU heraus kaum zu Domänen christlich-demokratischer Politik, auch Regierungspolitik, geworden. Für eine weitere fruchtbare Zukunftsdiskussion in der CDU ist die isolierte Fixierung auf Einzelthemen nicht mehr ausreichend, da die einzelnen Themen kaum noch unabhängig von anderen behandelt werden können. Deshalb muß die Zukunftsdiskussion in der CDU zunehmend stärker unter übergreifenden Gesichtspunkten geführt werden. Die vom Bundesparteitag geforderte Einsetzung einer Zukunftskommission zur Institutionalisierung der Zukunftsdiskussion in der Partei ist in diesem Zusammenhang ein wichtiger Schritt in die richtige Richtung.

Eines sollte die CDU aus vergangenen Debatten auch gelernt haben: Sie muß in Zukunft verhindern, daß inhaltliche Diskussionen und wahlstrategische Überlegungen in der Partei von Standort- oder Personaldiskussionen überlagert werden, wie dies seit Mitte 1987 öfter der Fall war. Wenn die CDU neue, zukunftsrelevante Themen diskutiert, dann diskutiert sie deshalb nicht "linke" Themen. Wenn in der CDU Überlegungen angestellt werden, wie das Schrumpfen der Stammwählerschaft verhindert oder gebremst werden kann, wie die neuen, zahlenmäßig wachsenden Wählerschichten politisch erreicht werden können, dann hat dies nichts mit "rechts" oder "links" zu tun, sondern mit politischer Offenheit, mit Problembewußtsein und Reformfähigkeit. Genau diese Fähigkeiten braucht eine moderne Volkspartei, wenn sie politisch überzeugen und auf der Höhe der Zeit bleiben will.

Das Zukunftsmanifest der CDU - Auf einen Blick:

1. Mut zur Zukunft
2. Wissenschaft und Technik im Dienst des Menschen und einer lebenswerten Umwelt
3. Forschung und Technologie als Grundlage für wirtschaftlichen Fortschritt, neue Arbeitsplätze und soziale Sicherheit
4. Neue Chancen durch mehr Beschäftigung und mehr Wahlmöglichkeiten.
5. Durch Bildung und Weiterbildung zu mehr persönlicher und beruflicher Selbstentfaltung
6. Die Familie als unverzichtbare Voraussetzung für eine menschliche Gesellschaft
7. Für eine neue Partnerschaft zwischen Mann und Frau
8. Mehr Sinnerfüllung in einer farbigen Kulturgesellschaft
9. Für einen Staat, der sich auf seine eigentlichen Aufgaben beschränkt
10. Ehrenamtliches Engagement, soziale Initiativen und Selbshilfegruppen als Bereicherung des modernen Sozialstaates
11. Sicherheit, Geborgenheit und eigenständige Lebensgestaltung im Alter
12. Für eine Welt, die ein Leben in Frieden, Freiheit und Würde ermöglicht

Peter Glotz

Neue Projekte der Linken

1. Einleitung

Die Gesellschaft der Bundesrepublik und das deutsche Parteiensystem befinden sich in einem raschen und tiefgreifenden Wandlungsprozeß. Zwei Gründe sind dafür verantwortlich:

- Einmal der Machtverlust der Regierungen von Nationalstaaten, die sich immer mehr globalen Risiken (wie Tschernobyl) und weltweit operierenden Märkten (Beispiel: Die Euro-Dollar-Märkte) gegenübersehen. Es ist ein großer Irrtum zu glauben, daß die Bürger diesen realen Machtverlust nicht bemerken würden.
- Zum anderen ein rascher Prozeß der "Individualisierung", der durch die Erhöhung der Durchschnittseinkommen in den letzten Jahrzehnten, durch die Verbesserung der Bildungschancen, die Flexibilisierung der Arbeitszeit, die Dezentralisierung des Arbeitsortes und vergleichbare Entwicklungen verursacht wurde. Die Menschen werden aus traditionellen Bindungen und Versorgungsbezügen herausgelöst, tauschen dafür aber neue Zwänge des Arbeitsmarktes und der Konsumexistenz ein. Das erzwingt beispielsweise eine ganz neue Rolle der Frau, eine veränderte Funktion der Familie und der "Arbeit". Wen wundert es, daß unter solchen langfristigen Trends zuerst einmal die geistig offenere – und damit auch verletzlichere – der Volksparteien leidet?

Die SPD versucht seit ihrem Ausscheiden aus der Bundesregierung, neue Antworten auf diese Herausforderungen zu formulieren. Der Irseer Programmentwurf war ein erster, sicher unvollkommener Versuch einer systematischen Reaktion. Im Dezember verabschiedete der aus aktuellem Anlaß von Bremen nach Berlin verlegte SPD-Parteitag das neue Programm. Es löst das seit 1959 geltende, legendäre Godesberger Programm ab, in dem sich die SPD zur sozialen Marktwirtschaft und zur Westintegration bekannte. In der Grundrichtung der (Berliner) Neuorientierung geht es vor allem um eine Europäisierung der gesamten Politik, mithin um die Zerstörung der Illusion, man könne in einem Nationalstaat isoliert die Arbeitslosigkeit bekämpfen oder die Umweltrisiken begrenzen. Außerdem stehen die ökologische Modernisierung unserer Industriegesellschaft sowie – last not least – die Durchsetzung eines neuen Rollenverständnisses der Frau im Vordergrund.

2. Fünf neue Projekte der Linken

In diesen bewegten Zeiten gibt es in Westeuropa allenthalben neue programmatische Anstrengungen. Die gründlichste, am ehesten systematische und umfassendste Anstrengung aber haben die deutschen Sozialdemokraten mit der Entwicklung ihres neuen Grundsatzprogrammes gemacht. Man kann durchaus von Pionierarbeit sprechen. Hinter das, was Willy Brandt und Erhard Eppler angestoßen und Hans-Jochen Vogel, Oskar Lafontaine und wiederum Erhard Eppler in eine vorläufige Endform gebracht haben, wird die Diskussion um einen demokratischen Sozialismus europäischen Typs in einer ganzen Reihe von Fragen nicht mehr zurückfallen können.

Es sind vor allem fünf Grundgedanken, die die beiden Programmkommissionen der SPD, zusammen also knapp 100 Personen, formuliert haben. Mit diesen fünf Thesen setzt sich der demokratische Sozialismus in den Stand, in den politischen Kämpfen der Industriegesellschaften im späten zwanzigsten Jahrhundert weiter erfolgreich mitzumischen. Eine Erfolgsgarantie stellen sie natürlich nicht dar: Aber es gibt kein Parteiprogramm, das Erfolge im Machtkampf garantiert. Es gibt nur Parteiprogramme, die Erfolge unmöglich machen.

Die fünf neuen Grundgedanken des Berliner Programms kann man folgendermaßen formulieren:

1. Das Konzept "common security" (gemeinsame Sicherheit) stellt die Außenpolitik in der Region Zentraleuropa auf eine neue Grundlage. Sicherheit, so lautet die von Olof Palme, Helmut Schmidt und Egon Bahr entwikkelte Idee, kann nicht mehr gegeneinander errüstet, sondern muß miteinander organisiert werden. Damit wird erstmals auf die Gefahr eines weltweiten nuklearen Holocausts zureichend reagiert.

2. Die SPD ist dabei, aus der rapiden Internationalisierung von Produktion, Handel und Geldwirtschaft Konsequenzen zu ziehen. Diese Konsequenzen könnte man mit dem Label "Europäisierung der Politik" versehen. Zwar ist der Europa-Begriff des Programms noch viel zu technokratisch und EG-orientiert, aber im Vergleich zum Godesberger Programm des Jahres 1959 hat die europäische Idee erheblich an Plastizität und Realitätskraft gewonnen.

3. Mit der Forderung nach einer "ökologischen Erneuerung bzw. Modernisierung der Industriegesellschaft" antwortet die SPD auf die fortschreitende Naturzerstörung und Ressourcenvernichtung durch den Industrialismus mit einer inzwischen relativ geschlosssenen Theorie, die die Anstöße von Meadows, Pestel, Binswanger, Vester, Strasser, Traube u. a. weiterentwickelt. Es sollen nicht Umweltschäden im nachhinein repariert, sondern ökologische Kreisläufe von vornherein berücksichtigt werden. Tendenziell

laufen die inzwischen sehr detailliert ausgearbeiteten Vorschläge auf einen Wechsel der Rohstoffbasis der Industriegesellschaften hinaus.

4. Das Programm der SPD ist mit seinen Thesen zur "Gleichstellung der Frau" feministischer als alle seine Vorläufer; und zwar bis in die Terminologie ("Wer die menschliche Gesellschaft will, muß die männliche überwinden"). Die SPD berücksichtigt auf diese Weise das neue Selbstbewußtsein von Millionen von Frauen, die erstklassig ausgebildet wurden, auf den Arbeitsmärkten der High-Tech-Industrie und der modernen Dienstleistung unentbehrlich sind, und doch häufig unterprivilegiert bleiben.

5. Das Konzept des neuen Programms setzt mit seinen radikalen Forderungen nach Arbeitszeitverkürzung auf das Marxsche Konzept der "disponiblen Zeit". Gleichzeitig wird durch eine starke Betonung der Bedeutung von "Kultur" ein anderes altes sozialistisches Motiv aufgenommen: "Sozialismus ist eine neue kulturelle Welt" (Werner Sombart). Im Ergebnis aber ist die hier entwickelte Arbeitspolitik, von unwichtigen Einzelheiten abgesehen, realistisch und praktisch, weil sie allzu weit gesteckte Utopien wie die vom "Ende der Arbeitsgesellschaft" meidet und trotzdem auf den immensen Produktivitätsanstieg und die mikroelektronische Revolution reagiert.

Mit diesen fünf Ideen hat die SPD die nur noch europäisch führbare Debatte über die mögliche Zukunft eines demokratischen Sozialismus ohne Zweifel bereichert. Keine dieser Ideen ist ganz neu, keine allein in Deutschland entstanden; aber niemand – außer der SPD – hat sich die Mühe gemacht, diese Ideen so sorgfältig auszufalten und so systematisch aufeinander zu beziehen. Das Berliner Programm der SPD ist eine sehr akzeptable erste Grundlage für die notwendige Selbstverständigung einer europäischen Linken.

3. Verengte Europa–Idee

Allerdings sind die über ihre Texte gebeugten Autoren des Programms bei einigen Kapiteln von der Wirklichkeit überholt worden; vor allem von der explosiven und von niemandem prognostizierten Entwicklung in Ostmitteleuropa. Die außenpolitischen Passagen des Programms machen den Eindruck, als ob man an Formeln von gestern (als für die meisten Westler "Europa" noch identisch mit der Europäischen Gemeinschaft war) rasch ein paar Hinweise auf eine "gesamteuropäische Friedensordnung" angeflickt hätte. Ein Hinweis darauf, daß die westeuropäische Einigung nicht als Alternative zu einem geeinten Europa, sondern als ein Schritt auf dieses Ziel hin verstanden werden muß, fehlt.

Europa befindet sich in einer erregenden, aber auch gefährlichen Entwicklung. Einerseits beginnt die Europäische Gemeinschaft mit der Implementierung der Europäischen Akte, mit der Schaffung des Binnenmarktes zum 31. Dezember 1992, mit der Verbesserung der Entscheidungsprozesse, der Verstärkung der Kooperation in der Währungspolitik und der Intensivierung der außenpolitischen Zusammenarbeit eine andere politische Qualität anzunehmen. Das Europa der Zwölf rückt zusammen, die Nationalstaaten geben Teile ihrer Souveränität auf. Integrationsmechanismen beginnen zu greifen. Dieses Westeuropa übt einen erheblichen Sog auf Ostmitteleuropa und Osteuropa aus. Gleichzeitig verfällt die marxistisch-leninistische Orthodoxie. Die tiefgehende wirtschaftliche Krise in der Sowjetunion und in den ostmitteleuropäischen Staaten erzwingt Demokratisierungsprozesse. Welches Konzept hat die sich mühsam formierende Europäische Linke für ein neues Europa?

Wer die Zukunft allerdings nicht nur auf sich zukommen lassen, sondern beeinflussen, gar gestalten will, muß sich auch mit den Risiken dieser Entwicklung auseinandersetzen. Aber es wäre töricht, wenn die Europäische Linke so täte, als ob die explosive Entwicklung in Ostmitteleuropa ihr sozusagen automatisch in die Hände arbeite. Ein erheblicher Teil der neuen politischen Organisationen in Osteuropa lehnt jede Art von Sozialismus, auch den demokratischen, ohne viel Federlesen ab; und in den Vereinigten Staaten und in Westeuropa sind viele Konservative davon überzeugt, daß der "Sieg des Westens" nicht nur den Marxismus-Leninismus, sondern auch den Demokratischen Sozialismus widerlegt habe. Die Gefahr, daß die Demokratisierung Osteuropas, die in jedem Fall ein großer Zuwachs an Selbstbestimmung, ein Ausbruch aus erzwungener Unmündigkeit, also ein Fortschritt im Sinne der Ideen des Demokratischen Sozialismus ist, zu einem Sieg der europäischen Rechten wird, ist jedenfalls nicht von der Hand zu weisen. Die Europäische Linke muß schon kämpfen, wenn sie das verhindern will; und zwar einiger, konsequenter und wirkungsvoller als in den letzten Monaten.

Zwei große Gefahren drohen vor allem:

- Das ist erstens das Heraufdämmern eines neuen Nationalismus in Europa. Wir leben in der Gefahr, daß der Niedergang des Marxismus-Leninismus zu einem erneuten Aufstieg des Vorkriegsnationalismus führt. Man muß nicht so unsensibel sein, um jede Benutzung nationaler Symbole, die gegen Hammer und Sichel gesetzt werden, einfach als "Nationalismus" abzutun. Aber es ist nicht mehr unmöglich, daß wir uns in absehbarer Zeit wieder mit großserbischen, großungarischen oder großdeutschen Phantasien auseinandersetzen müssen. Wenn die Europäische Linke irgend etwas verhindern muß, dann dies.

Übrigens: Margret Thatchers schriller Widerstand gegen eine Europäische Währungsunion (unterstützt von bestimmten Kreisen um die Deutsche Bundesbank) ist nicht ungefährlicher als so manch schriller Ton von Slobodan Milosevic oder aus der großrussischen Bewegung "Pamjat".

- Gleichzeitig wird die westeuropäische Integration eine Verstärkung rechtspopulistischer Widerstandskräfte in Westeuropa erzeugen. Der Binnenmarkt wird die Binnenwanderung der Europäer verstärken; dazu kommen noch Auswanderungsprozesse aus Osteuropa. Um ein einziges Beispiel zu nennen: Nach Schätzung eines in der EG-Kommission kursierenden Bericht werden in den kommenden zehn Jahren drei bis fünf Millionen Aus- und Übersiedler in die Bundesrepublik Deutschland einströmen. Das Wachstum der deutschen Wirtschaft müßte kontinuierlich bei mehr als vier Prozent im Jahr liegen, wenn es der Politik der Bundesrepublik gelingen sollte, die Arbeitslosenzahlen von 1995 nicht noch weit über die gegenwärtig zwei Millionen Arbeitslose hinausschnellen zu lassen. Das ist natürlich ein ideales Terrain für rechtspopulistische Parteien nach dem Muster von Poujade, Glistrup, Le Pen, Schönhuber oder Haider. Die Verstärkung solcher Bewegungen wird die Chancen zu einer Kompromiß-Politik zwischen der gemäßigten Linken und der gemäßigten Rechten in den europäischen Industriegesellschaften erheblich verschlechtern.

Dies aber heißt: Die Europäische Linke muß sich rasch auf eine operative Politik für ein neues Europa einigen. Sie muß sich ein langfristiges Konzept machen, muß sich entscheiden, wer die Bündnispartner sind, und muß aufhören, außenpolitische Entwicklungen nur als Spielmaterial für innenpolitische Konflikte, als Gelegenheit zu Terraingewinn beim Hauskrach, zu betrachten.

4. Wirtschaftsindividualismus, Handelsgeist und die Figur des Unternehmers

Daß die Sozialdemokratie, deren mächtigste Wurzel der Marxismus war, trotz Lasalleanismus, Bernsteinschem Revisionismus und der berühmten (im Berliner Programm übernommenen) Godesberger Formel "Wettbewerb so weit wie möglich – Planung so weit wie nötig" mit dem, was man seit Kant den vordringenden "Handelsgeist" nennt, ihre Schwierigkeiten haben muß, ist keineswegs erstaunlich. Die deutsche Sozialdemokratie hat sich früher als ihre Bruder- und Schwesterparteien zu einer realistischen Beurteilung des Marktes durchgerungen; und auch das vorliegende neue Programm bewahrt diese Erkenntnis.

Wer die Denkschritte des Wirtschafts-Kapitels rekonstruiert, stößt zuerst auf eine moralische Forderung: "Wirtschaft hat dem Gemeinwohl zu dienen". Darauf folgt eine verdunkelnde Abstraktion: "Es (das Wirtschaften) soll alle Menschen ausreichend mit Gütern und Dienstleistungen versorgen, das Recht auf Arbeit gewährleisten, natürliche Lebensgrundlagen schonen und sichern." Und dann wieder ein eher frommer Wunsch: "Das Kapital hat dem Menschen, nicht der Mensch dem Kapital zu dienen". Dieser Introduktion folgt die Feststellung, daß die private Verfügung über die Produktionsmittel ein "historisches Grundproblem" des Wettbewerbsystems sei. Erst spät kommt dann, nachdem in langen Ausführungen die unbestreitbar notwendigen korrigierenden Gegenkräfte zum wirtschaftlichen Eigennutz dargestellt worden sind, die Figur des Unternehmers vor: "Auch Wirtschaftsdemokratie braucht unternehmerische Leistung. Wie erkennen sie an. Unternehmerische Leistung bewährt sich in sozialer und ökologischer Verantwortung."

Diese Konstruktion des Textes enthält schon ein prinzipielles Problem: Der Text vermeidet es – anders als Marx – hart auszusprechen, daß das ökonomische Interesse die Triebkraft der Moderne war und ist. Kein Zweifel: Die "kognitive Mobilmachung" (Sloterdijk), die in den letzten 400 Jahren die Bindungen an Sippe, Clan und Herkommen gesprengt und eine Überwindung von Not und Mangel sowie eine ungeahnte Mobilität ermöglicht hat, hat auch zu brutalen sozialen Ungerechtigkeiten, Ausbeutung und Naturverknechtung geführt. Ohne die Individuation, also die Instrumentalisierung der Triebe nach Besitz, Ansehen und Macht wären aber die methodischen Organisationsformen der Arbeit nicht zustande gekommen. Die Selbstaktualisierung und Selbstintensivierung des Menschen hat viel mit Eigennutz und Gewinnstreben zu tun. Wer das mit moralischen Maximen zudeckt, findet nur schwer ein produktives, positives Verhältnis zu Neugierde, Innovation, Risiko und dem agonalen Motiv der Konkurrenz.

Keine Partei, die potentielle Mehrheiten erreichen will, darf zur Partei des Eigennutzes werden; sozialdemokratische Parteien würden bei einer solchen Operation ihre Identität verlieren. Wer aber zu stark an einer vor allem moralischen Bändigung der individuellen Leidenschaften und Interessen hängt, wird öfters mal blamiert. Den ebenso raschen wie komplizierten Modernisierungsprozeß von komplexen Industriegesellschaften kann man in keinem Fall aus einer Hand, von einer Stelle aus steuern. Wer ihn aber wenigstens beeinflussen, wenigstens an Stromschnellen regulieren will, muß einen Teil der "managerial classes", der technischen Intelligenz, der technokratisch-liberalen Milieus für sich gewinnen. Das ist nicht einfach mit einem eher pastoralen Verhältnis zum "Handelsgeist".

Besonders aktuell wird dieses Thema in einer Zeit, in der sowohl der "reale Sozialismus" als auch viele junge Regime der Dritten Welt gescheitert sind. Man rekapituliere die letzten zwei Jahrzehnte: Was blieb von Chruschtschows Anspruch, den Westen zu überholen, von Castros lateinamerikanischer Revolution, von Titos jugoslawischem Modell, von Nasser, Nkrumah oder Sukarno? Es ist schon richtig: Die sowjetischen, ungarischen und polnischen Intellektuellen erwarten sich allzu viel von der "sozialen Marktwirtschaft" Ludwig Erhards. Aber eine neue Attraktivität des alten, lange totgesagten Westens ist nicht zu bestreiten. Wie wird der demokratische Sozialismus (überall in Europa) damit fertig werden? Im Zweifel nur durch Zumutungen und den eigenen Idealismus.

5. Die demographische Revolution

Das neue SPD-Programm reagiert angemessen und mit wohlüberlegten Konzepten auf eine Reihe neuer Herausforderungen, die in den 30 Jahren seit der Formulierung des Godesberger Programms entstanden sind oder sich verstärkt haben; einprägsamstes Beispiel ist die Naturzerstörung durch den Industrialismus. Die Autoren haben auch sensibel die Veränderungen registriert, die durch Frauen-Bildung, Frauen-Berufstätigkeit und das neue Selbstbewußtsein von Millionen Frauen im Geflecht der sozialen Beziehungen entstanden sind. Um so erstaunlicher ist es, daß auf die wohl tiefgehendste Veränderung des Aufbaus unserer Gesellschaft, die Veränderung der Altersschichtung, nur mit wenigen gleichgültig-registrierenden Bemerkungen eingegangen wird.

Es geht um die Nachwuchsmüdigkeit der Leute; die Geburtenzahlen liegen seit 1972 niedriger als die Zahlen der Gestorbenen. Heute ist bereits jeder Fünfte (insgesamt mehr als 12 Millionen Menschen) über sechzig Jahre alt; gegen Ende dieses Jahrhunderts wird jeder Vierte (14,5 Millionen) dieser Altersgruppe angehören. Die Zahl der in der Bundesrepublik lebenden Deutschen ist in den vergangenen 17 Jahren um 1,3 Millionen zurückgegangen, die der Ausländer dagegen um 1,7 Millionen gewachsen. In 50 Jahren wird die Einwohnerzahl der Bundesrepublik unter den Wert von 1950 gesunken sein. Ein Drittel der Bevölkerung wird dann von den Alten gestellt. Wie funktioniert der demokratische Sozialismus in solchen Staaten?

In vielen Großstädten bestehen heute mehr als 50 Prozent der Haushalte aus nur einer Person. Das liegt nicht nur daran, daß Millionen Menschen aufgrund der Leistungen der modernen Medizin ihre Lebenspartner überleben; es liegt auch an Bindungsangst und der Tatsache, daß sich die Anzahl der Geschiedenen sei 1970 verdoppelt hat. Die Zahl der Einzelkinder war noch nie so groß wie heute; es gibt längst hunderttausend "Einzelenkel",

Menschen also, die das stützende Milieu großer Familien mit vertrauten "Verwandten" verschiedener Generationen nie kennengelernt haben. Die Folgen dieser Entwicklung sind explosiv; nicht nur für die Rentenfinanzierung und die Auslastung der Infrastruktur, sondern vor allem für die soziale Atmosphäre. Da entsteht eine neue Spezies – zwischen Autonomie und Autismus.

Das Programm antwortet auf diesen radikalen Temperatursturz moderner Industriegesellschaften sehr "ungleichzeitig"; mit dem reflexartigen Ruf nach "Solidarität" ("In einer Gesellschaft, in der immer mehr alte Menschen mit immer weniger jungen Menschen zusammenleben, ist Solidarität wichtiger als je") und Allerwelts-Pragmatismus ("Wo verschieden geprägte Generationen zusammentreffen, sind Spannungen unvermeidlich. Sie werden fruchtbar, wenn Junge und Alte ihre Erfahrungen austauschen und in einer Gesellschaft, die ihnen Sicherheit und Geborgenheit vermittelt, miteinander leben und voneinander lernen können"). So idyllisch sind die Schlangengruben des späten zwanzigsten Jahrhunderts (vom New York Woody Allens bis zu den altbayerischen Dörfern von Franz-Xaver Kroetz) aber nicht, daß man ihre Probleme mit gelassenem Biedersinn bewältigen könnte. Die Linke, deren Repräsentanten noch allzu oft aus der Großbetriebs-, Großfamilien- und Großorganisationsperspektive denken, muß sich auf eine neue Wirklichkeit einstellen: Mehr Singles, mehr Dienstleistung, mehr kleine Einheiten, mehr unstete Beschäftigungsverhältnisse, mehr Multikulturalität.

Das Berliner Programm der SPD hat diese Herausforderung noch nicht angenommen. Die freigesetzten Eigeninteressen der Moderne müssen in einem flexiblen und komplizieren Muster koordiniert werden; und auch die Linke wird sich damit abfinden müssen, daß "aus so krummen Holz, als woraus der Mensch gemacht ist, nichts ganz Gerades gezimmert" werden kann. Das stammt von Kant und eignete sich gut als Motto für sozialistische Programme der Zukunft.

6. Ethik und Kinetik

Peter Sloterdijk, der gewiß nicht sozialistische Münchner Philosoph, hat seiner "Kritik der zynischen Vernunft" neuerdings eine "Kritik der politischen Kinetik" folgen lassen. Er beschreibt darin faszinierend die Beschleunigung als zentralen Begriff der Moderne. Der "Wille zur Macht des Selberkönnens" sei der eigentliche Kern der europäischen Aufklärung, die Kinetik der Moderne.

Mit vielen der zynisch-melancholischen Folgerungen Peter Sloterdijks wird der demokratische Sozialist nicht leben können. Der Versuch des Berliner Programms der SPD, das "geschichtemachende Gemisch aus Optimismus und Aggressivität" des modernen Menschen in Frage zu stellen, ist berechtigt. Er ist auch in vielen Elementen gelungen. Was dem Programm allerdings fehlt, ist das Gefühl für die großartige Ambivalenz der modernen Selbstbewegungsmöglichkeiten und die trocken-realistische Einsicht in die Unumkehrbarkeit vieler (nicht aller) Prozesse. Keine modische Resignation; Welthunger, Klimakatastrophe, Naturzerstörung und Hochrüstung müssen nicht hingenommen werden. Aber auch nicht zuviel Glaube an die Wirksamkeit von Ethik-Kommissionen. Wie Sloterdijk sagt: "Ein Aspekt der Gefahr, in der wir als Subjekte wie als Objekte von Politik schweben, besteht nicht zuletzt darin, amoralische Risiken auf moralische Fragen zu reduzieren, um die Gefährdeten zu beschwichtigen." Dixi et salvavi animam meam.

Guido Westerwelle

Die F.D.P. zwischen Funktion und Programm

1. Einleitung

"Mut zur Zukunft", "Zukunft durch Leistung" und "Die Zukunft gestalten statt Krisen verwalten" waren liberale und jungliberale Motti der achtziger Jahre. Das läßt eine vertiefte Zukunfts- oder Programmdiskussion in den Reihen der F.D.P. vermuten, denn jenseits des Werbeeffekts solcher Slogans sollen sie doch immer auch zum Ausdruck bringen, was eine Partei gerade inhaltlich bewegt.

Gleichwohl war die Grundsatzdiskussion der F.D.P. in den achtziger Jahren, verglichen mit der in den siebzigern, vergleichsweise von bescheidener Intensität. Der fruchtbare Boden für eine dominante Programmdiskussion fehlte aber in der F.D.P. ebenso wie in weiten Teilen der Gesellschaft. Vermutlich werden die achtziger Jahre für die Liberalen als ein besonders realpolitisches Jahrzehnt in ihre Geschichte eingehen.

Beide Jahrzehnte, sowohl die siebziger, als auch die achtziger, begannen mit Existenzängsten für die liberale Partei. 1969 erhielt die F.D.P. bei der Bundestagswahl 5,8 % der Stimmen und damit das schlechteste Ergebnis in ihrer Geschichte überhaupt. 1983 erzielte sie mit 7,0 % ihr bisher zweitschlechtestes Ergebnis. Während sie aber in den 1969 folgenden Jahren vor allem mit neuen Inhalten als Programmpartei zu gewinnen suchte, spielte sie nach der Wende 1982/83 vorzugsweise die Karte der Funktionspartei aus, die Mehrheiten schafft und sichert. Beide Wege waren übrigens gleichermaßen erfolgreich, wie die ansteigenden Wahlergebnisse später bewiesen.

2. Die Freiburger Thesen

1971 läuteten die vom Bundesparteitag im Oktober beschlossenen Freiburger Thesen das programmatische Jahrzehnt der Liberalen ein. Vermutlich sind die Freiburger Thesen das beste Programm, das eine Partei in der Nachkriegsgeschichte der Bundesrepublik überhaupt verabschiedet hat, was möglicherweise auch daranliegt, daß es Thesen und nicht die üblichen Parteipostulate waren, die dort beschlossen wurden. Die Freiburger Thesen waren der programmatische Höhepunkt einer Entwicklung, in der die F.D.P. von der "konservativen Honoratiorenpartei" in wenigen Jahren zur "jugendlichen Initiativpartei" wurde (vgl. Haussmann 1989).

Die Freiburger Thesen griffen die Jugendrevolte auf und zielten auf eine "Demokratisierung der Gesellschaft, aus demselben Gedanken der Freiheit, Gleichheit und Brüderlichkeit, aus dem auch die Demokratisierung des Staates ihren Ursprung nahm". Freiheit des Einzelnen war demnach nicht länger die Freiheit eines aus der Gesellschaft herausgedachten autonomen Individuums, sondern die "jenes autonomen und sozialen Individuums, wie es als immer zugleich einzelhaftes und gesellschaftliches Wesen in Staat und Gesellschaft wirklich lebt. Freiheit und Glück des Menschen sind für einen solchen sozialen Liberalismus danach nicht einfach nur eine Sache gesetzlich gesicherter Freiheitsrechte und Menschenrechte, sondern gesellschaftlich erfüllte Freiheiten und Rechte. Nicht nur auf Freiheiten und Rechte als bloße formale Garantie des Bürgers gegenüber dem Staat, sondern als soziale Wesen in der alltäglichen Wirklichkeit der Gesellschaft kommt es an."

Solche Aussagen zu einem sozialen Liberalismus strapazierten bisherige Wähler und Mitglieder gleichermaßen. Die Liberalen sind zwar grundsätzlich in allen Bevölkerungsschichten zu Hause, dies aber heute wie seinerzeit mit unterschiedlicher Temperatur. Die bürgerliche F.D.P. – und hinsichtlich der soziologischen Struktur bildeten auch die sogenannten "Linksliberalen" keine Ausnahme – setzt und setzte sich überwiegend aus "people on the sunny side of the street" zusammen, was sich natürlich als Erfahrungsverlust in der Programmatik regelmäßig niederschlägt.

Die Freiburger Thesen gaben der F.D.P. ein neues programmatisches Gerüst. Alle vier Teile der Thesen wirkten fort, die Thesen zum Eigentum, zur Vermögensbildung und zur Mitbestimmung aber sicher weniger stark als der vierte Teil zur Umweltpolitik: Auch für künftige Generationen müssen danach noch Rohstoffe, frische Luft und reines Wasser vorhanden sein. Die soziale Marktwirtschaft habe wirksame Möglichkeiten, die Umweltkrise zu bekämpfen. Nur am Rande sei erwähnt, daß die Verankerung des Rechts auf eine menschenwürdige Umwelt im Grundgesetz bereits in den Freiburger Thesen gefordert wurde.

Die F.D.P. versuchte also, ihre dringend notwendig gewordenen Wahlerfolge als Programmpartei zu erreichen. Keineswegs handelte es sich dabei um ein singuläres Phänomen von 1971. Spektakuläre Programmatik – man denke nur an das später beschlossene Kirchenpapier –, sowie Grundsatzdiskussionen mit Stellenwert setzten sich über die gesamten siebziger Jahre fort.

In der Tat ist für das Profil einer Partei als Programmpartei stets nicht nur das Ergebnis entscheidend, sondern auch der Weg dorthin. Das öffentliche Nachdenken und die öffentliche Diskussion prägen sich beim Betrachter meist sogar noch stärker ein, als der Beschluß schließlich selbst. Eine Programmpartei besteht aus ihrem Programm und ihrer ständigen Diskussion über das Programm.

3. Das liberale Manifest

Natürlich setzte die F.D.P. auch in den siebziger Jahren ihre Funktion im Parteiensystem als Wahlkampfargument für sich ein. Vor allem die Funkionen als Korrektiv und als Mehrheitsbeschaffer spielten in der sozialliberalen Koalition eine ebenso starke Rolle, wie später im christlich-liberalen Bündnis. Gleichwohl reagierte die F.D.P. zu Beginn der achtziger Jahre grundsätzlich anders auf ihre Existenzkrise.

Zunächst bildete sie auch 1983/84 wieder eine Programmkommission. Die ersten beiden Ziele der Freiburger Thesen waren ebenfalls Motivation für das liberale Manifest. Auch die neue Koalition mit CDU/CSU bedurfte einer tieferen inhaltlichen Begründung; auch diesmal mußte die Programmatik der F.D.P. mit ihrer neuen Politik in Einklang gebracht werden. Das liberale Manifest griff jedoch nicht grundsätzlich Neues aus der gesellschaftlichen Diskussion auf, das z.B. in Form der Friedens- und Umweltbewegung sehr wohl vorhanden war, sondern faßte eher zusammen. Es setzte den Akzent nicht auf den Umbruch, sondern auf den Ursprung. Nicht von "Umwälzungen auf evolutionärem Wege", wie noch in den Freiburger Thesen, war die Rede, sondern von "Standortbestimmung". Ein visionärer Anspruch wurde nicht erhoben.

Dies schmälert als solches nicht den Wert des liberalen Manifestes, im Gegenteil: Inhalt und besonders Struktur sind ausgesprochen überzeugend. Es gibt ihm aber eine andere Funktion, die nicht im Aufbruch zur Programmpartei liegt, sondern in der inhaltlichen Rechtfertigung des status quo.

Auch auf das Aufkommen der Grünen reagierte die F.D.P. (zunächst) nicht, indem sie die Inhalte aufgriff oder aufarbeitete. Fast trotzig kommt einem in der Retrospektive der seinerzeit besonders beliebte Satz vor: "Die Grünen stellen zwar die richtigen Fragen, geben aber die falschen Antworten." Vielmehr reagierten die Liberalen wiederum rein funktional. Sie warnten vor "rot-grün" und vor der "Unregierbarkeit der Bundesrepublik" (zur Funktionalität vgl. insbesondere Dittberner 1987).

4. Neue Herausforderungen und Antworten

Zu Beginn der neunziger Jahre steht die F.D.P. wieder vor einem neuen Abschnitt. Dabei bedrohen sie keine schlechten Wahlergebnisse. Diese sind, von einigen (auch hausgemachten) Ausnahmen abgesehen, gleichbleibend gut. Vielmehr zwingt die Veränderung des Parteiensystems die F.D.P. zur Kurskorrektur. Aus dem programmatischen Spielbein wird wieder das Standbein. Die Funktionalität wird zur Zugabe. Dies liegt an mehreren Ursachen, von denen zwei für die F.D.P. von besonderer Bedeutung sind:

- Der Anteil derer, die sich von einem "tradierten" Wahlverhalten leiten lassen, nimmt ab. Das Wort "Wechselwähler" trifft die neue Mobilität vieler Wähler nur sehr unzureichend, da die Bereitschaft zur Einzelfallwahl noch nicht bedeutet, daß bestimmte Wähler dann auch tatsächlich von ihrer bisherigen Partei "abspringen". Hingegen trifft der Satz von Hans-Dietrich Genscher nach der Europawahl 1989 den Kern der Sache: "Es wird wieder Politik gewählt." Sehr viel stärker als früher fragt der Wähler wieder nach Inhalten und Zukunftsentwürfen einer Partei und macht hiervon auch seine Wahlentscheidung abhängig.
- Die Rolle der Grünen und das Auftreten der rechtsradikalen Parteien nimmt der F.D.P. ihre Exklusivität als Zünglein an der Waage. Für das Funktionsargument fehlt in vielen Bereichen einfach die Arithmetik. In einigen Bundesländern kämpft die F.D.P. ohnehin mehr um den vierten als um den dritten Platz im Parteiengefüge.

Neben einer überzeugenden Rolle der F.D.P. in der Tagespolitik kommt es daher verstärkt auf den liberalen Zukunftsentwurf an. Seit 1989 arbeitet wieder eine Perspektivkommission, die zu einem Drittel aus Nichtparteimitgliedern besteht, im Auftrag des Bundesvorstandes der F.D.P. an den liberalen Antworten auf neue Herausforderungen. Zwei Themenschwerpunkte aus der Kommission sollen an dieser Stelle besonders herausgestellt werden. Festzuhalten ist allerdings, daß die Diskussion in der Kommission noch im Fluß ist und die beiden Schwerpunkte auch nicht annähernd abschließend wiedergeben, welche Überlegungen in der F.D.P. derzeit insgesamt zur Programmatik stattfinden.[1] Im Hinblick auf den begrenzten Umfang einer solchen Darstellung ist aber insoweit eine Auswahl vorzunehmen.[2]

---

1 Das Manuskript spiegelt den Diskussionsstand im Januar 1990 wieder.

2 Zu den Bereichen "Zukunft der Arbeit" und zur "internationalen Herausforderung" gibt es ebenfalls umfangreiche Diskussionen.

4.1. Die ökologische Marktwirtschaft

Ausgehend von der Erkenntnis, daß die soziale Marktwirtschaft der wachsenden Bedeutung des Umweltschutzes nicht hinreichend Rechnung trägt, haben die Jungen Liberalen schon 1981 neun Thesen zur "Ökologischen Marktwirtschaft" vorgelegt, die zwar in Fachkreisen einige Beachtung fanden, aber zunächst in der F.D.P. keine Breitenwirkung erzielten. Erst gegen Ende der achtziger Jahre wurden diese Grundsätze in der F.D.P. auch tatsächlich verinnerlicht.[3] Ausgangspunkt dieses Konzepts ist die Überzeugung, daß freie Marktwirtschaft, soziale Marktwirtschaft und ökologische Marktwirtschaft drei aufeinanderfolgende Stufen eines Entwicklungsprozesses sind. Unstrittig ist in der F.D.P. der Gedanke, daß die Nutzung von Umweltgütern in unserem Wirtschaftssystem zu einem spürbaren Kostenfaktor gemacht werden muß, damit ein ständiger ökonomischer Anreiz für die Vermeidung von Umweltbelastungen und für die Weiterentwicklung umweltfreundlicher Techniken sorgt. Liberale wollen mit der ökologischen Verpflichtung der Marktwirtschaft die Voraussetzung für den Umbau zu einer umweltfreundlichen Gesellschaft schaffen. Natürlich kann der Grundsatz "Mehr Marktwirtschaft im Umweltschutz und mehr Umweltschutz in der Marktwirtschaft" nicht sofort und vollständig staatliche Ge- und Verbote ersetzen. Langfristig besteht aber der besondere Vorteil des Konzepts der Ökologischen Marktwirtschaft darin, daß ein Anreiz geschaffen wird, nicht wie bisher nur knapp unter den staatlichen Verschmutzungsgrenzen zu bleiben, sondern möglichst weit darunter.

Als Instrumente stehen hierfür grundsätzlich Umweltsubventionen, -auflagen, -abgaben und -lizenzen zur Verfügung. Letztere wären sogar frei zwischen verschiedenen Unternehmen handelbar. Welche der verschiedenen Instrumente in welchem Bereich zum Einsatz kommen sollten, ist sicher eine Frage der jeweiligen Zweckmäßigkeit.

4.2. Keine "Gefälligkeitsdemokratie"

Obgleich das Bedürfnis nach einem visionärem Zukunftsentwurf in der Gesellschaft weit verbreitet ist, antwortet unser politisches System überwiegend nur mit Politikkonzeptionen, die auf eine oder bestenfalls zwei Legislaturperioden angelegt sind. In Generationszeiträumen wird kaum noch geplant. Dies rächt sich in vielen Bereichen. In der Umweltpolitik führt die politische Kurzatmigkeit der jetzigen machthabenden Generation zur existentiellen Atemlosigkeit der Nachgeborenen: "Welches Recht haben kom-

3 Grundlegend zur ökologischen Marktwirtschaft ist Knüppel 1989.

mende Generationen auf Atemluft" fragt der Rechtsphilosoph Hans Lenk (FR v. 3.10.1988). Ein Beispiel ist die steil ansteigende Staatsverschuldung, die im wahrsten Sinne des Wortes Ausdruck dafür ist, daß die heutige Generation auf Kosten der nächsten lebt. Der Verteilungskampf zwischen Gegenwart und Zukunft wird zunehmend zu einem Verteilungskampf zwischen alt und jung.

Die Abkehr vom Prinzip Verantwortung scheint systemimmanent. Jede Landtagswahl wird zur Testwahl und jede Kommunalwahl zum Seismographen für Bonn. Vor dem Damoklesschwert der Abwahl fliehen viele in die Bequemlichkeit der Versprechungen. Angesichts dieser Entwicklung wird es entscheidend darauf ankommen, die Parteiendemokratie in der Bundesrepublik Deutschland zukunftstauglich umzugestalten.

Naheliegende Ansätze sind die Vorschläge zur Parlamentsreform von Hildegard Hamm-Brücher, um den Legislativen mehr Verantwortung und damit auch mehr Verantwortlichkeit zu geben. Darüberhinaus wird es entscheidend darauf ankommen, ob es gelingt, den Einfluß der Parteien auf das ursprüngliche Maß der Mitwirkung an der Willensbildung des Volkes zurückzudrängen und ihnen ihr Monopol zu nehmen. Wenn sich beinahe jede geistige Instanz unserer Gesellschaft durch Proporz dem parteipolitischen Machtkampf unterwirft, ist eine "Zukunftsverträglichkeitsprüfung" der Politik durch diese Instanzen nicht mehr möglich. Dies gilt für staatliche, öffentlich-rechtliche und private Institutionen gleichermaßen.

Weitere Antworten müssen gefunden werden. Wenn dabei der Versuch der Bewußtseinsänderung in unserer Gesellschaft zu wenig Früchte trägt, dürfen systematische Veränderungen nicht ausbleiben. Diese können von einer Bündelung der Wahlen auf wenige gemeinsame Termine bis zur Zentralisierung von Entscheidungen reichen, um den Druck der Stimmungsdemokratie zu verringern. Die Gefälligkeitsdemokratie ist das der Stimmungsdemokratie logisch folgende Stadium. Der Grundwert der Brüderlichkeit der französischen Revolution erhält – in seiner neudeutschen Übersetzung als Solidarität – in unserer Zeit eine erweiterte Bedeutung. Gemeint ist nicht nur die Solidarität mit Schwächeren in unserer Gesellschaft oder anderswo in der Welt, sondern auch die Solidarität mit der nächsten Generation.

5. Deutschland und Europa gestalten

Vermutlich findet perspektivisches Denken gegenwärtig noch am ehesten auf dem Gebiet der Außen- , Europa- beziehungsweise Deutschlandpolitik statt. Das Bewußtsein der historischen Veränderung macht die politische Strategiediskussion auch in der Breite zwangsläufig. In der F.D.P. ist dieser Bereich, u.a. bedingt durch die personelle Dauerverantwortung der Liberalen in der Bundesregierung, nicht erst seit November 1989 zum dominanten Teil der Zukunftsdiskussion geworden. Sorgsam achtet sie darauf, daß die deutsche Frage im europäischen Zusammenhang bleibt. Am Beispiel der Westgrenze Polens oder der weiteren Abrüstungspolitik zeichnet sich die Chance zur Meinungsführerschaft der Liberalen ab.

Die F.D.P. hat die Aufgabe, mit einer neuen Zukunftsdiskussion auf die historischen Veränderungen zu antworten. Ähnlich wie in der Zeit der sozialliberalen Koalition ist nicht eine Diskussion hinter verschlossenen Türen im kleinen Kreise weniger Programmatiker, sondern eine Diskussion mit Widerhall in der Breite der Liberalen zu erwarten.

Joschka Fischer

Zeit zur Reife
Eine Partei geht ins 2. Jahrzehnt

1. 1980: Der Anfang

Erfolg ist ein schwer zu definierendes Ding. Den Erfolg einer Partei nach dem ersten Jahrzehnt ihrer Existenz zu beschreiben eine Unmöglichkeit – versuchen wir's dennoch.

1980 wurde geschrieben, die Bundesrepublik stand im Zentrum der Raketendebatte, das Land flächendeckend auf dem Weg in den Atomstaat, mit dem Plutoniumdreieck WAA-Kalkar-ALKEM als Draufgabe. Furane und Dioxine waren nicht existent, weil nicht gemessen. Der Einsatz für Minderheiten blieb den großen Radikaldemokraten vorbehalten, den Bölls, den Albertz', den Frieds – parteipolitisch verblieb nicht mal ein Ghetto.

Einstimmigkeit in zentralen Fragen im Bundestag, die Gemeinsamkeit aller Demokraten in den Landtagen. Ein buntes Häuflein trat an, um den Fragen einer ökologischen Politik, die bis dahin nur die entscheidenden Antriebskräfte für eine große soziale, außerparlamentarische Protestbewegung waren, auch parlamentarisch zum Durchbruch zu verhelfen. Bürgerinitiativler, Restbestände aus der Studentenbewegung, Ein-Punkt-Bewegler, Frauenbewegte, Wertkonservative und K-Grüppler trafen sich im Januar 1980 zu ihrer Gründungsversammlung in Karlsruhe. Eine Versammlung, die in ihrem Verlauf Vorbild für die weiteren Bundesversammlungen der GRÜNEN war: chaotisch, hektisch und für Beobachter nie nachvollziehbar; doch damals mit einem bisher einzigartigen, werbepsychologisch genialen Schachzug: der Namensgebung. DIE GRÜNEN, ohne Deutschland, ohne Partei – die einzig wirklich professionelle Entscheidung der GRÜNEN auf Bundesebene.

Doch blieben die GRÜNEN, blieb ihre Politik lange stigmatisiert als exaltiertes Vergnügen steinzeitvernarrter Zivilisationsdeserteure, mit öffentlicher Unterstützung lebender Müslis und grün eingefärbter Linksradikaler und sogenannter Verfassungsfeinde. "Steinzeit, nein danke" lautete damals die ebenso beschränkte wie ängstlich-aggressive Antwort der Parteien, Gewerkschaften, Verbände und politischen Institutionen in der Bundesrepublik auf die Kritik und Proteste von Friedens- und Anti-AKW-Bewegung gegen die Politik der soziallliberalen Bundesregierung unter Helmut Schmidt.

Inzwischen sind die "Steinzeitpolitiker", teilweise als hochbezahlte Beamte, tief in die bundesdeutsche Verwaltungshierarchie eingedrungen, gab es eine erste rot-grüne Koalition auf Landesebene, werden Städte wie Frankfurt und Berlin sozial-ökologisch regiert, betreiben Hunderte von grünen Stadträten in deutschen Kommunen ihr Verwaltungshandeln.

In Meinungsumfragen rangiert die Umweltpolitik als wichtigstes Thema auf Rang eins. Selbst die Industrie entdeckt den publizistischen Nutzen des Themas. In England wirbt die Firma Miele mit dem Erfolg der bundesdeutschen GRÜNEN: "In Deutschland, der Heimat von Miele, ist Umweltschutz schon seit Jahren ein Thema: Schließlich haben wir als erste in Europa GRÜNE ins Parlament gewählt. Kein Wunder, daß wir, was grüne Technologie betrifft, heute so einen Vorsprung haben."

2. Umweltpolitik - viele Worte, wenige Taten

Die größten und beeindruckendsten Erfolge in der Umweltpolitik der letzten zehn Jahre liegen ohne jeden Zweifel in der Bewußtseinsveränderung breiter Bevölkerungsschichten. So ist etwa der Fanclub der Atomenergie nach Tschernobyl, Hanau und Biblis hierzulande auf eine kleine, radikale – wenn auch sehr mächtige – Minderheit zusammengeschmolzen, die große Mehrheit der Bevölkerung aber will raus aus der Atomenergie, besser heute als morgen. Keine politische Partei kann heute mehr vor der Krise der Umwelt programmatisch davonlaufen (sehr wohl aber noch praktisch!), und auch unter den Managern der Industrie zeichnet sich der Beginn eines grundsätzlichen Bewußtseinswandels ab, auch wenn Anspruch und Realität gerade hier noch besonders weit auseinanderklaffen.

Die demokratische Mobilisierung gegenüber umweltbelastenden Großprojekten und zugunsten konkreter Umwelterhaltung versteht sich an zahllosen Orten der Republik nahezu von selbst, getragen oftmals von Bürger- und Allparteienkoalitionen. Das Wissen und die Detailkenntnis zahlreicher Bürgerinnen und Bürger über sie betreffende Technologien und Projektplanungen ist beeindruckend, die Organisierung kritischer und alternativer Wissenschaft ein nicht mehr zu übersehender öffentlicher, juristischer und machtpolitischer Faktor, die juristische Kompetenz vor den Verwaltungsgerichten und in den Genehmigungsverfahren ebenso. Nicht zuletzt übernehmen zahlreiche Bürgerinitiativen wichtige Aufgaben einer demokratischen Umweltkontrolle gegenüber Großverursachern, indem sie sich und eine kritische Öffentlichkeit beständig über die Vorgänge z. B. in einem großen Chemiewerk informieren. Die Medien sind gegenüber Umweltthemen sehr sensibel geworden. Dazu kommt die breite Informationstätigkeit der Umweltverbände und Organisationen und ihre aktive Mobilisierungsarbeit zugunsten der Umwelt. Kurz gesagt, von der demokratischen Basis, von der Zustimmung, der Akzeptanz und dem Engagement der Bevölkerung her betrachtet, wäre wesentlich mehr an konkreter Umweltpolitik möglich, als wir gegenwärtig in Staat und Wirtschaft erleben. Die demokratischen Voraussetzungen einer ökologischen Umbaupolitik sind gegeben, ja sie sind wesentlich weiter entwickelt als das institutionelle umweltpolitische Handeln.

Spätestens mit dem Drama der sterbenden Nordsee, der kieloben treibenden toten Fische und der verendenden Robben und Heuler, ausführlich dokumentiert auf den Fernsehschirmen und in den Gazetten der Nation und daher in millionenfacher Betroffenheit wahrgenommen, reüssierte Umweltpolitik zu einem wahlbeeinflussenden Thema. Dies geschah keineswegs aus aufgeklärter Freundlichkeit und aus der Weitsicht der politischen Klasse heraus, oh nein. Die umweltpolitischen Hiobsbotschaften über die unerwünschten Kosten unseres Wachstums sind vielmehr alltäglich geworden.

Die umweltpolitische Schreckensliste ist lang, das jeweilige Entsetzen des Augenblicks groß, die Auftritte der verantwortlichen Umweltpolitiker im Krisen- und Katastrophenfalle geschäftig und hurtig, das Publikum leichtgläubig und vergeßlich, und die praktischen Folgen aus alledem daher mehr als dürftig. "Worte! Worte! Keine Taten! Immer Geist und keinen Braten, keine Knödel in der Suppe!" reimte jenes alte Lästermaul namens Heinrich Heine bereits im letzten Jahrhundert, und dabei hatte Heine damals noch nicht den geringsten Schimmer von Tschernobyl und jenem posttschernobylen Geschwätz von der "inhärenten Sicherheit" und der "Atomenergie als Übergangsenergie" bei gleichzeitig munterer Inbetriebnahme weiterer Atomkraftwerke in dieser Republik. Heine besang nicht das Chemikaliengesetz in seiner jungfräulichen Vollzugsunschuld, er hatte keine Ahnung von Walter Wallmann und Klaus Töpfer und deren internationalem Konferenzvoodoo, und Heine träumte auch nicht von BAYER, BASF und HOECHST, sondern lediglich von der Loreley und ihrem verderblichen Gesang auf dem Felsen hoch oben über dem Rhein. Und dieser Rhein war damals allerhöchstens einigen verträumt lauschenden Schiffern der Klippen wegen gefährlich. Heute hingegen gefährdet er Fische und Menschen mit seinem in Schadstoffen, Giften, Milligramm, Mikrogramm und Nanogramm zu berechnenden modernen Schatz der Nibelungen, der täglich Richtung Nordsee rauscht. Und dennoch hat Heine mit seinem Poem die aktuelle Lage der Umweltpolitik trefflich auf den Punkt gebracht. Worte, Bilder, Konferenzen – aber Taten? Die allernotwendigsten vielleicht, solange das Publikum aufmerkt, aber dann und danach?

Viel hat sie erreicht, unsere Partei, aber leider noch nicht allzuviel bewegt. Bewußtsein wurde zwar jede Menge gebildet, aber die realen Veränderungen halten sich noch in einem engen Rahmen. Nach wie vor entwikkelt sich die bundesrepublikanische Industriegesellschaft mehr oder weniger ungebremst zu Lasten der und gegen die Umwelt, wälzt sie sich mit ihrem ganzen Schwergewicht in einem umweltzerstörerischen Wachstum fort. Dennoch, bis zur demokratischen Revolution in der DDR und der Maueröffnung stand die Frage nach dem Wie eines ökologischen Umbaus der bundesrepublikanischen Industriegesellschaft im Vordergrund der politischen Debatte. Umweltsteuern, Umweltabgaben, ökologische Marktwirtschaft u. v. m. wurden breit diskutiert. Aber wie nahezu in der gesamten Umweltpolitik bleibt auch dabei festzuhalten: es gibt eine gewaltige Praxislücke. Umweltpolitik findet zum größten Teil leider immer noch im wesentlichen allein als öffentliche Debatte statt (wogegen gewiß nichts einzuwenden ist!) mit dem ausschließlichen Zweck der Beruhigung des Publikums (wogegen sehr viel zu sagen ist!). Dieses falsche Spiel der etablierten Umweltpolitik haben DIE GRÜNEN bisher kaum durchbrechen können, leider.

Die Ursachen dazu sind leicht festzustellen, denn man hat es bei einer ernstgemeinten Umweltpolitik, beim ökologischen Umbau gar, mit den wirklich mächtigen Interessen unserer Gesellschaft und mit Strukturen zu tun, die, so man sie ändern will, das Eingemachte der Industriegesellschaft Bundesrepublik Deutschland berühren. Beispiel Verkehr: Eine ökologische Verkehrspolitik wird das Automobil in seiner Bedeutung und in seinen Zuwächsen einschränken müssen zugunsten umweltgerechterer Alternativen. Die Automobilindustrie ist aber der größte Arbeitgeber und damit – siehe z.B. Daimler-Benz – einer der wichtigsten politischen Einflußfaktoren hierzulande. Für die Chemie, den Energiesektor und die Landwirtschaft gilt Vergleichbares. Damit sind aber zugleich die vier wichtigsten Säulen der Umweltkrise Marke BRD genannt.

Die Ursachen für die fortschreitende Umweltkrise sind also kompliziert und in ihrer fatalen Selbsterhaltungswirkung ziemlich mächtig. Umso wichtiger ist es für eine politische Partei, die dagegen friedlichen Widerstand und den massenhaften Mut zu ökologischen Alternativen mobilisieren will, daß sie sich politisch voll auf diese Aufgabe und auf ihre eigene politische Handlungsfähigkeit konzentriert. Genau damit aber haben DIE GRÜNEN bis auf den heutigen Tag ihre größten Schwierigkeiten. Man erinnere sich nur an die Debatte um den Atomausstieg: sofort, gleich oder am sofortigsten hießen die heftigst umstrittenen Alternativen im Jahre 1986 nach der Reaktorkatastrophe von Tschernobyl. An der Frage ein oder zwei Jahre für den Atomausstieg schlug sich die Partei intern die Köpfe ein und vergaß darüber ganz, daß durch Beschlußlagen auf Parteitagen maximal einigen Teilnehmern die Wochenenden und der eigenen Partei die Wahlchancen vermiest werden, keineswegs aber die Realität auch nur ein Jota verändert wird.

Nun sind mehr als dreieinhalb Jahre ins Land gegangen und vom Atomausstieg sind wir alle gemeinsam weiter denn je entfernt. An diesem Beispiel offenbart sich das Grundübel grüner Politik bis auf den heutigen Tag, nämlich der Vorrang einer ziemlich locker ausgeübten Selbstbeschäftigung vor konkreter ökologischer Verantwortung und Wirkung in die Gesellschaft hinein.

3. Politischer Umbruch in Europa - Chance für die Grünen

Die Partei geht zu Beginn ihres zweiten Jahrzehnts harten und zugleich hoffnungsfrohen Zeiten entgegen. Revolution ist plötzlich angesagt, Revolution in der DDR, Revolution in Osteuropa. Der Umsturz der europäischen Nachkriegsordnung steht auf dem Spielplan der Geschichte, und dies zu Beginn eines hochpolitischen Wahljahres in der Bundesrepublik und in der DDR.

Ende Januar wählte das Saarland, am 18. März 1990 die DDR, im Juni NRW und Niedersachsen, im Oktober wählt Bayern, im Dezember sind die Bundestagswahlen und vermutlich Ende Januar 1991 sollen dann die Hessen wählen. Und dies alles findet unter völlig veränderten politischen Verhältnissen statt. Wiedervereinigung und neuer deutscher Nationalismus feiern fröhliche Urstände. Andererseits sind eine radikale beiderseitige Abrüstung, Blocküberwindung und eine neue europäische Friedensordnung bis hin zur europäischen Integration die konkret vor uns liegenden Chancen. Werden diese durch einen wiedervereinigungsseligen deutschen Nationalismus törichterweise verspielt oder nicht wahrgenommen, so wird sich eine solche historische Möglichkeit der gewaltfreien europäischen Neuordnung jenseits der Militärblöcke für unsere Generation nicht noch einmal bieten. Eine historische Chance wäre vertan.

Betrachtet man sich die aus den ersten Wahlkampffiebern erwachsenen Wiedervereinigungseuphorien der anderen Parteien, so wird offensichtlich, welche politische Chance und Verantwortung auf uns GRÜNE zukommen wird: Bisher waren DIE GRÜNEN die einzige Partei, die sich dem nationalen Taumel entzogen, und die sich gegenüber dem deutschnationalen Sumpffieber als resistent erwiesen haben – und so muß es bleiben. Für die Überwindung des status quo der Blockkonfrontation in Europa haben gerade wir GRÜNE weiß Gott lange genug gekämpft. Wir haben dies aber nicht getan, um uns dann in einem Europa des Nationalismus und in alldeutschen Gefühlswelten wiederzufinden. Das Jahr 1990 wird von der Auseinandersetzung zwischen einer Rückkehr zur Nation und der Wiedergeburt eines deutschen Nationalismus einerseits und einem Voranschreiten zu einer gesamteuropäischen Einigung und Friedensordnung andererseits geprägt sein. Und unter den "Europäern" wird es zudem die Kontroverse zwischen jenen geben, die eine "Großmacht Europa" wollen, und anderen, die sich für ein demokratisches, abgerüstetes, ökologisches und regional starkes Gesamteuropa einsetzen werden. Dazu gehören – hoffentlich! – wir GRÜNE.

Ein eindeutiges Ja zur Selbstbestimmung aller Völker in Europa und zugleich eine entschiedene Absage an jede Form von Nationalismus, ein klarer Vorrang für Grenzüberwindung und Grenzauflösung in Europa statt einer Wiederbelebung der Nationalstaaten, eine weitgehende Übertragung der außenpolitischen und militärischen Souveränitätsrechte an europäische Institutionen und zugleich eine europäische Friedensordnung, die auf radikaler Abrüstung und gewaltfreiem Vertrag beruht, ein klares Ja zur europäischen "multikulturellen" Gesellschaft jenseits des Nationalismus, eine Stärkung der Regionen und kulturellen Vielfalt einerseits und eine umfassende materielle Hilfe für die Staaten Osteuropas andererseits, eine wahrhaft gesamteuropäische Umweltpolitik der Staaten, internationalen Organisationen und Umweltbewegungen und last but keineswegs least, alles andere überwölbend: ein Europa der radikalen Demokratie, der Selbstbestimmung und des Rechts auf die vielen verschiedenen eigenen Wege der Menschen – dies muß die grüne Antwort auf die nationalistischen Veitstänze der Altparteien in der Bundesrepublik und der DDR sein.

4. Fit machen für das 2. Jahrzehnt

Die schönste Antwort wird allerdings graue Theorie bleiben, wenn sie nicht zum praktischen Ein- und Mitmischen taugt. Die Handlungsfähigkeit der GRÜNEN, ja und auch ihre Handlungswilligkeit sind das schlimmste Problem, das wir im elften Jahr unserer Existenz vor uns herschleppen. Zuständigkeitsfragen gehen vor Politik, alle Jahre wieder kommt nicht nur das Christkind, sondern auch ein neuer Fraktionsvorstand, interne Minimalkonsense statt Oppositionsattacke auf die Regierung, Dauerpalaver statt Entscheidungen, Strömungsgekacke statt die Leute draußen erreichende Inhalte, Initiativen, Reden – auch das ist ein Teil der grünen Geburtstagstorte zum zehnjährigen Jubiläum, leider.

Wenn diese interne Handlungsunfähigkeit der Partei DIE GRÜNEN – die in den letzten drei Jahren nicht ab- sondern vielmehr zugenommen hat – man rede sich hier bloß keine Illusion ein! –, nicht radikal zur Handlungsfähigkeit umgestürzt wird, so wird es eng werden für DIE GRÜNEN. Nicht, daß um ihr parlamtentarisches Überleben zu fürchten wäre, oh nein. Aber die grüne Partei lebt eben nicht allein vom bloßen Überleben, vom bloßen Verwalten des status quo durch eine graugrüne Funktionärskaste. Das können andere, altgewordenen Parteien wesentlich besser. Unsere grüne Partei hat ihre Attraktivität immer nur im Einmischen in die gesellschaftlichen Konflikte, Kämpfe und Hoffnungen gewonnen. Durch die demokratische Revolution in der DDR geht es jetzt um eine wahrhaft historische Entscheidung. Ich will nicht wiedervereinigt werden, und wenn schon Vereinigung angesagt ist, dann aber bitte nicht nur gesamtdeutsch, sondern vielmehr europäisch. DIE GRÜNEN könnten hierbei und hierzulande ein ganz entscheidendes Wort mitreden – wenn sie nur wollen und endlich parteiintern ihren politischen Kindergarten hinter sich lassen. Von einer Zehnjährigen kann man das doch wohl verlangen. Denn vergessen wir nicht: In spätestens einem halben Jahr wird der runde Tisch drüben und hüben zerbrochen sein und alle Beteiligten werden sich der runden Tischbeine zum weiteren Austrag der Diskussion bemächtigen. So ist das eben in einer Demokratie, Gott sei Dank! Hoffentlich ist meine Partei dann wirklich in den Flegeljahren und mischt wuchtig und freudvoll austeilend kräftig mit – völlig gewaltfrei natürlich.

Franz Steinkühler

Die andere Zukunft: Solidarität und Freiheit.
Perspektiven der Gewerkschaften an der Schwelle zur Jahrtausendwende

1. Das Thema "Zukunft" hat Konjunktur

Die Bundesrepublik Deutschland steht wie alle Industriestaaten in wirtschaftlicher, technologischer, beschäftigungspolitischer und soziokultureller Hinsicht in einem tiefgreifenden Umbruchprozeß, der von krisenhaften Erscheinungen begleitet wird. Immer mehr Menschen machen sich deshalb Sorgen um die Zukunft und denken über Modernisierungsnotwendigkeiten der Industriegesellschaft nach.

Die Sicherung des physisch-sozialen Überlebens, für die sich Arbeitnehmerinnen und Arbeitnehmer einst zu Gewerkschaften zusammenschließen mußten, ist heute zur globalen Aufgabe geworden. Neue existentielle Menschheitsfragen sind in den Vordergrund getreten, ohne daß alle traditionellen Klassenfragen schon gelöst werden konnten. Die Industriegesellschaften befinden sich in einer Phase rascher Modernisierung. Mit der Nutzung neuer Technologien verbinden sich neue Risiken für den Erhalt der ökologischen und sozialen Lebensbedingungen. Gleichzeitig ergeben sich neue Voraussetzungen zur Befreiung aus materieller Not und Abhängigkeiten. Ausbeutung und Abhängigkeit sind in den industriellen Staaten zwar abgemildert, aber nicht abgeschafft. Massenarbeitslosigkeit und soziale Abgrenzung sind unübersehbare Realitäten. Die politische, soziale und kulturelle Gestaltung von Modernisierungsprozessen wird überwiegend von den Interessen der ökonomisch-politischen Machteliten bestimmt. Private Kapitalverwertung hat dabei Vorrang vor den gesamtgesellschaftlichen Erfordernissen einer ökologisch-humanen Lebensgestaltung.

Mit der Aushöhlung und dem Abbau der erreichten wohlfahrtsstaatlichen Standards werden soziale Risiken auf die einzelnen Menschen und dabei vor allem auf die Schwächeren abgewälzt. Die Ungleichheiten der sozialen und kulturellen Teilhabechancen vertiefen sich. Die Eingrenzung und Überwindung der besonderen Gefährdungen für die Arbeitnehmerschaft und globale Gefahren für die ganze Menschheit erfordern die Verteidigung der politischen Demokratie und die Verwirklichung der wirtschaftlichen Demokratie durch aktive Bürgerinnen und Bürger.

2. Grundwerte gewerkschaftlicher Politik

Die IG Metall bietet den abhängig Beschäftigten einen Rahmen zur Durchsetzung ihrer Rechte im Arbeitsleben und in der Gesellschaft. Leitlinie für das Handeln von IG Metall-Mitgliedern und Ziel der gesellschaftlichen Reformvorstellung der IG Metall sind die Verwirklichung von Solidarität und Freiheit in einer Gesellschaft, die Demokratie als Gestaltungsprinzip auch im Arbeitsleben fördert und fordert.

Solidarität und Freiheit wird künftig noch mehr gefordert sein

- im Verhältnis der Generationen zueinander,
- im Verhältnis zwischen Männern und Frauen,
- im Verhältnis zwischen Arbeitern und Angestellten sowie
- im Verhältnis zwischen deutschen und ausländischen Arbeitnehmerinnen und Arbeitnehmern.

Gefordert werden Solidarität und Freiheit schließlich auch unter der Bedingung eines wachsenden Bewußtseins gemeinsamer Verantwortung der Menschheit

- für den Erhalt der natürlichen Lebensgrundlagen,
- für die Herstellung gerechter Lebensverhältnisse sowie
- für die Sicherung der Menschenrechte und des friedlichen Zusammenlebens der Völker.

Solidarität bedeutet zum einen das Zusammenwirken und die gemeinsame Interessenvertretung der abhängig arbeitenden Frauen und Männer. Aber sie fordert mehr denn je auch das Engagement der relativ Stärkeren für die Schwächeren. Solidarität ist für uns das Mittel, gemeinsam gegen Abhängigkeiten und Benachteiligungen kämpfen zu können. Aber sie ist mehr als die Summe von Einzelinteressen und nicht nur eine Waffe im sozialen Kampf. Sic ist gleichzeitig Ausdruck gegenseitiger Verantwortlichkeit und der Einsicht, daß sich die Menschen gegenseitig unterstützen und helfen müssen. Solidarität kann nicht erzwungen werden, aber sie bedeutet gleichzeitig eine Verpflichtung für den Einzelnen in der Gemeinschaft.

Der Grundwert der Freiheit ist nicht zu verwechseln mit egoistisch begründetem Individualismus. Für uns ist die Freiheit zunächst die Freiheit von Not und entwürdigenden Abhängigkeiten. Sie bietet darüber hinaus die Voraussetzung, die eigene Persönlichkeit in den Grenzen frei zu entfalten, die durch die Forderung der Gerechtigkeit und Gleichheit und durch den Anspruch der Solidarität gezogen werden. Freiheit ist nicht das Vorrecht für wenige.

Dieses Verständnis geht einher mit unserer Vorstellung von Gleichheit, die dafür sorgt, daß die Freiheit jedem einzelnen gewährt wird, indem sie ihm gleiche Rechte und gleiche Lebenschancen in der Gesellschaft eröffnet. Die Gewerkschaften können sich deshalb niemals mit Zuständen abfinden, in denen Einzelne, Gruppen, Regionen oder Völker von der Freiheit zur Selbstbestimmung ausgeschlossen bleiben.

Die Verpflichtung der gewerkschaftlichen Politik auf den Grundwert der Demokratie bedeutet eine Ablehnung autoritärer Herrschaft und unkontrollierter Macht. Demokratie ist bis heute auf die politische Staatsform beschränkt geblieben und noch nicht zur gesellschaftlichen Lebensform geworden. Erst die gleichberechtigte Beteiligung aller an der Gestaltung ihrer Arbeits- und Lebensbedingungen sowie die Kontrolle und Begrenzung von politischer und wirtschaftlicher Macht verwirklichen den Anspruch einer demokratischen Gesellschaft.

In den Bereichen Arbeit und Wirtschaft ist die Beteiligung aller an der Gestaltung und Kontrolle der sie betreffenden Entscheidungen noch kaum verwirklicht. Die IG Metall fordert daher vor allem die Demokratisierung der wirtschaftlichen Entscheidungsprozesse durch Mitbestimmung der Arbeitnehmerinnen und Arbeitnehmer sowie die wirtschaftsdemokratische Umgestaltung der Industriegesellschaft.

Im Spannungsfeld dieser Leitideen entwickelt die IG Metall ihre Zukunftsperspektiven und ihr Fortschrittsverständnis. Aus diesen Grundüberzeugungen leitet sie ihre Haltung ab zu den Existenzfragen der Menschheit ebenso wie zu den konkreten Gestaltungsperspektiven im Verteilungskonflikt zwischen Kapital und Arbeit.

3. Die IG Metall als Fortschrittsbewegung

Die IG Metall hat sich 1988 in sechs Diskussionsforen und dem Internationalen Zukunftskongreß in die Debatte über gesellschaftliche Perspektiven und soziale Transformationsprozesse eingemischt. Dem neokonservativen Modell von Konkurrenz und gesellschaftlicher Spaltung wurde die gewerkschaftliche Antwort von individueller Freiheit durch kollektive Solidarität entgegengestellt. Wir haben unseren Willen zur sozialen Gestaltung und unsere Fähigkeit zum politischen Gespräch dokumentiert. Es hat sich gezeigt: Die IG Metall genießt als Diskussionspartner ein hohes Ansehen. Die IG Metall verfügt als Bündnispartner für gesellschaftliche Reformziele über eine hohe Anziehungskraft. Doch dürfen die vorhandenen Anstöße nicht vertan, die erkannten Defizite nicht verschwiegen werden. Die gesellschaftliche Zukunftsdebatte muß deshalb mit der gewerkschaftlichen Strategiediskussion verbunden werden.

Wir haben dafür die "Leitlinien der IG Metall zur gesellschaftlichen und gewerkschaftlichen Reform" vorgestellt. Sie haben Diskussionscharakter, denn wir wollen keine fertigen Rezepte servieren, sondern Denkanstöße sortieren. Unsere Leitlinien beginnen mit der Selbstverpflichtung der IG Metall, internationaler, ökologischer und auch politischer zu werden. Wir wollen mehr konzeptionelle Alternativen entwickeln und verstärkt individuelle Bedürfnisse aufgreifen. Wir wollen offener und dialogfähiger, durchsetzungsfähiger und produktiver werden. Unsere Leitlinien münden ein in den unverrückbaren Anspruch der IG Metall, gesellschaftliche Gegenmacht zu bleiben. Dennoch ist uns klar, wir müssen den Übergang schaffen von der bloßen Delegation der Interessenvertretung an eine Minderheit aktiver Funktionäre zur inhaltlichen Identifikation mit der Interessenvertretung durch eine Mehrheit aktiver Mitglieder. Deshalb sind und bleiben wir angewiesen auf den Schritt von der Politik für Arbeitnehmerinnen und Arbeitnehmer zur Politik mit Arbeitnehmerinnen und Arbeitnehmern.

4. Die andere Zukunft

Arbeit ist weiterhin eine zentrale, lebensbestimmende Kategorie dieser Gesellschaft. Zwar bleibt Erwerbsarbeit für die Mehrzahl der Menschen die zentrale Einkommensquelle, aber durch kürzere Wochenarbeitszeit und frühere Verrentung bei gleichzeitig steigender Lebenserwartung nimmt die Bedeutung der Erwerbsarbeit für die Bewußtseins- und Identitätsbildung des einzelnen ab. Gleichzeitig steigen die Ansprüche an Erwerbsarbeit. Sie dient nicht nur dem Broterwerb, sondern soll auch zur Selbstverwirklichung des einzelnen beitragen.

Ein mündiges, in freier Selbstverantwortung gestaltetes Leben für alle muß heute keine Utopie mehr bleiben. Der Strukturwandel läßt sich für die umfassende Befreiung von inhumaner Arbeit und zur Erweiterung der freien Zeit sowie zur selbständigen Gestaltung und Verbesserung der Lebenskultur nutzen.

Unsere wichtigste Handlungsebene bei der Gestaltung von Arbeit bleibt die Tarifpolitik. In der Arbeitszeitverkürzung sieht die IG Metall einen zentralen Ansatz zur Beseitigung von Arbeitslosigkeit. Die IG Metall fordert von allen gesellschaftlichen Kräften, dem Kampf gegen Arbeitslosigkeit unbedingt Vorrang einzuräumen. Die Träger staatlicher Politik müssen durch eine aktive Arbeitsmarkt- und Wirtschaftspolitik ihrer Verantwortung für die Sicherung und Schaffung von Arbeitsplätzen gerecht werden. Felder für eine Ausweitung von Beschäftigung bieten sich zum Beispiel bei Aufgaben des Umweltschutzes, bei der Verbesserung der Infrastruktur, bei der Entwicklung umweltgerechter Verkehrssysteme, bei der Stadt- und Dorferneuerung und schließlich beim bedarfsgerechten Ausbau von sozialen und humanen Dienstleistungen.

Der Strukturwandel, der dafür die Voraussetzungen bereitstellt, kann allerdings nicht dem Markt allein überlassen bleiben. Die IG Metall setzt sich für eine demokratisch legitimierte soziale Gestaltung ein und trägt dazu mit eigenen strukturpolitischen Initiativen bei. Sie will eine Neuorientierung der privaten Unternehmens- und Konzernpolitik und eine neue regionale Strukturpolitik. Koordinierte öffentliche Hilfen und die Mobilisierung gesellschaftlicher Nachfragen, die Verbindung von regionalen Bedarfsfeldern und regionalen Beschäftigungsfeldern müssen Vorrang gewinnen.

In den Betrieben finden geradezu revolutionäre Umgestaltungen statt. Die Anwendung neuer Technologien führt zu ungeheuren Produktivitätsschüben. Das Verhältnis von Arbeit und Technik ändert sich. Wir wissen, daß betriebliche Technikentscheidungen sich nicht nur auf Produktionsmethoden und -verfahren reduzieren lassen. Die Produkte selbst sind der eigentliche Ansatzpunkt, nicht nur für die zukunftsbezogene Sicherung der Arbeitsplätze oder die ökologischen Bezüge der Produktion, sondern auch für den Technikeinsatz im Betrieb und die Arbeitsbedingungen der Arbeitnehmer. Mitbestimmung bei den Produkten ist deshalb auch in diesem Zusammenhang eines unserer wichtigsten Anliegen. Wir wollen dabei nicht nur, daß die Arbeitnehmer Einfluß nehmen auf das, was sie produzieren, wir wollen gleichzeitig ihre Verantwortung stärken für ihre Produkte und damit für die Art der Technik, die sie benutzen und die sie verbreiten. Dafür müssen Betriebsräte und Belegschaften stärker als bisher Arbeitsorganisation und Technikauswahl beeinflussen. Sie müssen die sozialen und ökologischen Konsequenzen industrieller Produktionsprozesse sichtbar machen und in Richtung einer gebrauchswertorientierten Produktion gestalten.

Das Leitbild einer gerechten Sozialordnung, wie es Artikel 20 Grundgesetz enthält, ist das Leitbild gesellschaftlicher Gleichheit. Das schließt nicht nur eine gerechtere Einkommens- und Vermögensverteilung ein. Dazu gehört auch die Beseitigung ungleicher Startchancen der Menschen aus ungleichen Lebenslagen. Dazu gehört vor allem der Abbau von Machtgefälle samt den daraus resultierenden Möglichkeiten der Fremdbestimmung des einzelnen über den anderen. Über 90 Prozent der Bevölkerung stehen dem Sozialstaat, der die Verantwortung für finanzielle Absicherung bei Bedürftigkeit, Arbeitslosigkeit und Alter übernimmt, positiv gegenüber. Der grundgesetzlich verankerte Sozialstaat ist und bleibt in den Augen der Bevölkerung die Voraussetzung des Wohlstandes für alle; Arbeit für alle und Solidarität sind die entscheidenden Grundlagen seiner Weiterentwicklung.

Es bleibt Kernanliegen gewerkschaftlicher Politik, die Qualität der Erwerbsarbeit zu verbessern und die Zahl der Arbeitsplätze zu erhöhen. Dies geschieht auch mit der Absicht, die Vereinbarkeit von Erwerbsarbeit und familiären Verpflichtungen für Frauen und Männer zu erleichtern. Gleichberechtigte Chancen der Frauen zur Erwerbsarbeit, zur wirtschaftlichen Unabhängigkeit sind Grundbedingungen für eine Kultur, in der sich beide Geschlechter frei entfalten können. Deshalb müssen mehr reale Möglichkeiten geschaffen werden, zwischen Erwerbsarbeit und gesellschaftlich notwendigen Tätigkeiten wählen zu können. Ganzheitliche, integrierte Konzepte haben die Lebens- und Arbeitsbedingungen gleichermaßen mit einzuschliessen. Das bedeutet nicht zuletzt verstärktes gewerkschaftliches Engagement in den Bereichen Bildung, Kultur und Freizeit.

Die Gefährdung von Arbeitnehmerrechten durch den Mißbrauch wirtschaftlicher Macht, durch Massenarbeitslosigkeit, durch Sozialabbau und Umweltzerstörung und nicht zuletzt durch die Verschwendung menschlicher Kreativität und ökonomischer Mittel in Rüstung verpflichten die IG Metall als eine gesellschaftliche Fortschrittsbewegung, ihre betriebspolitischen Aktivitäten und ihre tarifpolitischen Initiativen auch als Antrieb einer neuen sozialen Reformbewegung für eine solidarische, Demokratie fördernde und ökologisch bewußte Zukunft der Gesellschaft wirksam werden zu lassen.

5. Die IG Metall als Teil einer breiten Reformbewegung

Der soziale Strukturwandel fordert von der IG Metall eine stetige Reformbereitschaft und ein Bemühen zur Erneuerung und Weiterentwicklung ihrer Arbeitsformen. Gewerkschaftliche Politik und Praxis haben die Chance, die kulturell-kritischen Ansprüche nach individueller Selbstentfaltung und nach demokratisch-mündiger Mitwirkung noch intensiver mit der Gestaltung von Arbeits- und Lebensbedingungen zu verknüpfen. Durch das Engagement ihrer Mitglieder in der Diskussion um Zukunftsfragen in der Gesellschaft sowie durch Bezugnahme auf gesellschaftliche Problemstellungen hat sich die IG Metall bereits ein hohes Vertrauenskapital erworben. Dies ist eine Verpflichtung für die zukünftige Politik, den Prozeß der gesellschaftlichen Öffnung fortzusetzen und sich um eine Brückenstellung zwischen betrieblicher Arbeit, tarifpolitischer Praxis und gesellschaftlicher Mobilisierung zu bemühen.

Die IG Metall ist offen für neue Kooperationen mit gesellschaftlichen Gruppen, insbesondere mit der Umwelt-, Frauen- und Friedensbewegung, aber auch mit kirchlichen Gruppen und sozial engagierten Wissenschaftlern lassen sich im kritischen Dialog untereinander Utopien konkretisieren und tragfähige Perspektiven für gemeinsame Initiativen entwickeln.

IG Metall (Hrsg.), 1988: Die andere Zukunft: Solidarität und Freiheit. Materialbände der Diskussionsforen 1988, 6 Bände, Köln.

IG Metall (Hrsg.), 1989: Die andere Zukunft: Solidarität und Freiheit. Internationaler Zukunftskongreß 1988, Köln.

IG Metall (Hrsg.), 1989: Leitlinien zur gesellschaftlichen und gewerkschaftlichen Reform, Frankfurt.

Otto Vogel

Standort Bundesrepublik

1. Die Diskussion

Der Anstoß zur Standortdiskussion in der Bundesrepublik, die inzwischen zwei Jahre alt ist und dabei ist, weitere Runden zu drehen, kam ohne Zweifel aus der Wirtschaft. Schon dieser Sachverhalt allein nährt offensichtlich im Bereich der Gewerkschaften und der politischen Opposition den Verdacht, die Wirtschaft betreibe die Standortdiskussion nur, um ihre politischen Ziele und Interessen besser durchsetzen zu können. Zudem erschweren die unerwartet günstige Konjunkturentwicklung, die Spitzenposition im Welthandel und die hohen Leistungsbilanzüberschüsse eine unvoreingenommene Standortdiskussion. Allerdings stellt diese erfreulich positive aktuelle Situation keine Dauergarantie für die Zukunft dar.

Die aktuelle Standortposition der Bundesrepublik beruht noch auf Rahmenbedingungen und Faktoren der Vergangenheit, die sich zum Teil – z.B. bei den Steuern – jedoch inzwischen schon zuungunsten der Bundesrepublik verändert haben und weiter verändern. Ein Mißverständnis ist auch, wenn unter dem Wettbewerb der Standorte primär der unternehmerische Wettbewerb an den Güter- und Dienstleistungsmärkten verstanden wird. Im Zuge der Globalisierung der Märkte kann dieser immer leichter von alternativen Standorten aus geführt werden.

Dies gilt insbesondere für die Bundesrepublik, die einen überdurchschnittlich hohen internationalen Verflechtungsgrad hat, wodurch die Verlagerung von Investitionen (insbesondere Erweiterungs- und Ersatzinvestitionen) in andere Länder wesentlich erleichtert wird. Die relative Gunst oder Ungunst der Investitionsbedingungen, d.h. der Standortfaktoren, entscheidet über die Dimension solcher Verlagerungstendenzen. Um es auf den Punkt zu bringen: Beim Standortwettbewerb geht es um den Wettbewerb um die mobilen Produktionsfaktoren unternehmerische Initiative, qualifizierte Arbeitskräfte, Kapital und technisches Wissen. Diese werden, um im Wettbewerb an den globalisierten Güter- und Dienstleistungsmärkten bestehen zu können, sich verstärkt an jenen Standorten engagieren, in denen ihnen die günstigsten Entfaltungs- und Ertragschancen winken. Im Zeichen der neuen Wettbewerbsdimension "Standortwettbewerb" steht das gesamte Wirtschafts- und Sozialsystem, d.h. die Gesamtheit der Rahmenbedingungen der Volkswirtschaften auf dem Prüfstand. Keinen Zweifel kann es darüber geben, daß die Bundesrepublik über eine Reihe von herausragenden Standortfaktoren verfügt, die vor allem im Infrastrukturbereich angesiedelt sind. Dazu gehören vor allem:

- der hohe Stand von Forschung und Entwicklung, vor allem auch im Bereich der Unternehmen,
- der hohe Qualifikationsstandard der Arbeitnehmer, der weitgehend auf dem bewährten dualen beruflichen Aus- und Weiterbildungssystem beruht,
- die hohe Leistungsmotivation von Unternehmern und Arbeitnehmern,
- der hohe Grad an sozialem Konsens und sozialem Frieden, wie er sich in dem relativ niedrigen arbeitskampfbedingten Ausfall von Arbeitstagen ausdrückt.

Oder anders gewendet: Die Verfügbarkeit über einen hohen Standard an Humankapital ist unser hervorragendster Standortfaktor. Dies gilt aber nicht ohne Abstriche, denn es haben sich Engpässe und Modernisierungsbedarf in den Bereichen Verkehr, Bildung, Entsorgung und Wohnungswirtschaft aufgebaut.

2. Standortvor- und -nachteile der Bundesrepublik Deutschland

Die konstitutionellen Stärken einer relativ hochentwickelten Infrastruktur können jedoch auf die Dauer nur dann optimal ausgeschöpft werden, wenn sie mit international wettbewerbsfähigen sonstigen Rahmenbedingungen gepaart sind. Leider haben sich jedoch einige wesentliche komplementäre Rahmenbedingungen zum Nachteil des Standorts Bundesrepublik entwikkelt.

- Die Kosten-Produktivitätsrelation, die von tragender Bedeutung für die Preiswettbewerbsfähigkeit der Bundesrepublik und die zu treffenden Investitionsentscheidungen ist.
- Der Faktor Arbeitszeit, sowohl was deren Dauer als auch deren Flexibilität anbelangt. Er ist für die Qualität der Angebots- und der Nachfragebedingungen wesentlich.
- Die relative Attraktivität der Bundesrepublik als Investitionsstandort aus der Sicht der inländischen und ausländischen Investoren.

Die Bundesrepublik ist ein teurer Produktionsstandort. Dies gilt besonders ausgeprägt für die Arbeitskosten, die mehr als 50 Prozent der gesamtwirtschaftlichen Kosten ausmachen. Die starke Aufwertung seit 1985 und der anhaltende Anstieg der Personalzusatzkosten haben die Kosten je Arbeitsstunde in der Verarbeitenden Industrie auf einen Spitzenstand von 34,22 DM im Jahr 1988 hochgezogen. Nur die Schweiz liegt noch darüber. Wichtige Konkurrenzländer wie USA, Frankreich oder Großbritannien haben um ca. 25 - 40 Prozent niedrigere Arbeitskosten. Überdurchschnittlich hoch sind auch Energiekosten, Telefon- und Telekommunikationsgebühren, Transportkosten und Umweltlasten.

Die Bundesrepublik kann sich dieses hohe Kostenniveau nur leisten, solange es durch ein entsprechend hohes Produktivitätsniveau und damit auch eine anhaltend hohe Produktivitätsdynamik abgestützt wird. Leider verläuft die Produktivitätsdynamik im Verarbeitenden Gewerbe der Bundesrepublik seit Mitte der 70er Jahre aber eher unterdurchschnittlich, sodaß wir beim Produktivitätsniveau sukzessive an Terrain verlieren.

Neuere Berechnungen des Instituts der deutschen Wirtschaft haben ergeben, daß die Bundesrepublik trotz dieses Terrainverlustes auch 1987 noch die internationale Spitzenposition eingenommen hat. Der Abstand zu wichtigen Welthandelspositionen hat sich jedoch so stark verringert, daß unter Berücksichtigung der Arbeitskosten die Bundesrepublik im Jahr 1987 beim Lohnstückkosten-Niveau des Verarbeitenden Gewerbes die Spitzenposition "erklommen" hat. Noch 1980 lagen die USA, Großbritannien und Frankreich über der Bundesrepublik.

Auch wenn man zugibt, daß internationale Niveauvergleiche bei Produktivität und Lohnstückkosten zu den schwierigsten und umstrittensten methodisch-statistischen Problemen gehört: Angesichts der abgeschwächten Produktivitätsdynamik erscheint die neue Spitzenposition beim Lohnstückkostenniveau plausibel (vgl.Tabelle 2).

Jedenfalls wird die Preiswettbewerbsfähigkeit von in der Bundesrepublik erzeugten Gütern und Dienstleistungen durch die hohen Produktionskosten und die Einbuße an Produktivitätsdynamik stark strapaziert. Die Bedeutung der Nichtpreis-Wettbewerbsfaktoren, insbesondere der Qualitätsstandards der Güter und Dienstleistungen, erlangt zunehmende Bedeutung. Vor allem aber: Das Aufholen der Konkurrenzländer im Hinblick auf das Produktivitätsniveau macht unter Berücksichtigung niedriger Arbeitskosten und sonstiger günstigerer Kosten- und Standortfaktoren, wie der Besteuerung, Direktinvestitionen in anderen Ländern zunehmend attraktiver.

Es kommt hinzu, daß unter dem Einfluß der wachsenden internationalen Kapitalmobilität die Wechselkurse immer weniger durch den internationalen Güterhandel bestimmt werden. Hohe komparative Kosten bei der Güterherstellung werden somit nicht mehr ohne weiteres durch – im übrigen auch mit Realeinkommensverlusten – verbundene Wechselkurskorrekturen ausgeglichen. Ein überhöhtes Kostenniveau läßt sich infolge Kapitalverkehr bzw. politischen Tendenzen (z.B. im EWS) bei stabileren Wechselkursen somit nicht mehr ohne schwerwiegende Anpassungslasten korrigieren.

Tabelle 1: Arbeitsproduktivität: Output je Arbeitnehmerstunde im Verarbeitenden Gewerbe – jahresdurchschnittliche Veränderung in Prozent –

	1971/75	1976/80	1981/86	1985	1986	1987
Bundesrepublik Deutschland	4,8	3,8	3,4	3,9	1,7	1,3
USA	2,8	1,8	4,1	5,2	3,7	2,8
Japan	6,2	6,9	5,6	5,6	1,7	4,1
Großbritannien	3,4	1,4	5,7	3,6	2,8	6,9
Frankreich	4,9	4,4	3,8	3,1	2,2	3,7
Italien	4,6	5,1	5,4	2,8	0,8	3,8
Schweden	4,4	2,4	3,8	3,9	0,2	2,6
Niederlande	6,0	5,7	5,0	3,3	–0,3	–
Belgien	7,4	6,6	5,9	3,0	4,0	–

Quelle: US-Department of Labour

Tabelle 2: Arbeitskosten, Produktivität, Lohnstückkosten
– Verarbeitendes Gewerbe, BR-Deutschland = 100 –

	Lohnstückkosten		Arbeitskosten je Std.		Produktivität je Std.[1)]	
	1980	1987	1980	1987	1980	1987
USA	109,3	98,6	77,9	75,2	71,3	76,3
Japan	74,4	90,6	52,8	76,9	71,0	84,9
Frankreich	100,5	93,3	74,1	68,6	73,7	73,5
Italien	84,1	83,4	74,8	74,3	88,9	89,1
Großbritannien	117,0	94,1[2)]	56,8	56,1[2)]	48,5	59,6[2)]
Spanien	82,5	67,2[2)]	49,0	54,2[2)]	59,4	80,7[2)]
Deutschland	100	100	100	100	100	100

1) Bruttowertschöpfung zu 80er Preisen und 80er Wechselkursen.
2) 1986 (BR-Deutschland: 1986 = 100).

Quelle: Berechnungen des Instituts der deutschen Wirtschaft, Köln.

Noch stärker als die Arbeitskosten wirkt sich die "Arbeitszeitlücke" als Handicap für den Standort Bundesrepublik aus. Die deutschen Industriearbeiter arbeiteten im Jahr 1988 605 Stunden weniger als ihre japanischen, 287 weniger als die amerikanischen und 240 weniger als ihre Schweizer Kollegen. Nur in Norwegen war die Arbeitszeit noch leicht niediger als in der Bundesrepublik (vgl. Schaubild 1).

Die Arbeitszeitverkürzung macht die kreative und qualifizierte Arbeitskraft in der Bundesrepublik stärker zum Engpaß als in anderen Ländern. Dies kann auf die Dauer nicht ohne negativen Einfluß auf das relative Innovationstempo, d. h. auf die Dauer der Produktzyklen und die Effizienz der Produktionsverfahren bleiben. Aber nicht nur die Angebotsbedingungen, sondern auch die Nachfragebedingungen werden durch forcierte Arbeitszeitverkürzungen ungünstiger. Die Arbeitszeitverkürzung verengt nämlich die Realeinkommen und die Realeinkommenserwartungen und damit direkt und indirekt die Konsum- und Investitionsdynamik. Die Entwicklung eines beschäftigungsintensiven Dienstleistungssektors wird dadurch abgebremst.

Hinzu kommt, daß selbst die Arbeitszeitflexibilisierung offensichtlich nicht den Rückgang der Maschinenlaufzeiten in der Bundesrepublik aufgehalten hat mit allen damit verbundenen negativen Rückwirkungen auf die Nutzung der teuren Maschinenparks, die Kapitalstückkosten und den cash flow.

Die künstliche Verknappung unseres besten Standortfaktors, unseres Humankapitals, durch Arbeitszeitverkürzungen behindert die optimale Ausschöpfung dieses unseres stärksten Standortfaktors. Standorte mit längerer Arbeitszeit, höherer Bereitschaft zur Arbeitszeitflexibilisierung und günstigeren demographischen Entwicklungsperspektiven, d.h. an zuwachsenden jungen Erwerbspersonen, gewinnen dadurch zusätzlich zu schon genannten Kostenperspektiven an Attraktivität. Dies bedeutet zwar nur in seltenen Fällen Kapazitätsabbau. Aber die Erweiterungs- bzw. Ersatzinvestitionen werden zunehmend an neue Standorte mit günstigeren Kosten und Arbeitszeitbedingungen verlagert. Die Bundesrepublik Deutschland gibt hohe Milliardenbeträge für Bildung und Weiterbildung, Forschung und Entwicklung aus, investiert also beträchtliche Summen in seinen komparativ stärksten Standortfaktor. Aber gleichzeitig werden die Milliardeninvestitionen in den Faktor Humankapital durch die rigide Arbeitszeitszeitpolitik zum Teil wieder entwertet. Eine größere Schizophrenie ist kaum noch vorstellbar.

Schaubild 1

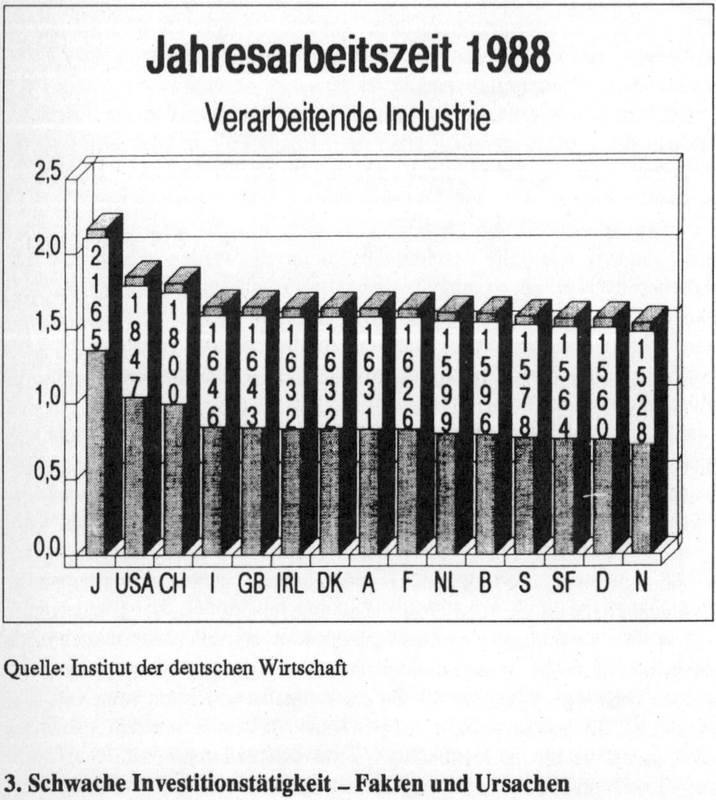

Quelle: Institut der deutschen Wirtschaft

3. Schwache Investitionstätigkeit – Fakten und Ursachen

Die Investitionstätigkeit in der Bundesrepublik war schon in den 70er und 80er Jahren durch eine chronische Investitionsschwäche gekennzeichnet. Im wirtschaftlichen Aufschwung seit 1982 verstärkte sich zwar auch die Investitionstätigkeit in der Bundesrepublik, blieb bis 1988 jedoch hinter der Dynamik in anderen wichtigen Industrieländern zurück.

Tabelle 3: Gesamtwirtschaftliche Indikatoren

	Reales BSP	Anlageinvestitionen real	Investitionsquote		Leistungsbilanz		Finanzierungssaldo der öffentl. Hand	
	jahresdurchschn. Veränderung 1982/88 in Prozent		1982	1988	1982	1988	1982	1988
			in Prozent des BSP					
USA	4,1	6,8	17,5	20,4	- 0,3	- 2,7	- 3,5	- 1,7
Japan	4,2	6,5	30,7	34,9	0,6	2,8	- 3,6	- 0,2
Großbritannien	3,4	5,7	17,2	19,6	1,6	- 2,9	- 2,4	0,3
BR Deutschland	2,4	2,4	20,6	20,5	0,8	3,7	- 3,3	- 2,0

Quelle: OECD; Statistisches Bundesamt; IW-Berechnungen.

Erst in jüngster Zeit gibt es einen Investitionsboom, der durch zyklische Elemente, den Sog des EG-Binnenmarktes und exogene Faktoren wie Übersiedler und Aussiedler bedingt ist. Mittelfristig ist eine ausreichende Investitionstätigkeit jedoch noch nicht gesichert. Erst wenn auch in der Bundesrepublik nachhaltig eine international vergleichbare positive Risikoprämie für Sachkapitalinvestitionen erwirtschaftet wird, d.h. deren Verzinsung dauerhaft über derjenigen festverzinslicher Wertpapiere liegt, wird es einen stetigeren positiven Investitionsverlauf geben. Ein bleibendes Hemmnis dafür ist die hohe Unternehmensbesteuerung in der Bundesrepublik, die für die thesaurierten Gewinne der Kapitalgesellschaften auch nach der dritten Stufe der Steuerreform von 1990 mit gut 66 Prozent Weltspitze bleiben wird (vgl. Schaubild 2). Zu der prohibitiven Besteuerung von Unternehmen, Investitionen und Arbeitsplätzen kommen Investitionshemmnisse durch die im internationalen Vergleich überdurchschnittliche Dauer der Genehmigungsverfahren von Investitionen (einschließlich Vorlaufzeiten für die Ausfertigung der Antragspapiere und der Vorbesprechungen) hinzu.

Schaubild 2

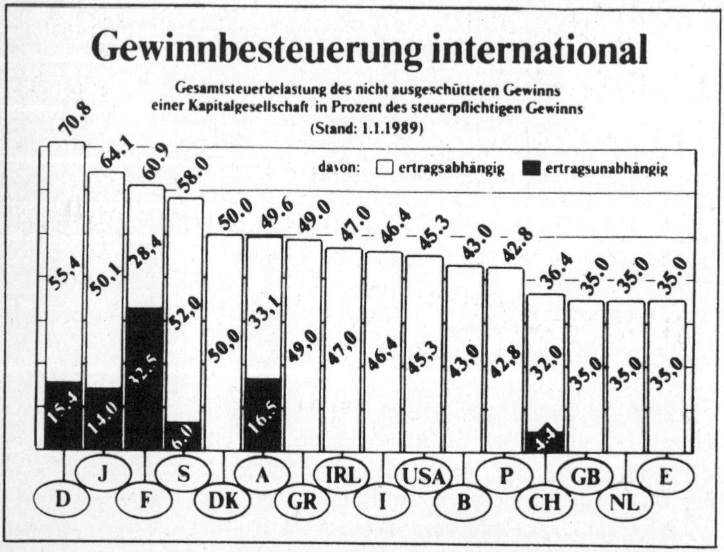

Bundesrepublik: einschließlich Ertragssteuer auf nichtabzugsfähige Vermögenssteuer; ab 1990 beträgt die Steuerbelastung insgesamt 66,2 Prozent, davon entfallen 15,2 Prozent auf die ertragsunabhängigen Steuern.
Quelle: IW-Berechnungen, Institut der deutschen Wirtschaft iwd.

Wie diese Investitionshemmnisse in der Bundesrepublik die deutschen Unternehmen zu Direktinvestitionen im Ausland "ermuntern" und ausländische Investoren einen Bogen um die Bundesrepublik schlagen lassen, zeigt die Bilanz der Direktinvestitionen. Im Zeitraum 1976/1988 beläuft sich der Überschuß deutscher Direktinvestitionen im Ausland gegenüber ausländischen Direktinvestitionen in der Bundesrepublik auf ca. 90 Mrd. DM (vgl. Schaubild 3).

Bei der heutigen Kapitalausstattung von DM 200 000 für einen neuen Arbeitsplatz entspricht dies einem Äquivalent von 450 000 Arbeitsplätzen. Vergleicht man die Höhe der ausländischen Direktinvestitionen in den einzelnen EG-Ländern im Zeitraum 1984/1988, dann liegt die Bundesrepublik nur auf Rang 7. Während Ausländer in der Bundesrepublik 10 Mrd. DM investierten, waren es z.B. in Großbritannien trotz geringerer Bevölkerung und Kaufkraft ca. 70 Mrd. DM, also siebenmal soviel.Der Investitionsstandort Bundesrepublik weist also deutliche Schwächen aus.

Schaubild 3

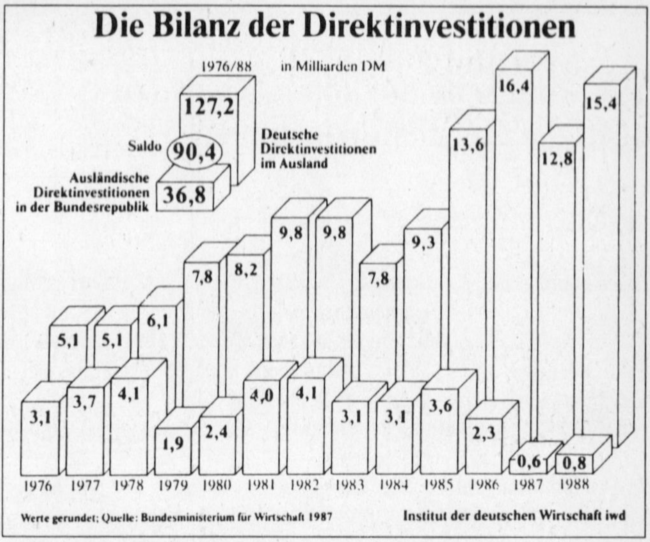

Werte gerundet; Quelle: Bundesministerium für Wirtschaft 1987
Institut der deutschen Wirtschaft iwd

Die Politik ist aufgefordert, aus den Defiziten des Standorts Bundesrepublik Folgerungen zu ziehen. Andernfalls setzt sie dessen Zukunft aufs Spiel. Korrekturbedarf besteht nach der vorangegangenen Analyse vor allem auf den Gebieten Arbeitszeit und Unternehmensbesteuerung. Weiterhin gilt es, die Kosten in Schach und Proportion zu halten, insbesondere die Dynamik der Personalzusatzkosten zu dämpfen. Notwendig ist auch der Abbau administrativer Investitionshemmnisse. "Es gilt, für den bevorstehenden Wettbewerb der Standorte im Europa ohne Grenzen wirtschaftspolitische Strategien zu entwickeln, die einem "Ausflaggen" von Unternehmen entgegenwirken und Chancen eröffnen auf wirtschaftliches Wachstum, neue Arbeitsplätze sowie auf bessere regionale Entwicklung. Diese Herausforderung verlangt gemeinsame Anstrengungen von Staat, gesellschaftlichen Gruppen und Tarifpartnern, um aus der gemeinsamen Verantwortung für die Zukunft heraus einen Pakt zugunsten des Standorts Bundesrepublik zu schließen" (Tyll Necker).

Anton Rauscher

Die katholische Soziallehre vor den künftigen Herausforderungen

1. Einleitung

Die Aufgaben und die Herausforderungen, die in der Zukunft auf uns zukommen werden, lassen sich heute nur sehr begrenzt erkennen und abschätzen. Wir wissen buchstäblich nicht, was die Zukunft auf geistig-sittlichem, auf wirtschaftlichem, sozialem, kulturellem oder politischem Gebiet mit sich bringen wird. Dennoch wäre es höchst fragwürdig, sozusagen aufgrund der jetzigen Gegebenheiten die Ereignisse und die Entwicklungen in der Zukunft ermessen und vorhersehen zu wollen. Man kann die Zukunft auch nicht einfach fortschreiben oder extrapolieren. Insofern war und ist der Anspruch, den die sogenannte Zukunftsforschung gelegentlich erhoben hat, ohne reale Grundlage und eher Ausdruck der Spekulation oder utopischer Wünsche, die zwar der ständigen Neugierde der Menschen entgegenkommen, die aber zur Bewältigung der Situation und der eigentlichen Probleme wenig beitragen können.

Die "Zukunftsdiskussion", wenn sie nützlich sein soll, wird sich deshalb nicht auf utopische Zukunftserwartungen einlassen dürfen. Sie muß vielmehr geführt werden erstens im Hinblick auf die Folgewirkungen, die sich aus den Tatbeständen, Entscheidungen und Problemen von heute für die gesellschaftliche Situation von morgen ergeben; zweitens hinsichtlich neuer Fragestellungen, die sich in Umrissen schon abzeichnen, die aber wegen der Kurzsichtigkeit vieler Menschen, auch in Parteien und Verbänden, doch nicht rechtzeitig erkannt und deshalb auch nicht angegangen werden können; drittens schließlich müssen die sittlichen Qualitäten bedacht werden, die es den Bürgern, auch den Verantwortlichen in Parteien und Verbänden gestatten, neue und womöglich nicht erwartete Entwicklungen, Herausforderungen und Fragen zu bestehen.

2. Die Sendung der Kirche und ihre Verantwortung für die Gesellschaft

Der christliche Glaube gibt den Menschen nicht nur Antwort auf die Sinnfrage des Lebens, eine Deutung von Grund und Ziel ihrer Existenz, er ermöglicht zugleich eine Wertorientierung im persönlichen und auch im sozialen Handeln. Die Kirche als die Gemeinschaft der Gläubigen ist ebenfalls von dieser Doppelstruktur geprägt. "Die ihr eigene Sendung, die Christus der Kirche übertragen hat", sagt das Zweite Vatikanische Konzil in der Pastoralkonstitution "Gaudium et spes", "bezieht sich zwar nicht auf den politischen, wirtschaftlichen oder sozialen Bereich: das Ziel, das Christus ihr gesetzt hat, gehört ja der religiösen Ordnung an. Doch fließen aus eben dieser religiösen Sendung Auftrag, Licht und Kraft, um der menschlichen Gemeinschaft zu Aufbau und Festigung nach göttlichem Gesetz behilflich zu sein" (Nr. 42).

Weil es Menschen sind, die durch ihr Handeln und durch ihre Entscheidungen die wirtschaftlichen, sozialen, kulturellen und politischen Verhältnisse gestalten, ist neben den Sachgegebenheiten und den kausalen und funktionalen Zusammenhängen immer auch die Orientierung an Werten wesentlich. So hat die christliche Wirtschafts- und Sozialethik den Grundsatz herausgearbeitet, wonach im Mittelpunkt der Wirtschaft der Mensch stehen muß, der dem ganzen wirtschaftlichen Geschehen Ziel und Maß gibt.

Nur wenn der Sinn und das Bewußtsein für die Würde und für die Rechte und Pflichten, die jedem Menschen ursprünglich von Gott, seinem Schöpfer, gegeben sind, lebendig bleiben, können sich keine falschen oder einseitigen Ordnungsbilder einschleichen. Es war der Grundfehler der liberal-individualistischen Wirtschaftsordnung, daß sie nicht den Menschen, sondern das Kapital, das wirtschaftliche Wachstum und die Güterfülle, den Gewinn in den Mittelpunkt rückte. Die christlich-soziale Bewegung hat hier ebenso wie die gewerkschaftlichen Kräfte darauf hingearbeitet, daß dieser Grundfehler überwunden, menschenwürdige Arbeitsbedingungen und gerechte Lohnverhältnisse durchgesetzt und der Rechtsstaat auch zum Träger der sozialen Verantwortung wurde.

Auch in den Ländern der Dritten Welt muß es darum gehen, daß der Entwicklungsprozeß nicht gegen die Würde des Menschen und gegen die Forderungen der Gerechtigkeit in Wirtschaft und Gesellschaft verläuft. Papst Johannes Paul II. wird nicht müde, bei seinen Pastoralbesuchen überall in der Welt die Würde der menschlichen Person, Gerechtigkeit für alle und Solidarität einzufordern. Das ständige Bemühen, die sittliche Dimension allen wirtschaftlichen und sozialen Geschehens ins Bewußtsein der Menschen und der Gesellschaft zu rücken, ist und bleibt eine der vorrangigen Aufgaben der Kirche.

3. Veränderungen im Wirtschaftsleben

Ein erstes Element, was uns hier zu denken geben kann, ist die Tatsache, daß das Gewicht der Großbetriebe im Gesamt der Wirtschaft sicher nicht mehr zunehmen, sondern eher zurückgehen wird. Natürlich wird es in wichtigen Sektoren der Wirtschaft die Großbetriebe geben. Stahl, Energie, Automobile kann man nicht im Kleinbetrieb produzieren. Aber die Zahl der in Großbetrieben Beschäftigten wird – nicht zuletzt wegen der hier besonders stark vorangetriebenen Automatisierung der Produktion – sinken. Die mittleren und kleineren Betriebe im industriellen Produktionsbereich, vor allem aber im Dienstleistungsbereich werden zunehmen. Ein nicht unerheblicher Teil von Arbeit wird künftig wieder ins Haus zurückverlagert werden, vor allem in den Bereichen, in denen der Computer zum Einsatz kommen kann und die Arbeitszeit bestimmbar ist. Damit werden sich auch die Probleme und Herausforderungen verschieben. Die Gewerkschaften, die bisher zu einseitig in den Großbetrieben den Schwerpunkt ihres Aktionsradius und ihrer Machtbasis hatten, werden dies zu spüren bekommen.

Wird diese Entwicklung zu Lasten der abhängig Beschäftigten gehen? Es gibt derartige Befürchtungen. Man verweist auf Ungerechtigkeiten in den Arbeitsverhältnissen, die vor allem dort leichter auftreten, wo der Schutz der Arbeitnehmer durch Betriebsräte/Personalräte und durch Gewerkschaften nicht gewährleistet ist. Aussiedler und Asylanten, illegal in die Bundesrepublik Deutschland gekommene Personen, auch solche, die sich schwer zurechtfinden und sich nicht selbst helfen können, werden immer wieder Opfer gewissenloser Praktiken. Dennoch wäre es verkehrt, aufgrund dieser Ungerechtigkeiten überhaupt der im Gang befindlichen Entwicklung skeptisch gegenüberzustehen. Gott sei Dank sind heute die meisten Facharbeiter und Angestellten in der Lage, ungleich besser als in früheren Zeiten ihre Rechte zur Geltung zu bringen. Sie sind selbstbewußt; sie kennen ihre Möglichkeiten und lassen sich nicht mehr ausbeuten. Sie stehen deshalb auch in einem ganz anderen Verhältnis zu ihren Vertretungsorganen (Betriebs-/Personalräte, Gewerkschaften). Die Arbeitnehmer sind mündige Wirtschaftsbürger geworden.

Die Entwicklungen in den Unternehmen und Betrieben sind ebenfalls in Veränderung begriffen. Je "intelligenter" die Maschinen werden und je mehr das Gelingen von den beteiligten Menschen abhängt, um so mehr wird deutlich werden, daß das Kapital zwar eine nicht ersetzbare Voraussetzung für eine funktionierende Wirtschaft ist, daß aber die eigentliche Ursache, die "causa principalis" des Produktionsprozesses, der Mensch ist. Dies erfordert einen entsprechenden Führungsstil, aber ebenso die Förderung entsprechender Qualitäten bei allen Mitarbeitern. Und dies wird um so eher gelingen, je mehr einerseits die Eigentätigkeit, der eigene Verantwortungsbereich, die Zeitsouveränität des Mitarbeiters, soweit dies möglich ist, und andererseits die Kooperationsfähigkeit gewährleistet sind.

4. Die Beteiligung der Arbeitnehmer am Produktivkapital

Man hat der katholischen Auffassung über das Privateigentum gelegentlich – sogar aus eigenen Reihen – vorgehalten, sie müßte auf ihren früheren antiliberalen Kern wieder zurückgeführt werden. Die katholische Eigentumsauffassung hat nie das Eigentumsrecht als ein absolutes und heiliges Recht aufgefaßt, losgelöst von der Verantwortung des Eigentümers vor Gott für das, was er mit dem Eigentum macht – losgelöst auch von den vielfältigen sozialen Pflichten, die mit dem Eigentum verbunden sind. Es war die Französische Revolution und später der Code Napoleón, die diese mit der christlichen Auffassung über den Menschen unvereinbare Sicht des Privateigentums propagierten. In christlicher Sicht ist und bleibt das Privateigentum ein Mittel, um die Arbeit möglichst fruchtbar zu machen und um Vorsorge zu üben.

Entscheidend für die Wohlfahrt und Stabilität einer Gesellschaft ist allerdings nicht ohne weiteres die Größe des Bruttosozialprodukts, sondern die gerechte Verteilung des wirtschaftlichen Ertrages, des Produktivkapitals, von Grund und Boden, des Vermögens. Seit dem Ende des Zweiten Weltkrieges wurden in der Bundesrepublik Deutschland große Fortschritte erzielt für eine gerechte Verteilung. An erster Stelle ist die Lohngerechtigkeit zu nennen. Der Löwenanteil des für Konsum- und langlebige Gebrauchsgüter genutzten Einkommens erwächst heute aus dem Lohn- und Gehaltseinkommen der abhängig Beschäftigten.

In den zurückliegenden Jahrzehnten konnte auch das sich bildende Geld- und Sparvermögen breit gestreut werden, so daß heute nicht nur Kapitaleigner, sondern auch sehr viele Arbeitnehmer ein ins Gewicht fallendes Vermögen auf Sparkonten der verschiedensten Art ihr eigen nennen. Auch bei Grund und Boden sowie bei Eigenheimen und Eigentumswohnungen ist eine gerechtere Verteilung erreicht worden, selbst wenn zahlreiche Desiderata, vor allem für Familien mit Kindern, nicht verwirklicht wurden. Was nicht glückte, das ist die gerechte Streuung des Produktivkapitals, obwohl diese Form des Vermögens in einer hoch entwickelten Industriegesellschaft jedes Jahr stark weiterwächst. Auch die staatliche Förderung der Beteiligung der Arbeitnehmer am Produktivkapital hat nur geringe Auswirkungen gehabt.

Leider haben sich auch die meisten Gewerkschaften bis heute nicht dazu durchringen können, die breite Streuung des Produktivkapitals wirklich zu einem integrierenden Punkt ihres Forderungskataloges und ihres Programms zu machen. Manche Gewerkschaften haben sich sogar offen gegen das Angebot von Belegschaftsaktien gewandt, anstatt die Arbeitnehmer für diese Form der Vermögensbildung zu gewinnen. Man kann aber nicht die "ungerechte Verteilung" des Produktivkapitals anklagen, wenn man nicht bereit ist, die notwendigen Schritte zum Abbau dieser Ungerechtigkeit zu tun.

5. Das Problem der Arbeitslosigkeit

Die Arbeitslosigkeit ist das brennendste Problem unserer Industriegesellschaft. Allerdings zeigt es sich mehr und mehr, daß es wenig hilfreich ist, die von der Bundesanstalt für Arbeit monatlich veröffentlichten Gesamtzahlen ohne jede Unterscheidung zum Ausgangspunkt zu nehmen und darauf die Strategie gegen die Arbeitslosigkeit zu gründen. Wir haben viel zu lange auf die Gesamtzahl der Arbeitslosen geblickt und der eigentlichen Problemgruppe der Langzeitarbeitslosen nicht die notwendige Aufmerksamkeit zugewandt. In den Fällen, in denen jemand ein Jahr und länger arbeitslos ist, da wachsen die persönlichen, psychologischen und sozialen Hindernisse an, die einer Wiedereingliederung in den Arbeitsmarkt im Weg stehen. Für diese Personengruppe, die inzwischen die Größenordnung von nahezu 700.000 erreicht hat, wovon etwa 325.000 Personen bereits zwei Jahre und länger arbeitslos sind, würde eine allgemeine Verkürzung der Arbeitszeit überhaupt nichts bewirken. Worauf es ankäme, sind folgende Maßnahmen:

- Erstens muß darauf geachtet werden, daß der weitere Zuwachs an Langzeitarbeitslosen möglichst verringert, wenn nicht gestoppt wird. Dies wird nur zu erreichen sein, wenn die Qualifizierung der Arbeitnehmer in allen Sektoren ein noch größeres Gewicht erhält als bisher.
- Zweitens müssen große Anstrengungen unternommen werden, um durch besondere Betreuung in den Betrieben und erneute Qualifizierungen die Zahl der Langzeitarbeitslosen zurückzudrängen. Unter dieser Rücksicht sind die besonderen Maßnahmen, die die Bundesregierung im Frühjahr 1989 beschlossen hat, ein Weg in die richtige Richtung.
- Am meisten Sorgen bereiten jene Langzeitarbeitslosen, aber auch jene Arbeitnehmer, die sich mit den Bedingungen einer technisierten Industriegesellschaft schwer tun. Sie bringen nicht die Voraussetzungen mit, um einen Arbeitsplatz ausfüllen zu können, wie er von den Tarifverträgen erfaßt wird. In diesen Fällen werden der Staat, die Tarifpartner, die Kirchen, die übrigen gesellschaftlich relevanten Grup-

pen neue Wege gehen müssen, um diesen Menschen zu einem ausreichenden Einkommen zu verhelfen.

6. Familie und Arbeitswelt

Die Kirche hat sich immer schon darum bemüht, den Menschen die Bedeutung von Ehe und Familie für die menschenwürdige Weitergabe des Lebens und damit für die Zukunft der Gesellschaft zu vermitteln. Im Zuge der modernen Arbeitsteilung und des Auseinandertretens von Haus und Arbeitsstätte ist diese Aufgabe schwieriger geworden. Hinzu kommt, daß in der heutigen Gesellschaft immer mehr Menschen entweder als "Singles" oder als kinderlose doppelverdienende Ehepaare (oder als uneheliche Lebensgemeinschaften) leben. Sie machen sich kaum Gedanken darüber, daß nicht die eingezahlten Beiträge zur Altersrente die Absicherung im Alter garantieren, sondern nur die Menschen, die in 20, 30 oder 40 Jahren die benötigten Güter erarbeiten und die Dienstleistungen vorhalten.

Bis vor kurzem war die Familie für Unternehmer, auch für Gewerkschaften kein Thema. Man hat die Leistungen, die die Familie erbringt, nämlich die Weckung und Erziehung zu Einstellungen und Verhaltensweisen, wie sie die Unternehmen und Betriebe brauchen, für gratis angesehen.

Seit geraumer Zeit spüren es sowohl die Betriebsleiter und Meister als auch die Betriebsräte, wie sehr die zu erbringende Arbeitsleistung, auch die Bereitschaft zur Zusammenarbeit darunter leidet, wenn es in der Familie, in der Ehe kriselt. Früher war dies eher eine Ausnahme, heute häufen sich diese Fälle. Die Mitarbeiter reagieren oft gereizt, haben schlechte Laune, sind unansprechbar, sind in Gedanken ganz woanders, weil es zu Hause nicht mehr klappt, weil sie sich daheim nicht mehr richtig von den Anforderungen des Arbeitslebens erholen können. Moral und Wirtschaft greifen enger ineinander als viele vermuten.

Noch unter einem anderen Blickwinkel muß über das Verhältnis von Familie und Arbeitswelt nachgedacht werden. Die Wirtschaft ist im Bewußtsein vieler Menschen und auch in der Gesellschaft so dominant geworden, daß die übrigen Lebensverhältnisse geradezu sekundär erscheinen. In Wirklichkeit müßte die Problemstellung so lauten: Die Menschen haben eine Vielfalt von Aufgaben zu erfüllen. Die Aufgaben daheim, in Ehe und Familie, sind ebenso wichtig wie der Einkommenserwerb durch Arbeit. Im Bereich der Einkommensverteilung wurden die verschiedenen Leistungen des Familienlastenausgleichs entwickelt, die allerdings immer noch hinter anderen Sozialtatbeständen hinterherhinken. Was nicht geglückt ist, das ist ein größeres Maß an Harmonisierung zwischen den Leistungen in Ehe und Familie auf der einen, in Arbeit und Beruf auf der anderen Seite. Auch die

Regelung der Arbeitszeiten verlangt sehr viel mehr Flexibilität, Rücksichtnahme und Anpassung. Es ist nicht einzusehen, warum die Arbeitszeiten nicht sehr viel flexibler gehandhabt werden können, so daß die Mütter oder Väter ihren Aufgaben in der Familie und im Beruf besser gerecht werden können.

7. Prioritäten in der Sozialpolitik

Die öffentliche Finanznot, ob bei Kommunen, Ländern oder beim Bund, ist sprichwörtlich. Das Geld reicht nie. Und wenn die Steuern zu sprudeln beginnen, dann gibt es so viele Nöte, die man mit guten Gründen bekämpfen will, so daß auch in solchen Zeiten keine Reserven gebildet werden können. Leider kümmern sich die zahllosen Interessenverbände, die es heute gibt, überhaupt nicht darum, ob ihre mehr oder minder begründeten Forderungen auch solide finanziert werden können. Sie fordern einfach. Und es hat den Anschein: Je mehr desto besser. Daß dabei leicht das Gemeinwohl auf der Strecke bleibt und der Staat zum Spielball der mächtigsten Interessenverbände wird, dies wird dann obendrein den Politikern in die Schuhe geschoben.

Es ist nicht nur die Leistungsfähigkeit des Sozialstaats, die auf dem Spiele steht; ebenso sehr muß die Einsicht wachsen, daß das soziale Füllhorn nicht selten dazu führt, die Prioritäten zu vernachlässigen und gerade den erstrangig Bedürftigen, die erforderliche Hilfe und Unterstützung nicht im notwendigen Maße zu gewähren. Heute redet man viel über "die Ärmsten der Armen". Wenn dies mehr als nur eine politische Kampfparole sein soll, dann muß sie eine Besinnung auslösen auf die wirklichen Prioritäten und nicht darauf, wer im Stimmengewirr der Interessenorganisationen am lautesten schreien kann. Die katholische Soziallehre hat den Grundsatz der Subsidiarität formuliert. Es wäre höchste Zeit, die Hilfe zur Selbsthilfe im gesamten sozialen Bereich wieder stärker zur Geltung zu bringen – im Interesse der wirklich Bedürftigen!

8. Die Bewahrung der Schöpfung

Noch in den siebziger Jahren war die Fortschrittsgläubigkeit, die mit dem sogenannten Wirtschaftswunder in der Bundesrepublik Deutschland eingesetzt hatte, ungebrochen. Viele Politiker waren der Meinung, es dauere nur noch kurze Zeit, bis Wissenschaft, Technik und Wirtschaft uns die Mittel und Instrumente an die Hand geben, um alle Probleme lösen zu können. Auch der Warnruf des Club of Rome, wir würden die nicht erneuerbaren Ressourcen der Erde in unverantwortlicher Weise ausbeuten, wurde zwar in den Medien abgehandelt; aber die Schlagzeilen kamen eher der Sensationslust entgegen, als daß sie ein tieferes Nachdenken über das Verhältnis von Mensch und Natur ausgelöst hätten. Erst die Ölkrise, die damit einsetzenden wirtschaftlichen Schwierigkeiten, vor allem aber die immer bedrohlicher werdenden Anzeichen einer ökologischen Krise bewirkten eine allmähliche Besinnung.

Heute gehört die Sorge um die Erhaltung der natürlichen Lebensgrundlagen zu den Aufgaben höchster Priorität. Sie erstreckt sich nicht nur auf die Bereiche der industriellen Produktion, sondern ebenso auf die Landwirtschaft und nicht zuletzt auf die Verbrauchsgewohnheiten der Menschen in der Wohlstandsgesellschaft. Dabei setzt sich mehr und mehr die Einsicht durch, daß die ökologische Herausforderung nur mit Hilfe von Wissenschaft und Technik bewältigt werden kann. Wir brauchen qualitatives Wachstum, nämlich größte Anstrengungen bei der Lösung der Frage, wie unsere Umwelt möglichst wenig belastet und als menschengerechter Lebensraum erhalten bleiben wird. Dies gilt auch für den Bereich der Energieversorgung. Die Risiken der Kernenergie sind abzuwägen mit den Risiken aus der Verbrennung fossiler Rohstoffe (Kohle, Öl), die den gefürchteten Treibhauseffekt hervorrufen. Auch jene, die sich von Einsparungsmaßnahmen viel versprechen, scheinen sich über die Größe des Energieproblems nicht im klaren zu sein.

Wie immer die Lösung auch aussehen wird: Wir alle müssen umdenken. Die ökologischen Probleme können nämlich nicht gelöst werden, wenn wir uns weiterhin als Beherrscher der Welt aufführen, so als ob wir tun und lassen könnten, was uns beliebt, als ob wir niemandem Rechenschaft darüber schuldig wären, wie wir mit den Gütern dieser Erde umgegangen sind. Vordringlich ist eine Rückkehr zur christlichen Einsicht, daß Gott die Erde, mit allem, was sie enthält, dem gesamten Menschengeschlecht, auch den kommenden Generationen, anvertraut hat. Die Menschen sind nicht eigentlich die "Herren", die autonom bestimmen könnten. Sie sind, genau genommen, nur die Verwalter, die vor Gott einmal Rechenschaft abzulegen haben. Manche wollten den Schöpfungsbericht im Alten Testament für die ökologische Krise verantwortlich machen, weil darin dem Menschen die Erde unterworfen wird. Aber das biblische Herrschen über die Erde bleibt immer gebunden an die Verantwortung der Menschen vor Gott, der der Eigentümer seiner Schöpfung bleibt; es ist das Gegenteil jenes Machiavellischen Begriffs von Herrschaft, wo Moral und Politik auseinander gerissen werden und der Mensch als Souverän erscheint, der nur sich selbst verantworltich ist. Hier tut eine Gewissenserforschung not.

9. Solidarität mit den armen Ländern

Um noch ein letztes Problem zu nennen: Die wirtschaftlich und sozial fortgeschrittenen Industrienationen tragen eine unabweisbare Verantwortung für die armen Menschen und Völker in den Ländern der Dritten Welt. Über diese Aussage ist rasch Einigkeit zu erzielen. Aber was hat das für Konsequenzen für unsere Wirtschaft? Für die Arbeitsplätze? Für die Einkommensentwicklung? Für unser System der sozialen Sicherung? Bisweilen kann man den Eindruck gewinnen, als ob der Begriff "Solidarität" nur als Forderung an den Staat gedacht wird, der die Quadratur des Kreises leisten soll, nämlich den Armen in der Welt massiv zu helfen, ohne daß die Wohlstandsverhältnisse im eigenen Land davon berührt werden.

Man kann diese Einstellung schon bei der Frage beobachten, wie künftig die Länder innerhalb der Europäischen Gemeinschaft zueinander stehen wollen. Ist es etwa realistisch, die Forderung aufzustellen, daß die hohen Löhne und Sozialleistungen, wie sie in der Bundesrepublik Deutschland gezahlt werden, eben auch in den übrigen Ländern möglichst rasch eingeführt werden? Sicherlich müssen wir mit aller Kraft auf dieses Ziel hinarbeiten. Aber jeder, der sich einigermaßen ein Bild davon machen kann, welche Anstrengungen zur Verwirklichung dieses Zieles notwendig sind, weiß, daß dies erst nach einem langen und mühsamen Prozeß möglich ist, einem Prozeß, der auch Auswirkungen auf unsere Arbeitsplätze, Einkommen und Sozialleistungen haben wird. Wirtschaftliche und soziale Probleme kann man nicht per Knopfdruck und durch "Dekrete" lösen. Sind wir im Blick auf Europa zu einer Solidarität, die etwas kostet, bereit?

Nicht anders liegen die Dinge, wenn wir das Verhältnis zwischen Industrienationen und Entwicklungsländern bedenken. Wirksame Hilfe beim Aufbau einer leistungsfähigen Volkswirtschaft wird sich auf unsere Wirtschaftsstruktur, auf unsere Arbeitsplätze, auf die Einkommen aller Bürger, auch auf die staatlichen Leistungen auswirken. Sind wir dazu bereit? Das Ausleihen von Geld und Kapital, selbst zu günstigen Zinssätzen, genügt nicht. Und es genügt auch nicht zu meinen, die erforderlichen Maßnahmen müßten der Staat, die Banken, die Unternehmen treffen. Denn die entsprechenden Maßnahmen werden letzten Endes die Bürger selbst zu tragen haben.

Solidarität, die nichts kostet, gibt es nicht. Das Wort wird heute so oft gebraucht, daß man sich unwillkürlich fragen muß, ob es noch in seinem ursprünglichen verpflichtenden Sinngehalt verstanden wird. Mit Worten und Begriffen können wir die Zukunft nicht bestehen. Wir müssen uns selbst auf die Herausforderungen der Zukunft vorbereiten und einstellen.

Michael Schibilsky

Ethische Zukunftsaufgaben Das Menschenbild - Aspekte protestantischer Theologie

1. Zukunft der Schöpfung - Zukunft des Menschen

"Nichts ist menschlicher, als zu überschreiten, was ist."[1] Mit diesem Bloch-Zitat eröffnete vor zwanzig Jahren der bedeutende protestantische Sozialethiker Wolf-Dieter Marsch sein Buch "Zukunft"[2], in dessen Schlußkapitel "Dialektik der Zukunft des Menschen" er den Gedanken vom "Ende der Geschichte" als Regulativ der praktischen Vernunft bezeichnet. "Es sieht nicht so aus, als gingen wir paradiesischen Zeiten entgegen – im Gegenteil: Je berechenbarer die möglichen Zukünfte geworden sind, umso handfester kann man sich ausmalen, wie diese Menschheit scheitert."[3] Inzwischen ist die Menschheit mit der Grundfähigkeit des Überschreitens an ihre Grenze geraten. Die Zukunft des Menschlichen erscheint aus heutiger Sicht nur dann gewährleistet zu sein, wenn wir diese menschliche Neigung des Überschreitens verbinden mit der Wahrnehmung und Wahrung von Grenzen des Überschreitens. Hat Wolf-Dieter Marsch damals ahnen können, was inzwischen zur Gewißheit geworden ist: Am Menschenbild wird sich die Zukunft der Menschheit und der Bewohnbarkeit der Erde entscheiden. Wenn deshalb nach dem Zukunftsbeitrag des Protestantismus – protestantischer Kirchen und Theologie – gefragt wird, läßt sich aus gegenwärtiger Perspektive vermuten: Die Frage nach dem Selbstverständnis des Men-

1 Bloch, Ernst, Verfremdungen I, Frankfurt/Main 1962, S. 218. Zur neueren Wiederaufnahme der Diskussion mit Ernst Bloch im Zusammenhang einer dialogisch argumentierenden christlichen Anthropologie vgl.: Marx, Bernhard, Dialogik als ethisches Prinzip, in: Ev. Theol., 49. Jg., Heft 6.

2 Marsch, Wolf-Dieter, Zukunft. Themen der Theologie, hrsg. von Hans Jürgen Schultz, Band 2, Stuttgart 1969. Vgl. dazu auch den Aufsatz: Christliche Zukunftshoffnung und rationale Zukunftsplanung, in: Ders., Folgen der Freiheit. Christliche Ethik in der technischen Welt, posthum herausgegeben von Michael Schibilsky und Hartmut Przybylski, Gütersloh 1974. Zur neueren Diskussion vgl. auch: Huber, Wolfgang, Das Grundgesetz und die Menschenrechte, in: Zeitschrift für Evangelische Ethik, 33. Jg., Gütersloh 1989.

3 Marsch, Wolf-Dieter, Christliche Zukunftshoffnung und rationale Zukunftsplanung, aaO., S. 103.

schen wird zur Zukunftsentscheidung nicht nur für den Menschen selber, sondern auch für die bewohnte Erde und ihre Kreatur.

Die Zukunft der Schöpfung, so läßt sich theologisch formulieren, hat Gott an die Zukunft des Menschen gebunden. Der Mensch aber steht in der Gefahr, die Zukunft seiner eigenen Gegenwart zu opfern. Nicht die Frage nach dem Überleben des Protestantismus oder der Kirchen ist das Zukunftsthema aus protestantisch-kirchlicher Sicht, sondern die Frage nach der Zukunftsfähigkeit des Menschen. Diese Grundfrage wird im Protestantismus gegenwärtig an den drei entscheidenden Themenbereichen des Konziliaren Prozesses diskutiert: Gerechtigkeit – Frieden – Bewahrung der Schöpfung. In ökumenischer, also weltumspannender Gemeinsamkeit der Christen wird versucht, zu diesen Herausforderungen einen Beitrag aus christlicher Verantwortung heraus zu formulieren[4]. Ich beschränke mich in diesem Beitrag auf den Aspekt, den protestantische Theologie zur Frage des Menschenbildes als Überlebensfrage der Menschheit versucht beizutragen – kein idealistisches Menschenbild, sondern eben ein christliches, ein Menschenbild von unten, ein Menschenbild, das den Menschen von seinen Grenzen her zu verstehen und zu begründen sucht.

Zwanzig Jahre nach der Analyse von Wolf-Dieter Marsch haben sich die thematischen Herausforderungen kaum geändert. Die Bedrohungen haben erkennbar zugenommen, die Notwendigkeit, sich mit der Frage der Zukunft des Menschen zu beschäftigen, ist für Theologie und Kirche (nicht nur im Protestantismus) unabweisbar geworden. Die Wende zum letzten Jahrzehnt unseres Jahrhunderts war nahezu täglich gefüllt von Ereignissen, die diese Herausforderungen unabweisbar vor Augen geführt haben: Etwa im Jahr 1989 die Erinnerung an den 1. September 1939, die aktuelle sozial- und rechtsethische Diskussion um die Euthanasie-Thesen des australischen

---

4 Zum Konziliaren Prozeß, der seinen Ursprung in Dietrich Bonhoeffers Rede vor der Ökumenischen Versammlung in Fanö/Dänemark vom August 1934 hat, in der er zum Konzil des Friedens aufrief - ein Appell, der in der damaligen Ökumene ungehört verhallte - und der in den achtziger Jahren im Kontext der Kirchentage eine Wiederaufnahme fand, existieren inzwischen Dokumentationen der entscheidenden Dokumente und zahlreiche Arbeitshilfen. Vgl. die Bestandsaufnahme der ökumenischen Bewegung: Raiser, Konrad, Ökumene im Übergang. Paradigmenwechsel in der ökumenischen Bewegung, München 1989. Grundlegende Beiträge von Kurt Biedenkopf zur Politikfähigkeit des Konziliaren Prozesses und zur Prozeßfähigkeit der Politik, zur Frage der ökumenischen Gerechtigkeit von Konrad Raiser und Arbeitshilfen für Gemeinden in: Schibilsky, Michael / Schlüter, Ulf / Stobbe, Heinz, (Hrsg.), Gerechtigkeit - Frieden - Bewahrung der Schöpfung. Ein Werkbuch für die Gemeinde, Düsseldorf 1990.

Philosophen Peter Singer[5], aber auch die ethische Diskussion um Chancen und Risiken der Gentechnologie[6]. Im Kontext von Kirche und Ökumene waren es die bereits erwähnten Schritte auf dem "Konziliaren Prozeß" (mit seinen regionalen Versammlungen, – allein in Dortmund mit über 10.000 Teilnehmerinnen und Teilnehmern, die bundesdeutsche Versammlung in Stuttgart, die europäische Versammlung in Basel zu Pfingsten 1989 und die Weltkonferenz von Seoul im Frühjahr 1990). Die Grundthematik: "Gerechtigkeit – Frieden – Bewahrung der Schöpfung" wird inzwischen als eine allen christlichen Kirchen gemeinsame Aktualisierung des Glaubensbekenntnisses verstanden. Diese Überlebensfragen der Zukunft haben im Bereich der Kirchen zu einer weiteren Relativierung konfessioneller Grenzen geführt und zu einem noch vor wenigen Jahren unvorstellbaren thematisch orientierten ökumenischen Dialog[7].

Zwanzig Jahre nach der markanten Zukunfts-Zeitansage von Wolf-Dieter Marsch hat sich im Rahmen protestantischer Theologie Bernd Jaspert[8] mit

---

5 Singer, Peter, Praktische Ethik, Stuttgart 1984 (engl. 1979). Vgl. dazu die Diskussion in der Zeitung "Die Zeit" vom Sommer 1989: Merkel, Reinhard, Der Streit um Leben und Tod. Es gibt keine verläßlichen Prinzipien für den Umgang mit schwer leidenden, todgeweihten Menschen, Zeit-Dossier, Die Zeit 26/1989, S. 13ff. Die Zeit-Diskussion zum gleichen Thema: Zeit-Dossier: Exzeß der Vernunft oder Ethik der Erlösung. Normen und Praxis der medizinischen Sterbehilfe stehen miteinander im Widerspruch. Diskussion mit Franz Christoph, Josef Schädle, Bischof Ulrich Wilckens und der Zeit-Redaktionskonferenz, Die Zeit 29/1989, S. 9ff. Jonas, Hans: Mitleid allein begründet keine Ethik. Ein ZEIT-Gespräch mit dem Moralphilosophen Hans Jonas über Euthanasie und Ethik, von Marion Gräfin Dönhoff, in: Die Zeit 35/1989, Zeit-Dossier, S. 9ff. Zur Darstellung des Diskussions-Zusammenhangs und dessen ethische Relevanz: Schibilsky, Michael, Wächteramt Ethik. Hintergründe der Debatte um Peter Singer, in: Ev. Komm. 11/89.

6 Aus der Sicht der Evangelischen Kirche in Deutschland vgl. dazu etwa: Das Leben achten. Maßstäbe für Gentechnik und Fortpflanzungsmedizin, Beiträge aus der Synode der Evangelischen Kirche in Deutschland von Traute Schroeder-Kurth, Klaus Koch, Christel Meyers-Herwartz, Dietrich Ritschl. Mit einem Vorwort von Jürgen Schmude, Gütersloh 1988. Zum gleichen Kontext: Altner, Günter, Leben auf Bestellung? Das gefährliche Dilemma der Gentechnologie, Freiburg/Basel/Wien 1988. Altner, Günter/Benda, Ernst/Fülgraff, Georges, Menschenzüchtung. Ethische Diskussion über die Gentechnik, Stuttgart 19862. Altner Günter, (Hrsg.), Ökologische Theologie. Perspektiven zur Orientierung, Stuttgart 1989.

7 Zum Gesamtzusammenhang vgl.: Schibilsky, Michael/Schlüter, Ulf/Stobbe, Heinz (Hrsg.), Gerechtigkeit - Frieden - Bewahrung der Schöpfung. Ein Werk- und Arbeitsbuch, Düsseldorf 1990.

8 Jaspert, Bernd, Zukunftsgedanken. Zum Zeitbewußtsein am Ende des 20. Jahrhunderts; Carl Friedrich von Weizsäcker zum 75. Geburtstag, in: Ev. Theologie, 47. Jg., Heft 4/1987.

dem Zeitbewußtsein des Protestantismus am Ende des 20. Jahrhunderts auseinandergesetzt und konstatiert: "In keinem Jahrhundert haben die Menschen so sehr mit dem Blick auf die Zukunft gelebt wie im zwanzigsten Jahrhundert. ... Alle Überlegungen und Unternehmungen im politischen, sozialen, kulturellen wie im privaten Bereich werden unter dem Aspekt der Zukunft angestellt."[9]

Wolf-Dieter Marsch, der theologische Zukunfts-Experte der sechziger Jahre, ist 1972 tödlich verunglückt, schlimmer noch: Kirche und Theologie haben ihn in weiten Teilen übereilt und unbedacht vergessen. Ernst Bloch ist in hohem Alter gestorben. Es blieb der demokratischen Revolution der DDR im November 1989 vorbehalten, sein Erbe erneut in Erinnerung zu bringen. Andere, nachfolgende Generationen haben sich des Zukunfts-Themas angenommen.[10] Nur – in der protestantischen Theologie ist nie wieder so weitsichtig und grundlegend über das Zukunfts-Thema nachgedacht worden, wie von Wolf-Dieter Marsch. Seine Diagnose hieß bereits damals, also 1969: "Die Frage ist jedoch nicht zu übersehen, ob die bloße Perfektionierung der denkbaren Selbstmanipulation den Menschen wirklich seinem 'humanen Heil' näherbringt oder sich nicht vielmehr in das 'wesenswidrig Absurde verirrt'. Gerade im Stadium dieser wie noch nie zuvor möglichen Machbarkeit des Menschen wäre wohl Gewißheit darüber nötig, auf welche Ziele hin sich die Menschheit produziert."[11] Kaum anders hat in gegenwärtiger Terminologie der Sozialphilosoph Hans Jonas den gleichen Sachverhalt so formuliert: "Wir müssen mehr den Ozean vor uns als uns vor dem Ozean schützen. Wir sind der Natur gefährlicher geworden, als sie es uns jemals war. Am gefährlichsten sind wir uns selbst geworden, und das durch die bewundernswertesten Leistungen menschlicher Dingbeherrschung. ... Das bedeutet, daß wir wohl in alle Zukunft im Schatten drohender Katastrophen leben müssen. Sich des Schattens bewußt sein – wird zum paradoxen Lichtblick der Hoffnung: Er läßt die Stimme der Verantwortung nicht verstummen. ... So kommt am Ende doch das Prinzip Verantwortung mit dem Prinzip Hoffnung zusammen – nicht mehr die überschwengliche Hoffnung auf ein irdisches Paradies, aber die be-

9 Ebd., S. 327.

10 Ebd., S. 327. Jaspert bezieht sich insbesondere auf Robert Jungk, Die Zukunft hat schon begonnen, München 1952; Gertrud Höhler, Die Zukunftsgesellschaft, Düsseldorf/Wien 1986; Reinhard Wittram, Zukunft in der Geschichte. Zu Grenzfragen der Geschichtswissenschaft, Göttingen 1966 und Reinhard Koselleck, Vergangene Zukunft. Zur Semantik geschichtliche Zeiten, Frankfurt 1984.

11 Marsch, Wolf-Dieter, Zukunft, aaO., 141.

scheidenere auf eine Weiterwohnlichkeit der Welt."[12] Diese Aufgabenstellung hat Wolf-Dieter Marsch sechzehn Jahre früher bereits fast ideengleich, aber doch in theologischer Terminologie, so formuliert:

> "Es ist aber eben dieses Rätsel (des auferweckten Christus), das uns veranlassen könnte, angesichts der ausrechenbaren Katastrophen nicht die Hände in den Schoß zu legen und resigniert auf die Anzeichen des 'Tages X' zu starren. Mit diesem Rätsel müssen wir rechnen, wenn wir und unsere Engel im Jahr 2040 oder 2050 überleben wollen. Und wir können damit rechnen, wenn wir eine Vernunft, die nur das technisch Machbare und prognostisch Kalkulierbare kennt, bewußt überschreiten, transzendieren, und von einer Hoffnung gegen den Augenschein leben – wie der alten Hoffnung auf den auferstandenen Christus – und eine Zukunft für diese sich selbst vergiftende Menschheit erwarten: auf eine Vernunft bei notorisch unvernünftigen Menschen setzen und so handeln, 'als ob' wir wirksam imstande seien, jede 'neue Ethik' zu leben, zu verbreiten, zu fordern und mit eindämmenden Gesetzen und Maßnahmen zu erzwingen. Diese Hoffnung hat kein Gemälde einer 'heilen Welt' mehr vor sich – ja, sie weiß, daß sie sich, Jesus konform, eher dem Leiden und immer neuen Enttäuschungen wird ausgesetzt sehen müssen. Aber sie setzt darauf, daß jene mit Jesus in ihr Recht gesetzte Vernunft nicht vergeblich am Geschick dieser Welt arbeitet."[13]

2. Ethikbedarf von Wissenschaft

Wenn wir uns heute – ein Jahrzehnt vor der Jahrtausendwende – erneut mit dem Thema "Zukunft" aus protestantischer, gesellschafts- und kulturkritischer Sicht auseinandersetzen, dann sind die Anlässe nicht mehr allein der Bericht des Club of Rome, die Londoner CIBA-Konferenz von 1962, die damals die Weltöffentlichkeit in Aufruhr versetzten[14], sondern dann liegen bereits erlebte und wissenschaftlich nachvollziehbare Umweltkatastrophen (wie etwa Three-Miles-Islands und Tschernobyl) hinter uns, dann liegen wissenschaftliche Explorationen (insbesondere auch im Bereich der Gentechnologie) vor uns, die klarer umreißen, was damals noch an der Grenze zum Science-fiction-Bereich zu lokalisieren war. Die Scenarios von

12 Jonas, Hans, Rede zur Verleihung des Friedenspreises des Deutschen Buchhandels, Frankfurt 1987, vgl.: FR-Dokumentation vom 12. 10. 1987.

13 Marsch, Wolf-Dieter, Die Folgen der Freiheit, aaO., S. 122.

14 Meadows, D. H./Meadows, D. L./Zahn, E./Milling, P., Die Grenzen des Wachstums. Bericht des Club of Rome zur Lage der Menschheit, Stuttgart 1972. Londoner CIBA-Konferenz 1962, Das umstrittene Experiment: Der Mensch. Elemente einer biologischen Revolution (Modelle für eine neue Welt), München 1966.

Hermann Kahn und Anthony J. Wiener[15] üben weniger Faszination und Schrecken aus, als die konkreten Möglichkeiten und Perspektiven bereits existierender und geplanter gentechnologischer Forschungen, die Hans Jonas in einer von Leon Kass erstellten "Wäscheliste" möglicher Anwendungen der Gentechnologie skizziert:

1. Replikation von Individuen großen Genies oder großer Schönheit, um die Spezies zu verbessern oder das Leben erfreulicher zu machen;
2. Replikation des Gesunden, um das Risiko von Erbkrankheiten zu vermeiden;
3. Lieferung großer Serien erbgleicher Subjekte für wissenschaftliche Studien;
4. Einem unfruchtbaren Ehepaar ein Kind zu verschaffen;
5. Jemandem ein Kind mit einem Genotyp eigener Wahl zu verschaffen;
6. Geschlechtskontrolle künftiger Kinder;
7. Erzeugung von Teams identischer Subjekte für spezielle Beschäftigungen in Krieg und Frieden;
8. Erzeugung embryonischer Kopien von jeder Person als Organreserve für Transplantationen – und: "Neugier – laßt uns sehen, wie so etwas ausläuft."[16]

Gegen das utopische Prinzip Hoffnung von Ernst Bloch setzt Hans Jonas die Heuristik der Furcht[17] – eine nichtutopische Hoffnung auf das Überleben mithilfe einer die Vernunft überlistenden Vernunft. Theologisch hat Wolf-Dieter Marsch weitreichendere Maßstäbe und Ansprüche gesetzt: "Wir können zumindest rational kalkulierend wissen, wohin wir uns konstruieren. Es bleibt aber offen – ungewiß, auf dem Spiel stehend, also echt futuristisch –, ob man diese so eruierte Zukunft auch wird 'human', heilvoll, glückhaft nennen können. Hier hat die christliche, die an Jesus orientierte Zukunftshoffnung, die ins Utopische des von Gott erfüllten Lebens verweist, ihr Wort mitzureden."[18] Diese Aufgabe einzulösen, bleibt kontinu-

15 Kahn, Hermann/Wiener, Anthony J., Ihr werdet es erleben. Voraussagen der Wissenschaft bis zum Jahre 2000, Wien/München/Zürich 1968.

16 Jonas, Hans, Laßt uns einen Menschen klonieren: Von der Eugenik zur Gentechnologie, in: Ders., Technik, Medizin und Ethik. Zur Praxis des Prinzips Verantwortung, Frankfurt 1985.

17 Bloch, Ernst, Prinzip Hoffnung, Bd. I-III, Frankfurt 1959. Jonas, Hans, Das Prinzip Verantwortung. Versuch einer Ethik für die technologische Zivilisation, Frankfurt 1984; vgl. dazu auch das Menschenbild bei Otto Speck, Ders., System Heilpädagogik. Eine ökologisch reflexive Grundlegung, München/Basel 1988.

18 Marsch, Wolf-Dieter, Christliche Zukunftshoffnung und rationale Zukunftsplanung, aaO., S. 103f. Zur Würdigung der Sozialethik von Wolf-Dieter Marsch vgl.: Marhold, Wolfgang, Strukturen der Ethik bei Wolf-Dieter Marsch. Zur

ierliche Verpflichtung einer christlichen Sozialethik an der Grenze dieses Jahrtausends, eine Zukunftsaufgabe des Protestantismus. Anders gesagt: Sozialethik ist der Dienst der Kirche an der Gesellschaft der Zukunft. Bislang ist diese Aufgabe weitgehend uneingelöst – darzustellen bleiben deshalb hier Fragmente, Fragen, Ansätze.

Es geht dabei um den Ethik-Bedarf von Wissenschaft. Das klingt abstrakt und unbescheiden zugleich. Im Kern jedoch geht es um die Frage, ob die christlichen Traditionsbestände bereit und in der Lage sind, einen unverzichtbaren Beitrag zur Gestaltung – bescheidener gesagt: zur Ermöglichung – einer humanen Zukunft zu leisten vermögen. Mit dieser Fragestellung sind wir der Zukunft scheinbar weit vorausgeeilt, entdecken jedoch unschwer, daß viele (augenblicklich) aktuelle Fragestellungen dieser generalisierten Thematik unabdingbar zuzuordnen sind. Ein wichtiges Indiz und Ausgangsmoment für diese Fragestellung bietet die in diesen Monaten um die Jahrzehnt-Wende relevante Frage nach einem christlichen Menschenbild.[19] So heißt die These meines Beitrags noch einmal zugespitzt: Am Menschenbild wird sich die Frage nach der Zukunft wesentlich entscheiden – gerade weil der Mensch an der Wende zum zweiten Jahrtausend in der Gefahr steht, die Zukunft seiner Gegenwart zu opfern. Dazu hat die protestantische Sozialethik ihre Stimme zu erheben, einen unverzichtbaren Beitrag zu leisten, aufzufordern zum kritischen Dialog.

Wenn ein führender Vertreter der evangelischen Kirche, der Präses einer der größten Landeskirchen der EKD, der Westfale Hans-Martin Linnemann von einem Ethikbedarf der Wissenschaft spricht[20], dann hat er dazu nicht nur einen aktuellen, sondern auch einen grundsätzlichen Anlaß. In seinem Bericht vor der westfälischen Landessynode[21] im November 1989 hat Lin-

---

Grundlegung einer christlichen Ethik unter den Bedingungen der Gegenwart, in: Pastoraltheologie 1984. Zum gleichen Kontext vgl. Schibilsky, Michael, Kirche und ihre Glaubwürdigkeit. Legitimationsprobleme einer Überzeugungsgemeinschaft, in: Pastoraltheologie 1988.

19 Ich verweise auf die 1989 aufgebrochene Ethik-Diskussion im Zusammenhang mit den seit über einem Jahrzehnt vorliegenden Ansatz des australischen Sozialphilosophen Peter Singer und die damit verbundene Diskussion zur Frage menschlichen Lebens, die eine Fülle kontroverser Stellungnahmen hervorgerufen hat.

20 Linnemann, Hans-Martin: Zum Ethik-Bedarf der Wissenschaft. Vortrag vor der Ev. Akademie Iserlohn, Herbst 1989.

21 Vgl. Mündlicher Bericht: Präses D. Linnemann, in: Senn, Gerhard, (Hrsg.), Landessynode 1989, in: Materialien für den Dienst in der Evangelischen Kirche von Westfalen, Bielefeld, 1989. Zu einem früheren Zeitpunkt wurden ähnliche Aspekte in der Evangelischen Kirche im Rheinland diskutiert. Vgl. dazu: Seim, Jürgen (Hrsg.), ...mehr ist eben nicht. Kranksein, Behindertsein, Menschsein.

nemann das noch konkretisiert und damit in kirchenleitender Funktion die Herausforderungen genannt, die heute hier zur Debatte stehen: "Auf das Datum des 1. Septembers 1939, den Beginn des Zweiten Weltkrieges, war auch das Schreiben Adolf Hitlers datiert, das die sogenannte Euthanasie-Aktion im Dritten Reich in Gang setzte. Dieser Aktion fielen bis 1945 vermutlich mehr als 200.000 psychisch kranke und behinderte Menschen, aber auch homosexuelle und andere mißliebige Personen zum Opfer. ... Die Erinnerung an die Krankenmorde muß auch über Gedenktage hinaus in unserer Kirche lebendig bleiben. Denn wo es um das Leben und die Würde derer geht, die Christus seine geringsten Brüder und Schwestern nennt, ist die Mitte unserer Verkündigung berührt."[22]

Hans-Martin Linnemann hat damit mutig einen Sachverhalt angesprochen, an dem sich der christliche Glaube bewähren muß. Und er hat damit einen Lebens-Zusammenhang – mehr noch: einen Überlebens-Zusammenhang angesprochen, an dem sich entscheidet, wie human unsere Gesellschaft ist. In seinem Bericht vor der Landessynode ist Präses Linnemann deshalb auch auf die aktuelle Diskussion um den australischen Philosophen Peter Singer eingegangen: Er greift ein entscheidendes und bestürzendes Zitat aus dem Buch "Praktische Ethik" von Peter Singer auf, in dem Singer behauptet, "daß die Zugehörigkeit eines menschlichen Wesens zur Spezies Homo sapiens allein keine Bedeutung dafür hat, ob es verwerflich ist, es zu töten; entscheidend sind vielmehr Eigenschaften wie Rationalität, Autonomie und Selbstbewußtsein. Mißgebildete Säuglinge haben diese Eigenschaften nicht. Sie zu töten kann daher nicht gleichgesetzt werden mit dem Töten normaler menschlicher Wesen. ... Die Tötung eines behinderten Säuglings ist nicht moralisch gleichberechtigt mit der Tötung einer Person. Ja oft ist sie überhaupt kein Unrecht."[23]

Dieser gespaltene Person-Begriff Peter Singers, diese Ausgrenzung von Behinderten aus dem Bereich der Menschenwürde, ist für jeden von uns eine empörende und uns zugleich beunruhigende Vorstellung, die nicht unwidersprochen bleiben kann. Es sind ja nicht die zufälligen Äußerungen eines australischen Philosophen, die uns so große Sorgen machen, es ist der Peter Singer in uns, um den es geht: Allzu verbreitet scheint mir eine Argumentation zu sein, die die Menschenwürde eben doch abhängig macht vom Prinzip der Leidvermeidung und Glücksoptimierung.[24]

Beiträge des Arbeitskreises Kirche und "Euthanasie" der Evangelischen Kirche im Rheinland, Gütersloh 1988.

22 Ebd., S. 27.

23 Ebd., S. 27.

24 Vgl. Singer, Peter, Praktische Ethik, aaO., S. 110.

Verbreitet scheint mir die irrige Vorstellung, behindertes Leben sei gleichbedeutend mit unglücklichem und mißlungenem Leben. Eine solche Vorstellung wird weder behindertem noch nichtbehindertem Leben gerecht. Es zementiert vielmehr auf einer vorrationalen Ebene unreflektierte Befürchtungen und Projektionen. Verbreitet scheint mir der Gedanke zu sein, Leben unterliege allein unserer Verfügbarkeit. Dieser vermuteten Verfügbarkeit ist es zuzuschreiben, daß wir zunehmend Probleme dort haben, wo Verfügbarkeit gleichzeitig bedeutet: Leiden und Krankheit aus vermeidbar zu betrachten und die Illusion zu nähren, es gäbe ein leidfreies und belastungsfreies Leben. Das ist nicht nur unrealistisch, sondern wird dort unmenschlich, wo Erkrankungen und Behinderungen unter einen unerhörten Legitimationsdruck gestellt werden nach dem Prinzip: Das hätte eigentlich nicht passieren dürfen. Damit wird die Frage nach Erkrankung auf fatale Weise mit der Frage der Schuld verbunden.[25]

Dieser sozialethisch-anthropologischen Herausforderung muß gerade in dieser Zeit auch mit theologischen und konfessionsübergreifenden kirchlichen Stellungnahmen geantwortet werden. Zur gleichen Zeit ist deshalb auch die gemeinsame Erklärung des Rates der Evangelischen Kirche in Deutschland und der Deutschen Bischofskonferenz (in Verbindung mit den Mitgliedskirchen der Arbeitsgemeinschaft christlicher Kirchen, ACK) zum Schutz des Lebens unter dem eindrücklichen Titel erschienen: "Gott ist ein Freund des Lebens."[26] Dort heißt es, wie ich finde, zutreffend: "Zu den Zeichen unserer Zeit gehört es, daß die immer größere Machtfülle der Menschheit nicht nur zu Erleichterungen des menschlichen Lebens führt, sondern zugleich seine Grundlagen und seine Würde bedroht."[27] Zur Bedrohung und Benachteiligung von behinderten Menschen heißt es in dieser Erklärung: "Immer dann, wenn das soziale Klima der Gesellschaft strapaziert erscheint, droht Behinderten, daß sie als Belastung in Mißkredit geraten. Auch wenn der Staat bei allgemeinen Sparmaßnahmen die Zuschußmittel für Behinderte und deren Einrichtungen nicht kürzt, kann dies spürbar werden. Das sozial-kommunikative Klima, in dem Behinderte le-

---

25 Vgl. Krebs, Heinz, Sozialmedizinische und sozialethische Aspekte der Betreuung körper- und mehrfach behinderter Menschen. Interdisziplinärer Kongreß des Bundesverbandes für spastisch Gelähmte u.a. Körperbehinderter e.V., Düsseldorf, 26. - 29. 10. 1989 (Mskr.).

26 Gott ist ein Freund des Lebens. Herausforderungen und Aufgaben beim Schutz des Lebens. Gemeinsame Erklärung des Rates der Evangelischen Kirche in Deutschland und der Deutschen Bischofskonferenz, hrsg. vom Kirchenamt der Evangelischen Kirche in Deutschland und dem Sekretariat der Deutschen Bischofskonferenz, Gütersloh 1989.

27 Ebd., S. 11.

ben, ist für sie von noch größerer Bedeutung als die materiellen Hilfsmittel, die für sie bereitgestellt werden."[28]

Es geht nicht um Mitleid[29]. Gerade als Christen müssen wir davor warnen, im Verhältnis zu Menschen mit geistiger und körperlicher Behinderung von Mitleid zu reden. Es geht um elementare Menschenrechte[30]. Es geht um die unverlierbare Würde von Menschen. Wenn wir diese Würde des Menschen ersetzen durch die Kategorie des Mitleids, dann demütigen wir die Menschen, von denen wir alle zu lernen haben. Denn das ist ja keine philosophische Frage, keine Frage für Sonntagsreden. Es ist eine elementare Lebensfrage für jeden, der alltäglich mit Behinderungen und Beeinträchtigungen umzugehen hat, mit denen anderer – und mit unseren eigenen.

3. Christliches Menschenbild

Ist unter der Hand unter uns ein Menschenbild gewachsen und entstanden, das eben nicht allen Menschen gilt, sondern eben vor allem den klügeren, den begabteren, den geschickten, den Könnern und Machern? In welchem Verhältnis steht unter uns vita aktiva zu vita contemplative, das aktiv gestaltende Leben und das annehmende, empfangende Leben?

Mitarbeiter und Mitarbeiterinnen großer diakonischer Einrichtungen merken sofort, daß damit auch ihre Berufsidentität angefragt ist. Um es vorweg zu sagen: Sie arbeiten nicht aus Gründen des Mitleides an und mit Menschen mit geistiger und körperlicher Behinderung, sondern in der Überzeugung, daß es hier – wie an vielen anderen Stellen auch – um das Leben geht. Es geht um unser Leben! Ich behaupte – und ich weiß, wovon ich rede –: Menschen, die auch die Bereitschaft haben, sich mit Leiden aktiv auseinanderzusetzen, solche Menschen haben mehr vom Leben verstanden, als diejenigen, die äußerlich vielleicht äußerst erfolgreich sind, innerlich aber leer bleiben. Zugleich aber gilt: Wir dürfen – gerade in unseren diakonischen Einrichtungen – unsere Mitarbeiter und Mitarbeiterinnen nicht ständig überfordern. Jeder von uns ist einmal mir seinen Kräften am Ende. "Ich kann nicht mehr!" Das ist ja nicht Ausdruck von Bequemlichkeit

28 Ebd., S. 92.

29 Klaus Dörner hat nicht unbedacht als Titel seiner medizin-kritischen Studie "Tödliches Mitleid" gewählt. Vgl.: Dörner, Klaus, Tödliches Mitleid, 1989.

30 Das ist die verhängnisvolle und zugleich kurzschlüssige Logik des Intellektuellen Reinhard Merkel, der sich ethisch geradezu analphabetisch gebärdet, wenn er im Zeit-Dossier die Diskussion um menschenwürdiges Sterben und um die Grenzen der Geräte-Medizin vermischt mit der Diskussion um Leiden und Leidvermeidung. Seine unbestrittene Intellektualität bewahrt ihn eben leider nicht vor den einfachsten ethischen Mißgriffen.

und Faulheit, sondern die Folge einer systematischen Überforderung von Menschen, die einstmals mit hohen Idealen ihre Arbeit begonnen haben. Deshalb sage ich: Zukünftiges menschliches Leben wird wesentlich davon abhängig sein, wie wir das Verhältnis von vita aktiva und vita contemplative unter uns gestalten. Und das heißt konkret: Wir alle müssen lernen, mit unseren Grenzen menschlicher umzugehen.

Ich warne – übereinstimmend mit Klaus Dörner, der das markante Stichwort vom "Tödlichen Mitleid" geprägt hat, zusammen mit Hans Jonas, der davor gewarnt hat, Mitleid zu einer ethischen Kategorie zu erheben[31] – vor einer scheinchristlichen Ethik, die Menschen mit geistiger und körperlicher Behinderung zu Objekten diakonischer Tätigkeiten degradiert. Ich möchte dazu einladen, zu entdecken, daß ein christlich fundiertes Menschenbild weitreichende Konsequenzen hat: Nicht nur für die Sozialpolitik unseres Staates, sondern auch für die Verkündigung der Kirche; nicht nur für die Integration von Behinderten und Nichtbehinderten, sondern insgesamt für das mitmenschliche Umgehen in Staat und Gesellschaft, in unseren Kirchengemeinden[32] und in den Dienststellen und Einrichtungen der Diakonie. Der Philosoph Hans Jonas sagt das (etwa im Zusammenhang der Chancen und Risiken der Gentechnologie) so, daß es uns als Christen, uns als Mitarbeiter in Kirche und Diakonie nicht unberührt lassen kann: "Unsere so völlig enttabuisierte Welt muß angesichts ihrer neuen Machart freiwillig neue Tabus aufrichten. Wir müssen wissen, daß wir uns weit vorgewagt haben, und wieder wissen lernen, daß es ein Zuweit gibt. Das Zuweit beginnt bei der Integrität des Menschenbildes, das für uns unantastbar sein sollte. Nur als Stümper können wir uns daran versuchen, und selbst Meister dürften wir dort nicht sein. Wir müssen wieder Furcht und Zittern lernen und, selbst ohne Gott, die Scheu vor dem Heiligen. Diesseits der Grenze, die es setzt, bleiben Aufgaben genug."[33]

Im Kontext einer Pädagogik (hier der Heilpädagogik, also in der Berufsgruppe, die sich das gemeinsame Leben mit Menschen mit geistiger und körperlicher Behinderung zur Lebensaufgabe gemacht hat), sagt das Otto

---

31 Dörner, Klaus, Tödliches Mitleid. Zur Frage der Unerträglichkeit des Lebens oder: die Soziale Frage: Entstehung, Medizinisierung, NS-Endlösung heute - morgen. Mit einem Beitrag von Fredi Saal, Gütersloh 1989.

32 Zu diesem Problemkreis sind bisher bedauerlicherweise nur sehr wenige Publikationen zu verzeichnen. Eine bemerkenswerte Ausnahme ist das Buch von Hämer, R., Rehabilitation von unten, München 1984.

33 Jonas, Hans, Am Beginn des zweiten Jahrhunderts - Hoechst Pharma. Internationales Symposium 1984, Frankfurt, S. 20, zit. n. Altner, Günter, Leben auf Bestellung? Das gefährliche Dilemma der Gentechnologie, aaO., Anm. 7, S. 118.

Speck[34] so: Die Sorge richtet sich darauf, daß ein vorrangig an "Wachstum von Lebensqualität" orientiertes, naturwissenschaftlich-materialistisch begründetes Wertsystem behindertes Leben eo ipso abzuwerten pflegt.[35] Dagegen setzt er die Befreiung vom Diktat der Wirtschaftlichkeit, das Bekenntnis zu einer Technologie mit menschlichen Zügen, die Verantwortung des einzelnen in seiner sozialen Bezogenheit: Der Mensch kann den anderen Menschen nur soweit verstehen, als er sich selbst kennt; kann den anderen nur lieben, wenn er auch sich selber akzeptieren kann.[36]

Ergänzend dazu möchte ich zusammenfassen, was sich gegenwärtig in theologischer Verantwortung zum christlichen Menschenbild für unsere Zeit sagen läßt. Wegweisendes können wir hier von Betroffenen lernen, ich habe am meisten in diesen Fragen von Pastor Dr. Ulrich Bach gelernt, der selber im Rollstuhl sitzt und sein grundlegendes Werk nennt: Boden unter den Füssen hat keiner[37].

4. Zukunft und Menschenwürde

Als Theologen, als Sozialethiker stehen wir in einer besonderen Verantwortung: Wir müssen uns fragen lassen, ob denn unser Menschenbild etwas in dieser Situation zu sagen hat – mehr zu sagen hat, klarer zu sagen hat, als das bisher in Theologie und Kirche erfolgt ist. Das kann an dieser Stelle nur in der Form einer kurzen Problemskizze geschehen.

Der Mensch kann und darf nicht instrumentalisiert werden. Gerade das aber geschieht in vielen Bereichen unserer Gesellschaft. Darunter leiden am stärksten diejenigen, die ohnehin unter erschwerten Bedingungen leben. Wir können manchmal mit Instrumenten helfen, schlimme Krankheitsfolgen mildern. Aber dadurch schaffen wir keine anderen Menschen. In einem Weihnachtsbrief des Diakonischen Werkes von Westfalen, der in diesen Tagen erscheint, heißt es: "Menschliches Leben ist von außen her, von Gott her bestimmtes Leben. Menschliches Leben ist darum wertvolles Leben, weil es von Gott bejahtes Leben ist. Das heißt: Mein Leben ist nicht darum lebenswert, weil ich dieses Leben 'meistere', weil ich daraus etwas gemacht habe. Mein Leben ist darum lebenswert, weil Gott sich mir zusagt". [38]

---

34 Speck, Otto, System Heilpädagogik. Eine ökologisch-reflexive Grundlegung, München/Basel 1988.

35 Ebd., S. 169.

36 Ebd., S. 194f.

37 Bach, Ulrich, Boden unter den Füssen hat keiner. Plädoyer für eine solidarische Diakonie, Göttingen 1986.

38 Dietrich, Hartmut/Schütz, Hans-Georg, Geschenktes Leben. Diakonisches Werk der Evangelischen Kirche von Westfalen, Weihnachten 1989, Münster 1989, S. 2. Zum Gesamtzusammenhang Krankheit und Gesundheit vgl.: Schi-

Die Würde und das Wesen des Menschen dürfen nicht quantifiziert werden, es darf nicht aufgerechnet werden Glück gegen Leid, Können gegen Hilfsbedürftigkeit (wie das bei Peter Singer geschieht). Gerade das ist ja ein Wesensmerkmal des Menschen, daß beides zusammengehört: Glück und Leiden, Können und Hilfsbedürftigkeit. Die Rheinische und Westfälische Landessynode haben das 1985 so formuliert: "Wir erkennen, daß dem Menschen seine Würde von Gott beigelegt und darum unantastbar ist, daß sie also nicht in seinen Fähigkeiten und Leistungen begründet ist."[39] Peter Singer verkennt in seiner Ethik, daß das Personsein des Menschen eben nicht an Bedingungen geknüpft werden kann. Wir dürfen nicht dem Mythos der Leidvermeidung anheimfallen. Denn wer Leid um alles in der Welt vermeiden will, der meidet leicht auch die Leidenden. Aber wir werden auch das Leiden nicht glorifizieren.[40]

Der Mensch ist mehr als seine Krankengeschichte, er hat eine Lebensgeschichte. Hier werden vor allem Ärztinnen und Ärzte zu lernen haben, die Lebensgeschichten von Menschen zuhörend zu verstehen, die Geschichten und Lebenserfahrungen von Menschen, die es in ihrem Leben nicht immer leicht gehabt haben. Wir sind nicht nur Zuhörer, sondern Teilhabende. Unser Verstehen ist herausgefordert: Noch stärker den Menschen in seinen ganzheitlichen Bezügen sehen und verstehen, das ist unsere vornehmste Aufgabe. Daraus erst erwächst ein Verstehen von Krankheit und körperlichen Beeinträchtigungen. Ärztinnen und Ärzte haben eine große Verantwortung. Aber ihre Möglichkeiten enden dort, wo die Würde und das Selbstverständnis anderer Menschen tangiert ist. Wir alle dienen dem Leben mit den Möglichkeiten, die uns anvertraut sind. Aber wir sind niemals Besitzer des Lebens, schon gar nicht Herren über Leben und Tod.

Der Mensch lebt in Sozialität. Dazu gehört seine Bestimmung, in Auftrag genommen zu sein. Diese Beauftragung umfaßt seine gesamte Begabung. Es bedarf der humanen Phantasie einer Gesellschaft, die Bestimmung und Begabung von Menschen mit geistiger oder körperlicher Behinderung in unserer Gesellschaft zu formulieren und ihrer Entfaltung Raum zu gewähren. Eine Gesellschaft, die Menschen mit geistiger oder körperlicher

---

bilsky, Christel und Michael, Art. Kranke, in: Bäumler, Christof/Mette, Norbert (Hrsg.), Gemeindepraxis in Grundbegriffen. Ökumenische Orientierungen und Perspektiven, München 1987. Zur politischen Diskussion der Gentechnologie vgl. Chancen und Risiken der Gentechnologie. Der Bericht der Enquete-Kommission "Chancen und Risiken der Gentechnologie" des 10. Deutschen Bundestages, Hrsg.: Dt. Bundestag, Referat Öffentlichkeitsarbeit Bonn, Zur Sache 87,1.

39 Geschenktes Leben, aaO., S. Anm. 39, S. 3.

40 Vgl. Sölle, Dorothee, Leiden, Stuttgart 1978 (1. Aufl., 1973).

Behinderung keine gesellschaftliche Aufgabe zuzuschreiben vermag, ist in ihren eigenen Zielen der Kritik zu unterziehen.

Es darf kein doppeltes, kein gespaltenes Menschenbild geben. Ich wende mich gegen den Versuch, soziale, also mitmenschliche Probleme und Fragen allein technisch lösen zu wollen. Davon können wir alle von Klaus Dörner[41] (tödliches Mitleid) lernen, der uns gerade als Arzt eindringlich davor warnt, menschliche und soziale Probleme technisch oder technisch-medizinisch lösen zu wollen. Was das theologisch bedeutet, läßt sich im Weihnachtsbrief des Diakonisches Werk Westfalen so nachlesen: "Als Gott Mensch wurde, da protestierte er gegen unser gängiges Denken, das den Menschen von seinem Können und seiner Stärke her betrachtet. Jesus, der Retter der Welt, geriet in Not. Er hatte es nötig, selber nach Ägypten, ins Asyl gerettet zu werden. So läßt er uns erkennen, daß zu unserem eigenen Leben auch Schwäche und Hilfsbedürftigkeit hinzugehören."[42]

Es kann nur ein einheitliches Menschenbild geben. Es bedarf also eines sozialethisch-christliche Argumentationen übergreifenden Menschenbildes, das in einem dialogischen Prozeß mit anderen anthropologischen Zugängen zu gewinnen sein wird – nicht einer Wiedererweckung eines vermeintlichen christlichen Absolutheitsanspruches. Und darin muß aufgehoben sein, daß wir uns nicht von unseren Möglichkeiten, sondern eben auch von unseren Begrenzungen her verstehen und definieren. Schwerstbehinderte sind kein Sonderfall der Diskussion um ein künftiges Menschenbild, es ist der Ernstfall eines jeden Menschenbildes. Überall da, wo Menschen mit ihren Begrenzungen herausfallen aus unseren Maßstäben – da sind unsere Maßstäbe selbst fragwürdig geworden.

Was haben wir aus der Gesundheit gemacht? Es gibt gewiß ein Recht auf Gesundheit und Behandlung. Aber keine Pflicht zur Gesundheit. Der Mensch lebt vielmehr in Polaritäten: Glück und Leid, Krankheit und Gesundheit, geboren werden und sterben müssen. Wenn wir Gesundheit verabsolutieren, sind dann nicht sogleich die Menschen mit beeinträchtigter Gesundheit zugleich auch auf der Seite des Unrechts?

Wenn wir unser christliches Menschenbild ernstnehmen, dann spüren wir: Wir machen nicht irgendwelche barmherzig klingenden Aussagen über Menschen, die es mit ihrer Gesundheit schwer haben. Wir erfahren etwas über uns selbst: Wie gehen wir eigentlich mit unseren eigenen Begrenzungen um? Das ist doch die Frage. "Auch wir sind in Gefahr, Leben einzuengen, Leben zu bedrohen", heißt es im bereits mehrfach zitierten Brief des Diakonischen Werkes Westfalen. Und weiter: "Es ist richtig und wichtig,

41 Dörner, Klaus, Tödliches Mitleid, aaO., S. 27ff..
42 Geschenktes Leben, aaO., S. 5.

das Leben zu lieben, gesund sein zu wollen, nach Glück zu streben. Wenn wir aber meinen, gesund sein zu müssen, weil andernfalls unser Leben nicht mehr 'lebenswert' sei, wirkt sich der Wille zur Gesundheit lebensfeindlich aus: Weil wir bestimmte Lebenssituationen (wie unheilbare Krankheit) nicht mehr als für uns bestehende Möglichkeit zulassen können, sind wir oft nicht mehr in der Lage, in schwer behinderten Menschen unsere gleichwertigen Mitmenschen zu sehen."[43] In diesen Zusammenhang gehört die Hoffnung und die Vision von der Kirche als einem Patienten-Kollektiv.[44] Wir brauchen ein solches Menschenbild, das uns gemeinsam umgreift. Mehr noch: Wir schädigen uns alle, wenn wir unser Menschenbild nicht offensiv in die gesellschaftspolitischen Auseinandersetzungen einbringen, d.h. Krankheit und Gesundheit neu definieren. Ulrich Bach hat in diesem Zusammenhang die Hoffnung ausgesprochen: Jetzt kann Diakonie ohne Dünkel wachsen. Wörtlich: "Wir sind als Christen nicht besser. Wir unterscheiden uns nur in dem einen: Wir können ein Lied davon singen, was Gnade heißt. Unser Standort jedoch ist keinen Zentimeter höher als der Standort der anderen".[45]

Ich fasse zusammen: Im Horizont der gegenwärtigen Menschheitsentwicklung ist die – aus protestantischer Sicht – hervorstechendste Fragestellung das Thema Menschenbild. Christlicher Glaube weist in seinem dialogischen Beitrag darauf hin, den Menschen von seinen Grenzen her zu definieren, eine Anthropologie von unten zu formulieren. Gott entäußert sich, äußert sich im erniedrigten und entrechteten Menschen. Damit stellt sich die Zukunftsfrage nicht mehr als Frage des Überschreitens, sondern als das Erkennen und Bewahren von Grenzen – Bewahrung der Schöpfung, um des Menschen Zukunft willen. Zukunft ist keine Kategorie sui generis, sondern ist neu zu entdecken in ihrer dienenden und korregierenden Funktion: Was Zukunft des Menschlichen verunmöglicht, kann und darf niemals als Bereicherung der Gegenwart gedeutet werden. Anders gesagt: Wir lernen mehr über den Menschen, wenn wir ihn von seinen Grenzen her verstehen. Menschen an den Grenzen lehren uns eine neue, auch rational nachvollziehbare Ehrfurcht vor der Bestimmung menschlichen Lebens. "Nichts ist menschlicher, als zu überschreiten, was ist", so konnte Ernst Bloch noch utopisch-visionär formulieren. Wir müssen inzwischen bescheidener formulieren:

---

43 Geschenktes Leben, aaO., S. 5.

44 Vgl. Bach, Ulrich: Die diakonische Kirche als Freiraum für uns alle. Behinderte in der Kirche: Glaube und Praxis, in: Ders., Dem Traum entsagen, mehr als ein Mensch zu sein, Neukirchen-Vluyn 1986, 203.

45 Bach, Ulrich, Dem Traum entsagen, mehr als ein Mensch zu sein. Neukirchen-Vluyn, 1986, S. 83.

Nicht alles zu überschreiten, das ist der Beginn der Fähigkeit des Menschen, seine Gegenwärtigkeit zu überschreiten, Zukunft zu gewinnen.

III. Hintergründe: Analysen zu den politischen Akteuren

Josef Schmid

Zukunft aus der Provinz? Programmdiskussionen und Einfluß der CDU-Landesverbände

1. Politik und Parteien im Bundesstaat

1.1. Problemstellung

Die Wahrnehmung von Parteien, ihren internen und externen Auseinandersetzungen, programmatischen Entwicklungen, ja Politik überhaupt, ist in der Bundesrepublik durch eine eigentümliche "Bonn-Fixierung" (Haungs/Jesse 1987:269) geprägt. Auch in der gegenwärtigen Diskussion über die Lösungsvorschläge der Parteien zur Sicherung der Zukunft dieses Landes konzentrieren sich Berichterstattung und Analyse auf die Geschehnisse der Bundesebene. Lediglich in einzelnen Fällen wie etwa beim baden-württembergischen Ministerpräsidenten Lothar Späth wird dieses Vorurteil durchbrochen.

Im folgenden Beitrag soll diese Perspektive aufgehoben werden und statt dessen der Blick aus den Ländern zur Geltung kommen. Der gewählte Fall – die CDU – ist jedoch ein ambivalentes Beispiel, denn hier sind die föderativen und dezentralen Momente am stärksten ausgeprägt und haben eine Dynamik entfaltet, die in anderen Institutionen so nicht anzutreffen sind. In den anderen Parteien und mit Abstrichen in Verbänden und Kirchen finden sich aber ebenfalls lokale und regionale Substrukturen mit variierenden Autonomie- und Einflußpotentialen.

Die Frage, welche Rolle die Landesverbände im Rahmen der Zukunftsdiskussion der CDU spielen, wird beantwortet durch eine kurze Kritik des Zentralisierungsmythos, wie er gerade bei der CDU häufig anzutreffen ist, einen kurzen Rückblick auf divergierende politischen Ziele und Einflußnahmen der CDU-Landesverbände seit der frühen Nachkriegszeit sowie ihre Positionen und Verfahrensweisen in der aktuellen Zukunftsdiskussion. Zum letzten Aspekt sind eine kleine Befragung bei den Landesverbänden durchgeführt und die entsprechenden Programme und Entwürfe ausgewertet worden.

1.2. Parteitheoretische Folklore

Die Organisationsstruktur von Parteien, ihre internen Prozesse der Formulierung politischer Programme und Positionen sowie die Auseinandersetzungen zwischen verschiedenen Parteien stehen bis heute im Banne des politikwissenschaftlichen Klassikers Robert Michels. Dieser charakterisierte in seiner bekannten "Oligarchie-These" die Sozialdemokratie des beginnenden 20. Jahrhunderts als hochgradig zentralisierte und bürokratisierte Partei, deren Willensbildungsprozeduren sich weitgehend unter Ausschluß der breiten Mitgliedermassen vollziehe. Dieses Bild spiegelt ein Verständnis von Politik und Parteien wider, das geprägt ist vom unitaristischen, ordnungsstaatlichen Erbe des Kaiserreichs, der sich gerade entfaltenden Industriegesellschaft und dem damit verbundenen Niveau an Kommunikations-, Partizipations- und Informationsverarbeitungsmöglichkeiten sowie den politischen Konfliktstrukturen der damaligen Zeit. Der bundesrepublikanischen Gegenwart ist es allerdings mitnichten angemessen. Trotzdem prägt dieses Parteienkonzept vielfach noch immer die Wahrnehmung des politischen Geschehens in der Bundesrepublik: Politik ist das, was in Bonn passiert und dort im wesentlichen eine Sache der "Häuptlinge". Und, eng mit solchen Vorstellungen verknüpft, erscheinen Parteien als homogene und interessenaggregierende Organisationen, als ob dem Polit-Marketing um ein einheitliches Erscheinungsbild (Wangen, 1983, Harder 1985) so unbesehen Glauben zu schenken wäre. Daß unter einer solchen Perspektive die Landesverbände der CDU im Rahmen der Zukunftsdiskussion der Partei unter den Tisch fallen, ist leicht einzusehen.

An diesem monolithischen Bild der Parteien ist jedoch vereinzelt schon Kritik geübt worden. Als weitgehend unbeachtet ist auf die zeitgenössiche Michels-Kritik Schifrins (1974) zu verweisen, der in Parteien "Dachgesellschaften" für unterschiedliche politische Interessen und Organisationen gesehen hat. Ferner hat Naschold (1969) die unhaltbaren Prämissen der Oligarchie-These kritisiert und statt dessen auf die Bedeutung der Ressource Demokratie in Organisationen hingewiesen. Neuerdings mehren sich die theoretischen und empirischen Argumente, die auf einen Paradigmenwechsel in der Parteienforschung hindeuten. Parteien sind – in Anlehnung an die Ergebnisse der jüngeren amerikanischen Organisationstheorie – fragmentierte, nur locker verkoppelte Systeme, mehrdeutig in ihrem Verhalten, die sich am ehesten als "garbage cans" und "adhocracies" beschreiben lassen (Wiesendahl 1984, Schmid 1988:238ff.). Sie weisen weiter eine typologische Vielfalt auf, üben komplexe Funktionen aus und bieten als "multi-policy-party" ein breites, durchaus widersprüchliches programmatisches Angebot (Mintzel 1989, Schmid/Tiemann 1989). Schließlich leben Parteien in Deutschland unter bundesstaatlichen Rahmenbedingungen, die auf die organisationsinternen Strukturen und Mechanismen zurückwirken; ja im Falle der CDU geradezu prägend sind (Schmid 1988, 1989b).

1.3. Föderative Strukturen

Der Föderalismus als strukturelles Merkmal von Binnenorganisation und relevanter politischer Systemumwelt beeinflußt nämlich die innerparteiliche Macht- bzw. Ressourcenverteilung, die Rekrutierung politischer Eliten und die sachpolitischen Diskussionsverläufe. So zeigt die Analyse der Parteifinanzen der CDU seit 1968 neben dem bekannten enormen Wachstum zwei weitere Aspekte auf: Zum einen verfügen die Landesverbände über ca. zwei Drittel der gesamten Einnahmen und zum anderen haben sie ihren Anteil in diesem Zeitraum sogar noch erhöhen können (detailliert Schmid 1988:120ff., 1989a). Dies spricht nicht gerade für eine Zentralisierung der CDU; im Gegenteil ist vielmehr von einer relativen Eigenständigkeit der Landesverbände auszugehen. Auch von der aktuellen Finanznot der CDU ist die Parteizentrale erheblich härter betroffen als die meisten Landesgeschäftsstellen.

Das Verhältnis von Landes- und Bundesebene ist jedoch weitreichenden Wandlungen unterworfen, die sich im Fall der CDU in drei Phasen einteilen lassen. In einer ersten Phase bis zu Beginn der 60er Jahre herrscht ein dualistisches Föderalismus-Verständnis vor; Bundes- und Landespolitik sind in der staatlichen wie der innerparteilichen Arena weitgehend separiert, ebenso die politischen Elitennetzwerke. Eine leistungsfähige Parteiorganisation und -programmatik existieren weder auf Bundes- noch auf Landesebene, von regionalen Besonderheiten einmal abgesehen. Andererseits sind in dieser Zeit die Landesverbände in erheblichem Maße finanziell von der Bundespartei abhängig, was unter anderem mit der vorherrschenden

Form der Parteienfinanzierung, d.h. einem hohen Spendenanteil zusammenhängt (Heidenheimer 1957:384f.). Ferner spielt das damalige Politikverständnis eine Rolle, das Adenauer als Kanzler zur überragenden politischen Figur erhebt und die Landesväter fast zu Verwaltungsleitern degradiert (Heidenheimer 1961, Hennis 1976).

Mit der verstärkt einsetzenden öffentlichen Parteienfinanzierung, ersten Versuchen einer Parteireform auf allen Ebenen und unitarischen Impulsen aus der staatlichen Arena setzt dann bis zu Beginn der 70er Jahre bzw. der Wahl Kohls zum Parteivorsitzenden ein Zentralisierungsintermezzo ein. Die Krise der CDU, die im Verlust der Regierungsmacht in Bonn kulminiert, soll durch die politische Führungsrolle der Bundestagsfraktion und den Ausbau der Bundesgeschäftsstelle gelöst werden (Pridham 1977:193ff., Veen 1976). Dieses Konzept scheitert; wenngleich in dieser Phase wichtige Aufbauarbeiten organisatorischer und sachpolitischer Art in Gang gesetzt werden.

Die bis heute gültigen Muster innerhalb der CDU (oder Phase 3) lassen sich in Anlehnung an die Entwicklung im staatlichen Bereich als "Politikverflechtung" (Scharpf u.a. 1976) beschreiben. Dieser Begriff bezeichnet eine Zentralisierung bei gleichzeitiger Verstärkung der Mitwirkung der Landesebene. Basis hierfür bildet die Stärke und Eigenständigkeit der Länder in organisatorischer und politischer Hinsicht sowohl im staatlichen wie im innerparteilichen Bereich. Auf organisatorischer Ebene spiegelt sich dieser Verflechtungsprozeß in der wachsenden Bedeutung der Treffen der CDU-Ministerpräsidenten oder der Konferenzen der Landtagsfraktionsvorsitzenden für die innerparteiliche Willensbildung wieder. Ferner weist die personelle Zusammensetzung der Führungsgremien der CDU eine erhebliche Zunahme an Landespolitikern auf (Schmid 1988:134ff.), ebenso wie das Ausmaß an Kontakten, Kommunikation und Konsultationen deutlich gesteigert wird. Schließlich entwickelt sich die gesamte CDU im Rahmen dieses Modernisierungsprozesses zu einer Apparate- und Mitgliederpartei, die über beachtliche Ressourcen und Kapazitäten verfügt (Schönbohm 1985, Scheer 1977, Tiemann/Schmid 1990).

Die hier umrissene föderative und verflochtene Struktur der CDU zeigt ihre Wirkung auch in programmatischer und politisch-inhaltlicher Hinsicht. Dies gilt sowohl für die unterschiedlichen Vorstellungen in der frühen Nachkriegszeit als auch für die Einflüsse bei Entstehung des Grundsatzprogramms sowie für die Impulse auf die aktuellen Zukunftsdiskussionen.

2. Politische Positionen und Einflüsse der CDU-Landesverbände

2.1. Nachkriegsära

Die CDU entwickelt sich nach dem Krieg aus den Kommunen und Ländern heraus; lange vor der ersten Bundestagswahl und der Entstehung einer Bundespartei erwacht das politische Leben im bürgerlichen Lager. Dieser Parteigründungsprozeß von unten erzeugt ein Vielfalt an politischen Positionen, die sich in den verschiedenen politischen Programmen und Aufrufen der damaligen Zeit widerspiegeln (Becker 1987, Buchstab/Gotto 1981). Zugleich knüpft die CDU, um aus dem alten "Zentrums-Turm" auszubrechen, an unterschiedliche politische Traditionslinien und Milieustrukturen an, was ebenfalls zur Heterogenisierung beigetragen hat.

In Anlehnung an Gurland (1980) lassen sich fünf politisch-strategische Richtungen auf Landesebene präzisieren. Im Süden dominieren die Einflüsse des Zentrumserbes und katholisch-sozialer Traditionen; im Norden bildet die CDU eine bürgerlich-konservative Sammlungsbewegung. In der Mitte Deutschlands vollführt sie eine Rhetorik (NRW) und Praxis (Hessen) der Sozialisierung bzw. gilt im letzten Falle als "CDU mit sozialistischem Vorzeichen". Ferner gibt es den Berliner Versuch einer "Ost-West-Synthese" sowie Niedersachsen als schwer bestimmbaren Mischtypus.

Der Einfluß auf die Politik und die Partei auf Bundesebene bleibt in dieser Phase allerdings begrenzt; im Gegenteil eher vollzieht sich eine Anpassung an den Kurs Adenauers, der sich durch die Stichworte "Westintegration, soziale Marktwirtschaft und bürgerlicher Sammlung" skizzieren läßt.

2.2. Opposition und innerparteiliche Modernisierung

Im Unterschied hierzu wird der Einfluß der Landesverbände in der programmatischen Erneuerung der Bundes-CDU deutlicher sichtbar. Diese verläuft von intensiven, vorwiegend zentralen Gremien- und Kongreßaktivitäten begleitet über eine Serie von Programmparteitagen, die 1968 mit der Beschlußfassung des Berliner Programms (1. Fassung) beginnt und in der Verabschiedung des Grundsatzprogramms 1978 endet. Dabei ist durchgängig eine deutliche Steigerung der innerparteilichen Diskussionen feststellbar, was in einer hohen Zahl von Änderungs- und Ergänzungsanträgen zum Ausdruck kommt. Sie stammen zu 73,9% von den Kreisverbänden, zu 15,5% von den Landesverbänden, zu 6,2% von den Bundesvereinigungen sowie zu 4,3% vom Bundesvorstand (Schönbohm 1985:150). Als eigentliche Träger der Programmdiskussion entpuppen sich nach diesen Angaben die Kreisverbände, die knapp drei Viertel der Anträge einbringen – was aufgrund ihrer Zahl wohl auch nicht verwunderlich ist. Interessanter ist dagegen die im Vergleich zu den Vereinigungen und dem Bundesvorstand starke Position der Landesverbände. Eine detailliertere Analyse der Anträge auf den Programmparteitagen weist als deren thematische Schwerpunkte besonders die Bildungspolitik und die Innen- und Rechtspolitik aus (Schönbohm 1985:154). Als wichtige Einflußinstrumente der Landesebene fungieren dabei neben den eingebrachten Anträgen auch ihre Delegiertenanteile sowie die personelle Beteiligung bei den Vorbereitungsdiskussionen in den Bundesfachausschüssen und den hierfür speziell eingerichteten Kommissionen.

In der ersten Phase zwischen 1969 und 1973 gehen die wichtigsten Impulse von den Landesverbänden Rheinland-Pfalz und Niedersachsen aus, in denen die regionale CDU bereits über eine Modernisierung des Parteiapparats hinaus in breit angelegten Grundsatzdiskussionen programmatische Beschlüsse vorgelegt hat. In den Anträgen zum Berliner Programm (2. Fassung) von 1971 zum Beispiel "übertreffen die niedersächsischen Positionen noch den Bildungsoptimismus und den Reformwillen in Inhalt und Organisation des Schulwesens, wie sie der Entwurf und das Programm ohnehin schon dokumentieren" (Chodinski 1979:69); beide Landesverbände setzen ihre gleichgerichteten Vorstellungen ebenfalls im Bereich Entwicklungspolitik durch. Ferner sind in der 1971 eingesetzten siebenköpfigen Grundsatzkommission unter von Weizsäcker neben dem Vorsitzenden zwei weitere Mitglieder aus Rheinland-Pfalz sowie eines aus Niedersachsen.

In der Zeit von 1974-1978, der Phase der Vorbereitung des Grundsatzprogramms, beginnt der niedersächsische Einfluß zugunsten von Baden-Württemberg abzusinken. In der 1974 eingesetzten und 15 Mitglieder zählenden Grundsatzprogrammkommission bleibt der eine Sitz für Niedersachsen beibehalten, Rheinland-Pfalz und Baden-Württemberg verfügen dagegen jeweils über 4 Vertreter (Chodinski 1979:76, 86, 102). Gleichzeitig steigt die Bedeutung der mittlerweile stark modernisierten Bundesgeschäftsstelle an. In der Mannheimer Erklärung (1975) betonen sowohl Rheinland-Pfalz als auch Niedersachsen in Übereinstimmung mit ihren eigenen Landesprogrammen die sozialpolitische Komponente der "Neuen Sozialen Frage"; eine Forderung, die sie auch erfolgreich im Grundsatzprogramm von 1978 verankern können (vgl. Ziff. 101, 107, 128). Aus Baden-Württemberg stammen in diesem Zusammenhang wichtige familien-, vermögens- und umweltpolitische Änderungsvorschläge (vgl. Burger 1984: 252ff.).

2.3. Programmdiskussion nach der Wende

In der aktuellen "Phase der Parteiprogrammatik, die 1983 einsetzte und die die 80er Jahre bestimmen dürfte" (Olzog/Liese 1988:15), läßt sich bislang noch keine zu Rheinland-Pfalz und Niedersachsen analoge Modernisierungsachse ausmachen. Im Unterschied zu den 70er Jahren bewegen sich derzeit die Leistungsfähigkeit der Parteiorganisationen und das Ausmaß programmatischer Aktivitäten in allen Landesverbänden auf einem erheblich höheren und einheitlicheren Niveau, was selbst für kleine und in Opposition stehende Landesparteien zutrifft. Zudem haben sich mit der Etablierung vielfältiger innerparteilicher Verflechtungsformen und dem Ausbau der Bundesgeschäftsstelle sowie der Regierungsübernahme in Bonn die Rahmenbedingungen entscheidend verändert. Schließlich wird die "Unübersichtlichkeit" auch dadurch gefördert, daß sich die Abfolge der Beschlußfassungen beschleunigt hat und neben den grundsätzlich orientierten Programmen eine Fülle von Fachprogrammen der Bundespartei existieren.

Zumindest bei den Stuttgarter Leitsätzen (1984) gibt es verschiedene Hinweise, die auf nachhaltige baden-württembergische Einflüsse deuten, während die Leitsätze für eine neue Partnerschaft zwischen Mann und Frau (1985), das Zukunftsmanifest (1986) und die Beschlüsse zur Politik auf der Grundlage des christlichen Menschenbildes (1988) (dokumentiert in CDU 1986, Sonde 3-4/1986, UiD 20/88; vgl. dazu Schmid/Tiemann 1989) wohl stärker von der Bundesgeschäftsstelle lanciert worden sind, ohne daß damit aber eine eindeutige und weitreichende inhaltliche Präjudizierung verbunden sein muß. Möglicherweise verläuft die Zunahme der relevanten Akteure in der Programmformulierung auch parallel zu einer Parzellierung ihres Einflußbereichs (Schmid 1988:229).

3. Zukunftsdiskussionen der CDU-Landesverbände

3.1. Fakten und Übersicht

Die Zukunftsdiskussion im engeren Sinne verläuft auf Landesebene höchst unterschiedlich. Von den 10 Landesverbänden – Niedersachsen wird hier zusammengefaßt – verfügen zwei schon seit längerem über ein eigenes, weitgehend selbst entwickeltes, grundsätzlich orientiertes und explizit als "Zukunftsprogramm" ausgewiesenes Papier. Zwei andere Landesverbände haben sich dieser Thematik eher implizit angenommen und in drei weiteren läuft der Programmformulierungs- und Beschlußfassungsprozeß derzeit noch. Die restlichen drei verfügen über kein spezielles Grundsatzprogramm des Landesverbandes, sondern gehen auf Zukunftprobleme im

Rahmen der normalen Wahlprogramme ein, die teilweise in Umfang (d.h. über 100 Seiten) und Niveau Beachtliches enthalten (vgl. Schaubild 1 sowie die Übersicht am Textende).

Teilweise existieren auch funktionale Äquivalente zu Zukunftsprogrammen der Landesverbände. In Baden-Württemberg erweist sich die Landesregierung als äußerst aktiv in der Bearbeitung zukunftsrelevanter Themen, die in einer Reihe von Kongressen und Berichten aufgearbeitet worden sind (Naumann 1985, Fülberth 1985). Darüber hinaus gehen hier wichtige programmatische Impulse vom Bezirksverband Südbaden aus. In deutlich schwächerer Weise kompensiert der Kreisverband Bremen-Mitte das Fehlen eines Zukunftsprogrammes im Landesverband, indem eine "Kommission Bremen 2000" eingesetzt worden ist.

Vom zeitlichen wie auch dem inhaltlichen Aspekt her betrachtet, überraschen die Landesverbände Saarland und Hamburg. In beiden geht die Diskussion derjenigen der Bundespartei deutlich voran; beide sind, wenn auch in unterschiedlicher Weise, unorthodoxe Parteiprogramme.

Im Saarland wird nach dem Verlust des Regierungsamtes eine "freidenkerische" (Interview) Kommission eingesetzt, in der Vertreter der damaligen (alten) Führung nicht vertreten sind. Ziel des Unternehmens ist es, daß "ein Wertekorsett die Partei stabilisieren und ihr ein neues Identitätsgefühl vermitteln" und eine "progressiv-konservative Einstellung" (so die FAZ vom 13.8.1988) zum Ausdruck kommen soll. Allerdings wird in der Beschlußfassung des Landesausschusses einiges an Aufbruchsstimmung weggeglättet; charakteristisch bleibt neben landesspezifischen Aussagen zu einzelnen Politikfeldern (vor allem Umwelt und Strukturwandel) eine Rückbesinnung auf die Grundsätze der christlichen Soziallehre.

Auf 345 Seiten wird in "Hamburg 1990 – Hamburgs Zukunft sichern" systematische Bestandsaufnahme, Defizitanalyse und mittel- bis langfristige Planung mit parteipolitischer Auseinandersetzung kombiniert. Nicht nur der Anspruch und Umfang von "Hamburg 1990" sind einzigartig, auch der Stil: Daten werden z.B. mit Fußnoten belegt. Die CDU-Hamburg beansprucht damit, "Prioritäten zu setzen, Zielkonflikte anzugeben, dem Bürger rechtzeitig Preise für Lösungen und notwendige Opfer zu nennen – insgesamt Handlungsstrategien einer Politik zu entwerfen, deren Langzeitorientierung und Durchsetzbarkeit nicht in den alltäglichen politischen Auseinandersetzungen auf der Strecke bleiben darf". Neben klassischen Themen der Wirtschafts-, Sozial-, Bildungs- und Umweltpolitik etc. sind aktuelle Issues wie Neue Subsidiarität, Entbürokratisierung und Kultur enthalten; als Zielvorstellung für Hamburg fungiert die Trias "leistungsfähige Kommune", "lebenswerte Metropole in und für die Region" sowie "Weltstadt und Tor zu anderen Kontinenten". Diese Multifunktionalität sowie die Verbindung von Tradition und Vision vermitteln über die Detailaussagen hinaus charakteristische Akzente und verleihen dem Programm eine deutliche Affinität zum Berliner "Metropolen-Diskurs" (s. dazu Damm u.a. 1986).

Schaubild 1: Zukunftsprogramme auf Landesebene

Landesverband der CDU	vorhandenes Zukunftsprogramm der Partei explizit	implizit	z.Z. formuliert	keines
Baden-Württemberg		(a)	X	
Berlin		X		
Bremen		(X)		X
Hamburg	X			
Hessen		(X)		X
Niedersachsen	X			
Nordrhein-Westfalen		X		
Rheinland-Pfalz				X
Saarland	X			
Schleswig-Holstein			X	

	Beginn d. Diskussion	Beschlußfassung
Baden-Württemberg	ca. 1989	
Berlin	Januar 1988	Oktober 1988
Bremen		
Hamburg	August 1983	Dezember 1985
Hessen		
Niedersachsen	November 1986	Oktober 1989
Nordrhein-Westfalen	ca. 1979	
Rheinland-Pfalz		
Saarland	Sommer 1985	Juni 1988
Schleswig-Holstein	ca. 1989	Sommer 1990

(a) s.a. die Kommisson der Landesregierung zu "Zukunftsperspektiven gesellschaftlicher Entwicklung" (1983) sowie die Programme des Bezirksverbands Südbaden zu Umwelt (1984) und Kultur (1988)
(X) jedoch umfangreiche, eher grundsätzlich orientierte Wahlprogramme vorhanden

3.2. Systematische Auswirkungen

Untersucht man die geführten Zukunftsdiskussionen auf Landesebene im Hinblick auf ihre Wirkungen, dann lassen sich folgende Dimensionen unterscheiden:

- ihre partizipatorischen Potentiale,
- ihre weitere Umsetzung
- das Verhältnis zur Programmatik der Bundespartei.

Insgesamt betrachtet zeigt sich hierbei ein relativ hohes Maß an inhaltlicher Eigenständigkeit – sowohl nach dem Selbstverständnis der Landesverbände wie auch der Durchsicht der einschlägigen Programme und Materialien. Die weiteren Effekte hinsichtlich Partizipation und Implementation bleiben begrenzt.

Als Beispiele für den eigenen Einfluß auf den Inhalt des Zukunftsprogramms der Bundespartei nennt der Landesverband NRW die Felder Energie, Schule, Innere Sicherheit. Ferner hat der Landesverband Baden-Württemberg zum 37. Bundesparteitag (1989) den weitreichenden Antrag gestellt, eine Kommission "Deutschland 2000 – Unsere Zukunft in Europa" einzurichten. Dazu sollen "die besten und fähigsten Köpfe in Politik, Wirtschaft, Wissenschaft, Kultur und Gesellschaft ... aufgefordert werden, mit uns konkret den Weg zu beschreiben, den unser Land in ein geeintes Europa und in eine weniger haßerfüllte, weniger ungerechte, weniger Raubbau betreibende Welt nehmen soll". Umgekehrt scheinen die bundespolitischen Vorstellungen zu den Themen Familie, Frauen und Technologie auf Landesebene stärker rezipiert worden zu sein.

Verläßt man die engere Arena der Formulierung der Zukunftsprogramme, so zeigen sich darüber hinaus weitere Wechselbeziehungen zwischen Bundes- und Landesebene. Vor allem die "Landesregierungsparteien" (Kaltefleiter) sind kraft ihrer Ressourcen und politischen Gestaltungsmöglichkeiten in der Lage, Fakten zu setzen. Die von ihnen relativ autonom betriebenen Politiken, vor allem wenn sie erfolgreich sind, diffundieren in andere Bundesländer und in die Bundesebene und beeinflussen auf diese Weise ebenfalls die programmatische Willensbildung. Als wichtige Kommunikations- und Transmissionsagenturen in dieser policy-orientierten Arena fungieren vor allem die Bundesfachausschüsse. Zumindest sind im Verlauf der 70er Jahre mehrere wichtige politisch-programmatische Innovationen diesen Weg gegangen. So stammen die wesentlichen Impulse für eine Neuorientierung in der Sozialpolitik aus Rheinland-Pfalz, in der Bildungspolitik aus Hessen und in der Industriepolitik aus Baden-Württemberg (vgl. Schmid 1988).

3.3. Formen und Verlaufsmuster

Die Zukunftsdiskussionen auf Landesebene lassen sich in drei typische Formen fassen. Erstens wird die Thematik im Rahmen der allgemeinen Programmarbeit abgehandelt; darüber hinausgehende, theoretische Zukunftsprogramme gibt es nicht, stattdessen treten gegebenenfalls das Grundsatzprogramm bzw. entsprechende Leitlinien der Bundespartei ein (so sinngemäß das Antwortschreiben eines Landesverbandes). In diesen Fällen verläuft die Willensbildung in den routinisierten Bahnen der dafür zuständigen, vorhandenen Gremien wie Vorstand, (Wahl-) Programmkommission oder Arbeitsgruppen aus hauptamtlichen Mitarbeitern von Partei und Landtagsfraktion. Diese Muster finden sich in Hessen, Rheinland-Pfalz, Nordrhein-Westfalen und Schleswig-Holstein. Ohne scharfe Abgrenzung zu dieser Form existiert zweitens ein Typus von Zukunftsprogrammen, die eher impliziter Natur sind. Kommissionen aus Spitzenpolitikern des Landesverbandes sowie häufig aus Vertretern aus Wissenschaft, Wirtschaft und Gesellschaft sind hier an der Entwicklung einer eher grundsätzlich orientierten Programmatik beteiligt. Zumeist erfolgt deren Verabschiedung im Rahmen von Parteitagen. Drittens, die Zukunftprogramme im engeren Sinne werden ebenfalls von solchermaßen zusammengesetzten Gremien verfaßt. Hier dauert allerdings die Diskussionsphase erheblich länger, teilweise wird eine stärkere Information und Partizipation der Parteibasis angestrebt und schließlich erfolgt im Idealfall die Verabschiedung des Zukunftsprogrammes auf einem speziellen Parteitag. In diese Richtung tendieren die Willensbildungsprozesse in den Landesverbänden Baden-Württemberg, Berlin sowie noch deutlicher in Hamburg, Niedersachen und dem Saarland.

Wird der Zeitpunkt der Verabschiedung des Zukunftsprogrammes der Bundespartei, also der 34. Bundesparteitag in Mainz (8.10.1986), als Scheidelinie verwendet, so liegt der Beginn der Zukunftsdiskussion in drei Landesverbänden (Hamburg, Saarland und mit inhaltlichen Einschränkungen Nordrhein-Westfalen) vorher, in einem Falle parallel (Niedersachsen), während der Rest nachfolgt (Baden-Württemberg, Schleswig-Holstein) bzw. keine oder geringe Anstrengungen unternimmt (vgl. Schaubild 1). Insofern ist die gängige Meinung, daß alles Gute von oben kommt nur die eine Seite der Medaille; sicherlich spielt besonders in der letzten Gruppe von Landesverbänden der mobiliserende und vorbildhafte Einfluß der Parteizentrale eine Rolle. Allerdings wird das Eigenleben der Landesverbände durch die Vorläuferfunktion vor allem der saarländischen und Hamburger CDU bestätigt, ebenso durch die Gruppe der zeitgleich mit der Bundespartei in die Zukunftsdiskussion einsteigenden Landesverbände sowie die Anträge und

Einflußnahmen der Landesverbände auf den entsprechenden Bundesparteitagen.

Organisationsstrukturelle Korrelate wie Ressourcenausstattung, interne Verteilung von Personal und Finanzen der Landesverbände (vgl. dazu Schmid 1988:100ff.) weisen keine systematischen Zusammenhänge zu Form, Ausmaß und Zeitpunkt der Zukunftsdiskussion auf Landesebene auf. Zwar scheinen Landesverbände in Opposition stärker an solchen Programmen zu arbeiten, doch wird dieser Eindruck wiederum relativiert, wenn die derzeit laufenden Programmformulierungsprozesse und die weiteren programmatischen und regierungspolitischen Maßnahmen und Beschlüsse in Betracht gezogen werden. Vor dem Hintergrund des gesamten Aktivitätsspektrums der Landesparteien im Verlauf der 70er und anfangs der 80er Jahre, das sich in einer Typologie zusammenfassen läßt (s. detaillierter Schmid 1988:110ff.), ergeben sich ebenfalls keine weiteren Hinweise.

4. Schlußbewertung

Zieht man als Vergleich die oben beschriebene Entstehung des Grundsatzprogrammes heran, so drängt sich der Eindruck auf, daß die innerparteiliche Diskussion über das Zukunftsprogramm der Bundespartei mit erheblich verminderter Intensität abgelaufen ist. Dies gilt vor allem in Bezug auf die föderative Kommunikation, d.h. der konstruktiven Beteiligung der Landesverbände wie auch – hier nicht weiter behandelt – die breite Einbeziehung der einfachen Mitgliedschaft. Ähnliches läßt sich ebenfalls für die meisten Landesverbände konstatieren. Dies steht in einem deutlichen Gegensatz zur publizistischen und wissenschaftlichen Resonanz der bundespolitischen Zukunftsdiskussion, die mit weitreichenden Überlegungen über innerparteiliche Konflikte verbunden worden sind.

Allerdings hinkt dieser Vergleich zwischen Grundsatz- und Zukunftsprogramm, da unterschiedliche Rahmenbedingungen zu berücksichtigen sind. Zu diesen zählt erstens die Kürze der Diskussionsdauer, die eine weitreichende Beteiligung an der Programmformulierung erschwert hat, was auch mit den unterschiedlichen Arten von Programmen zusammenhängt. Zweitens wirkt sich die Tatsache aus, daß nunmehr eine ausgebaute Bundesgeschäftsstelle die Diskussion stärker von oben her führt. Drittens befindet sich die Partei in der Regierung, was gewisse Rücksichten und zumindest eine Vermeidung von lauten Konflikten erfordert. Schließlich zielt das Zukunftsprogramm der Bundespartei in hohem Maße nach außen und soll weniger der inneren Integration und Stabilisierung dienen, als den Nachweis über die Responsivität und Flexibilität gegenüber postmateriellen Werten und ähnlichen gesellschaftlichen Veränderungen (als Stichworte: Individualisierung, Feminisierung, Kulturalisierung) erbringen. Inwieweit diese "zweite Modernisierung der CDU" einerseits schon als gescheitert und andererseits von der ersten Modernisierungsphase als strikt getrennt zu betrachten sei, wie verschiedene Autoren postulieren (Heins 1988, 1989, s.a. Leggewie 1989), ist allerdings fraglich. Das eilfertige Nachziehen der anderen politischen Organisationen, der hohe symbolisch-expressive Gehalt des Diskurses und die bislang demonstrierte Flexibiltät der CDU lassen durchaus auch eine andere Deutung und Prognose zu.

Übersicht: Programme der CDU-Landesverbände (Auswahl)

Bericht der Kommission "Zukunftsperspektiven gesellschaftlicher Entwicklung; erstellt im Auftrag der Landesregierung von Baden-Württemberg, Stuttgart 1983.

Berlin – Jede Menge Zukunft. Wahlprogramm der CDU Berlin für die Abgeordnetenhauswahlen am 29.1.1989, Berlin.

Programm für das Land Bremen. Beschluß des außerordentlichen Parteitages vom 24. Juni 1987, Bremen.

Hamburg 1990. Hamburgs Zukunft sichern. Entwurf vom April 1985 (beschlossen am 6.12.1985), Hamburg.

Zuhause fängt die Zukunft an. Programm der CDU Hessen zur Kommunalwahl am 12. März 1989, Wiesbaden.

Hessen 2000. Programm zur Landtagswahl 1987 (Gelbe Reihe der CDU Hessen Nr. 31), Wiesbaden.

Zukunftsprogramm der Niedersachsen-CDU. Überarbeiteter Entwurf. Einstimmiger Beschluß der Zukunftskommission vom 28.4.1989, Hannover.

Wahl-Info '89. Materialien und Informationen zur Kommunalwahl am 1. Oktober 1989. Herausgegeben von der Kommunalpolitischen Vereinigung der CDU des Landes Nordrhein-Westfalen, Recklinghausen.

Gewinnen wir die Zukunft – Für alle. Programm für die Landtagswahl '87, Mainz.

Leben in verantworteter Freiheit. Fassung Landesausschuß (der CDU Saar) vom 6.6.1988, Saarbrücken.

Politik für die Zukunft. Landtagswahlprogramm (der CDU Schleswig-Holstein 1988), Kiel.

Wolfgang Luthardt

Überlegungen zur Programmaktivität und -innovation der SPD

1. Einleitung

Die Sozialdemokratische Partei Deutschlands (SPD) gilt gemeinhin als die deutsche Programmmpartei[1]. Jenseits aller vorhandenen theoretischen und politischen Kontroversen läßt sich ein doppelt bestimmter Sachverhalt ableiten: Die deutsche Sozialdemokratie hat stets versucht, sowohl tagespolitische Vorstellungen zu formulieren, um so auf konkrete politische, soziale, ökonomische und kulturelle Erscheinungsformen innerhalb der spezifischen gesellschaftlichen Wandels zu reagieren als auch daraus programmatische Schlußfolgerungen zu ziehen.

Vor diesem Hintergrund ist die Aufgabenstellung des vorliegenden Aufsatzes zu sehen. Zwei Problemkomplexe, die in der neueren programmatischen, wissenschaftlichen und öffentlichen Diskussion eine beträchtliche Rolle spielen, werden näher erörtert. Hierbei reduziert sich die Argumentation nicht auf eine Behandlung der Frage: Programminnovation "Ja" oder "Nein", sondern der Beitrag bezieht einige Voraussetzungen und Folgerungen mit ein. Erkenntnisleitend ist folgende Ausgangsthese: Die deutsche Sozialdemokratie hat sich bis heute stets als eine zur Politik- und Programminnovation fähige politische Partei erwiesen.

Diese Ausgangsthese wird an drei ausgewählten Problemkomplexen verdeutlicht:

- Politik aus der Gesellschaft versus Etatismus und Staatsfixiertheit: Eine neue Innovationsperspektive?;
- Demokratie, Partizipation und institutionelle Innovation: Wiederentdeckung des Bürgers durch die Sozialdemokratie?;
- Programminnovation: Ein Problem von Linksparteien und/oder politischer Opposition?

1 Für eine kritische Durchsicht des Manuskripts danke ich Andrea Degginger, ETH Zürich/ Harvard University, Minda de Gunzburg Center for European Studies. Josef Schmid, Universität Bochum, danke ich für anregende Hinweise. Um das Literaturverzeichnis zu entlasten, werden in den Anmerkungen notierte Artikel aus Tages- und Wochenzeitungen nicht aufgenommen.

Zur begrifflichen Präzisierung der beiden Termini "Programm" und "Innovation" sei kurz bemerkt: Unter "Programm" werden im folgenden alle Dokumente verstanden, in denen die Partei Eckpfeiler ihres Verständnisses von Politik und Gesellschaft, ihre mittel- und langfristigen Politikperspektiven, zentrale Schlüsselbegriffe wie Demokratie und soziale Gerechtigkeit, Verfassung und Rechtsstaat etc. sowie vor allem auch ihr eigenes Selbstverständnis normativ fixiert hat. Desweiteren werden hierzu Stellungnahmen (z. B. Aktions-, Sach- und Wahlprogramme) gerechnet, deren Legitimation aus den Grundsatzprogrammen abgeleitet ist. "Innovation" bezeichnet sowohl die völlige Erneuerung und Implementierung neuer Topoi als auch eine – neue – Kombination vorhandener Aussagen mit einer tatsächlichen bzw. möglichen veränderten Politikrichtung.

Der Beitrag gliedert sich so: Im anschließenden Abschnitt (2) wird die programmatische Entwicklung knapp skizziert; sie dient als Folie und Einstieg in die Thematik. Daran knüpft sich eine Erörterung des Punktes "Politik aus der Gesellschaft..." (3) an, gefolgt von der Behandlung des Problems "Demokratie, Partizipation..."(4). Der folgende Punkt (5), unter der Themenstellung "Programminnovation: Ein Problem von Linksparteien..." dient einer generelleren Fragestellung. Zum Schluß (6) wird eine Zusammenfassung vorgelegt und ein Fazit gezogen.

2. Die Sozialdemokratie als Programmpartei: Einige Hinweise

Entwicklungshistorisch betrachtet kann die deutsche Sozialdemokratie als die klassische deutsche Programmpartei bezeichnet werden. Seit ihrer Gründung im Jahre 1863 hat sie bis heute immer wieder eine bemerkenswerte programmatische Aktivität entfaltet (Miller/Potthoff 1988).

Das 1863 von Ferdinand Lassalle verfaßte "Offene Antwortschreiben" an den "Allgemeinen Deutschen Arbeiterverein" (das Gründungsdokument) bis hin zur jüngsten Diskussion über den "Bremer Programmentwurf"[2] auf dem Parteitag in Berlin im Dezember 1989 markieren somit eine Zeitspanne von über 125 Jahren historisch-programmatischer Entwicklung. Diese Programmgeschichte verläuft, was die Grundsatzprogramme anbelangt, über Eisenach (1869), Gotha (1875), Erfurt (1891), Görlitz (1921), Heidelberg (1925), Prag (1934), Godesberg (1959), den "Irseer Programmentwurf" (1986) bis hin zum "Bremer Programmentwurf" vom März 1989.

2 Für die freundliche Zusendung sowohl des "Bremer Programmentwurfs" in der Fassung vom März 1989 als auch für die Endfassung des neuen Programms, beschlossen auf dem Berliner Sonderparteitag im Dezember 1989, bin ich Rainer Stura, Justitiar, Rechtsstelle, Parteivorstand der Sozialdemokratischen Partei Deutschlands, zu Dank verpflichtet.

Parallel dazu existieren außerdem zahlreiche Aktions-, Sach- und Wahl- sowie Fachprogramme, Resolutionen und offizielle Grundsatzpapiere (zum Beispiel das kontrovers diskutierte Papier zwischen SPD und SED), die die vielfach allgemein gehaltenen Aussagen der Grundsatzprogramme präzisieren und weiter fortschreiben, teilweise direkt oder unter der Hand modifizieren. Verschiedentlich werden auch von parteiinternen Gruppen bzw. von "beauftragten" Einzelpersonen "Gegenentwürfe" vorgelegt, um die Parteitagsdelegierten zu weiteren Diskussionen anzuregen oder vor eine klare Alternative zu stellen. In der bundesdeutschen SPD gibt es seit längerer Zeit Programme der verschiedenen Landesverbände, entsprechend den Landtagswahlen spezielle Wahl- und Fachprogramme zu einzelnen relevanten politischen Issues. Die verschiedenen Arbeitsgemeinschaften innerhalb der SPD (z.B. AG für Arbeitnehmerfragen; AG sozialdemokratischer Frauen; Jusos; AG sozialdemokratischer Juristen; AG sozialdemokratischer Kommunalpolitiker) verfügen ebenfalls über sogenannte kleine Grundsatzprogramme und legen des öfteren Stellungnahmen zu bestimmten Sachfragen vor.

Insgesamt kann man so von einer höchst differenzierten Programmkultur innerhalb der Sozialdemokratie sprechen. Programmatische Impulse und Innovationsprozesse sind dabei keineswegs nur der Parteispitze und den entsprechenden Ressorts überantwortet, wie man angesichts einer historisch gewachsenen Zentralisation bei der Sozialdemokratie vermuten könnte. Gerade der politische und soziale Differenzierungs- und Wandlungsprozeß von der traditionellen, erstarrten "Klassenpartei" hin zur "Volkspartei" sowie die in den letzten Jahren zu beobachtenden Tendenzen einer weiteren internen Differenzierung etwa im Sinne einer Stärkung der Landesverbände etc. implizieren, daß von diesen verschiedenen Verbänden sowie Arbeitsgemeinschaften ebenfalls wichtige Impulse und innovative Politik- und Programmanstöße ausgehen. Vor dem Hintergrund eines komplizierten Politiksystems wie der Bundesrepublik kann eine Parteispitze nicht mehr schlicht "von oben" Programmatik implementieren. Dies wird wesentlich mit befördert durch die föderale Struktur der Bundesrepublik, die sowohl eine besondere "Politik der Verhandlungen" (Kirchheimer 1967:78) produziert, als auch die klassische Zentralisationsstruktur der Sozialdemokratie umgeformt und verändert hat. Der Föderalismus in der Bundesrepublik hat somit bundesdeutscher Parteienpolitik und der Politik allgemein einen deutlicheren Stempel aufgedrückt als verschiedentlich angenommen.

3. Politik aus der Gesellschaft versus Etatismus und Staatsfixiertheit: Eine neue Innovationsperspektive?

Die Kritik am sogenannten sozialdemokratischen Etatismus und an einer damit verbundenen theoretischen und praktischen Fixiertheit auf den Staat als das Zentrum der Politik sowie als maßgebliches Politikinstrument, ist älteren Ursprungs und korrespondiert mit den Anfängen der Sozialdemokratie im 19. Jahrhundert. Unter Rückgriff auf die verhandelte Fragestellung genügen für den vorliegenden Argumentationskontext zwei Thesen.

These 1: Der Sozialdemokratische Etatismus und seine Staatsfixiertheit definieren den Staat als Zentrum der Politik und als das wesentliche Politikinstrument für Gesellschaftspolitik und -veränderung. Reform und Innovation "von oben" sind das Credo einer solchen etatistischen Politik.

These 2: Demgegenüber hebt Politik aus der Gesellschaft auf etwas direkt entgegengesetztes ab. Die Gesellschaft selbst mit ihren zahlreichen politischen und sozialen Differenzierungen und Prozessen der Wandlung produziert maßgebliche Politikimpulse und Innovationsanstöße.

Wie angedeutet, ist die Kritik am sogenannten Etatismus und seiner Staatsfixiertheit älteren Ursprungs. Hingewiesen sei auf die klassischen Polemiken von Karl Marx in seinen "Randglossen" am Gothaer Programm (1875) und von Friedrich Engels am Erfurter Programm (1891). Die Kontroverse zwischen Rosa Luxemburg und Eduard Bernstein gegen Ende des 19. Jahrhunderts über industrielle Entwicklung und politische Arbeiterbewegung, Reform und Revolution, zielt in die gleiche Richtung. Während der Weimarer Republik wurde vor allem die staatstheoretische Position von Rudolf Hilferding (1927) von linkssozialistischer Seite (u.a. Max Adler; Dokumente in: Luthardt 1978, s.a.1990a) als Anlaß genommen, den Vorwurf und dic Implikationen des Etatismus und der Staatsfixiertheit weiter fortzuschreiben. Die zeitgenössische Kritik bezog sich auch auf die Programme von Görlitz (1921) und Heidelberg (1925).

Gcgcn Ende der sechziger Jahre wurden wieder Kategorien- und Analyseelemente der klassischen Kritik aufgegriffen. Die damit verbundene Reduktion der Analyse ist später wiederum kritisiert worden (Blanke 1978; Luthardt 1986). Die neuere staatstheoretische Diskussion verfügt demgegenüber über ein feineres Instrumentarium, differenziertere Fragestellungen und ein elaborierteres Verständnis von Politik (Hartwich 1987; Ellwein u.a. 1987; Jürgens 1990)[3]. Gegenüber dem traditionellen Etatismus wird ar-

3 Wichtige neuere Forschungsansätze konzentrieren sich u. a. auf folgende Stichworte: Die planungstheoretischen Debatten Ende der sechziger und in den siebziger Jahren; die unter dem Stichwort Neo-Korporatismus behandelten Probleme; die implementationstheoretische Politikforschung; die systemorientierte

gumentiert, daß dieser überwiegend nur die staatlich formulierte Politik als Steuerungsmechanismus ins Auge fasse. Zwar sei staatlich organisierte Politik, auch in vergleichender Politikperspektive, nach wie vor von Bedeutung und nicht, romantisch verbrämt, wegen einer vollkommenen Partialisierung durch andere Mechanismen zu ersetzen. Unter dem Aspekt differenzierter Politiksteuerung ließen sich jedoch andere Akteure und Mechanismen dingfest mache, deren Bedeutung nicht unterschätzt werden dürfe (Parteien, soziale Verbände etc.).

Eine Programminnovation des neuen Grundsatzentwurfes kann darin gesehen werden, daß diese Erkenntnisse entweder neu oder wesentlich deutlicher als früher thematisiert worden sind. Damit wird dem Umstand Rechnung getragen, daß staatlich organisierte Politik zumindest in verschiedenen Politikbereichen an Legitimationskraft und Akzeptanz eingebüßt hat. Die "Grenzen des Regierens" (Lehner 1979) sind konturiert zutagegetreten.

Diese "Grenzen des Regierens" thematisieren den Sachverhalt, daß Politikstrukturen über eine offenkundig größere Persistenz verfügen als gemeinhin angenommen. Gerhard Lehmbruch hat verschiedentlich darauf hingewiesen. Sie reflektieren ebenfalls den Umstand, daß die "Planungseuphorie" und die mit einer etatistischen Politik verbundene Vorstellung, daß der moderne demokratische Staat durch eine exzessive Ausweitung seiner Kompetenzen und Funktionen, zahlreiche gesellschaftliche Bereiche und Politikprozesse erfaßt. Demgegenüber ist der neue Programmentwurf von einer größeren Zurückhaltung bestimmt. Dieses kann durchaus als eine Form der Programminnovation interpretiert werden. Gerade der Bereich der Umweltpolitik und der dort wahrnehmbaren "verspäteten Politiksteuerung" (Schmidt 1989:155ff.) hat zweierlei verdeutlicht: Erstens wurden die planerischen Defizite und Implementationsschwierigkeiten dort besonders sichtbar; zweitens zeigte sich die gesellschaftliche Kompetenz zahlreicher Bürgerinitiativen, Umwelt- und Ökologiegruppen.

Diese Beobachtung führt zur zweiten These. "Politik aus der Gesellschaft" kann erhebliche Politikanstöße und Innovationsprozesse in die Wege leiten. Der neue Programmentwurf spricht dies im Punkt "Ökologisch und sozial verantwortetes Wirtschaften" an. Auch hier läßt sich ein programmatisch orientierter Innovationsprozeß beobachten. Davon zu unterscheiden ist aber eine gravierende Implikation, die mit der These von der "Politik aus der Gesellschaft" heraus folgerichtig verbunden ist. In der Diskussion wird des öfteren vorgespielt, daß "small is beautiful" das eigentliche Zentrum heutiger demokratischer Politik sei und sein müsse. "Dezen-

Staats- und Politikanalyse; die Politikanalyse im Umfeld der Neuen Politischen Ökonomie; die Rekonstruktion und Erweiterung des Ansatzes der "klassischen" Regierungslehre und die neuere institutionentheoretische Analyse.

tralisation" versus "Zentralisation" gilt als das Credo dieser Richtung[4]. Übersehen wird dabei unter anderem, daß "Politik von unten" (Hesse 1986) romantisch verklärt und eine "Politikidylle" (Klaus Simon) favorisiert wird, die kleine politische Entscheidungseinheiten wie etwa Kommunen eine faktisch von den größeren politischen Einheiten (Land, Bund) institutionell, strukturell und politisch losgelöste Qualität beimißt. "Dezentralisation" produziert nicht nur institutionelle und politische Entscheidungsentlastung, sondern auch gravierende Reibungen; diese wiederum erfordern erhöhte Koordinationsleistungen. Die Komplexität und Kompliziertheit, die vielfältigen Verzahnungen und interdependenten networks eines Politiksystems wie der Bundesrepublik (Ellwein/Hesse 1988; v. Bandemer/Wewer 1989) geraten so schnell in die Gefahr, sowohl unterschätzt als auch ignoriert zu werden. Politikentlastung durch Delegation staatlicher Aufgaben zugunsten gesellschaftlicher bzw. para-staatlicher Organisationen wirft zudem ein weiteres Problem auf: Sas der politischen Kontrolle solcher Organisationen und ihrer Ergebnisse (Seibel 1987).

Wie läßt sich nun die Frage: "Politik aus der Gesellschaft versus Etatismus und Staatsfixiertheit" beantworten? Handelt es sich um eine "neue Innovationsperspektive", der programmatisch grundsätzlich Rechnung getragen werden muß oder um eine in dieser Konstellation zu einfache und falsche Entgegensetzung? Unter politiktheoretischen Gesichtspunkten hat das etatistische Modell, insbesondere in seiner reduktionistischen Ausprägung, zu einer Unterschätzung und teilweisen Ignorierung gesellschaftspolitischer Aktivitäten, Prozessen der Differenzierung und von in den Politikstrukturen angelegten Persistenzen geführt. Der simple Umkehrschluß, die Befreiung der Gesellschaft von allen staatlichen "Zwängen", wäre allerdings eine diffuse anarchistische Perspektive. Stärkere Entregelung (wie etwa in den USA) und politische Delegation und Dezentralisation implizieren Folgen, die mit einer romantischen Verklärung von Gesellschaft und ihren Gruppen etc. einhergehen können. "Gegen" staatlich formulierte Politik und umgekehrt "gegen" aus der Geselllschaft erwachsene Politik grundsätzlich zu argumentieren, zielt in Leere. Damit ist eine Untersuchungsperspektive anvisiert, die das Verhältnis von "Staat und Gesellschaft" in politiktheoretischer Absicht neu zu bestimmen hat. Die erwähnten Arbeiten von Hartwich (1987); Ellwein u. a. (1987), Jürgens (1989) u. a. zielen in diese Richtung.

---

4 Lehmbruch (1989, 223) hat zu Recht darauf verwiesen, daß es sich bei dieser Gegenüberstellung um eine "one-dimensional dichotomy" handeln würde, die die komplexen Prozesse des bundesdeutschen Föderalismus und seine politische Dynamik nicht angemessen zu würdigen in der Lage sei.

4. Demokratie, Partizipation und institutionelle Innovation: Wiederentdeckung des Bürgers durch die Sozialdemokratie?

Der zweite, in diesem Beitrag näher erörterte Problemkomplex bezieht sich auf ein sowohl in Wissenschaft, Publizistik als auch innerhalb der Parteien relativ breit diskutiertes Thema: Ist es sinnvoll, das bundesdeutsche politisch-institutionelle Gefüge insgesamt durch Instrumente direkter Demokratie wie Volksbegehren und -entscheid zu ergänzen und erweitern?

Zwei Thesen sollen das Problem verdeutlichen:

These 1: Es ist aus institutionellen und politítischen Gründen notwendig, daß Instrumente direkter Demokratie in das institutionelle Gefüge der Bundesrepublik eingebaut werden. Demokratie impliziert stets als maßgebliche Leitidee die Partizipation ihrer Bürger. In das neue Grundsatzprogramm der SPD gehört die Forderung nach solchen Instrumenten hinein.

These 2: Die Implementation direkt-demokratischer Politikinstrumente führt zur Erosion des institutionellen Gefüges und des politischen Systems der Bundesrepublik. Diffusen populistischen Strömungen wird Tür und Tor geöffnet. Verfassungsrechtliche und vor allem politik-praktische Argumente sprechen zudem deutlich dagegen.

Im Irseer Programmentwurf von 1986 hieß es hierzu: "Parlamentarische Willensbildung kann unter besonderen Voraussetzungen durch die unmittelbare Entscheidung der Bürger ergänzt werden". Der Bremer Grundsatzprogramm-Entwurf vom März 1989 formuliert: "Volksbegehren und Volksentscheid sollen in Gemeinden, Ländern und Bund parlamentarische Entscheidungen ergänzen". Daß die Aussage im Bremer Entwurf wesentlich unpräziser, schwammiger ist, ist offenkundig. Horst Ehmke ist hierin in seinem SZ-Interview vom 1. März 1989 zuzustimmen. Das kürzlich in endgültiger Fassung auf dem Berliner Sonderparteitag vom Dezember 1989 verabschiedete neue Grundsatzprogramm der SPD hat interpretatorisch der Kritik in einem gewissen Sinne Rechnung getragen, auch wenn das Postulat für mehr Instrumente direkter Demokratie nunmehr programmatisch verbindlich aufgenommen worden ist. Der entscheidende Absatz lautet wie folgt:

> "Parlamentarische Demokratie vermindert und ersetzt nicht die Verantwortung der Bürgerinnen und Bürger. Daher wollen wir die Bürgerbeteiligung ausweiten und das Petitionsrecht effektiver gestalten. In gesetzlich festzulegenden Grenzen sollen Volksbegehren und Volksentscheid in Gemeinden, Ländern und Bund parlamentarische Entscheidungen ergänzen. Die verfassungsrechtlichen Beschränkungen der Mehrheitsmacht gelten auch für die direkte Bürgerbeteiligung".

Begibt sich die Sozialdemokratie mit dieser Forderung auf den Weg einer Programminnovation oder faßt sie nur "neuen Wein in alte Schläuche"? Gerät die Sozialdemokratie ins "populistische" Fahrwasser und wirft dabei ihre lange Orientierung auf die parlamentarische Demokratie zugunsten einer fragwürdigen "Stimmungsdemokratie" über Bord? Oder ist es nicht umgekehrt an der Zeit, die "Lehnsesseldemokratie" und die "Zuschauerdemokratie" (Wassermann 1986) zugunsten intensivierter politischer Beteiligung der Bevölkerung zu kritisieren und gleichzeitig institutionelle Abhilfe zu schaffen? Tut die Sozialdemokratie also gut daran, dieses relativ weit verbreitete Postulat in ihr neues Programm aufzunehmen und damit dem Kernbegriff der Demokratie, politische Partizipation, wieder eine institutionell konturierbarere Bedeutung zuzuweisen?

Die sozialdemokratische Programm- und Politikgeschichte zeigt, daß Instrumente direkter Demokratie programmatisch gefordert und praktiziert worden sind (Ehmke 1988). Evident war dabei bis heute, daß es sich bei diesen Instrumenten nur um eine Ergänzung parlamentarisch-repräsentativer Entscheidungsprozesse handeln konnte und sollte. Die klassische Kontroverse zwischen Moritz Rittinghausen und Karl Kautsky gegen Ende des 19. Jahrhunderts verdeutlicht dies in einer geradezu exemplarischen Weise (Mantl 1987). Kautzky hat diese theoretische Position in seiner Kommentierung des Erfurter Programms noch einmal betont. Als "Inbegriff des bonum commune" (Rhinow 1984, 182), als Allheilmittel und politische Allzweckwaffe wurden sie nie verstanden. Einige Beobachtungen aus der neueren sozialdemokratischen Diskussion zu diesem Thema seien hier referiert:

- Einen obligatorischen Volksentscheid bei Grundgesetzänderungen hält Hans-Joachim Vogel für erwägenswert[5].
- Für eine generelle Einführung von Volksbegehren und Volksentscheid sprechen sich zahlreiche sozialdemokratische Politiker wie zum Beispiel Peter Glotz, Herta Däubler-Gmelin, Walter Momper, Hans-Peter Bull, Rudolf Schöfberger und Heribert Schnoor aus[6].

---

5 Dies war ein Vorschlag von Hans-Joachim Vogel im Dezember 1988. Hans Schueler, in: Die Zeit, Nr. 2 1989, S. 1, hat diesbezüglich von gefährlichen Erosionstendenzen des Parlaments gesprochen. Hierzu auch die "Leserbriefe" in: Die Zeit, Nr. 5, 27.Januar 1989, S. 20.

6 Vgl. zum Beispiel: Herta Däubler-Gmelin, in: Süddeutsche Zeitung, Nr. 64, 17 März 1989, S. 14; Heribert Schnoor, in: Kölner Stadt-Anzeiger, Nr. 9, 12. Januar 1988, S. 2; Hans-Peter Bull, in: Die Zeit, Nr. 14, 31 März 1989, S. 4; Walter Momper, Bürger fordern mehr Beteiligung - Reformvorschläge für eine lebendige Demokratie, Vortragsmanuskript, 23, November 1988, S. 8f. (hierzu: Der Tagesspiegel, 24. November 1988, S. 8); ferner den Bericht von Astrid Hölscher, in: Frankfurter Rundschau, 12. August 1989, S. 3; hierzu: "Leserbriefe"

- Bekannte Rechtswissenschaftler argumentieren ebenfalls in diese Richtung (Helmut Simon, Ernst G. Mahrenholz, Rudolf Wassermann, Ernst-Wolfgang Böckenförde[7]); Dieter Grimm optiert gleichfalls für eine Verstärkung des "Volkseinflusses" im Sinne von: a) Einführung von Volksbegehren, um politisches Themen auf die Tagesordnung der Parlamente zu setzen und b) für eine Änderung des Wahlrechts (Panaschieren, Kumulieren (analog der baden-württembergischen Kommunalverfassung)[8]; die "Arbeitsgemeinschaft sozialdemokratischer Juristen" hat ein deutliches Votum in Richtung direkt-demokratische Instrumente formuliert; Horst Ehmke und Hans-Peter Schneider hingegen sind eher skeptisch bis ablehnend[9].
- Im Koalitionspapier von SPD und AL in Berlin wurde ein Prüfauftrag erteilt: "Eine Enquete-Kommisssion ... soll die Möglichkeiten von stärkerer Bürgerbeteiligung durch Volksbegehren und Volksentscheid klären"[10]; im Entwurf für eine neue schleswig-holsteinische Landessatzung sind bestimmte Instrumente vorgesehen[11].
- Bezogen auf die Ausweitung der bundesdeutschen Kommunalverfassungen läßt sich hinsichtlich von Bürgerbegehren von einem Trend sprechen (Liebensteiner Programm 1988); die Diskusssion in Nordrhein-Westfalen über die Zusammenlegung der Spitzenpositionen zugunsten eines Amtsinhabers und dessen Legitimation durch die direkte Volkswahl (analog Baden-Württemberg) zielt auf ein direktes Personalvotum; besondere Exponenten in dieser Diskussion sind Gerhard Banner und Gerhard Richter.

---

in: Frankfurter Rundschau, 21. August 1989, S. 6 und Frankfurter Rundschau, 28. August 1989, S. 15.

7 Vgl. ZDF-Sendung, "Der große Wurf? - 40 Jahre Grundgesetz", 6. Juni 1989, in der der Verfassungsrichter Ernst G. Mahrenholz deutlich für Volksbegehren und Volksentscheid votierte; ferner die Verweise in: Frankfurter Rundschau, Nr. 116, 22 Mai 1989, S. 5, auf den ehemaligen Verfassungsrichter Helmut Simon und Ernst G. Mahrenholz; Rudolf Wassermann, in: Deutsches Allgemeines Sonntagsblatt, Nr. 13, 27. März 1988, S. 8; Böckenförde (1983:16); Mahrenholz (1987, 371ff.; Wassermann (1986); darüber hinaus auch ein deutliches Votum von der "Humanistischen Union"; ferner auch Jürgen Seifert, in: Frankfurter Rundschau, Nr. 2, 3. Januar 1989.

8 So der Verfassungsrichter Dieter Grimm in: ZDF-Sendung, "Der große Wurf? - 40 Jahre Grundgesetz", 6. Juni 1989.

9 Vgl. Horst Ehmke, in: Süddeutsche Zeitung,Nr. 50, 1. März 1989, S. 12: ders., in: Die Zeit, Nr. 14, 31. März 1989, S. 4; Hans-Peter Schneider (1987a; 1987b); ebenfalls Schefeld (1989).

10 Vgl. Berliner Stimme, 11. März 1989, S. 6.

11 Vgl. Schleswig-Holsteinischer Landtag, Drucksache 12180 (1989).

Die vorstehenden Hinweise belegen folgendes: Zum einen kann man, was das Verhältnis von Sozialdemokratie und Instrumenten direkter Demokratie anbelangt, durchaus davon sprechen, daß sich die deutsche Sozialdemokratie nie prinzipiell ablehnend gegenüber solchen Instrumenten verhalten hat. Die Frage: "Wiederentdeckung des Bürgers durch die Sozialdemokratie" kann also verneint werden. Zu betonen ist allerdings, daß diese Instrumente nie eine zentrale Rolle im Rahmen der Parteientwicklung gespielt haben. Die Sozialdemokratie hat sich stets bis heute auf die parlamentarische Demokratie und deren maßgebliche polititsche Entscheidungsmuster hin orientiert; dafür spricht, daß sie sowohl als parlamentarisch ausgerichtete Massenpartei großgeworden als auch in dieser spezifischen politischen Form selbst stets die Politikform und Organisationsmuster gesehen hat, in denen sie ihre politischen und gesellschaftlichen Vorstellungen verwirklichen kann. Programmatisch gewendet kommt dieser Sachverhalt in allen Parteiprogrammen zum Vorschein. Zum andern vermehren sich allerdings die Stimmen in der Partei, die eine deutliche Option für diese Instrumente für erforderlich halten. Die Intentionen, Motivationen und Zielvorstellungen divergieren allerdings teilweise nicht unerheblich. Kann man nun schlußfolgern, daß diesbezüglich von einer Programminnovation im Sinne einer notwendigen Implementierung dieser Instrumente gesprochen werden kann? Bedeutet dies weiter, daß diese Instrumente und die darüber transportierte mögliche Politik nicht nur auf die Bevölkerung allgemein ausgerichtet ist, sondern auch sozialdemokratischer Politik förderlich sein könnte? Diese Fragen leiten über zur Diskussion der zu Beginn des Abschnittes aufgestellten Thesen.

Die These der Befürworter besagt, daß eine Institutionalisierung dieser Politikinstrumente auf allen Ebenen der Bundesrepublik erforderlich sei. Von daher müßte dieser Punkt deutlicher ins neue Parteiprogramm hineingeschrieben werden. Ob allerdings die in beiden Programmentwürfen formulierten Aussagen die Befürworter überzeugen, sei hier dahingestellt. Die Befürworter lassen sich bei ihrer Argumentation von zwei zentralen Aussagen leiten. Erstens wird demokratietheoretisch argumentiert, daß diese Instrumente die "Verwirklichung des Demokratieprinzips ein erhebliches Stück" vorantreiben würden. So die diese Sichtweise ansprechende Hypothese des Staatsrechtslehrers Ekkehart Stein. Zweitens wird betont, daß politische Partizipation das "Kernstück" der Demokratie sei (Wassermann 1986). Praktische Teilnahme setze institutionelle Teilhabe voraus. Demokratietheoretisch ist nun unbestritten, daß diese Instrumente auch zum Kontext einer (parlamentarisch-)representativen Demokratie gehören können (Luthardt 1988, 1990a). Empirische Beobachtung bestätigt dies. Erinnert sei nur an zahlreiche Bundesländer sowie an mehrere westliche Demokratien, in denen diese Instrumente in verschiedenen Formen und in unterschiedlicher institutioneller Intensität in den Verfassungsgefügen auf nationaler Ebene normiert sind; eine höchst unterschiedlich verlaufende politische Praxis ist allerdings gleichfalls damit verbunden (Österreich, Italien, Spanien, Dänemark, Irland, Frankreich, Schweiz u.a).

Die Hauptstoßrichtung der Kritik zielt dabei auf zwei Sachverhalte hin: Einerseits wird die – angenommene – institutionelle Hyper-Repräsentation des bundesdeutschen Politiksystems ins Visier genommen. In einem vielfach rezipierten Aufsatz: "Die repräsentative und die plebiszitäre Komponente im demokratischen Verfassungsstaat" (1958) hat schon Ernst Fraenkel von einer "super-repräsentativen" Verfassung, im Gegensatz zur Weimarer Verfassung, gesprochen, die das Grundgestz normiert habe. Anderseits wird die – okkupierte – politische Omnipotenz der politischen Parteien und das von ihnen reklamierte politische Alleinvertretungsmonopol massiv kritisiert (hierzu Luthardt 1990b). Kurzum: Die Hyper-Repräsentation und die daraus resultierende institutionelle Sklerotisierung und die Okkupation der Politik sowie die Transformation der Demokratie in die reduzierte Form der "Parteiendemokratie" sind Gegenstand eines verbreiteten Unbehagens und einer vehementen Kritik. Als ein maßgeblicher institutioneller Entlastungszug wird die Institutionalisierung direkt-demokratischer Politikinstrumente gefordert. Große Hoffnungen werden verkündet, die "Volksrechte", um einen Schweizer Terminus aufzugreifen, werden mit einer besonderen Weihe versehen. Das, was im Kontext der Demokratisierungs-Diskussion in den sechziger Jahren als ein "Nebenthema" (Horst Ehmke) erörtert wurde, wird nunmehr in den achtziger und, so scheint es, neunziger Jahren als eine Art Hauptthema behandelt (als Überblick Pulzer 1989).

Die Skeptiker und Gegner einer solchen Installierung sowohl in das neue Parteiprogramm als auch in das gesamte institutionelle Gefüge argumentieren unter anderem, damit würden strukturwidrige – und das politische wie auch das institutionelle System in eine gravierende Schieflage katapultierende – Instrumente implementiert.

Abgesehen von verfassungsrechtlichen Bedenken und dem – wichtigen – Verweis auf die Rolle und Funktion des Bundesverfassungsgerichts in einem solchen Entscheidungsprozeß wird zudem darauf verwiesen, daß mit dem Prozeß der Europäischen Integration die Politikmaterien und Entscheidprozesse keineswegs einfacher, sondern an Kompliziertheit und Komplexität noch zunehmen werden (Ehmke 1988; Leonardy 1989). Gerade vor einem solchen Hintergrund erweist sich eine "Kontinuität der Politik" (Ehmke) als höchst bedeutsam. Hinzu kommt, daß der "Bereich des Abstimmbaren", wie Ehmke unter Verweis auf Adolf Arndt weiter hervorhebt, durch das Grundgesetz selbst deutlich begrenzt ist. Über existentielle und Lebensfragen, Glaubens- und Stilfragen läßt sich bekanntlicherweise nicht abstimmen, sondern hier wirken andere Mechanismen wie Konventionen usw.. "Die Mehrheit kann z.B. nicht vorschreiben, was wir zu glauben oder was wir für wahr oder für schön zu halten haben" (Ehmke 1988:253). Und ein Volksentscheid verfährt nach der einfachen politischen Logik der Majoritätsregel, deren Problem unter anderm im Fehlen einer "reflexiven Schleife" (Claus Offe) besteht. Direkt-demokratische Politikinstrumente befördern die Polarisierung innerhalb der Bevölkerung gerade angesichts hochkonfliktärer Politikmaterien; damit werden weitreichende Legitimations- und Akzeptanzprobleme auf Seiten der "unterlegenen" (qualifizierten) Minderheit produziert. Dieser Sachverhalt läßt sich auch dann nicht vom Tisch argumentieren, wenn Befürworter in einer Art Rückzugsposition davon sprechen, es würden nur Politikmaterien "mittlerer" und "niedrigerer" Reichweite thematisiert. Letzteres impliziert logisch, daß es einen Katalog von politischen Issues geben muß, in dem definiert wird, welches unabstimmbare und welches abstimmbare Materien sind.

Zusammenfassend kann folgendes festgehalten werden: Es läßt sich beobachten, daß Forderungen nach "mehr direkter Demokratie" im – weiter gefaßten Kontext einer politisch und sozial differenzierter in Erscheinung tretenden Gesellschaft – wiederauftauchen ("neue" soziale Bewegungen, Neugründung von politischen Parteien, Forderungen nach verstärkter Regionalisierung, Veränderungen im Werte- und Wählerverhalten etc.). Demgegenüber läßt sich parallel dazu feststellen, daß der Komplexitätsgrad der Politik – besser: Politiken – zunehmend größer zu werden scheint, und die Politikperspektive Europäische Integration wird diese Problematik noch forcieren. Eine widersprüchliche, nicht lösbare politische Problemkonstellation?

Zu welchem Set von Antworten man auch immer neigen wird: "Demokratie und Komplexität" (Frieder Naschold) scheint also, bezogen auf den hier skizzzierten Problempunkt, unter zwei maßgeblichen Aspekten analysiert und eingeschätzt werden zu können:

- Erstens kann die Argumentation der Befürworter dahingehend interpretiert werden, daß das Verhältnis von "Demokratie und Komplexität" politisch-institutionelle Differenzierungen erforderlich macht, um so institutionell besser und präventiv auf Prozesse politischer und sozialer Veränderung reagieren zu können.
- Zweitens kann die Argumentation der Skeptiker und Gegner so gedeutet werden, daß das Verhältnis von "Demokratie und Komplexität" nicht durch populistisch verbrämte Entscheidungsprozesse blockierende sowie andere Probleme in sich verbergende direkt-demokratische Politikinstrumente ausreichend, geschweige dann hinreichend ad-

äquat thematisiert und gelöst werden kann. Empfiehlt es sich also für die Sozialdemokratie, im Vergleich zu Godesberg (1959) eine Programminnovation zugunsten von Instrumenten direkter Demeokratie vorzunehmen? Wie zu argumentieren versucht wurde, ist eine simple und befreiende politische Antwort analytisch nicht möglich.

5. Programminnovation: Ein Problem von Linksparteien und/oder der politischen Opposition?

Im folgenden Abschnitt soll die Thematik des Beitrages in einer weiteren Fragestellung fortgeführt werden. Sie zielt darauf ab, in allgemeinerer Form das Problem zu thematisieren, ob erstens Linksparteien generell über eine größere Programminnovationfähigkeit verfügen müssen als liberale, christlich-demokratische und konservative Parteien bzw. zweitens Programminnovation ein typisches Merkmal von Parteien in Opposition ist. In der politikwissenschaftlichen Forschung haben sich unter anderem Maurice Duverger, Theodore Lowi und Otto Kirchheimer mit dieser Problematik im engeren Sinne beschäftigt.

Der erste Teil der Frage kann nur dann einigermaßen überzeugend beantwortet werden, wenn zwei Überlegungen einbezogen werden. Erstens gilt es zu berücksichtigen, daß nur die deutsche Sozialdemokratie über eine kontinuierliche, wenngleich durch tragische historische Ereignisse mehrfach gebrochene Parteigeschichte und damit über eine historisch gewachsene Parteiidentität verfügt. Die deutschen liberalen Parteien und die konservativen Parteien während des Kaiserreiches und der Weimarer Republik sowie die parteienpolitische Neugründung nach 1945, die Christlich-Demokratische Partei (CDU) und die Christlich-Soziale Partei (CSU) besitzen demgegenüber keine solche Kontinuität und historisch gewachsene Parteiidentität. Allerdings sei bemerkt, daß beide parteipolitische Strömungen in der deutschen Geschichte über ideengeschichtliche Anknüpfungspunkte verfügen. In historischer Entwicklungsperspektive bieten sich auf programmatischer Ebene keine Vergleichsmöglichkeiten an. Auf die bundesdeutsche Politikgeschichte bezogen lassen sich hingegen solche Vergleichsmaßstäbe angeben und operationalisieren. Eine generelle Formel könnte folgendermaßen lauten: Bruch und Kontinuität, gesellschaftlicher Wandel und Programminnovation konturieren die Eckpfeiler dieser Problematik. Interpretiert man die bundesdeutsche Politikgeschichte als Politikkontinuum, welches seinerseits durch verschiedene Entwicklungsphasen der Politik- und Gesellschaftsentwicklung bestimmt und strukturiert ist, so lassen sich verschiedene Programme der politischen Parteien angeben, die aus sowohl parteiinterner wie auch analytischer Sichtweise als Knotenpunkte ihrer bisherigen Geschichte eingeschätzt werden können. Das Ahlener Programmm der CDU von 1947, das Godesberger Programm der SPD von 1959 und die Freiburger Thesen der FDP von 1971 stellen solche Punkte dar. Unabhängig von der mittel- und langfristigen Politikwirkung dokumentieren sie eine Aufbruchstimmung, aus der heraus eine politische und programmatische Neuerung eingeleitet werden sollte. Die Implementation dieser Programme in die Parteipolitik ist jedoch keineswegs einfach und monokausal verlaufen, sondern es lassen sich parteiinterne Aversionen, Phasen des Steckenbleibens – kurzum: parteiinterne Restriktionen – aufzeigen, die einer erfolgreichen Implementation im Wege gestanden haben. Der Bruch im Kontext der Programmkontinuität stellt sich dann auch verschiedentlich nicht immer so radikal dar, wie er programmatisch angekündigt worden ist. Ob nun eine Linkspartei wie die SPD vor diesem angedeuteten Hintergrund gegenüber liberalen und christlich-demokratischen und konservativen Parteien generell programminnovativer ist bzw. sein muß, kann angesichts der begrenzten Beispiele nicht exakter bestimmt werden. In einer empirischen Untersuchung müßte auf jeden Fall die Analyse der Landesverbände und deren Rolle bei der Programminnovation hinzukommen. Anders ausgedrückt wäre zu fragen, welche Rolle die Landesverbände und deren Programme im Rahmen der Gesamtpartei und des Grundsatzprogrammes spielen und welchen Einfluß die von ihnen aufgegriffenen politischen Issues und deren Einbau in ihre Programme, im zweiten Schritt auf die Gesamtpartei und das generelle Programm bzw. die Programmpolitik haben. Für die CDU-Landesverbände in der Bundesrepublik hat Josef Schmid (1990 und in diesem Band) unlängst aufgezeigt, daß Landesverbände durchaus programminnovativ sein können (Sozialpolitik: Sozialstationen; Re-Ideologisierung der Bildungspolitik).

Der zweite Teil der Frage, ob generelle Programminnovation im Sinne der Neufassung eines Grundsatzprogramms in Zeiten der parlamentarisch-politischen Opposition eher oder ausschließlich erkennbar ist, kann für die SPD und die Grundsatzebene so skizziert werden. In historischer Perspektive läßt sich feststellen, daß alle maßgeblichen Parteiprogramme in Zeiten der politischen Oppostion verfaßt worden sind. Die Entscheidungshintergründe und gesellschaftlichen Systemkontexte sind jedoch bekanntlich höchst unterschiedlicher Natur. Gleiches gilt auch für bestimmte Motivationen, die bei der Programmneufassung erkennbar sind. Die drei Programme während des wilhelminische Obrigkeitstaats hatten jedes für sich, abgesehen von analytisch angebbaren allgemeinen Funktionen nach außen und innen, in bestimmten Punkten andere Aufgaben zu erfüllen: Das Eisenacher Programm (1869) hatte die Funktion, eine sich etablierende politische Partei zu festigen und ihr politische Konturen zu verleihen. Das Gothaer Programm (1875) diente wesentlich der Vereinigung der beiden unterschiedlichen sozialdemokratischen Strömungen und ihrer Festigung auf einer "höheren" Parteien-, Programm- und Politikebene. Das Erfurter Programm (1891) verarbeitete die Phase des "Sozialistengesetzes" und verdeutlichte eine stärker gewordene politische Partei. Die beiden Programme während der Weimarer Republik, das Görlitzer (1921) und das Heidelberger Programm (1925), hatten naheliegenderweise wiederum andere Aufgaben. Im Görlitzer Programm kommt erstens eine pointierte kritische Verarbeitung orthodoxer Positionen des Erfurter Programms und zweitens eine massive positive Bestimmung der jungen Weimarer Demokratie, ihrer Verfassung und der politischen und sozialen Errungenschaften zum Vorschein. Das Heidelberger Programm greift diese Positionen weiter auf (verschiedentlich wird auch von einem punktuellen Rückfall in die Erfurter Orthodoxie gesprochen) und dokumentiert zugleich innerparteilich die Reintegration der ehemaligen Rest-USPD-Mitglieder. Im Prager Manifest (1934) wird versucht, auf die Entwicklung und Zerstörung der Weimarer Republik und die historische Katastrophe von 1933 einzugehen. Das Godesberger Programm (1959) beinhaltete eine Auseinandersetzung mit 100 Jahren sozialdemokratischer Programmgeschichte und einen definitiven Abschied von alten, traditionellen und orthodoxen Postionen (Aufgabe einer sozialistischen Zielbestimmung; Volksparteikonzept etc.). Der Bremer Programmentwurf (1989) versucht auf dreißig Jahre Politikgeschichte einzugehen und die in den letzten 20 Jahren abgelaufenen politischen und sozialen Differenzierungen aufzunehmen und zugleich eine längerfristige Politikperspektive zu thematisieren.

Vor diesem Hintergrund kann dann eine differenziertere Antwort auf die Frage Programminnovation – ein Zeichen der politischen Oppositionsphase? gegeben werden. Wie angedeutet, reicht es bei weitem nicht aus, Programminnovation als einen nur technischen Begriff zu rezipieren. Die verschiedenen historisch-gesellschaftlichen Systemkontexte sind ebenso zu berücksichtigen wie die unterschiedlichen Intentionen, Motivationen und Zielvorstellungen. Dies bezieht sich sowohl auf die parteiinternen Diskussionsprozesse als auch auf die konkreten parteipolitischen Konstellationen und politisch-sozialen Entwicklungslinien, die im Umfeld der Partei wirksam sind und auf diese in vielfältiger Weise wiederum einwirken.

6. Schlußbetrachtung

Der vorliegende Beitrag hat versucht, vor dem Hintergrund der Ausgangsthese, daß die Sozialdemokratie bis heute eine programminnovative politische Partei gewesen sei, einige differenziertere Überlegungen beizusteuern. Zur Verdeutlichung wurden drei Problemkomplexe herangezogen; an diesen Beispielen wurde die Ausgangsthese exemplifiziert. Dabei hat sich gezeigt, daß der Begriff Programminnovation zurecht auf die Sozialdemokratie angewendet werden kann. Und zwar im mehrfachen Sinne:

Erstens kann in einer historisch-genetischen Längsschnittbetrachtung dokumentiert werden, daß das Selbstverständnis der Sozialdemokratie in programmatischen Dokumenten bis heute fixiert worden ist. Die Charakterisierung als Programmpartei, die mittels grundsätzlicher Äußerungen versucht, zu allen relevanten politischen, wirtschaftliche, sozialen und kulturellen Fragen in der Gesellschaft – vielfach entschieden – Stellung zu nehmen, ist in jeder Hinsicht angebracht. Daß ein solches Partei-, Politik- und Gesellschaftsverständnis keineswegs parteiintern unumstritten gewesen ist, zeigen Einschätzungen von Gustav Radbruch und Hugo Sinzheimer während der Weimarer Republik. Beide hatten damals mit der Labour Party in Großbritannien und deren Verständnis von Parteiprogramm im Sinne einer Wahlkampfplattform geliebäugelt.

Zweitens folgt daraus, daß die Partei aus in- und externen Gründen gezwungen ist, ihre Programmatik mittel- und langfristig immer wieder zu überdenken und neuzubestimmen. Aus der Form und Struktur der Partei als Programmpartei folgt also eine strukturell immanente Tendenz zur partiellen oder grundsätzlichen Programminnovation.

Drittens, und nur scheinbar paradox, läßt sich aufzeigen, daß sowohl partielle als auch grundsätzliche Programminnovationen in der Regel begleitet sind von teilweise vehementen innerparteilichen Diskussionsprozessen. Innerparteilich gewendet muß von daher eine Veränderung nicht zwangsläufig eine Innovation im Sinne einer unabdingbar erforderlichen Aufnahme eines relevanten Postulates bedeuten.

Insgesamt betrachtet erweist sich die Ausgangsthese als verifizierbar. Die deutsche Sozialdemokratie mag zwar verschiedentlich als "Tanker" erscheinen: Die "Unbeweglichkeit des Tankers" (Peter Glotz) wurde zur griffigen Formel. Für die eine Richtung dominiert nur der "Tanker" und dessen starre und voluminöse Form, unfähig, differenzierte "Bewegungen" und Prozesse gesellschaftlicher Entwicklung zu diagnostizieren, aufzugreifen und darauf zu reagieren; die andere Richtung sieht gerade im Prinzip des Tankers einen Sachverhalt, der Kontinuität in der Form und der Sache gewährleistet und insbesondere in Zeiten erheblicher politischer und gesellschaftlicher Dynamik eine Art Ruhepol darstellt. Und des öfteren läßt sich aufzeigen, daß zum Erstaunen beider Richtungen dieser "Tanker" relativ schnell zur Adaption, Verarbeitung und Formulierung neuer politischer Issues in der Lage ist. Auch dies ist eine besondere Leistung von Politikinnovation und gelegentlicher Programminnovation.

Theo Schiller

F.D.P. - die vermarktete Zukunft

1. Selbstverständnis und programmatisches Profil

Die FDP war nie eine Partei der großen Zukunftsvisionen. Stets hielt sie sich viel darauf zugute, die "Ideologien" der anderen Parteien zu bekämpfen und gegen ihre "Heilslehren" zu polemisieren. Ebenso 1949 wie 1971 (Freiburger Programm) oder 1982 (Koalitionswechsel zur CDU/CSU) beanspruchte sie die Position der "Sachlichkeit" und des Pragmatismus, verbunden mit einer Funktion des "Ausgleichs" von der politischen "Mitte" aus (im Parteiensystem und in der Gesellschaft). Die "Mitte" ist kein visionärer Ort.

Selbstverständnis und programmatisches Profil der FDP kreisten seit 40 Jahren in der Regel um drei Kernbereiche: Marktwirtschaft, ein liberal-rechtsstaatliches Staatsverständnis und eine gewisse Eigenständigkeit in der Außenpolitik (in den 50er Jahren etwas nationaler als die Union, seit den 80er Jahren offener für ostpolitische Entspannung). Mit der rechtsstaatlichen Innen- und der flexiblen Außenpolitik waren zwar am ehesten gewissen Änderungsverstellungen verbunden, doch eine Politik der aktiven Zukunftsgestaltung müßte sich im Schwerpunkt auf die Wirtschafts- und Gesellschaftspolitik beziehen. Hier jedoch, im Feld der Wirtschaftsordnung und der sozialen Strukturen, war und ist das dezidierte Votum für die (möglichst freie) Marktwirtschaft auf dem Hintergrund der Systementscheidungen von 1948/49 im wesentlichen eine Bekräftigung des status quo. Eine marktwirtschaftlich-kapitalistische Politik delegiert prinzipiell die Bewältigung von Zukunftsproblemen an die privatwirtschaftlichen Unternehmensleitungen und reserviert für die Politik in ordnungs- und prozeßpolitischer Hinsicht nur sehr begrenzte Steuerungseingriffe, freilich verbunden mit einer politischen "Ausfallbürgschaft" für konjunkturelles oder strukturelles Versagen der Marktmechanismen. Jedoch erhofft sich die so funktionell entlastete Politik von der Eigendynamik der Privatwirtschaft eine optimale Leistungsfähigkeit auch für die über Steuern und Sozialabgaben finanzierten öffentlichen Aufgaben. Insofern kann eine Politik der Marktwirtschaft, wie sie die FDP durchgängig vertreten hat, gleichzeitig struktur-konservativ und zukunftsoptimistisch sein, ohne Schwankungen der Leistungskurve des Wirtschaftssystems jeweils bis ins einzelne verantworten zu müssen.

Von diesen Grundentscheidungen aus lassen sich nun die wichtigsten Faktoren benennen, die Einfluß auf die Entwicklung programmatischer Zukunftsvorstellungen der FDP haben und gegebenenfalls auf ihre Umsetzung in politische Praxis einwirken.

Die marktwirtschaftliche Systemrationalität als Orientierungsfaktor führt zum Primat jener Zukunftsvorstellungen, die zur langfristigen Sicherung privatwirtschaftlicher Gewinnerzielung und Wachstumsentwicklung geboten sind. Dabei handelt es sich um allgemeine politische, gesellschaftliche und wirtschaftspolitische Rahmenbedingungen, zu denen vor allen anderen die weltwirtschaftliche Anpassungsfähigkeit, die technologische Innovationsfähigkeit und die sozio-technische Flexibilität und Wandlungsfähigkeit von Arbeitskräften und Arbeitsstrukturen gehören. In diesen Dimensionen übersetzen sich Marktwirtschaftsprinzipien auch in konkrete Wirtschaftsinteressen, die als Verbands-, Unternehmens- und Personeneinfluß auf die FDP einwirken.

Den zweiten Orientierungsfaktor bildet die abhängige Mitregierungsfunktion der FDP als Überlebensbedingung im Parteien- und Regierungssystem (Mehrheitsbeschaffungs- und Mäßigungsfunktion, vgl. Schiller 1989, 248; Dittberner 1987). Die Permanenz der Machtbeteiligung bringt zugleich eine Begrenzung und Entlastung bei der Entwicklung von Programmaussagen. Jedoch fordert die Parteienkonkurrenz ein Minimum an programmatischer Erkennbarkeit, die wegen des faktischen Koalitionszwangs jeweils zu einem koalitionsangepaßten Profil führen muß. Wegen der wählersoziologischen Bedingungen der FDP muß ein solches Programmprofil auch die Zukunftsvorstellungen der höheren Schichten des "neuen Mittelstandes" (Angestellte und Beamte, derzeit insgesamt ca. 50 % der erwerbstätigen Bevölkerung) und der Selbständigen einschließlich der freien Berufe reflektieren.

Auch wenn sie keine Partei der Zukunftsvisionen war, wurde die FDP im Laufe der letzten 40 Jahre doch zunehmend "Programmpartei" jedenfalls in dem Sinne, daß ausführliche Programmtexte vorgelegt wurden. Die Praxis der Mitregierungspartei hat freilich viele Programmaussagen relativiert oder dementiert. Auch jetzt und künftig ist nur ein Teil ihres politischen Willens an ihren Programmtexten zu erkennen. Die Orientierung am Marktwirtschaftssystem und an ihrer Mitregierungsfunktion muß für die Interpretation ihrer Programme stets mitgedacht werden. Vor einer Betrachtung der gegenwärtigen Zukunftsvorstellungen werfen wir zunächst einen Blick zurück auf frühere Zukunftspolitik der FDP.

2. Rückblick auf frühere Zukunftsvorstellungen

In den 50er Jahren standen für die FDP nicht Zukunftsvisionen im Vordergrund, sondern die Festigung der ordnungspolitischen Grundlagenentscheidungen für die Marktwirtschaft im Jahre 1948 im Sinne einer neoliberalen Wirtschaftsauffassung, wobei das "Soziale" an der offiziell propagierten Marktwirtschaft gegen SPD und Teile der CDU möglichst klein geschrieben werden sollte. Gleichzeitig nahmen die außenpolitischen Streitfragen (Deutschlandfrage, Wiederbewaffnung, europäische Einigung) die Aufmerksamkeit der Partei ebenso in Anspruch wie die Auseinandersetzungen der innerparteilichen Flügel zwischen altliberalen, rechtsliberalen und nationalistischen Positionen, die 1955 durch die Abspaltung der "Freien Volkspartei/ FVP" eine gewisse Klärung erfuhren.

Erst in den 60er Jahren begann die FDP, Vorstellungen der politischen Modernisierung programmatisch herauszustellen. So forderte sie bei der Regierungsbildung 1961 erfolgreich die Einrichtung eines Bundesministeriums für wissenschaftliche Forschung, das mit Hans Lenz besetzt wurde. Am Ende jenes Jahrzehnts propagierte die Nürnberger Wahlplattform zur Bundestagswahl 1969 eine modernisierende Reformpolitik gegen ein "Kartell der Unbeweglichkeit" und erstarrte Strukturen. Die "neuen Lebenschancen in einer offenen Gesellschaft" wie es auf Anregung Ralf Dahrendorfs in diesem Wahlprogramm hieß, sollten insbesondere durch eine Offensive in der Bildungspolitik geschaffen werden, die im Laufe der 60er Jahre nicht zuletzt von FDP-Bildungsreformern (Ralf Dahrendorf, Hildegard Hamm-Brücher) ins Zentrum der Zukunftsgestaltung gerückt worden waren. Bildung als Bürgerrecht und als Grundlage beruflicher Mobilität sollte nach dem Prinzip des lebenslangen Lernens sowohl berufliche Anpassungsfähigkeit sichern als auch persönliche Gestaltungsspielräume öffnen (Aktionsprogramm Hannover 1957, B). In einer (marktwirtschaftlichen) "Wirtschaftspolitik des Fortschritts" wollte man den technischen Fortschritt als "Motor der Wirtschaft" und die soziale Beteiligung (Mitbestimmungsrechte, Vermögensbildung, Spielraum für eigenverantwortliche sozialpolitische Sicherung) miteinander harmonisieren. Nach der Bildung der sozialliberalen Koalition 1969 wurde diese harmonische Reformtendenz in den "Freiburger Thesen" von 1971 zu einem umfassenden Konzept von "Gesellschaftspolitik" ausgebaut. Die vier grundsätzlichen Ziele lauteten:

- Menschenwürde durch Selbstbestimmung,
- Fortschritt durch Vernunft,
- Demokratisierung der Gesellschaft und
- Reform des Kapitalismus.

Der einer wachsenden Wirtschaft entspringende Vermögenszuwachs sollte durch bessere Verteilungsmechanismen breiter gestreut werden (Bodenwertzuwachssteuer, Neuregelung der Erbschaftssteuer, überbetriebliche Vermögensbeteiligung), und die Erweiterung der Unternehmensmitbestimmung sollte zu einer breiteren wirtschaftlichen Machtverteilung in "funktionsgerechter" Übereinstimmung mit allgemeinen Wirkungsmechanismen des Kapitalismus führen. Darüber hinaus wurden damals bereits Prinzipien einer weitreichenden Umweltpolitik vorgelegt.

In den 70er Jahren kam diese Vision eines "sozialen Liberalismus" rasch unter den Druck der 1974 einsetzenden Wirtschaftskrise, für deren Bewältigung die FDP (zumal in der von Helmut Schmidt geführten Regierung) mit den Wirtschaftsministern Friderichs und Lambsdorff wieder auf die klassischen, gewinnorientierten Wachstumsprinzipien und Unternehmensinteressen zurückgriff. Der bescheidene Horizont der Gesellschaftsveränderung mußte wieder der Gesellschaftsstabilisierung weichen. Festlegungen auf längerfristige Zukunftsentwicklungen schienen eigentlich nur als wirtschaftliche Wachstumserfordernisse und in Übereinstimmung mit Wirtschaftsinteressen möglich. Dies traf z.B. auf die Energiepolitik und den Mitte der 70er Jahre intensivierten Streit um die Zukunft der Kernenergie zu. Die Beschlüsse des Kieler Parteitags (1977) bekräftigten, wenn auch gegen erhebliche Opposition, das langfristige Festhalten an der Kernenergie, sicherlich auch zum Schutz des in diesem Bereich in großem Umfang gebundenen Investitionskapitals und der daran geknüpften exportpolitischen Optionen. Das damals gleichzeitig aufgeworfene mittelfristige Problem der Sicherung der Ausbildungschancen und der Berufszugangsmöglichkeiten für die Angehörigen der geburtenstarken Jahrgänge wurde demgegenüber mit einem letztlich unbefriedigenden Maßnahmenkatalog beschieden. Am Bedeutungsverlust der Bildungspolitik in der Programmatik der FDP läßt sich die Erosion gesellschaftspolitischer Reformperspektiven exemplarisch ablesen. Im Übergang von den 70er zu den 80er Jahren bis zur Wende 1982 prägte sich diese Gewichtsverschiebung noch deutlicher aus: Langfristige Zielvorstellungen verlagerten sich zunehmend auf das Feld der technologischen Modernisierung, während gesellschaftliche Strukturen der Macht-, Vermögens- und Chancenverteilung aus dem Blick gerieten und wirtschaftliche und soziale Steuerungsprobleme als kurzfristiges, wachstumsorientiertes Anpassungsmanagement behandelt wurden. Charakteristischer Ausdruck dieser programmatischen Lage war das sogenannte "Lambsdorff-Papier" vom Spätsommer 1982, das über seine Rolle als "Auslöser" des endgültigen Koalitionsbruchs hinaus auch den revidierten wirtschafts- und gesellschaftspolitischen Handlungshorizont der FDP dokumentierte. Seit dem Sprung auf die politische Geisterbahn mit der Wende vom Herbst 1982 war die FDP dann zunächst überwiegend mit der Sicherung ihrer eigenen Zukunft als Regierungspartei beschäftigt und konnte erst nach den Parteispenden- und Amnestieaffären und dem Wechsel im Parteivorsitz von Genscher zu Bangemann an neue programmatische Aussagen denken.

3. Programmatisches Profil seit Mitte der 80er Jahre

Drei Programmdokumente der FDP liegen seit 1985 vor:

- Unter dem Titel "Zukunftschance Freiheit" beschloß der Parteitag vom Februar 1985 in Saarbrücken ein "liberales Manifest für eine Gesellschaft im Umbruch",
- die Wahlplattform der FDP zur Bundestagswahl 1987 mit dem Titel "Zukunft durch Leistung",
- zum Bundesparteitag in Wiesbaden im Oktober 1988 wurde vom damaligen Generalsekretär Helmut Haussmann der Entwurf einer "Wiesbadener Erklärung" vorgelegt, der jedoch mangels vorausgegangener Beratung in der Partei nicht beschlossen wurde. Der Teil 3 dieses Entwurfs unter der Überschrift "Liberale Politik stellt sich den Zukunftsfragen" wurde vom Parteitag als Diskussionspapier zur Kenntnis genommen.

Wie ersichtlich, wurde von der Vokabel "Zukunft" und "Zukunftsaufgaben" kräftig Gebrauch gemacht. Doch bleibt die inhaltliche Bedeutung dieser plakativen Weitsichtigkeit zu prüfen.

In der neuen Koalition mit den Unionsparteien präsentierte sich die FDP (neben Genschers Außenpolitik) in der Wirtschafts-, Finanz- und Sozialpolitik als die "harte" Vertretung wirtschaftlicher Rationalität, die den sozialen Rücksichten von Teilen der CDU/CSU distanziert gegenüberstand und auch vom Fortbestand hoher Arbeitslosigkeit bei starkem Wirtschaftswachstum nicht angefochten wurde. Dieser "marktwirtschaftliche" Dogmatismus rückte die FDP in diesem Bereich ideologisch in eine Position rechts von CDU/CSU. Diese neuerlich verstärkte Profilierung als "Wirtschaftspartei" wurde mit einer offensiven Propagierung technologischer Modernisierung verbunden. Die Forcierung technologischer Modernität bezog sich dabei vor allem auf die sich bereits durchsetzenden neuen Kommunikationstechnologien (inclusive Medienprivatisierung), aber auch auf die noch im Übergangsstadium von der Forschungs- zur Anwendungsphase befindliche Biotechnologie u.ä., und wurde generell mit einer technologisch orientierten Wissenschaftspolitik verknüpft (Übernahme von Bildungs- und Wissenschaftsressorts im Bund, Hessen und Hamburg seit 1987). Dieses Modernisierungsprofil zielte teils auf Unternehmerinteressen, daneben jedoch auch auf die technische und ökonomische Intelligenz als Wähler, die in ihrer "Fortschritts-" und Steuerungsfunktion gegenüber der von den GRÜNEN repräsentierten Technik- und Wachstumskritik bestärkt werden sollten. In diesem Feld der Modernisierungspolitik standen und stehen FDP und Unionsparteien in einer spezifischen Konkurrenzsituation: CDU/CSU sind machtpolitisch durchsetzungsfähiger in der Modernisierung durch Großprojekte (Rüstungsindustrie, Weltraumfahrt, großindustrielle Umorganisation), insbesondere repräsentiert durch den baden-württembergischen Ministerpräsidenten Lothar Späth. Während die Union stärker auf Struktur und Masseneffekte setzt, die auch Gewerkschaften und ihre Mitglieder beeindrucken können, suchte die FDP offenbar stärker mittelständische und individualistische Innovationspotentiale anzusprechen.

Weltwirtschaftliche Anpassungsfähigkeit ist für die FDP entscheidender Bezugspunkt ihrer Modernisierungspolitik. Die Bundesrepublik könne ihren Spitzenplatz unter den führenden Industrienationen im Rahmen des befürworteten freien Welthandels nur halten "mit einer modern arbeitenden, zukunftsorientierten Gesellschaft", denn "schöpferisches Denken, Eigeninitiative und Leistungsbereitschaft sind die entscheidenden Triebfedern zur Bewältigung unserer Zukunftsaufgaben" (Wahlplattform 1987). Im Gesamttenor gibt sich die FDP ausgesprochen zukunftsoptimistisch:

> "Unsere liberale Überzeugung läßt sich in einem Satz fassen: Gegen alle Katastrophenfurcht und Zukunftsangst setzen wir Liberalen Vertrauen in die Fähigkeit der Menschen, aus eigener Verantwortung eine freie, friedliche, sozial gerechte und ökologisch verantwortungsbewußte Welt zu gestalten" (ebd.).

Dieser Zukunftsoptimismus soll sich an großen Herausforderungen bewähren: Friedenssicherung durch mehr Zusammenarbeit; Schaffung von Arbeitsplätzen durch "Mut zu Markt und Leistung"; Verbesserung der Lebensbedingungen durch "neue Techniken" sowie eine neue gesellschaftliche Kultur mit mehr Individualität, Toleranz und Kreativität. Die prognostischen Zukunftsbilder der Gesellschaft gewinnen in den FDP-Programmtexten keine allzu deutliche Kontur, etwa wenn von "tiefgreifenden strukturellen Veränderungen unserer Gesellschaft" gesprochen wird, um die künftige Rolle von Kultur und Kunst zu unterstreichen. Dabei wird u.a. die "kommende Informationsgesellschaft" hervorgehoben oder allgemein "neue Entwicklungen in Wissenschaft und Technik". Solche technologischen Entwicklungen werden überraschenderweise disparat und widersprüchlich bewertet: Im Programmabschnitt über den "Rechtsstaat" werden "neue Gefahren, z.B. bei den neuen Informationstechnologien oder der Gentechnik" gesehen, möglicherweise Gefährdungen für Leben, Würde und Freiheit des Einzelnen. Im Abschnitt über die Marktwirtschaft wird demgegenüber gefordert, "die Informationstechniken sowie die Bio- und Gentechnik für wirtschaftliche Dynamik, Umweltschutz und persönliche Freiheit (zu) nutzen". Auf diesem widersprüchlichen Hintergrund ist es wohl kein Zufall, daß in dem Entwurf einer "Wiesbadener Erklärung" für den Parteitag im Oktober 1988 zwar eine Reihe von strukturellen Herausforderungen aufgelistet, jedoch nicht mit politischen Konsequenzen verarbeitet wurden:

> "Die gewaltigen Veränderungen in unserer Bevölkerungsstruktur stellen die Gesellschaft vor neue Probleme. Die wachsenden internationalen Verflechtungen und Abhängigkeiten sowie der Schutz der Umwelt sind durch nationale Politik immer weniger beherrschbar. Der schnelle technische Fortschritt stellt grundlegende Fragen an die ethische Qualität der Gesellschaft der Zukunft. Die technische Entwicklung verändert das heutige Verhältnis von Arbeit, Bildung und Freizeit. Soziale Strukturen ändern sich durch den zunehmenden Bedeutungsverlust herkömmlicher sozialer Bindungen. Globale Probleme der Umweltzerstörung, der Überbevölkerung und der Armut in der Dritten Welt fordern drastisch verstärkte Anstrengungen auch von unserer Gesellschaft".

Diese demographischen, internationalen, bürokratischen, ökologischen und ethischen Herausforderungen werden unter dem Schlagwort einer "individuellen Gesellschaft der Zukunft" im wesentlichen nur mit allgemeinen Prinzipien beantwortet, wie z.B. Dezentralität statt Zentralismus, Partizipation statt Hierarchie, Flexibilität statt Starrheit, Vielfalt statt Einfalt, kleine Einheiten statt Massenorganisation und eigene Lebensgestaltung statt bürokratischer Bevormundung" (Wiesbadener Entwurf 1988, 14).

Gegenüber diesen globalen Problemhorizonten gibt es einige Politikfelder mit relativ konkreten Programmaussagen und einer bereits an Regierungsentscheidungen ablesbaren politischen Praxis. Eines dieses Felder ist die Regulierung der Arbeitswelt. Man könnte die marktwirtschaftliche Funktions- und Interessenorientierung bereits hinreichend mit der exemplarischen Forderung illustrieren, "Arbeit durch eine beschäftigungsfreundliche Lohnpolitik rentabler zu machen" (Wahlprogramm 1987). Andere Texte werden grundsätzlicher, etwa wenn behauptet wird, durch die technische Entwicklung würden die "Chancen für eine individuellere Gestaltung der Arbeit größer" und begünstigten die Dezentralisierung der Arbeitsorganisation (Liberales Manifest 1985). Das Wahlprogramm 1987 hat mit der Forderung "der Arbeitsmarkt muß flexibler werden" den Abbau staatlicher Regulierungen konkretisiert, so z.B. mit Arbeitszeitflexibilisierung, aber auch dem Postulat weiterer lohnpolitischer Differenzierung nach Branchen, Regionen und Tätigkeiten. Zahlreiche Entscheidungen der christlich-liberalen Bundesregierung seit dem "Beschäftigungsförderungsgesetz" haben den Abbau arbeitsrechtlicher Sicherungen und die Öffnung für Sonderbedingungen bereits schrittweise ins Werk gesetzt. Geringe Erfolge wurden hingegen bei der ebenfalls geforderten Schaffung von Teilzeitarbeitsplätzen erzielt, während man sich im Bereich der Arbeitszeitverkürzung mit der Bedingung der Wettbewerbs- und Kostenneutralität von den Gewerkschaften als möglichem Bündnispartner abgrenzte und jeweils aktuelle Tarifforderungen nach Arbeitszeitverkürzung sogar aktiv bekämpfte. Insgesamt lehnen sich Programm und Praxis der FDP für die zukünftige Entwicklung der Arbeitswelt an die wesentlich detaillierteren Konzeptionen des Bundesverbands der Deutschen Arbeitgeberverbände (BDA) an. Ein weiteres Feld langfristiger, zukunftsweisender Konzeptionen könnte die Energiepolitik sein. Auch 1987 (Wahlprogramm) konnte sich die FDP jedoch nicht zu einem Verzicht auf die Kernenergie entschließen, wobei man die in den 70er Jahren vorherrschenden Begründungen der Wirtschaftlichkeit und der Versorgungsnotwendigkeit durch die globalen Klimagefahren und sonstige Umweltschäden durch Nutzung anderer Energieträger ersetzt hat. Allerdings werden Energiesparpolitik und die Förderung/Nutzung erneuerbarer Energiequellen unterstützt, wobei die zwar gestiegenen Förderungssummen im Bundeshaushalt für diesen Bereich gegenüber der öffentlichen Finanzierung der Kernenergie immer noch weit unterproportional sind.

4. Inkonsequenzen und Widersprüche

Im Ganzen sind diejenigen Programmbereiche bei der FDP am konkretesten ausgearbeitet, die eng mit der Wirtschaftsentwicklung und Wirtschaftsinteressen verklammert sind. Das gilt auch für die Kernbereiche der Sozialpolitik, insbesondere die Rentenpolitik mit ihren langfristig wirksamen Funktionsbedingungen, nicht zuletzt die demographischen Entwicklungstrends. In diesem Feld muß man der FDP attestieren, daß sie frühzeitig konkrete Korrekturvorschläge für das Rentensystem entworfen hat, die inzwischen im wesentlichen einvernehmlich durch die Regierungsparteien und die SPD-Opposition in der Rentenreformgesetzgebung von 1989 umgesetzt worden sind (Rentenanpassung nach dem Nettolohnkriterium, Einführung einer demographischen Komponente u.ä.).

Generell sieht die FDP die Bundesrepublik in der Sozialpolitik am Scheideweg: Die "staatlich verordnete, allumfassende Absicherung" soll als Irrweg verlassen werden zugunsten von Eigenvorsorge und Eigenverantwortung. Der Einstieg in ein solches System, z.B. der gegliederten Alterssicherung ist jedoch durch die langfristigen Festlegungen gar nicht mehr möglich. Ein soziales Sicherungssystem mit mehr Eigenvorsorge und Eigenverantwortung müßte außerdem ein neues Fundament durch umfassende Leistungen der Grundsicherung (nach dem Solidaritätsprinzip) erhalten, weil nur von einer solchen gesicherten Basis aus risikoreichere individuelle Vorsorgeentscheidungen möglich werden. Eine solche konkrete und durchgängige Grundsicherungskonzeption ist jedoch bei der FDP nicht sichtbar. Sie ist im Gegenteil durch die Interessen ihrer Wählerschaft bei den besser verdienenden Angestellten, Beamten und Facharbeitern wohl noch mehr als die SPD darauf festgelegt, etwa die Rentenleistungen nach dem Lohnersatzprinzip zu bemessen, also die Kontinuität der Einkommensunterschiede auch im Rentenalter zu sichern.

Ein noch tiefergehendes Strukturproblem liegt darin, daß in der FDP-Programmatik durchgängig individualisierende Eigenverantwortung in der sozialen Sicherung gegenüber den institutionellen Formen der Solidarhaftung propagiert wird, aber zugleich die Existenz privater Solidarität vorausgesetzt wird. So soll etwa bei Pflegebedürftigkeit "die häusliche Pflege im gewohnten Umfeld durch gezielte Maßnahmen verbessert" werden, "nachbarschaftliche Hilfe und Freundschaftsdienste dürfen nicht durch anonyme staatliche oder private Organisationen verdrängt werden" (Wahlprogramm 1987). Gleichzeitig sieht man in der allgemeinen sozialen Strukturprognose einen Verfall hergebrachter sozialer Bindungen, die ja im übrigen durch die arbeitsmarktpolitischen Mobilitätspostulate und die gesamte Förderung des Individualisierungstrends nicht gerade gestützt werden. Die Feststellung des 87er Programms, die Familie sei das wichtigste soziale Netz, und ihr komme in unserer Gesellschaft eine besondere Bedeutung zu, muß auf diesem Hintergrund wie eine hohle Phrase wirken. Auch ist nichts darüber gesagt, wie die gleichzeitig versprochene Zielsetzung der Gleichstellung der Frauen mit dieser verstärkten sozialpolitischen Funktion der Familie vereinbart werden soll.

Im Feld der Umweltzerstörung und des Umweltschutzes, das in der Tat von der FDP bereits frühzeitig (1971) aufgegriffen wurde, erhebt die Partei den Anspruch, nun die ökologische Verpflichtung der Marktwirtschaft zum Thema Nummer eins in ihrer Struktur- und Gesellschaftspolitik gemacht zu haben (Wahlprogramm 1987). Ihre Szenarienbeschreibunq laufender und zukünftiger Ökologieprobleme und ihre allgemeinen Zielformulierungen lesen sich durchaus beeindruckend ("vernünftiges und weitsichtiges Wirtschaften verlangt die frühzeitige Einbeziehung ökologischer Eckwerte"). Allerdings ist das vorgeschlagene Instrumentarium nicht geeignet, diese Ziele zu erreichen. Denn entsprechend ihrem marktwirtschaftlichen Dogma behauptet die FDP, "auch der Umweltschutz braucht mehr Marktwirtschaft", und daher sei marktwirtschaftlichen Instrumenten Vorrang vor staatlichen Regelungen zu geben. Dies wäre dann – und nur dann – funktionsfähig, wenn den (bisher kostenlosen oder billigen) Umweltgütern endlich ein angemessener Knappheitsindikator in Form hoher staatlicher Abgabesätze ("Umweltpreise") verpaßt würde, damit ökonomische Anreize für sparsame Umweltnutzung überhaupt greifen könnten. Bisher hat die FDP zwar diesem gedanklichen Modell zugestimmt, aber die grundlegenden praktischen Maßnahmen zur Einführung eines Umwelt-Preissystems in Form von "Ökosteuern" hat sie trotz ihrer Regierungsbeteiligung nicht realisiert. Demgegenüber wird man konzedieren, daß die FDP im Bereich der staatlichen Regelungen durchaus eine Reihe wichtiger Initiativen ergriffen hat, so mit der TA-Luft, bei der Schadstoffsenkung bei Kraftfahrzeugen oder mit ihrer Forderung nach genereller Umweltverträglichkeitsprüfung bei allen umweltrelevanten Verwaltungsentscheidungen. Dennoch bleibt die Tatsache, daß sie ihre prinzipiellste Programmforderung, nämlich marktwirtschaftliche Umweltsteuerung, bisher nicht durch die entsprechenden Grundlagenentscheidungen umzusetzen bereit war.

Eine auf die Wirtschaftsentwicklung projizierte und technologisch ausgerichtete Modernisierungspolitik wird sich auch der Wissenschaft und Bildung zuwenden. Zwar erklärt die FDP "Kreativität und Leistungsfähigkeit von Wirtschaft und Wissenschaft (zur) wichtigsten Ressource des hoch entwickelten Industrielandes Bundesrepublik Deutschland" (Wahlprogramm 1987), doch bleiben die weiteren Programmaussagen merkwürdig blaß bis nichtssagend. Deutlichere Konturen zeigt die praktizierte Wissenschaftspolitik auf Länderebene, wo das technologische Innovationspotential der Universitäten durch gezielte Forschungsförderung und durch neue Organisationsformen des Wissenschaftstransfers in die Unternehmen auf Anwendungsorientierung eingestellt werden, wie sich an der durch den FDP-Minister Gerhardt geprägten hessischen Wissenschaftspolitik ablesen läßt. Auch die derzeitige Tendenz der Hierarchisierung der Hochschulen und der (internen) Differenzierung der Ausbildungsfunktion ist mit diesem Innovationsdruck verknüpft. Auch die allgemeine Bildungspolitik wird als "entscheidende Zukunftsinvestition" apostrophiert, um "eine führende Rolle am Weltmarkt zu halten und zu sichern" (Wiesbadener Entwurf 1988). Gegenüber den wichtigen liberalen Impulsen der 60er Jahre zu einer Bildungsreform in Richtung auf Bildungsexpansion und Verbreiterung gleicher Bildungschancen wird als Gestaltungsprinzip nun die Differenzierung nach individueller Leistungsfähigkeit herausgestellt. Selektion und Hierarchisierung werden offenbar für vereinbar gehalten mit dem propagierten Ziel von Kreativität, Leistungsfähigkeit, Selbständigkeit, Selbstbestimmung und Verantwortungsbewußtsein. Trotz dieser Engführungen und Widersprüchlichkeiten wird man einräumen, daß die Bildungs- und Wissenschaftspolitik seit der Übernahme des Bundesbildungsministeriums durch die FDP nach der Wahl von 1987 als Politikfeld neue Impulse und eine wesentlich erhöhte politische Aufmerksamkeit erfahren hat. Ebenso ist die Bedeutung hervorzuheben, die die FDP der Weiterbildung als einem gleichwertigen, vierten Bildungsbereich zuerkennt.

Der Zusammenhang von Qualifikation, wissenschaftlich-technologischem Potential und zukünftigen Produktionschancen konkretisiert sich in den Augen der FDP besonders im Feld der Bio- und Gentechnik. Offenbar wird hier eine der wichtigsten Zukunftsindustrien gesehen, denn: "Bio- und Gentechnik eröffnen der Menschheit große Chancen im Kampf gegen Hunger, Krankheit und Umweltverschmutzung" (liberales Manifest 1985). Wie überhaupt eine moderne Forschungs- und Technologiepolitik "Voraussetzung für den Schutz unserer natürlichen Lebensgrundlagen" (!) sein soll, so werden nun der Gen- und Biotechnik neue Chancen für umweltfreundliche und rohstoffschonende Produktionsverfahren zugerechnet (ebd.). Allerdings werden auch Gefahren benannt. Grenzen seien dort erforderlich, wo Menschenwürde, Individualität und natürliche Lebensgrundlagen gefährdet seien – "einen genetisch manipulierten Menschen darf es nicht geben" (ebd.). Die möglichen Gefahren werden offenbar als so groß eingeschätzt, daß sogar "Menschenschutz als neues Feld der Politik" gefordert wird, um die technische Weiterentwicklung zu begleiten und für notwendige rechtliche Sicherungen zu sorgen. Im Wahlprogramm 1987 waren die Spannungen jedenfalls bereits eingeebnet, wollte die FDP doch nun alles gleichzeitig und vermutlich widerspruchsfrei: "Wir müssen ... die Bio- und Gentechnik für wirtschaftliche Dynamik, Umweltschutz und persönliche Freiheit nutzen." Für die Sicherung gegen Gefahren wird im wesentlichen auf "Verantwortungsbewußtsein" und "verantwortungsbewußte Anwendung" verwiesen, auch wenn begleitende Risikoforschung und Technologiefolgenabschätzung für notwendig gehalten wird (Liberales Manifest 1985). Eine gegenüber den neuartigen Risikostrukturen gegenwärtiger und zukünftiger Technologieentwicklungen angemessene Problemwahrnehmung ist hier nicht zu erkennen. Aus der Erfahrung im Umgang mit der Kernenergie sind offenbar keine Konsequenzen gezogen worden. Auch dort hatte man, unter allgemeiner Bekundung oberster Sicherheitspriorität, stets den angeblichen wirtschaftlichen Notwendigkeiten den Vorrang gegeben und erst angesichts von Beinahe-Katastrophen oder politischen Durchsetzbarkeitsdebakeln nur schrittweise Verbesserungen der Risikovorsorge akzeptiert. Dieses Grundmuster scheint sich nun bei der Bio- und Gentechnologie zu wiederholen, auch wenn insgesamt in den westlichen Gesellschaften das institutionelle Niveau von Strukturen der Risikobearbeitung im Ausgangswert höher anzusetzen ist (Enquete-Kommissionen zur Technologiefolgenabschätzung usw.). Die Ende 1989/Anfang 1990 beschleunigt betriebene Gesetzgebung zur Sicherheitsregulierung der Gentechnologie zeigt, daß die FDP als Regierungspartei erneut bereit oder sogar interessiert ist, zugunsten der "wirtschaftlichen Dynamik" Abstriche bei Sicherheitsfragen zu machen. Das ist nicht nur wegen ihrer allgemeinen Nähe zu Wirtschaftsinteressen naheliegend, sondern auch wegen der speziellen Verbindungen zu dem hier tangierten Industriezweig. Träger der Bio- und Gentechnologien ist ja die chemische Industrie, die mit der FDP bereits seit den frühen 50er Jahren eine besonders enge politische Partnerschaft unterhält. Diese Partnerschaft hat sich in zahlreichen Feldern konkret niedergeschlagen, sei es bei den spezifischen Problemen der EWG-Integration, der Wettbewerbspolitik, der Umweltgesetzgebung, der direkten personellen Repräsentanz der Chemiewirtschaft in Fraktionen und Vorständen der FDP, der Parteienfinanzierung oder auch in der frühen Phase der Kernenergiepolitik u.ä.. In einer Zeit, in der die Chemiewirtschaft durch die forcierte umweltpolitische Diskussion seit Mitte der 70er Jahre unter starken Druck geraten ist, spielen solche langfristig eingefahrenen Verbindungen zur Regierungspartei FDP natürlich eine besonders große Rolle. Alles deutet darauf hin, daß im Bereich der Bio- und Gentechnologie diese politische Partnerschaft erneut nachhaltig wirksam geworden ist.

5. Schlußfolgerungen

Insgesamt betrachtet, bietet die FDP also keine umfassende Zukunftsprojektion, auf die sie politisch gestaltend zusteuern würde. Im Prinzip hat sie die Zukunftsentwicklung an das marktwirtschaftliche System delegiert und hält sich an die vorgegebenen Trends. Einigen wirtschaftlich vorgegebenen Entwicklungslinien soll offenbar nachgeholfen werden, besonders durch Abbau staatlicher Regulierung und durch Wissenschafts- und Bildungspolitik. Gefahren der technischen Verfügung über den Menschen werden in lichten Momenten auch einmal gesehen, doch durch "Verantwortung" lassen sie sich im Sinne der wirtschaftlichen Priorität ausräumen. Für das ehrenwerte politische Ideal von persönlicher Freiheit und Individualität sieht die FDP wachsende Chancen, die sie durch rechtsstaatliche Prinzipien auch sichern will. Gleichzeitig betont sie jedoch die Gefahren einer "bürokratischen Herausforderung", die sie im wesentlichen in den Strukturen des Staates lokalisiert.

Die Gleichzeitigkeit von Individualitätschancen und drohender Bürokratie bleibt unreflektiert. Überhaupt wird den Gründen der bürokratischen Gefahr nicht nachgegangen. Daß auch Kapitalismus und Marktwirtschaft ihren Teil zur Bürokratisierung der Welt beitragen könnten, bleibt der FDP mit ihrem ausschließlich marktwirtschaftlichen Credo fremd. Daher hat ihr Zukunftsoptimismus einen etwas dröhnenden Klang.

Programmdokumente

Zukunftschance Freiheit. Liberales Manifest für eine Gesellschaft im Umbruch, FDP-Parteitag Februar 1985, Saarbrücken.

Zukunft durch Leistung. Die Wahlplattform der FDP zur Bundestagswahl 1987.

Entwurf einer Wiesbadener Erklärung, FDP-Bundesparteitag Oktober 1988, Wiesbaden.

Ältere Programmdokumente in: Heino Kaack, Zur Geschichte und Programmatik der Freien Demokratischen Partei. Grundriß und Materialien, Meisenheim 1975.

Thomas Poguntke/Hermann Schmitt

Die Grünen: Entstehungshintergrund, politisch-programmatische Entwicklung und Auswirkung auf andere Parteien

1. Der Entstehungshintergrund der Grünen in vergleichender Perspektive

Das Parteiensystem der Bundesrepublik war über drei Nachkriegsjahrzehnte nichts anderes als ein auf dem Hintergrund des Zusammenbruchs Nazi-Deutschlands und der deutschen Teilung möglich gewordenes Neu-Arrangement der politischen Kräfte, die schon das Weimarer und das Wilhelminische Parteiensystem geprägt hatten (vgl. Schmitt 1987a).

Es blieb den Grünen vorbehalten, etwa ab dem Ende der 70er Jahre das Format der Parteienkonkurrenz und die dem Parteiensystem zugrundeliegenden gesellschaftlichen Konfliktstrukturen (cleavages) in Frage zu stellen. Spätestens seit ihrem Einzug in den Bundestag 1983 sind die Grünen auch nach den systematischen Kriterien Giovanni Sartori's (1976) eine "relevante Partei" und damit Bestandteil des machtpolitischen Kalküls, dem sie sich selber freilich zunächst mehrheitlich verweigern wollten. Ob sie darüber hinaus eine historisch neue Dimension gesellschaftlicher Konflikte im Parteiensystem repräsentieren, ist eine Frage, die in der bundesdeutschen politikwisschaftlichen Diskussion etwas anders und skeptischer beurteilt wurde und wird (z.B. Pappi 1984) als in der internationalen Debatte (z.B. Dalton 1984).

Die Entstehung der Partei Die Grünen ist oft beschrieben worden (Bürklin 1984; Klotzsch/Stöss 1984; Müller-Rommel/Poguntke 1989). Heute, nachdem mit den Republikanern eine weitere "neue" bundesrepublikanische Partei entstanden und ins dritte direkt gewählte Europäische Parlament eingezogen ist, bietet sich uns eine veränderte – womöglich eine aus der vergleichenden Perspektive geschärfte – Sicht der Dinge.

Daß die Grünen – und später die Republikaner – sich als relevante Partei formieren konnten, ist nicht unabhängig von strukturellen Opportunitäten. Zu diesen strukturellen Opportunitäten gehört das Wahlrecht (mit seiner die Chancen neuer = kleiner Parteien arg beschneidenden 5%-Repräsentations-

Hürde); hierher gehört auch der bundesrepublikanische Föderalismus, der durch die Pluralität (und Ungleichzeitigkeit) der Repräsentationschancen in Landtagswahlen tendenziell das Entstehen neuer Parteien begünstigt; schließlich gehört auch das bundesrepublikanische System der Parteienfinanzierung hierzu, welches auf dem Prinzip einer Wahlwerbungs-Aufwandsentschädigung – relativ zum Wahlerfolg, aber unabhängig von parlamentarischer Repräsentation – beruht und erneut das Entstehen neuer Parteien tendenziell begünstigt. Damit ist auf dem Hintergrund oligopolistischen Konkurrenzgebarens der etablierten Parteien (Rowold 1974) grob der traditionelle Rahmen struktureller Opportunitäten für die Entstehung neuer Parteien skizziert.

Neu hinzugekommen ist 1979 mit der Einführung direkter Wahlen zum Europäischen Parlament eine landesweite Nebenwahl (vgl. Reif und Schmitt 1980; Reif 1984a; 1984b), die in Ermangelung echter europäischer Machtzuweisungsfunktionen den Parteien vor allem nationale Popularitätstests ermöglicht.

Verschiedenste grün-bunt-alternative Regionalverbände haben sich entsprechend dem Europawahlgesetz zur Europawahl 1979 bundesweit als Sonstige Politische Vereinigung – Die Grünen zusammengeschlossen. Es ist ihnen damals mit 3,2% der gültigen Stimmen zwar nicht gelungen, die 5%-Hürde zu überspringen und mit dieser Liste ins Europäische Parlament einzuziehen. Zweifellos hat jedoch die pauschale Wahlkampfkostenerstattung für die nahezu 900.000 grünen EuropaWähler des Jahres 1979 die organisatorische Koordination der verschiedenen "grünen" Gruppen, und damit die Konsolidierung der Bundespartei Die Grünen erst ermöglicht.

Zehn Jahre später ist es den Republikanern anläßlich der dritten Direktwahl zum Europäischen Parlament gelungen, auf dem Hintergrund vorangegangener regionaler Wahlerfolge vor allem in West-Berlin, mit 7,2% der gültigen Stimmen ins Europäische Parlament einzuziehen. Auch anderer Nationen Erfahrungen belegen, daß eine Hebammen-Funktion für neuentstehende nationale Parteien sicher nicht das unwichtigste Merkmal von Europawahlen ist.

Nationale Nebenwahlen – insbesondere die Wahlen zum Europäischen Parlament – "schaffen" natürlich keine neuen Parteien, sie ermöglichen allenfalls ihren erfolgreichen Testlauf unter den Bedingungen akuter Wert- und Interessen-Berücksichtigungs-Defizite des politischen (und insbesondere des Parteien-) Systems. In Systemen wie dem der Bundesrepublik, die durch die Notwendigkeit von Koalitionsregierungen geprägt sind, entstehen solche Defizite vor allem dann, wenn die jeweils regierende der beiden Großparteien (Mintzel 1989) die Anliegen ihres ideologisch-polaren "Randes" auch symbolisch nicht mehr berücksichtigen kann – sei es durch die

Einbindung in Koalitionskompromisse oder aufgrund anderweitig begründeter zentristischer Führungsstrategien. Insofern ist es alles andere als ein Zufall, daß mit den Grünen eine Partei der "neuen Linken" zu Zeiten einer sozial-liberalen Regierungskoalition unter der für die "neu-linken" Prioritäten seiner eigenen Partei wenig sensiblen Kanzlerschaft Helmut Schmidt's entstanden ist, während die rechtsextremen Republikaner bezeichnenderweise erst in der "Nach-Strauß-Ära" konservativ-liberaler Regierung bundesweit hervortreten konnten.

Neben strukturellen Opportunitäten und Integrationsdefiziten des politischen Systems sind natürlich die inhaltlich-politischen Anlässe der Entstehung neuer Parteien nicht aus dem Blick zu verlieren. Solche Anlässe lassen sich zunächst als dauerhafte Verschiebungen im gesellschaftlich-politischen Problemhaushalt beschreiben, auf die die Akteure des etablierten Parteiensystems aufgrund spezifischer Rahmenbedingungen nicht – oder auch nur: nicht schnell genug – "responsiv" reagieren können (Schmitt, 1987b). Empirische Analysen haben gezeigt, daß schon Mitte der 70er Jahre Fragen der "neuen Politik" – in jeweils parteispezifischer ideologischer Einpassung und Auswahl – die Issue-Orientierungen mittlerer Parteieliten bei SPD, FDP und CDU am stärksten diskriminierten. Vor allem in der mittleren Parteielite der SPD war "grüne Politik" – mit ihrem spezifischen Nachdruck auf Frieden durch Abrüstung, konsequenten Umweltschutz, Frauenrechte – schon Mitte der 70er Jahre ein wohlausgeprägtes – wiewohl minoritäres – Muster gesellschaftlicher Problemdeutung.

Solche Anlässe können auf der anderen Seite auch von den etablierten Parteien selbst herbeigeführt werden, indem sie ihre traditionellen Felder politisch-ideologischer Auseinandersetzung und inhaltlicher Politikgestaltung brachliegen lassen. Dies scheint uns im Verhältnis Union-Republikaner der Fall zu sein. Die "geistig-moralische Wende", von Kanzler Kohl in seiner Regierungserklärung 1983 versprochen, ist für viele Parteigänger der Union ausgeblieben. Für viele auch haben die konservativ-liberalen Rezepte zur Beseitigung von Massenarbeitslosigkeit und Wohlstandsgefälle erkennbar nicht angeschlagen. Auf diesem Hintergrund haben EG-Einbindung und Fremdenzustrom (Asylanten, Aus- und Übersiedler) einen Bedrohungscharakter angenommen, der durch die Parolen der Republikaner wirkungsvoll verstärkt und aufgefangen werden konnte (vgl. Bauer und Schmitt 1990).

2. Die Grünen: Nur Umweltpartei oder mehr?

Schon der Parteinahme ist Programm, provoziert aber auch Mißverständnisse: "Grün" steht für Umweltschutz – der aber war keineswegs immer eine Domäne progressiver Kräfte. Ganz im Gegenteil, es waren die eher konservativ orientierten Naturschutzverbände und Wandervereine, die sich schon immer gegen Landschaftsverbrauch und Umweltverschmutzung gewehrt haben. So war es nur folgerichtig, daß sich Ende der siebziger Jahre, als zur Gründung einer grünen Partei aufgerufen wurde, eine sehr bunte Gefolgschaft hinter dem grünen Banner versammelte. Gestandene Konservative, wie der CDU-Abtrünnige Herbert Gruhl und Aussteiger-Vorbild Baldur Springmann, Aktivisten aus der Anti-AKW-Bewegung und den Bürgerinitiativen, Veteranen aus der APO, allen voran Rudi Dutschke, und mehr oder weniger geläuterte Kämpen aus den zerfallenden K-Gruppen schlossen sich einer Partei an, die nach Aussage ihrer damaligen Symbolfigur Petra Kelly weder rechts noch links, sondern vorne stehen wollte.

Es zeigte sich allerdings schnell, daß sich mit solchen Absichtserklärungen das politische Koordinatensystem nicht aus den Angeln heben ließ. In ihrer großen Mehrheit waren die Grünen nämlich von Anfang an mehr als eine Ein-Punkt-Partei. Umweltpolitik nahm zwar einen zentralen Stellenwert im programmatischen Denken der jungen Partei ein, wurde aber in Wechselbeziehung mit allen anderen wichtigen Bereichen des politischen und gesellschaftlichen Lebens gesehen. Folgerichtig deckte schon das Saarbrücker Bundesprogramm von 1980 praktisch alle wichtigen Politikfelder ab, wobei durchweg Positionen bezogen wurden, die auch nach traditionellem Verständnis als "links" einzustufen sind. Ergänzt wurde die Programmarbeit durch das "Wirtschaftsprogramm" von 1983. Diese programmatische Orientierung zur Linken führte schon in den frühen 80er Jahren zum Rückzug der konservativen Kräfte (Müller-Rommel/Poguntke 1990).

Wie bereits angedeutet, hat die Ökologie einen zentralen Stellenwert innerhalb der grünen Programmatik. Anders als in den politischen Konzepten aller etablierten Parteien sollen aus der Sicht der Grünen ökologische Notwendigkeiten die Rahmenbedingungen für die Ökonomie setzen (Bundesprogramm: IV.I.). Dies ist die eigentliche Innovation der grünen Partei und stellt eine Umkehrung der politischen Prioritäten dar, die bis zum Erscheinen der Grünen auf der politischen Bildfläche für das Handeln aller Parteien maßgeblich waren.

Der von postmaterialistischen Orientierungen inspirierte Wertekontext, der die Programmatik der Grünen trägt, verklammert die folgenden zentralen Anliegen der Grünen zu einer eigenständigen programmatischen Position: Im Bereich der Friedens- und Sicherheitspolitik wird die Logik der Abschreckung und der bilateralen Rüstungsbegrenzung abgelehnt. Statt dessen forderten die Grünen auch zu Zeiten scharfer Ost-West-Konfrontation einseitige Abrüstungsschritte des Westens, um einen "Abrüstungswettlauf" in Gang zu bringen (Bundesprogramm: II.2.). Als einzige Bundestagspartei sprechen sich die Grünen auch nach den im Herbst 1989 in Gang gekommenen Reformen für die Eigenstaatlichkeit der DDR aus (Süddeutsche Zeitung, 19.2.1990). Die starke Betonung individueller Selbstbestimmungs- und Selbstentfaltungsrechte hat sich neben dem Engagement für gesellschaftliche Minderheiten vor allem in radikalen Forderungen zur Gleichstellung der Frau in der Gesellschaft niedergeschlagen (Die Grünen, 1987: § 3). Hinsichtlich der Bauart des politischen Systems führen solche Orientierungen zwangsläufig zu dem Wunsch nach einer Dezentralisierung der politischen Entscheidungsstrukturen und einer Ausweitung der Partizipationsmöglichkeiten, beispielsweise durch Volksbegehren und Volksentscheid (Bundesprogramm, Präambel: V.1.2.).

Der gewünschte ökologische Umbau der Industriegesellschaft ist nach Ansicht der Grünen ebenfalls nur durch eine intensive Beteiligung der Produzenten und Konsumenten am wirtschaftlichen Entscheidungsprozeß zu erreichen (Bundesprogramm: II.2.). Angestrebt wird eine dezentrale Wirtschaftsstruktur mit deutlichen egalitären Komponenten in der Einkommenstruktur und im System der sozialen Sicherung (Wirtschaftsprogramm: I.3.; II.7.). In ihrem "Umbauprogramm" von 1986 haben die Grünen den Versuch unternommen, die Machbarkeit und die Kosten solch einschneidender Umstrukturierungen anhand eines detaillierten Maßnahmenkataloges zu demonstrieren.

Erste Regierungsbeteiligungen der Grünen auf Landesebene in Hessen und Berlin haben allerdings gezeigt, daß die politischen Realitäten den programmatischen Aspirationen der Alternativpartei enge Grenzen setzen. Es gelang Joschka Fischer als dem ersten grünen Umweltminister der Republik nicht, in seinem Bundesland entscheidende Schritte zum schnellen Ausstieg aus der Kernenergie in die Wege zu leiten. Die ökonomischen Zwänge und die Sorge der SPD um den Erhalt von Arbeitsplätzen erwiesen sich als fast unüberwindliche Hindernisse (Meng 1987a: 34ff.). Aus dieser Perspektive ist es nur folgerichtig, daß die Koalition schließlich am Konflikt über die Betriebsgenehmigungen der hessischen Nuklearfabriken in Hanau zerbrach (Meng 1987: 199). Unterhalb der Ebene spektakulärer Richtungsentscheidungen konnten die Grünen allerdings Erfolge verbuchen. So wurden in der Frauenpolitik Fortschritte erzielt und statt spektakuläre Debatten über neue Umweltgesetze zu führen, konzentrierte sich das von Fischer geführte Umweltministerium darauf, die Implementation und Kontrolle bestehender Vorschriften zu verbessern. Ein entscheidendes Instrument bot hier die jeder neuen Regierung gegebene Möglichkeit, wichtige Positionen in der Verwaltung mit politisch genehmen Beamten zu besetzen, die sich den Zielvorstellungen des jeweiligen Ministers verpflichtet fühlen (vgl. Paterson 1989: 9).

3. Frischer Wind in alten Parteien?

Die Wahlerfolge der Grünen haben unbestreitbar Rückwirkungen auf die Diskussion in den etablierten Parteien gehabt. Gleichzeitig hat die Option rot-grüner Regierungsbündnisse zumindest Teile der grünen Partei veranlaßt, ihre radikalen Positionen zu modifizieren. Dies wird vor allem bei der Diskussion über den Zeithorizont eines möglichen Ausstieges aus der Kernenergie und bei der Frage der NATO-Mitgliedschaft deutlich (vgl. Stuttgarter Zeitung 17.8.1987; 17.9.1987). Besonders erfolgreich war der grüne Angriff auf den politischen Themenhaushalt etablierter Politik naturgemäß in den Bereichen, die von den sogenannten Altparteien stiefmütterlich oder mit ganz anderen Lösungsvorschlägen behandelt worden waren, nämlich bei der Ökologie, der sicherheitspolitischen Debatte und der Frauenpolitik. Die Entwicklung der programmatischen Positionen der etablierten Parteien in der Reaktion auf die grüne Herausforderung soll nun dargestellt werden. In diesem Zusammenhang ist auch der Stand der Debatte, nicht nur die Art der Beschlüsse von Interesse. Es wird deshalb auch auf Diskussionpapiere Bezug genommen.

3.1. Frauenpolitik

In der Frauenpolitik haben die Grünen die am deutlichsten sichtbaren Erfolge erzielt. CDU und SPD haben inzwischen unterschiedliche Wege gewählt, um den Frauenanteil bei Parteiämtern und Mandaten zu erhöhen. Während die CDU bislang auf freiwillige Selbstverpflichtung setzt und innerhalb der neunziger Jahre erreichen will, daß Frauen entsprechend ihrem Anteil an der Mitgliedschaft für Ämter und Mandate nominiert werden (Beschlüsse der Parteitage in Mainz 1986 und Wiesbaden 1988), hat die SPD eine Geschlechterquote in der Satzung festgeschrieben: Bis 1994 müssen beide Geschlechter zu mindestens 40% in allen Parteifunktionen, bis 1998 auch unter allen Mandatsträgern vertreten sein (Beschluß des Parteitages in Münster 1988). Solche Quotenregelungen werden von der FDP vehement abgelehnt, die darin einen Widerspruch zu liberalem Gedankengut sieht. Statt dessen setzt sie ebenfalls auf den Weg der Selbstverpflichtung und will im Rahmen eines Frauenförderplanes den Anteil weiblicher Funktions- und Mandatsträger dem Prozentsatz weiblicher Parteimitglieder angleichen (Beschluß des Bundesvorstandes der FDP vom 6. April 1987).

Obwohl die Liberalen sich in ihrer Zielvorstellung wenig von dem Frauenbild der SPD und den Grünen unterscheiden, also für eine volle Gleichberechtigung der Frau in Familie und Beruf eintreten (vgl. Beschluß des Parteitages in Hannover 1986, Absatz 1), lehnen sie Sonderrechte und

Schutzvorschriften mit dem Argument ab, sie führten eher zu einer Benachteiligung auf dem Arbeitsmarkt (Beschluß des Parteitages in Hannover 1986, Einleitung). Während die SPD ebenfalls für Frauenförderpläne eintritt (Grundsatzprogramm, 1989: IV.I.), vertreten die Grünen hier die radikalste Position und fordern bis zur Erreichung der Geschlechterparität die bevorzugte Einstellung von Frauen in allen Bereichen (Wirtschaftsprogramm 1983: I.1.). Bei den Unionsparteien hat vor allem die CDU begonnen, von dem primär durch die Hausfrauen- und Mutterrolle geprägten traditionellen Frauenbild Abschied zu nehmen: Ging man im Grundsatzprogramm von 1978 noch davon aus, daß es für das Wohlergehen der Kinder in der Regel notwendig sei, daß die Mutter "in den ersten Lebensjahren ihres Kindes auf die Ausübung eines Erwerbsberufes verzichtet" (CDU, 1978: § 34), so ist in den Essener Leitsätzen von 1985 nur noch von einem "Elternteil" die Rede (CDU 1985: II.9.).

Insgesamt hat die Herausforderung der Grünen in diesem Politikfeld allerdings kaum zu grundsätzlichen programmatischen Kurskorrekturen bei den etablierten Parteien geführt. Vielmehr sah sich vor allem die SPD veranlaßt, ihren Worten auch Taten folgen zu lassen und sich auf konkrete Schritte zur Verbesserung der Position der Frau in Politik und Gesellschaft festzulegen.

3.2. Ökologie

Die Etablierung der Grünen als fester Bestandteil des Parteiensystems der Bundesrepublik hat das Thema "Umwelt" auf einen der vordersten Rangplätze in der Liste der politischen Themen katapultiert, die von der Bevölkerung als besonders wichtig angesehen werden (vgl. Schaubild 1)[1]. Es ist deshalb wenig überraschend, daß sich alle Parteien dieses Themas angenommen haben (vgl. Malunat 1987). Am deutlichsten hat es sich zwischenzeitlich in der SPD durchgesetzt. Dies reicht bis zur Übernahme griffiger Formulierungen, etwa dem Schlagwort vom "ökologischen Umbau der Industriegesellschaft" (Fortschritt '90: 2). Heißt es im Bundesprogramm der Grünen beispielsweise: "Künftig können ökonomische Ziele nur im Rahmen ökologischer Notwendigkeiten verwirklicht werden" (Bundesprogramm 1980: IV.I), so liest sich der gleiche Gedanke im neuen Grundsatzprogramm der SPD folgendermaßen: "Das ökologisch Notwendige muß

---

1 Die nachfolgend berichteten Analysen beruhen sämtlich auf der Umfrageserie des "Eurobarometer". Dies sind national repräsentative Bevölkerungsumfragen, die im halbjährlichen Turnus erhoben werden. Sie werden über die nationalen sozialwissenschaftlichen Datenarchive - in der Bundesrepublik: das Zentralarchiv in Köln - für Sekundäranalysen zugänglich gemacht.

daher Prinzip auch betriebswirtschaftlichen Handelns werden" (Grundsatzprogramm 1989: IV.4.).

Die spektakulärste Kehrtwendung vollzog die SPD bei der Energiepolitik. Nachdem dieses Thema die Partei während der letzten Jahre der Kanzlerschaft Helmut Schmidts mehrmals ernsten Zerreißproben ausgesetzt hatte, beschloß die SPD auf ihrem Nürnberger Parteitag von 1986 – allerdings nicht zuletzt unter dem Eindruck der Katastrophe von Tschernobyl! – den Ausstieg aus der Nuklearenergie innerhalb von zehn Jahren (Beschluß zur Energiepolitik der SPD, Parteitag in Nürnberg 1986).

Schaubild 1: Die Wichtigkeit des Umweltschutzes – nach Parteipräferenz

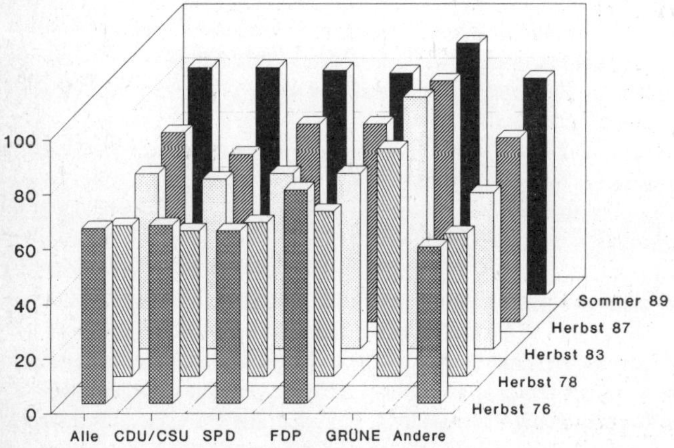

Quelle: Eurobarometer. Dargestellt sind dir Prozentanteile der "sehr wichtig" - Nennungen auf einer 4er-Skala

Die FDP, die für sich in Anspruch nimmt, die Umweltpolitik als erste entdeckt und in den Freiburger Thesen entsprechende Forderungen formuliert zu haben (vgl. FDP 1981: Präambel), ist ihren Positionen treu geblieben. In ihren Beschlüssen zu "Energie und Umwelt" von 1987 fordert die Partei, wie bereits 1971, den Einsatz marktwirtschaftlicher Instrumente in der Umweltpolitik (Freiburger Thesen, Teil V, These 4; FDP, 1987: 13). Auch wenn sie eine Reihe drängender Umweltschutzmaßnahmen auflistet und in einigen Fällen sogar vom ansonsten bevorzugten Prinzip freiwilliger Vereinbarungen zugunsten staatlicher Verbote abrückt, so werden nach wie vor Ökonomie und andere Politikbereiche als gleichrangig angesehen. Ökologische "Eckwerte" sollen nach Ansicht der FDP nur "in besonderen Fällen die Grenze markieren, an der eine Abwägung zwischen Ökologie und konkurrierenden Politikbereichen, vor allem der Ökonomie, nicht mehr zulässig ist" (FDP 1987: 7). Ihrer grundsätzlichen Zustimmung zur zivilen Nutzung der Nuklearenergie ist die FDP ebenfalls treu geblieben – mit dem Hinweis auf die Notwendigkeit, die Umweltbelastung durch die Verbrennung fossiler Energieträger einzudämmen (FDP 1987: 3).

In dieser Hinsicht sind sich die Liberalen mit den Christdemokraten einig, die mit den gleichen Argumenten für den weiteren Betrieb von Atomkraftwerken eintreten (CDU 1989: § 50, 52,; Wahlprogramm CDU/CSU 1987: § 19). Beide Unionsparteien haben dem Umweltschutz in den achtziger Jahren mehr Aufmerksamkeit gewidmet, ohne jedoch ihre grundsätzlichen Positionen modifiziert zu haben. Umweltschutz soll vor allem über den Markt erreicht werden (CSU 1980: § 24; CDU 1989: § 28, 29); nur in Einzelfällen werden auch Produktionsverbote gefordert (vgl. CDU 1989, § 65). Die Regelung über den Preis und steuerliche Anreize bedeutet, daß ökologische Gesichtspunkte mehr Gewicht bei ökonomischen Entscheidungen haben sollen als in der Vergangenheit, ohne allerdings diese zu dominieren.

3.3. Sicherheitspolitik

Auch in der Sicherheitspolitik wurden innerhalb der SPD – als einziger "Altpartei" – nach dem Verlust der Regierungsverantwortung Positionen mehrheitsfähig, die denen der Grünen ähnlich sind. Diese sind immer für einseitige Abrüstungsschritte eingetreten, um so einen "Abrüstungswettlauf" in Gang zu bringen. So heißt es im neuen Grundsatzprogramm der SPD, der Abrüstungsprozeß solle durch "begrenzte einseitige Schritte und Signale beschleunigt werden" (Grundsatzprogramm 1989: III.). Gleichzeitig tritt die SPD weiterhin uneingeschränkt für den Verbleib der Bundesrepublik in der NATO ein, formuliert allerdings als langfristige Perspektive die Überwindung der Militärblöcke (ibid.), während die Grünen für den Austritt aus der NATO und Konzepte der sozialen Verteidigung eintreten (Die Grünen 1987: 5). Das deutlichste Signal für den partiellen Kurswechsel der Sozialdemokraten war 1983 die Ablehnung des Vollzuges der Nachrüstung (Obermeyer 1985: 123ff.), die von den Grünen von Beginn an vehement bekämpft worden war.

Auf die Programmdiskussion der übrigen etablierten Parteien hat die Position der Grünen keinen nennenswerten Einfluß gehabt. Die FDP blieb bei ihrer Unterstützung der Nachrüstung, ohne allerdings auf eine Einforderung der Verhandlungskomponente des "Doppelbeschlusses" zu verzichten, sie bekennt sich weiterhin zur Mitgliedschaft in der NATO und unterstützt die Strategie der Abschreckung (FDP 1986; 1988). Die Unionsparteien haben ihre sicherheitspolitischen Aussagen ebenfalls nicht modifiziert und treten weiterhin für beiderseitige Abrüstungsschritte ein. Das Wahlprogramm von 1987 setzt hinsichtlich der Einschätzung der Sowjetunion deutlich andere Akzente als alle übrigen Bundestagsparteien und unterstellt ihr weiterhin das Streben nach "Weltherrschaft" (Wahlprogramm CDU/CSU 1987: § 4).

4. Entwicklungen in der Grünen Wählerschaft: Kristallisationsprozesse

In der Dekade des bundesweiten Bestandes der Grünen, zwischen 1979 und 1989, hat sich ihr Erscheinungsbild – gemessen an einschlägigen Merkmalen ihrer Wähler – erkennbar vereinheitlicht. Es hat sich ein Real-Typus des Grün-Wählers herauskristallisiert, den es in den frühen Jahren der Grünen so nicht gab.

Die Analyse der bundesrepublikanischen Zeitreihen der Eurobarometer-Ergebnisse hat gezeigt, daß grüne Parteipräferenzen unter Befragten aus Arbeiterfamilien und aus Familien der Alten und der Neuen Mittelschicht etwa gleich zahlreich sind (bei schwacher, aber regelmäßiger Überrepräsentation solcher Präferenzen in der Neuen Mittelschicht). Hinsichtlich ihrer sozialen Herkunft sind sich Grüne-Wähler im Zeitverlauf also zunächst nicht "ähnlicher" geworden (Schmitt 1987a, 2. Kurseinheit, S. 40). Ähnlicher wurden sich Grüne-Wähler im Zeitverlauf hinsichtlich ihres formalen Bildungsniveaus; sie rekrutieren sich immer stärker aus den höheren Bildungskategorien der Abiturienten und Akademiker (Schmitt, 1987a, 2. Kurseinheit, S. 39). Stellt man zudem die Jugendlichkeit grünen Wahlverhaltens in Rechnung, sind Die Grünen in der vergangenen Dekade immer mehr zu einer Partei der Bildungsrevolution (Allardt 1968) geworden. Dabei hat sich die Altersstruktur grüner Wahlerfolge am Ende der betrachteten Dekade in charakteristischer Weise verändert. Es ist zunächst davon auszugehen, daß die SPD seit der Mitte der 70er Jahre etwa die Hälfte ihres vormaligen Anteils unter den Jungwählern an die Grünen verloren hat (Schmitt 1989). Ab Mitte der 1980er Jahre aber nimmt der Präferenzanteil für die Grünen unter Erst- und Jungwählern wieder ab (ohne daß allerdings die SPD davon unmittelbar zu profitieren scheint).

Diese Vorgänge sind insbesondere aufschlußreich aus einer Perspektive, die generationsspezifische politische Sozialisationserfahrungen als gewichtige Prägekräfte der politischen Überzeugungssysteme eines Generationenverbandes und damit als prominente Erklärungsfaktoren für das politische Verhalten seiner Mitglieder begreift (Mannheim 1964). So gesehen lassen sich die Erfolge der Grünen vor allem auch auf ihre Attraktivität für die unter sozialdemokratischer Regierungsverantwortung (d.h. Verantwortung auch für den NATO-Doppelbeschluß, die Atomstrompolitik, das Startbahn-West-Projekt etc.) unter der Kanzlerschaft Helmut Schmidt's sozialisierten Jahrgänge zurückführen. Daß dann bei den in der zweiten Hälfte der 80er Jahre unter dem Eindruck sozialdemokratischer Opposition zur konservativen Wendepolitik Helmut Kohls sozialisierten Jahrgängen die Attraktivität der Grünen wieder abflacht, ist auf dem Hintergrund dieser Erwägungen nur plausibel (vgl. Schmitt 1987a, 2. Kurseinheit, S. 37).

Als die typischen Grün-Wähler haben sich im Laufe der Zeit die – gebildeten – Kinder sozialdemokratischer Regierungsverantwortung herauskristallisiert. Dem entspricht im ideologischen Erscheinungsbild der grünen Wählerschaft ihre fortschreitende Konzentration auf der Linken. Am Anfang der achtziger Jahre bezeichnete sich etwa jeder zweite Grün-Wähler als "links"; heute verstehen sich drei von vier Grün-Wählern als "Linke" (während sich nur jeder zweite SPD-Wähler und gerade jeder dritte Bundesbürger als "links" einstuft).[2] Nach dem Selbstverständnis ihrer Wählerschaft sind Die Grünen heute ganz eindeutig in die Position einer linken Flügel-Partei im ideologischen Spektrum unseres Parteiensystems hineingewachsen (vgl. Schmitt 1987a, 2. Kurseinheit, S. 14).

Es läßt sich argumentieren, daß gegenwärtig die ideologische Konfliktstruktur unserer Gesellschaft über die Links-Rechts-Dimension nur unvollständig dargestellt werden kann. Zum herkömmlichen Konflikthaushalt unserer Gesellschaft ist eine neue Dimension der Politikwahrnehmung und -deutung – jene der "Neuen Politik" – hinzugetreten (Inglehart 1984), die die politische Auseinandersetzung – nicht nur, aber ganz besonders – in der Bundesrepublik in charakteristischer Weise beherrscht. Diese ist über die großen Themen der freien und chancengleichen sozio-politischen Beteiligung (auch für Frauen, auch für Ausländer...), der Friedenssicherung durch Abrüstung und der Ökologie bestimmt, während die "Alte Politik" die klassischen Anliegen von Wirtschaftswachstum und Wohlstandssicherung sowie der Gewährleistung von Recht und Ordnung im Innern und der Ver-

2 Links-Rechts-Orientierungen werden in den Eurobarometer-Umfragen regelmäßig mit einer 10-Punkte-Selbsteinstufungs-Skala - von 1=links bis 10=rechts - erhoben. Als "links" haben wir die Positionen 1 bis 4 klassifiziert, als Mitte die Werte 5 und 6, und als "rechts" die Werte 7 bis 10.

teidigungsfähigkeit nach außen betont (Schmitt 1990). Inwieweit sich die Herausbildung von Issue-Prioritäten der "Neuen Politik" in der Tat durch den von Inglehart (z.B. 1977) behaupteten Wertwandel adäquat erklären läßt, soll uns hier nicht beschäftigen; sicher ist, daß diese neue Dimension der Politikwahrnehmung und -deutung sich im alten Kategorienschema von "links" und "rechts" (noch?) nicht trennscharf abbilden läßt (Schmitt und Hofrichter 1989). Dies führt uns dazu, hier abschließend die Entwicklung von "Neue Politik"-Prioritäten unter den Wählern der Grünen, jenen der SPD (als der "grünen" Positionen nächsten Partei) und der Gesamtbevölkerung im Zeitvergleich zu betrachten[3].

Der fortschreitenden Konzentration der Grün-Wähler auf der Linken des politischen Spektrums entspricht hier ihre stabile und mehrheitliche Verortung in der "Neuen Politik" (Schmitt 1987a, 2. Kurseinheit, S. 19). Seit dem Einzug der Grünen in den Deutschen Bundestag und der damit verbundenen Konsolidierung (d.h. nicht unbedingt: der Vereinheitlichung) ihres ideologischen Erscheinungsbildes klassifizieren wir rund sechzig Prozent ihrer Wähler als Anhänger der "Neuen Politik". Unter den SPD-Wählern wie bei der Bevölkerung insgesamt klassifizieren wir letzthin etwa fünfundzwanzig Prozent der Befragten als Befürworter der "Neuen Politik".

4. Zusammenfassung

Die Grünen waren von Beginn an keine nur an ökologischen Fragen interessierte Ein-Punkt-Partei, sondern eine "Grün-alternative Partei", die sich einem breiten Spektrum politischer Themen verschrieben hatte, die auf den Themenhaushalt der sogenannten "Neuen Politik" rekurriert und libertäre Ideale mit der Ökologieproblematik und Forderungen nach radikaler Abrüstung verbindet. Parteien dieser Couleur gibt es mittlerweile in den Parlamenten fast aller westeuropäischen Demokratien (Poguntke 1989).

---

3 "Neue Politik"-Präferenzen wurden mit dem kleinen Postmaterialismus-Index, der auf R. Inglehart zurückgeht, gemessen. Dieser basiert auf der Frage: "Es gibt im Augenblick eine Reihe von Diskussionen, was die Ziele der Bundesrepublik in den nächsten 10 - 15 Jahren sein sollen. Auf dieser Liste sind einige Ziele aufgeführt, denen verschiedene Leute den Vorrang einräumen würden. Würden Sie mir bitte sagen, welches davon Sie selbst für das wichtigste auf längere Sicht halten? ... Und was halten Sie für das zweitwichtigste?" Die Liste nennt vier Items: (1) Aufrechterhaltung von Ruhe und Ordnung; (2) verstärktes Mitspracherecht der Bevölkerung bei wichtigen Regierungsentscheidungen; (3) Kampf gegen Preissteigerung; (4) Schutz der freien Meinungsäußerung. Gelegentliche Veränderungen des Instrumentes und deren Effekte sind bei Krebs und Hofrichter (1989) beschrieben.

Die etablierten Parteien haben in unterschiedlicher Weise auf die Herausforderung der Grünen reagiert, deren Erfolge nicht zuletzt als Resultat ihrer unzureichenden Reaktion auf diese in Teilen der Bevölkerung für wichtig angesehenen politischen Probleme verstanden werden müssen. Bei FDP, CDU – und in geringerem Maße bei der CSU – schlug sich dies vor allem in einer verstärkten programmatischen Aufmerksamkeit für diese Themen nieder, ohne daß es zu grundsätzlichen Kurskorrekturen kam. Nur in der SPD hat die Veränderung der Konfiguration des Parteiensystems zu deutlichen Kurskorrekturen geführt: Positionen, die teilweise schon vor der Gründung der Grünen von innerparteilichen Minoritäten vertreten wurden, wurden nach dem Verlust der Regierungsverantwortung innerhalb der SPD mehrheitsfähig. In der Frauenpolitik sahen sich SPD – und mit Einschränkungen die CDU – genötigt, ihre programmatischen Positionen innerhalb der eigenen Parteiorganisation zu verwirklichen und konkrete Schritte zur Verbesserung der innerparteilichen "Aufstiegschancen" von Frauen zu unternehmen.

Auf der Ebene der Wählerschaft sind die Grünen in der vergangenen Dekade "homogener" geworden. Typische Grün-Wähler sind gebildete, linke und den Zielen der "Neuen Politik" verpflichtete Angehörige einer Sozialisationsgeneration, deren prägende politische Erfahrungen in die Zeit sozialdemokratischen Krisenmanagements unter der Kanzlerschaft Helmut Schmidts zurückreichen.

Parteiprogramme

Wirtschaftsprogramm: Die Grünen 1983: Sinnvoll arbeiten – solidarisch leben. Gegen Arbeitslosigkeit und Sozialabbau, beschlossen auf dem Parteitag in Sindelfingen, Januar 1983.
Die Grünen,1987: Farbe bekennen. Bundestagswahlprogramm.
Bundesprogramm: Die Grünen 1990: Das Bundesprogramm, beschlossen auf dem Parteitag in Saarbrücken, März 1980.
Umbauprogramm: Die Grünen 1986: Umbau der Industriegesellschaft. Schritte zur Überwindung von Erwerbslosigkeit, Armut und Umweltzerstörung, beschlossen auf dem Parteitag in Nürnberg, September 1986.

CDU 1987: Grundsatzprogramm der Christlich Demokratischen Union Deutschlands, beschlossen auf dem Parteitag in Ludwigshafen, Oktober 1978.
CDU 1985: Leitsätze der CDU für eine neue Partnerschaft zwischen Mann und Frau, beschlossen auf dem Bundesparteitag in Essen.
CDU 1989: Unsere Verantwortung für die Schöpfung, Beschluß des Parteitages in Bremen.
CSU 1980: Umweltpolitik in den 80er Jahren. Positionspapier der CSU. Beschluß des Parteiausschusses vom 7.5.1980.
Wahlprogramm CDU/CSU 1987: CDU-Bundesgeschäftsstelle (Hg.) 1986: Das Wahlprogramm von CDU und CSU für die Bundestagswahl 1987.

Fortschritt '90: SPD-Parteivorstand und SPD-Bundestagsfraktion (Hg.) 1989: Arbeitsbericht Fortschritt '90. Sonderdruck aus "intern", Nr. 13.
Grundsatzprogramm: SPD-Parteivorstand (Hg.) 1989: Grundsatzprogramm der Sozialdemokratischen Partei Deutschlands.

FDP 1981: Ökologisches Aktionsprogramm, beschlossen auf dem Bundesparteitag in Köln, Mai 1981.
FDP 1986: Schwerpunkte liberaler Außen-, Deutschland-, Sicherheits-, Europa- und Entwicklungspolitik, Beschluß des Bundesparteitages in Hannover, Mai 1986.
FDP 1987: "Energie und Umwelt" und weitere umweltpolitische Beschlüsse, Bundesparteitag in Kiel, September 1987.
FDP 1988: Frieden- und Sicherheitspolitik, Beschluß des Bundesparteitages in Wiesbaden, Oktober 1988.
Freiburger Thesen: Günter Verheugen (Hg.) 1980: Das Programm der Liberalen, Baden-Baden.

Walter Dittrich

Gewerkschaftliche Programmatik und Praxis
Neue Strategien, interne Differenzen und Konflikte

1. Einleitung

Mit zunehmendem historischen Abstand wird immer deutlicher, daß es sich bei der durch den Ölpreis-Schock ausgelösten Rezession des Jahres 1973 um den Vorboten eines tiefgreifenden ökonomischen und sozialen Umbruchs handelte. Als eine der Folgewirkungen dieser säkularen Krise, die die wirtschaftliche Entwicklung in der Bundesrepublik wie in nahezu allen Industrieländern erschütterte, verzeichnen wir spätestens zu Beginn der achtziger Jahre eine Entkoppelung von Wachstum und Beschäftigung. Die keynesianische Nachfragesteuerung, die die Vollbeschäftigung zum gleichgewichtigen, wenn nicht prioritären Ziel gesamtwirtschaftlicher Einflußnahme erhoben hatte, wird seither als herrschende Lehre in der wirtschaftswissenschaftlichen Diskussion zunehmend in Frage gestellt und tendenziell von der neoklassischen Lehre abgelöst.

Von den veränderten ökonomischen Rahmenbedingungen und der Rückwendung zu einer neoklassischen, stärker marktorientierten Leitmotivik staatlicher Wirtschaftspolitik müssen sich vorrangig die Gewerkschaftsorganisationen herausgefordert fühlen. Sie hatten zuvor in nahezu allen hochentwickelten kapitalistischen Ländern übereinstimmend die Nutzung des keynesianischen Instrumentariums für die Steuerung der Nachkriegsökonomie gefordert (Sabel 1986: 49) und ließen sich selbst in entsprechende neokorporatistische Arrangements der Politikberatung und -formulierung integrieren (Dittrich 1985).

Der kooperativen Gewerkschaftspolitik der Vergangenheit wurde zum einen vorgeworfen, sie sei selektiv auf das spezifische Klientel des typischen deutschen Facharbeiters mittleren Alters abgestellt (Esser 1982) und beschränke sich inhaltlich auf Fragen der vorrangig qualitativen Tarifvertragspolitik. Sie verhindere die Politisierung ihrer Mitglieder und delegiere politische Forderungen an ihre "parlamentarische Lobby" (Erd 1979: 148; Bergmann/Jacobi/Müller-Jentsch 1975: 31).

Am Beispiel von IG Metall (IGM) und IG Chemie, Papier, Keramik (IGChPK) soll die Reaktion bundesdeutscher Gewerkschaften auf die veränderten Handlungsbedingungen exemplarisch nachgezeichnet werden. Uns interessiert dabei einmal, wie die Gewerkschaften in ihrer offiziellen Programmatik die Krise perzipiert haben (Abschnitt 3). Der Frage, welche strategischen Veränderungen in der Interessenvertretungspolitik eingetreten sind, soll in einer Analyse tarifpolitischer Weichenstellungen in den achtziger Jahren nachgegangen werden (Abschnitt 4). Als Hintergrund und Bezugsfolie werden aber in einem ersten Schritt zunächst die wissenschaftlichen Diskussionsbeiträge kurz referiert, aus denen für die Gewerkschaften Handlungsanweisungen ableitbar waren (Abschnitt 2).

2. Die "Krise der Arbeitsgesellschaft" in der wissenschaftlichen Diskussion

2.1. Krise und Gewerkschaftspolitik aus neokonservativer Sicht

Für neokonservative Apologeten der politischen Wende ist die von SPD und Gewerkschaften nach dem Zeiten Weltkrieg verfolgte keynesianische Garantie der Vollbeschäftigung verantwortlich für den Anstieg der Arbeitslosigkeit. Damit sei die Ware Arbeitskraft über Gebühr verknappt und ihr Preis unrealistisch verteuert worden. Den Arbeitslosen wurde aus dieser Sicht die Chance genommen, zu einem marktgemäßen Preis ihre Käufer zu finden. Ein von staatlicher Intervention und vom Anbietermonopol der Gewerkschaften befreiter Arbeitsmarkt würde die Selbstheilungskräfte auch auf diesem Teilmarkt rasch wieder wirksam werden lassen. Beharrten allerdings Staat und Gewerkschaften wie in der Vergangenheit auf den falschen relativen Preisen, trieben sie so die Produktivitätssteigerungen noch rascher in die Höhe. Gleichzeitig verhinderten keynesianisch inspirierte Konzepte – laut einer von Giersch und Hajek mit beifälligen Vorworten garnierten international vergleichenden Untersuchung –, daß auch ein stark expandierendes Arbeitskräfteangebot wie in den USA integriert werden kann (Soltwedel 1984).

Eine gemäß neokonservativer Wunschvorstellung von ihrer Lohnsetzungs- und Streikaufgaben entbundene "Gewerkschaft" könnte dann, so der Vorschlag von Michael Klemm (1983: 189), ihre Aufgabe darin finden, als eine Art "Jobvermittlungsagentur" und Beratungszentrale für Arbeitssuchende Dienstleistungen anzubieten. Damit ließen sich deren relativ hohe "Informations- und Anpassungskosten sowie die Unvollkommenheiten des Arbeitsmarktes" minimieren.

2.2. Zukünftige Gewerkschaftsaufgaben aus linker Sicht

Konnten radikale Denker im konservativen Lager auf Konzepte zurückgreifen, die in den USA seit den vierziger Jahren virulent geblieben waren, so tat man sich innerhalb der Linken schon bei der Einschätzung der Krise schwerer. Gerade auch den linksintellektuellen Bewohnern des Elfenbeinturms war es Mitte der siebziger Jahre alles andere als klar, daß die zunehmende Arbeitslosigkeit in der Bundesrepublik mehr anzeigte als eine bloß vorübergehende Akkumulationsstockung des Kapitals. Man verließ sich etwa auf den McCracken-Report der OECD, in dem noch 1977 lediglich eine "normale zyklische Krise etwas aus dem Ruder gelaufen war" (Kleinknecht 1984: 55). Auf seiten der marxistischen Theoretiker war man nach den Erfahrungen der langen Boomphase der Nachkriegszeit ebenfalls vorsichtig mit der Diagnose einer säkularen Stagnation.

Erst als die Krise sich massiv in nahezu allen kapitalistischen Ländern bemerkbar machte, gewann die Vorstellung an Boden, daß eine "lange Welle" des Wachstums aus der Nachkriegszeit zu Ende gegangen war. Die Wiederentdeckung der langen Wellen Kontradieffs durch Ernest Mandel (1980) ist hierfür das bekannteste Beispiel. Um erneut eine längere Phase der Akkumulation in Gang setzen zu können, würde es demnach einer umfassenden Reorganisation und Neuformierung auch der sozialen Produktionsvoraussetzungen bedürfen. In der internationalistischen Sicht Mandels ergibt sich in dieser säkular zugespitzten Krisensituation sogar die Möglichkeit eines revolutionären Übergangs zu einer sozialistisch geplanten Art des gesellschaftlichen Produzierens (Mandel 1980: 119).

Demgegenüber zeigen sich Joachim Hirsch, Roland Roth und Josef Esser weniger optimistisch. Für die Theoretiker des Postfordismus geht das Auslaufen der langen Wachstumswelle lediglich einher mit der Ablösung der fordistischen Gesellschaftsformation der Nachkriegszeit durch eine postfordistische Formation, die adäquatere Verwertungsbedingungen für die neue "lange(?) Welle" der Kapitalakkumulation gewährleisten kann.

2.2.1. Gewerkschaften und Theorie des Postfordismus

Zu den Voraussetzungen für eine neue "lange Welle" in der kapitalistischen Akkumulation zählen die Nutzung neuer Anlagesphären, z.B. der Halbleiterspeicherung, der Biotechnologie etc., sowie umwälzende Veränderungen in der Steuerungs- und Regeltechnik. Auf die nachtayloristisch-postfordistische Organisation der Produktion wirkt sich dies einmal insofern aus, daß sich der Anteil der lebendigen Arbeit an der organischen Zusammensetzung des Kapitals weiter reduzieren läßt und zwar so, daß eine veränderte Mensch-Maschine-Kombination den flexiblen und raum-zeitlich entkoppelten Einsatz der Arbeitskräfte ermöglicht.

Für die neue Organisation der Produktion bedarf es zum anderen komplexer Steuerungsmethoden. Zu deren Folgen zählt auch eine verschärfte Polarisierung im Qualifizierungstrend des gesellschaftlichen Gesamtarbeiters. Die Theoretiker des Postfordismus erwarten, daß sich ein kleiner privilegierter Kern der Arbeiterschaft abhebt von der Masse dequalifiziert Tätiger. Der "neue Typ des Massenarbeiters" ist dabei nicht mehr räumlich konzentriert und arbeitet unter homogenen Bedingungen wie zur Zeit der tayloristischen Fließbandfertigung, vielmehr wird er in Zukunft mehr und mehr individualisiert, flexibilisiert und parzelliert tätig sein (Hirsch/Roth 1986: 112f).

Eine einheitliche gewerkschaftliche Interessenvertretung wird demnach erschwert durch vertiefte gesellschaftliche Trennlinien, die sich einmal innerhalb des Kerns der weltmarktverflochtenen "modernen" Industrie-, Finanz- und Dienstleistungssektoren auftun zwischen stabilisierten Arbeitsverhältnissen für qualifiziert Beschäftigte einerseits und destabilisierten wie dequalifizierenden Jobs der sogenannten Randbelegschaften andererseits. Diese Spaltung wird sich in der Erwartung der Postfordisten noch weiter fortsetzen, indem sich auf der Basis langanhaltender Arbeitslosigkeit ein marginalisierter Sektor herausbildet aus kleinen Handwerks- und Einzelhandelsbetrieben sowie alternativen Dienstleistungsunternehmen, die sich in den Nischen der weltmarktorientierten Produktion halten können.

Fest steht, daß die Wiederherstellung der kapitalistischen Kontrolle über den Produktionsprozeß auf einer Strategie der extremen Spaltung, Flexibilisierung und Individualisierung beruhen wird, die sich zu Lasten kollektiver Tarifabkommen ausbreiten. Damit verbunden ist ein Abbau sozialer Schutzbestimmungen und eine Privatisierung sozialer Risiken (Hirsch 1985: 329).

Bei Esser und Hirsch klingen Zweifel an, ob die herkömmlichen Massenparteien und Gewerkschaften aufgrund ihrer fortgeschrittenen Bürokratisierung während der langjährigen selektiv-korporatistischen Interessenvertretung in der Lage sein werden, einer um sich greifenden Segmentierung der Gesellschaft Einhalt zu gebieten. Allenfalls den Grünen könnte dies gelingen, wenn sie – auf eine wachsende Radikalität der Alternativkultur gestützt – politische Veränderungen innerhalb der etablierten politischen Institutionen, vor allem in der SPD und den Gewerkschaften, mit vorantreiben (Esser/Hirsch 1984; Hirsch 1985: 340;). Im postfordistischen Szenario tut sich für die Gewerkschaften die Gefahr auf, daß ihre Organisationsbasis zersplittert und sich priviligierte betriebliche Kader zentralen Solidaritätsbemühungen entziehen. Die Frage, wie nun die Gewerkschaften der Gefahr, daß sie "endgültig zu quasi-ständischen Interessenvertretungen privilegierter Kernbelegschaften herabsinken", begegnen sollen, läßt Joachim Hirsch (1985: 336) weitgehend unbeantwortet. Konkretere Handlungsvorschläge finden sich jedenfalls bei amerikanischen und französischen Autoren, die hier zu Wort kommen sollen.

2.2.2. Gewerkschaftspolitik und "flexible Spezialisierung"

Michael Piore und Charles Sabel gehen in ihren Arbeiten ebenfalls von einer epochalen Weichenstellung in der Entwicklung kapitalistischer Industrieländer aus. Vieles deute darauf hin, daß ein in den vergangenen Jahrzehnten vorherrschendes arbeitsorganisatorisches System der "Massenproduktion", gekennzeichnet durch die "Herstellung standardisierter Produkte mit spezialisierten Ressourcen" (angelernten Arbeitern und spezialisierten Maschinen) abgelöst wird von der historischen Alternative der "flexiblen Spezialisierung". Damit wird ein Produktionsverhältnis definiert, bei dem "spezialisierte Produkte mit nicht spezialisierten Ressourcen (qualifizierten Arbeitskräften und universalen, programmierbaren Maschinen)" erzeugt werden (Piore/Sabel 1985: 11f.).

Ergebnis des epochalen Paradigmenwechsels ist nicht, wie nach der konservativen Einschätzung, ein anachronistischer Machtüberhang der Gewerkschaften, sondern deren Kompetenzverlust. Die nationalen Industriegewerkschaften sind nicht mehr in der Lage, die tagtäglichen Verhandlungen ihrer eigenen lokalen Vertreter auf der Betriebsebene zu kontrollieren. Allgemein wird es schwieriger, die Interessen der einzelnen Gewerkschaftsmitglieder mit denen der Gesamtgesellschaft in Einklang zu bringen.

Als Ausweg aus ihrer "Identitätskrise" und angesichts ihrer "taktischen und strategischen Orientierungslosigkeit" empfiehlt Charles Sabel den Gewerkschaften, sich auf die Machtbasis von craft-unions (zurück)zubesinnen und taktische Bündnisse anzustreben mit "denjenigen Kapitalisten ..., denen Veränderungen mit den Gewerkschaften lieber sind als gar keine Veränderungen" (Sabel 1986: 57). An einer Dezentralisierung der Entscheidungskompetenzen führt angesichts des allgemeinen Regionalisierungstrends in der sozialstaatlichen und vor allem in der ökonomischen Entwicklung kein Weg vorbei. Voraussetzung für den Erfolg der empfohlenen Reorientierung der Gewerkschaften am historischen Vorbild der craft-unions ist, daß die kommende Ära industrieller Fertigung für alle Segmente der abhängig Beschäftigten höhere Anforderungen an die Qualifkation ihrer Arbeitskraft stellt. Mit dieser Annahme steht Charles Sabel quer zu den bereits skizzierten Zukunftserwartungen der Postfordisten, insbesondere aber konträr zu den Erwartungen und Empfehlungen, die André Gorz den Gewerkschaften für das postkeynesianische Zeitalter mit auf den Weg gibt.

2.2.3. Gewerkschaftliche Handlungsperspektive in der Gesellschaftsutopie von André Gorz

Der französische Autor hält sowohl die Wiederherstellung der Vollbeschäftigung wie die (Re-)Qualifizierung der automatisierten Arbeit für eine gefährliche Illusion (Gorz 1983: 77). Stattdessen empfiehlt Gorz, die Minimierung und Dequalifzierung ("Banalisierung") von Arbeit konsequent voranzutreiben. Um den Arbeitsplatz nicht zu einem Privileg der Arbeiterelite werden zu lassen, soll Arbeit und Einkommen radikal entkoppelt werden. Jedem Mitglied der von Gorz in radikalem Denken entworfenen Zukunftsgesellschaft soll ein bestimmtes Monatseinkommen staatlich garantiert sein, sowie ein bestimmtes Quantum von Arbeitsstunden als Pflicht auferlegt werden. Seine humane Perspektive ist – verkürzt argumentiert –, daß jedes Individuum darüber entscheidet, wann und in welchen Schritten es in seinem Leben das Pflichtpensum an Arbeit ableisten will.

Wichtigster Hebel für die Umsetzung dieser radikalen Gesellschaftsreform ist eine Tarifvertragspolitik der Branchengewerkschaften, bei der die fortschreitende Steigerung der Arbeitsproduktivität zu einer entsprechenden Arbeitszeitverkürzung ohne Lohneinbußen führt (Gorz 1983: 74). [1]

Um die Tarifvertragspolitik in den einzelnen Branchen zu koordinieren, hält Gorz u.a. eine Arbeitsstellenvermittlung für notwendig. An den dafür vorgesehenen Institutionen sollten sich (Gorz 1984b: 13) die Gewerkschaften beteiligen. Bei Charles Sabel und – wie eingangs bereits geschildert – vor allem in den Entwürfen konservativer Denker fällt ihnen diese "neue" Funktion als eigenständige Aufgabe zu.

1 Die Formel "Arbeitszeitverkürzung bei vollem Lohnausgleich" bedeutet freilich nicht, so tritt André Gorz (1984: 16) einem unter Gewerkschaftern verbreiteten Mißverständnis entgegen, "daß man, sagen wir, die Arbeitszeit um die Hälfte herabsetzt und die Stundenlöhne verdoppelt". Angesichts sehr unterschiedlicher Produktivitätsentwicklungen und der eingefrorenen Beschäftigtenzahl je Branche würde eine bloße Indexausrichtung der Arbeitszeit zu ungeheuren korporativen Vorteilen führen, unproduktivere Branchen benachteiligen und die Entstehungskosten für soziale Dienste unerschwinglich verteuern. Stattdessen sollten sich die verminderten Entstehungskosten in den leistungsfähigeren, automatisierteren Produktionszweigen so senken, daß sie volkswirtschaftlich zu einer Verbilligung der Exporte beitragen. Die Rationalisierungsgewinne können dann durch Steuern abgeschöpft werden. "Und dieses Steueraufkommen einer immer billiger werdenden Produktion wird dann umverteilt, fließt in einen Einkommensfundus, um dann auf die Bevölkerung verteilt zu werden" (Gorz 1984: 17).

2.3. Zusammenfassung

In den achtziger Jahren stimmen die dargelegten Forschungsmeinungen in ihren Analysen zunehmend darin überein, daß seit Mitte der siebziger Jahre das bis dahin vorherrschende wirtschafts- und arbeitspolitische Paradigma deutlichen Ablösungsbestrebungen unterworfen ist. Die Dimensionen dieses Paradigmenwandels werden zwar unterschiedlich akzentuiert, gleichwohl signalisiert man den Gewerkschaften von verschiedensten Seiten, daß sich in ihren Organisationsbereichen zunehmend Fragmentierungs- und Segmentierungstendenzen auswirken und die bisherigen Vereinheitlichungsstrategien erschweren werden.

Faßt man die bisher skizzierten Handlungsvorschläge für eine zukünftige Gewerkschaftspolitik weiter zusammen, so ergibt sich jedoch ein höchst widersprüchliches Bild. Von wissenschaftlicher Seite wird den Gewerkschaften einerseits geraten, auf die tarifpolitische Beeinflussung des Preises zu verzichten, der für die Arbeitskraft zu entrichten ist (Soltwedel, Sabel). Andererseits sollen sie aber ihre Tarifpolitik so einsetzen, daß bereits erkennbare Spaltungstendenzen in der Arbeiterschaft durch eine offensive Arbeitszeitverkürzung (Gorz) überwunden werden. Einerseits sollen sie sich verstärkt um eine internationalistische Sichtweise bemühen (Mandel, Postfordismus), andererseits aber auf diese verzichten und sich in regionalen Aktionsfeldern um die Mitbestimmung, wenn nicht offensive Bereitstellung von Infrastrukturbedingungen einer künftig sich durchsetzenden neuen Art des Produzierens kümmern (Sabel). Für ihre künftige Strategie wird den Gewerkschaften einerseits empfohlen, sich verstärkt der Kooperation mit bestimmten Kapitalfraktionen (Sabel, auch Müller-Jentsch 1988: 285ff.) hinzugeben, sich andererseits aber um neue Bündnispartner (z.B. die Grünen, Hirsch) zu bemühen, mit denen diskursiv die Möglichkeiten für ein alternatives Bündnis zum herrschenden "Block an der Macht" auszuloten wären.

Sichtet man die vorliegenden programmatischen Zukunftsentwürfe der Einzelgewerkschaften im DGB, so finden sich die beiden Ansätze zu einer eher kooperativen bzw. eher konfliktorischen Bündnisstrategie in den divergierenden Konzeptionen der beiden Großgewerkschaften IGM und IGChPK wieder. Beide Organisationen haben in den achtziger Jahren Anstrengungen unternommen zur Überwindung alter und neuer Spaltungen in der Arbeitnehmerschaft. Nach einer Gegenüberstellung der Zukunftskonzepte von IGM und IGChPK soll daher abschließend noch die praktische Politik der beiden Gewerkschaftsorganisationen miteinander verglichen werden.

3. Zukunftsentwürfe der IGM und der IGCHPK im Vergleich

3.1. Zukunftsentwurf der IG Metall

In ihren "Leitlinien" für eine "andere Zukunft: Solidarität und Freiheit" diagnostiziert die IG Metall einen epochalen "ökonomischen Trendbruch und gesellschaftlichen Umbruch". Das wirtschafts- und tarifpolitische "Fortschrittsmodell" der Nachkriegszeit ist zumindest an seine ökologischen Grenzen gestoßen (IGM 1989: 4). Gleichzeitig hat die Einführung neuer Technologien eine rasante Modernisierung in Gang gesetzt hat, die tiefgreifende Veränderungen der Arbeits- und Lebensbedingungen nach sich zieht.

Den gewerkschaftlichen Organisations- und Gestaltungsbemühungen bereitet dabei die hohe Arbeitslosigkeit wie der wachsende Angestelltenanteil in der Erwerbsbevölkerung besondere Schwierigkeiten, aber auch die "neue Form einer industriellen Kultur" (bei der die Bedeutung der Erwerbsarbeit für die Individuen schwindet und neue Forderungen nach individueller Selbstverwirklichung laut werden).

Trotz vielfältiger globaler Existenzbedrohungen der gesamten Menschheit und sozialer Risiken, die auf die Schwachen (Rationalisierungsverlierer) abgewälzt werden und die "die Ungleichheit der sozialen und kulturellen Teilhabechancen" vertiefen, birgt die gesellschaftliche Krisensituation auch Chancen für die Gestaltung einer Alternative zur kapitalistischen Rationalisierung.

Konkretisiert werden muß der alternative Entwurf im Verlauf einer breiten gesellschaftlichen Debatte, in die sich die IGM selbst mit ihren Zukunftsthesen einschalten will. Ohne sich auf deren parteipolitische Behandlung zu verlassen, erhebt die Metallgewerkschaft allgemeinpolitische Forderungen nach einer "ökologisch orientierten Wirtschafts- und Beschäftigungspolitik", einer "solidarischen Lohnpolitik", einer "gestaltenden Technikpolitik". Neben einer "beteiligungsorientierten Betriebspolitik" werden im Zukunftsprogramm der IG Metall eine weitere Verkürzung der Arbeitszeit und die Qualifizierung der Arbeit als wichtige Felder einer "aktiven Tarifpolitik" hervorgehoben.

Angesichts der fortschreitenden europäischen Integration warnt die IG Metall vor einer allzu engen Kooperation mit dem Kapital. Vielmehr werde der "Sozialraum" Europa "nur Gestalt gewinnen, wenn internationale Solidarität zwischen den Beschäftigten Vorrang vor nationaler Kooperation mit dem Kapital erhält" (S.18).

Mit ihrer selbstkritischen Forderung, die Gewerkschaftsorganisation müsse auch "politischer" werden (IGM 1989: 31), versucht die IG Metall sich auch explizit vom "Nur-Gewerkschaftertum" der Vergangenheit abzusetzen. Insgesamt will man als IG Metall "gesellschaftliche Gegenmacht" bleiben und zur Realisierung seiner Zielvorstellungen sich auf die Mobilisierung der Mitglieder, die Solidarität der Schwestergewerkschaften und die Repräsentanten in den politischen Parteien stützen. Neu dürfte hier v.a. das Gesprächsangebot an verschiedenste gesellschaftliche Gruppen – insbesondere der Umwelt-, Frauen- und Friedensbewegung –, sowie an kirchliche Kreise und sozial engagierte Wissenschaftler sein, die zu kritischen Anmerkungen und offenem Dialog mit der IGM aufgefordert werden.

3.2. Zukunftsentwurf der IG Chemie-Papier-Keramik

Anders als der Entwurf der IG Metall, der nach einer Konferenzserie mit verschiedensten Wissenschaftlern ausgearbeitet wurde, hat die IG Chemie ihre Zukunftsvorstellungen in einem Grundsatzpapier des Hauptvorstandes niedergelegt und einer Versammlung vorgestellt, an der Gewerkschaftsbeirat und alle hauptamtlichen Funktionäre teilnahmen. Das Zukunftskonzept der IG Chemie liest sich an vielen Stellen wie der gemäßigte Gegenentwurf zum Zukunftsplan der Metaller.

Konstatierte die Metallgewerkschaft einen Strukturbruch in der gesellschaftlichen Nachkriegsentwicklung, so ist bei der IGChPK lediglich von "verstärkt(en) technologische(n) und strukturelle(n) Veränderungen von Industriebereich(en)" die Rede, gepaart mit einer konservativen "Wende im Arbeitsrecht". Die internationalistische Dimension im Konzept der IG Metall schrumpft im Entwurf der Chemiegewerkschaft zur Sorge um die Auswirkungen des europäischen Binnenmarktes. Hierzu verweist die Gewerkschaft auf positive Merkmale des Industriestandortes Bundesrepublik. In Übereinstimmung mit ihrer Schwesterorganisation in der Metallindustrie definiert auch die IGChPK die Arbeitslosigkeit, die Verschiebungen in der Beschäftigungsstruktur und die neuerliche Betonung individueller Interessen als erschwerende Bedingungen für die Gewerkschaftspolitik. Dennoch will man in der Hannoveraner Gewerkschaftszentrale die "Politik des sachbezogenen und partnerschaftlichen Umgangs mit den Arbeitgebern" (IGChPK 1989: 4) fortsetzen. Dabei wird explizit der Kooperation mit der Kapitalseite (speziell auch bei gemeinsamen Informationsveranstaltungen für Betriebsräte in Sachen Umweltschutz) Vorrang gegeben vor Bündnissen mit anderen "Gruppen und Gruppierungen, die unserem Verständnis von Politik entgegenstehen" (ebda.: 3).

Zusammenfassend läßt sich feststellen, daß trotz der Unübersichtlichkeit der ökonomisch-sozialen Lage und der sehr widersprüchlichen Deutungen und Empfehlungen aus dem wissenschaftlichen Bereich die DGB-Gewerkschaften ideologisch wieder Tritt fassen. Von ihrer kooperativen Strategie der Vergangenheit strebt insbesondere die IGM zumindest gedanklich weg, während die IGChPK – offenbar auch in Reaktion zu dieser Absetzbewegung – sich noch dezidierter als eine "intentional" kooperative Gewerkschaft geriert.

Akzentuierte ideologische Gegenpositionen werden in ihrer Praxisrelevanz leicht überschätzt. In der Vergangenheit hat insbesondere Josef Esser mehrfach davor gewarnt, gewerkschaftlichen Verbalradikalismus mit den Ergebnissen ihrer praktischen Politik gleichzusetzen (Esser 1982: 221 ff). Auch Hans Mundorf hat unlängst im Handelsblatt (vom 30.6.1989) davon abgeraten, die Unterschiede zwischen den beiden Industriegewerkschaften zu dramatisieren. Es handle sich nur um unterschiedliche Stile der Auseinandersetzung, die mit der Unternehmensgröße in den beiden Branchen zusammenhängen, nicht aber um Differenzen in den Zielen und vor allem im Ergebnis der praktischen Tarifpolitik. Demnach ist beim Vergleich der tarifpolitischen Entscheidungen in der Metall- und der Chemieindustrie darauf zu achten, ob sich die bereits festgestellten Differenzen in der Zukunftssicht zwischen beiden Gewerkschaften praktisch auswirken. Mit den Beispielen der Arbeitszeitverkürzung und des Entgelttarifvertrags wurden zwei Gestaltungsfelder ausgewählt, mit denen sich die beiden von uns untersuchten Organisationen jeweils darum bemühten, Segmentationslinien in ihrer Mitgliederbasis zu überwinden.

4. Gewerkschaftliche Reaktionen auf die Krise - zwei praktische Beispiele aus der Tarifpolitik

4.1. Der Kampf um die 35-Stunden-Woche der IG-Metall

Die Forderung nach einer bundesweiten Reduzierung der Wochenarbeitszeit auf 35 Stunden als vorrangiger Form der Arbeitszeitverkürzung wurde innerhalb der IGM zuerst vom Bezirk Stuttgart unter der Leitung von Franz Steinkühler erhoben. Ihr stimmte der 14. Ordentliche Gewerkschaftstag schließlich bei starken Vorbehalten der Delegierten wie auch einigem Widerstreben des Vorstandes zu. Die vorbereitende Mobilisierung zur Tarifauseinandersetzung 1984 verlief gefährlich schleppend und wurde von den "Vorruhestandsgewerkschaften" (besonders der IGChPK, IBE, NGG u.a.) kaum unterstützt (Bahnmüller 1985 32ff.). Auf politischer Ebene traf das tarifpolitische Ziel bei der SPD auf unentschiedene Unterstützung, bei den bürgerlichen Parteien, die das Phänomen der Massenarbeitslosigkeit eher zu verdrängen suchten, teilweise auf ungewohnt massive Kritik.

Nach siebenwöchigen Auseinandersetzungen, die durch den sogenannten "Franke-Erlaß" zur Verweigerung von Lohnersatzleistungen für "kalt" Ausgesperrte politisch noch verschärft wurden, stimmten die Tarifparteien einem Schiedsspruch des Schlichters Georg Leber zu, der die Verkürzung der Arbeitszeit mit der betrieblichen Flexibilisierung der Regelarbeitszeit verknüpfte, die die Unternehmer verlangt hatten. Im Kern sah der "Leberplan" die Verkürzung der durchschnittlichen Wochenarbeitszeit auf 38,5 Stunden ab 1.4.1985 vor. Dies aber nur im Durchschnitt des Betriebes, wobei die Stundenzahl in einer Spanne zwischen 37 und 40 Stunden auf verschiedene Belegschaftsgruppen eines Betriebes unterschiedlich aufgeteilt werden kann. An Positivem konnte die Gewerkschaft erreichen, so die Auflistung von Reinhard Bahnmüller (1985: 142), "daß der Ausgleichszeitraum für die im Betriebsdurchschnitt zu erzielenden 38,5 Stunden auf zwei Monate begrenzt wurde. Festgeschrieben wurden auch die Erholzeitregelungen und die Verteilung der wöchentlichen Arbeitszeit auf die Tage von Montag bis Freitag". Nicht durchsetzen konnte die Verhandlungskommission der IGM den vollen Lohnausgleich für die Belegschaftsgruppen, deren Arbeitszeit künftig in Betriebsvereinbarungen unter 38,5-Wochenstunden geregelt wird. Für sie sieht der von der Unternehmerseite angebotene Kompromiß lediglich eine "weiche Landung" vor.

Ohne Zweifel hat die IGM ihren "Einstieg zur 35-Stunden-Woche" teuer erkauft. Die erzielte Arbeitszeitverkürzung bewegt sich in einem Rahmen, den André Gorz eher als quantité négligeable behandelt sehen möchte. Durch die Gruppeneinteilung und besonders durch die neugeschaffene Fraktion der permanenten Kurzarbeiter, denen Arbeitszeitkontingente unter dem betrieblichen Durchschnitt zugewiesen werden, sind die Spaltungstendenzen zwischen verschiedenen Gruppen abhängig Beschäftigter vertieft worden.[2] Auch wenn die sogenannte "Differenzierungsklausel" in den

2 Vertreter des WSI haben sich darum bemüht, die Bedeutung der betrieblich vereinbarten Arbeitszeitdifferenzierungen zwischen den Belegschaftsgruppen möglichst gering erscheinen zu lassen (zusammenfassend vgl. Roßmann 1987: 62). Der Verweis auf den mit 13-14% aller Betriebe und 5,7% aller Beschäftigten vorgeblich nur geringe Grad der Betroffenheit kann allerdings nicht darüber hinwegtäuschen, daß es sich bei den Differenzierungsbetrieben zum Großteil um Betriebe von Großunternehmen handelt (Bosch u.a. 1986: 66). In der Vergangenheit galten die Betriebsräte gerade solcher Großbetriebe als Innovatoren von sozial- und arbeitspolitischen Neuerungen in der Gestalt von Betriebsvereinbarungen, die dann Zug um Zug in den Bereich der kleineren Betriebe diffundierten (Tegtmeier 1973: 222ff.). Daß sich die zentrifugalen Tendenzen von Betriebsverhandlungen bislang noch nicht im befürchteten Maße zu einer Ge-

Tarifverträgen des Jahres 1987 nahezu unvermindert fortgeschrieben wurde, wird man der IGM zugute halten müssen, daß sie sich – gegen heftigen Widerstand der politisch durch die Reform des § 116 AFG gestärkten Unternehmerschaft, teilweise auch der eigenen Mitgliederbasis – darum bemüht, gruppenspezifische Benachteiligungen für bestimmte Belegschaftsschichten abzubauen. So entspricht die Einbeziehung der Auszubildenden in die Arbeitszeitverkürzung einer heftig umkämpften Forderung, die während des Gewerkschaftstags 1986 als Test für die Bereitschaft der Gewerkschaft gewertet wurde, sich für neue, jüngere Mitglieder zu engagieren (Engelhardt 1988: 130).

Weniger spektakulär verlief die in Nordwürttemberg-Nordbaden getroffene Vereinbarung eines konstanten Monatslohns. Damit wird wenigstens verhindert, daß die von der Flexibilisierungspolitik besonders betroffenen Beschäftigten auch noch schwankende Entgelte hinnehmen müssen.

4.2. Der Entgelttarifvertrag in der Chemieindustrie

Die langjährige Tarifpause der IGM wurde durch das Tarifgeschehen in der Chemieindustrie gefüllt. Im Mittelpunkt sehr langwieriger Verhandlungen stand hier der Versuch der – wie oben bereits gesehen – sehr moderat und kooperativ auftretenden IGChPK, die Gehaltsschemata für Arbeiter(innen), kaufmännische und technische Angestellte sowie der Meister in ein einheitliches Eingruppierungsschema mit nurmehr 13 Gehaltsgruppen zusammenzufassen. Dabei sollten die Differenzen in der Bezahlung von nahezu gleichwertig beschäftigten Arbeitern und Angestellten beseitigt werden. Vorgabe für die Gewerkschaft war, daß sich keine Beschäftigtengruppe dadurch schlechter stellen dürfe (Friedel 1990: 117).

Im Jahr 1987 kamen die Verhandlungen nach sechsjähriger Dauer in ein konkretes Stadium. Hauptstreitpunkt blieb die gewerkschaftliche Forderung nach Anhebung der Eingruppierung der kaufmännischen Angestellten bis zum Verdienst der technischen Angestellten. Nachdem die Unternehmer nur die Bildung von Mittelwerten zugestehen wollten, unterwarfen sich beide Seiten vereinbarungsgemäß dem zuständigen, streng paritätisch besetzten Schlichtergremium, in dem es keinen unparteiischen Vorsitzenden gibt. Mit dem Schlichterspruch äußerte sich der Gewerkschaftsvorsitzende Rappe "sehr zufrieden". Im Ergebnis blieb es allerdings in den meisten

fahr für eine einheitliche Gewerkschaftspolitik erwiesen haben, liegt zumindest zum Teil auch an den Unternehmern selbst, denn auch Gesamtmetall hatte bei den eigenen Mitgliedsfirmen Schwierigkeiten, Anklang für weitreichende Differenzierungsvorschläge zu finden (Bahnmüller 1985: 168-171; Neifer 1989: 216f.)

Tarifbezirken bei getrennten Tarifsätzen für kaufmännische und technische Angestellte sowie für die Meister. Für die kaufmännischen Angestellten wurden zwei zusätzliche Tarifanhebungen vereinbart. Generell wurde den Angestellten – soweit sie durch den Entgelttarifvertrag nicht begünstigt werden – der erreichte Besitzstand langfristig duch Ausgleichszulagen abgesichert, die auch bei künftigen Tariferhöhungen mit angehoben werden.

Bei der Bewertung des Gesamtwerks muß zunächst anerkannt werden, daß damit erstmals in einer großen Industriebranche der Versuch unternommen wurde, die Spaltung der Belegschaften in Arbeiter und Angestellte zu überwinden. Fragt man allerdings nach Gewinnern und Verlierern dieses "Jahrhundertwerks" (Rappe), so erkennt man, daß anderweitig bereits bestehende Segmentationen noch vertieft wurden. So änderte sich für gewerbliche Arbeiter und vor allem die Arbeiterinnen in den unteren Entgeltgruppen nichts.[3] Eine deutliche Verbesserung können aber die Facharbeiter erzielen, soweit sie mit den Angestellten ähnlicher Qualifikation, Berufserfahrung und Verantwortung in die Entgeltgruppen E6 bis E8 eingruppiert werden. Im Angestelltenbereich ist die Situation differenzierter. So werden Meister je nach Tarifbezirk eher begünstigt oder eher benachteiligt. Kaufmännische Angestellte in den mittleren und oberen Engeltgruppen konnten in der Regel eine Anhebung ihrer Tarifposition erzielen. Die Angestellten der unteren Entgeltgruppen sowie die technischen Angestellten in den oberen Tarifzonen konnten wegen der Zusammenführung ihrer Gehaltsgruppen mit denen der anderen Arbeitnehmergruppen keine Begünstigungen erwarten. Allerdings griff in diesen Fällen die erwähnte Besitzstandssicherung.

Somit läßt sich festhalten, daß trotz der oberflächlichen Vereinheitlichung von Löhnen und Gehältern die darunter liegenden Trennlinien zwischen Belegschaftsteilen eher noch vertieft wurden. Zu den besonders klar benachteiligten Belegschaftsgruppen gehören diejenigen Beschäftigten, die aufgrund ihres Lebensalters, als Neueinsteiger oder im Rahmen von Weiterqualifizierungsmaßnahmen als Aufrücker von den neuen Bestimmungen ungedämpft getroffen werden. In der Endphase der Auseinandersetzungen erwies sich damit auch im Chemiebereich die Gewerkschaft vornehmlich als die Interessenvertretung der etablierten Facharbeiterschaft. Abgespalten blieben selbst .diejenigen Angestelltengruppen, die wie z.B. die jungen Techniker für besonders wichtig und noch am ehesten gewerkschaftlich organisierbar gehalten werden.

Die gravierendste Abstufung trifft allerdings die An- und Ungelernten. Deren Benachteiligung dürfte auch trotz der gewerkschaftlichen Zielset-

3 Die gewerkschaftskritische Publizistik spricht hier immerhin von etwa 140.000 un- und angelernten Männern und vor allem Frauen in diesen Leichtlohngruppen (vgl. Frankfurter Rundschau vom 15.6.1987).

zung, baldmöglichst für diese Bereich nachzuverhandeln[4], so rasch nicht abzubauen sein. Denn einmal wird ihre Sonderbehandlung schon durch die Differenzierung in 13 Entgeltgruppen vordeterminiert[5]. Damit bleibt auch nach der Verbesserung der Fortbildungsmöglichkeiten ein sehr langer Weg durch die Tarifgruppen, den Aufsteiger und Berufsanfänger durchlaufen müssen. Zum anderen bilden die besonders hohen Anforderungen an eine "abgeschlossene funktionsbezogene zusätzliche Aus- und Weiterbildung oder zusätzliche Fachkenntnisse" eine hohe Hürde, mit der sich die Tarifgruppe E9 mit einem erheblichen Sprung in der Entgeltstabelle von der Gruppe E8 absetzt.

5. Schluß

Unsere eingangs formulierten Fragen lassen sich nun folgendermaßen besser beantworten: Bei ihrer strategischen Neubestimmung im unübersichtlichen Problemfeld der veränderten ökonomischen Krisenlagen konnten die Gewerkschaften aus der wissenschaftlichen Diskussion zunächst weder eine übereinstimmende Einschätzung der Krisenqualität noch später widerspruchsfreie Handlungsanleitungen entnehmen. Auf ihre eigenen "brain-trusts" angewiesen, entwickelten die beiden untersuchten Großgewerkschaften unterschiedliche Vorstellungen bezüglich der Qualität der Krise wie auch davon, mit welcher Strategie ihre Organisationen darauf zu reagieren haben. Im Zukunftsentwurf der IGM scheint das Bild einer epochalen Umbruchsituation durch, die sich in einer ökonomischen, ökologischen, sozialen und internationalen Dimension gleichzeitig spiegelt und auch die bisherige gewerkschaftspolitische Ausrichtung nicht unberührt läßt. Den konstatierten prinzipiellen machtpolitischen Verschlechterungen für die gewerkschaftliche Position sucht die IGM mit einer verschärften Konfliktrhetorik, aber auch dem Angebot einer bemerkenswert offenen diskursiven Auseinandersetzung um zukünftige Konzepte und Strategien sowie der Suche nach neuen Bündnispartnern zu begegnen.

Demgegenüber herrscht bei der IGChPK eine engere Sicht des Krisenausmaßes vor. Ihr Zukunftsentwurf vermittelt eher den Eindruck einer Kontinuität der kapitalistischen Rationalisierungsentwicklungen, die momentan lediglich durch politische Sonderbedingungen (EG-Integration, Regierungswechsel) mitgeprägt ist. Insgesamt scheint der Chemie-Gewerkschaft

4 Im § 13,3 des Bundesentgelttarifvertrag sind hierfür kürzere Laufzeiten vorgesehen.

5 Der Landesbezirk Rheinland-Pfalz hatte z.B. nur sechs Gruppen vorgesehen (Deutsche Volkszeitung vom 31. Juli 1987).

ein Festhalten an der herkömmlichen ausgeprägt "intentional" kooperativen Strategie (Bergmann u.a. 1975: 149ff.) angeraten.

Die kurze vergleichende Anaylse der tarifpolitischen Praxis zeigt allerdings auch, daß die Unterschiede in ihren Auswirkungen zumindest unter der gegenwärtigen Kräftekonstellation nicht so dramatisch sind. Beide Gewerkschaften haben sich schwerpunktmäßig auf die Bewältigung von Segmentationsgefahren verlegt. Die IGM deutlicher auf die gesellschaftliche Spaltung in Beschäftigte und Arbeitslose, bei der IGChPK steht eher die Trennung von gewerblicher und Angestelltenarbeit im Vordergrund. Nach lang andauernden und zermürbenden Verhandlungen neigen beide Gewerkschaften dazu, Kompromissen dort zuzustimmen, wo diese von der Unternehmerseite zu Lasten eher randständiger Mitgliederschichten vorgeschlagen werden. Insofern hat das Eigeninteresse der traditionellen gewerkschaftlichen Kernmitglieder bislang noch dazu beigetragen, daß die Gewerkschaftsorganisationen das geblieben sind, was man an ihnen schon vor der Krise kritisiert hat, nämlich vorrangig Interessenvertreter der gut bezahlten und sicher beschäftigten Facharbeiter.

Programmatische Dokumente

IGM, 1989: Die andere Zukunft. Solidarität und Freiheit. Leitlinien der IG Metall zur gesellschaftlichen und gewerkschaftlichen Reform, Frankfurt.

IGChPK, Hauptvorstand, 1989: Grundsatzpapier der IG Chemie-Papier-Keramik. Einig im Ziel - unser Weg einer demokratischen und sozialen Gewerkschaftsstrategie, in: Presse-dienst XXV/56 vom 28.6.1989.

Klaus Schubert

Der Standort Bundesrepublik Deutschland: Eine politisch-ökonomische Hintergrundsanalyse

1. Einleitung

Gleich dem Wettbewerb zwischen Unternehmen und Produkten um den Käufer, kann in zunehmendem Maße ein Wettbewerb zwischen Staaten, Regionen und Kommunen um die produzierenden Unternehmen festgestellt werden. Dieser Sachverhalt wird innerhalb und außerhalb der wissenschaftlichen Diskussion unter dem Stichwort "Standortwettbewerb" thematisiert.[1] In seiner ökonomischen Dimension bezieht sich dieser Standortwettbewerb auf den Erhalt bzw. die (Neu-)Ansiedlung von Unternehmen und Betrieben, der damit verbundenen Arbeitsplätze und Einkommen.

Aus dem Zusammenhang von Unternehmensstandort, Arbeitsplätzen und Einkommen wird deutlich, daß der Standortwettbewerb unmittelbar mit der Sicherung und dem Ausbau wohlfahrtstaatlicher, d.h. auf Arbeitsleistung und Einkommen bezogener sozialer Standards verbunden ist. Die "ökonomische" Diskussion um Standorte wird so zum Politikum: in allen Industriestaaten unterliegt der Standortwettbewerb daher massiven politischen Einflüssen und Steuerungsversuchen. In dieser Perspektive entzieht sich also eine aktuelle Diskussion über den Standort Bundesrepublik Deutschland jeder einseitigen politischen oder ökonomischen Analyse, sie verlangt vielmehr die Beachtung vielfältiger, politisch-ökonomischer Interdependenzen.

2. Wettlauf der Standorte

In seiner internationalen Dimension ist der Standortwettbewerb keineswegs neu. Standen diesem, speziell zwischen den industrialisierten Staaten, bis zum Zweiten Weltkrieg oft noch erhebliche nationale und nationalistische Schranken entgegen, so änderte sich die Situation spätestens mit dem

---

1 Standort wird i.d.R. ein geographischer Ort genannt, an dem eine Unternehmensleitung Produktivfaktoren einsetzt, um Leistungen zu erstellen. (Gritzka 1976:15)

Ende des wirtschaftlichen Wiederaufbaus der europäischen Staaten. Seither verstärkt sich jedoch der Standortwettbewerb nicht nur zwischen den traditionellen Industriestaaten. In jüngerer Zeit bieten vielmehr vermehrt auch neu hinzukommende nationale Ökonomien Standards, die im internationalen Standortwettbewerb erforderlich sind.

An dieser Entwicklung haben die traditionellen Industriestaaten erheblichen Anteil. Durch den Export von Maschinen und Anlagen und – zeitlich verzögert – vor allem auch durch die Auslagerung von Produktionen trugen diese international massiv zum Aufbau neuer industrieller Standorte bei. So exportierte die bundesdeutsche Industrie beispielsweise nicht nur Maschinen, Anlagen und industrielle Ausrüstungen für die Extraktion und Herstellung von Rohstoffen. Ein bedeutender Teil der jahrzehntelangen bundesdeutschen Exporterfolge basiert gerade auf der Lieferung von Maschinen und Ausstattungen für die Fertigung von Industrie- und Konsumgütern. Damit, und nicht zuletzt auch durch die gezielte Auslagerung ganzer Produktionszweige, wanderte entsprechendes know-how in Staaten, welche sich inzwischen auch hinsichtlich weit darüber hinausgehender industrieller Organisation, Qualifikation und Infrastruktur am Standortwettbewerb beteiligen können. Eindeutige Faktorvorteile – vor allem hinsichtlich der Lohnkosten, aber auch hinsichtlich der Kapitalnebenkosten – verstärken deren Attraktivität. Vor allem asiatische und fernöstliche Staaten haben diese Chance positiv genutzt. Wenn im internationalen Standortwettbewerb nun verstärkt neue Staaten hinzustoßen, handelt es sich daher in der Regel um selbstgeschaffene, bzw. massiv mitentwickelte Konkurrenz. Selbst, wenn das Muster "Entwicklungsland – Schwellenland – neues Industrieland" nicht zwangsläufig ist – in dieser Entwicklung vor allem auch die konkrete Abgrenzung der einzelnen Stadien kaum möglich erscheint – bleibt es doch eine Tatsache, daß in einer ganzen Reihe neuer industrieller Standorte (z.B. Taiwan, Korea, aber auch Brasilien, Mexico) Produkte hergestellt werden und Produktionsmöglichkeiten bestehen, die in den traditionellen industriellen Standorten in dieser Form nicht mehr gegeben sind.

Für die Verschärfung des internationalen Standortwettbewerbs ist in erster Linie die hohe Mobilität des Faktors Kapital und die sehr stark variierenden Kosten für den Faktor Arbeit verantwortlich. Diese allein konstituieren allerdings noch keine hinreichende Bedingung. Gut ausgebaute, internationale Kommunikationsstrukturen, vergleichsweise gute Transportwege, gute Transportbedingungen und -mittel und vor allem niedrige Transportkosten ermöglichten erst das hohe Maß internationaler Arbeitsteilung. Die Hauptlast des Veränderungs- und Innovationsdrucks liegt dadurch weitgehend bei den traditionellen, hochentwickelten Industriestandorten, wie beispielsweise der Bundesrepublik Deutschland, die sich neben der Produkt-

und Güterkonkurrenz zunehmend einer Standortkonkurrenz ausgesetzt sehen. Auf internationaler Ebene muß sich die Bundesrepublik Deutschland somit in zwei Arenen bewähren: Erstens im Standortwettbewerb zwischen den hochentwickelten Industriestaaten und zweitens, innerhalb des Lagers der traditionellen Industriestaaten um den Standortwettbewerb mit den nachrückenden, neuen Industrie- und Schwellenländern. Geht es in ersterem vor allem darum, die entsprechenden Standortbedingungen für hochinnovative Unternehmen zu garantieren, sind in der zweiten Arena die Höhe der Faktorkosten von besonderer Bedeutung.

Im Gegensatz zur internationalen Situation ist die deutliche Verschärfung des Standortwettbewerbs zwischen den Regionen und Kommunen innerhalb der Bundesrepublik Deutschland vergleichsweise neu. Erste, im großen Stil angelegte Versuche, mittels aktiver politischer Steuerung regionale ökonomische Entwicklungen zu beeinflußen, datieren zwar zurück auf Mitte bzw. Ende der sechziger Jahre, die heute übliche Praxis des An- und Abwerbens von Unternehmen, des individuellen Aushandelns von An-, Umsiedlungs- und Wirtschaftsförderungsbedingungen war damit allerdings noch nicht verbunden. Die sozialliberale Koalition versuchte damals, basierend auf dem grundgesetzlichen Auftrag "Gleichheit der Lebensverhältnisse", regionale Strukturverbesserungen – etwa unter dem Institut der "Gemeinschaftsaufgabe von Bund, Ländern und Gemeinden" – zu implementieren. Möglicherweise liegt in dieser, zunächst positiv geplanten Absicht, mittels politischer Interventionen regional Strukturverbesserung zu erzielen, mithin über politische Maßnahmen die Qualität und Attraktivität von Standorten zu beeinflußen, jedoch bereits der Ursprung für den zur Zeit auf breiter Ebene verlaufenden innerbundesrepublikanischen Standortwettbewerb.

Dieser Wettbewerb äußert sich beispielsweise in dem wiederholt vorgetragenen Gegensatz zwischen dem Norden und dem Süden der Bundesrepublik Deutschland, etwa zwischen – dem prosperierenden – Baden-Württemberg und dem – scheinbar schwachen – Nordrhein-Westfalen. Diese einfache Entgegensetzung verallgemeinert zu sehr. Wird innerhalb der Bundesländer regional differenziert, können beispielsweise verschiedene Regionen Nordrhein-Westfalens durchaus mit prosperierenden Regionen des "Musterländle" mithalten (Heinze et al. 1990). Unabhängig von dieser Diskussion wird der Standortwettbewerb im Zuge der Realisierung des europäischen Binnenmarktes ab 1993 eine weitere, bedeutende Wettbewerbsarena erhalten.

3. Standortfaktoren

Vor diesem Hintergrund stellt sich die Frage, welche Standortfaktoren und -qualitäten im nationalen und im internationalen Wettbewerb für die Unternehmen von besonderer Relevanz sind. Insbesondere interessiert hierbei die Frage, welche theoretischen Ansätze bisher zur Bestimmung relevanter Standortfaktoren vorliegen. Um es vorweg zu nehmen: Die klassische, vorwiegend volkswirtschaftlich orientierte Standortdiskussion verkürzt angesichts der internationalen Verflechtung und dem Ausmaß an politischer Intervention in allen Volkswirtschaften die relevanten Probleme zu sehr, sie muß deutlich erweitert werden. Gelegentlich wird sogar bezweifelt, ob es generell noch sinnvoll ist, von nationalen Wettbewerbsfähigkeiten auszugehen, diese nicht vielmehr firmenspezifisch definiert werden müsse (Preuße, 1988). Hier wird allerdings aufgrund der erheblichen politischen Interventionen zur Verbesserung von Standortbedingungen weiterhin von einem starken Zusammenhang zwischen nationaler (bzw. regionaler) Politik und nationaler (bzw. regionaler) Wettbewerbsfähigkeit ausgegangen.

Eine erste, klassische Annäherung an die Standortproblematik liefert eine Definition von Alfred Weber. Er bezeichnete als Standortfaktor "einen seiner Art nach scharf abgegrenzten Vorteil, der für eine wirtschaftliche Tätigkeit dann eintritt, wenn sie sich an einem bestimmten Ort oder auch generell an Plätzen bestimmter Art vollzieht" (Weber 1909). Die Kritik an dieser frühen Definition macht bereits ein generelles Spannungsfeld von Standorttheorien deutlich. An der Weberschen Definition wird vor allem kritisiert, daß sie einseitig (Faktor-)kostenorientiert ausgelegt ist und die Erlössituation nicht genügend berücksichtigt (Gritzka 1976). Das heißt, für Unternehmen sind Standortentscheidungen zumeist langfristige Entscheidungen, die sich nicht nur am Güter- oder Faktoreinsatz orientieren, sondern auch an der Ertragssituation.

Bezogen auf die internationale Dimension des Standortwettbewerbs kann bereits hieraus gefolgert werden, daß Unternehmen bei der Standortwahl nicht absolut mobil und frei sind. Je nach Produkt und Dienstleistung müssen vielmehr die Faktoreinsatzkosten und die Ertragssituation beachtet werden. Zum Bereich des Faktoreinsatzes gehören die Situation hinsichtlich verfügbarer industrieller Flächen und die allgemeine Beschaffungssituation in Bezug auf die benötigten Materialien und Maschinen. Von vorrangiger Bedeutung ist das am Standort selbst oder in seiner unmittelbaren Umgebung verfügbare Potential an Arbeitskräften mit der erforderlichen Qualifikation. Mit zukünftig noch zunehmender Bedeutung gehört zum Faktoreinsatz auch ein gut ausgebauter und zuverlässiger Dienstleistungssektor im

Umfeld des Unternehmens. Dies gilt nicht nur in bezug auf das Geld- und Kreditwesen, sondern vor allem auch im Bereich von Zuliefer-Dienstleistungen, z.B. zur Ausgliederung betrieblicher Funktionen.

Auf der Ertragsseite gehört, neben der allgemeinen Absatzsituation, zu den Standortfaktoren auch der Bedarf und die Kaufkraft im unmittelbaren und näheren Umfeld des Unternehmens, die Konkurrenzlage, das öffentliche – in der Regel auf das Produkt bezogene – "goodwill" und, gegebenenfalls, öffentliche Absatzhilfen (vgl. etwa Behrens 1961). Selbst wenn aufgrund der internationalen Arbeitsteilung die unmittelbare Nähe von Produzenten und Konsumenten nicht mehr die entscheidende Bedeutung zukommt, ist gleichzeitig doch zu vermerken, daß gewisse Standortcharakteristika, etwa das internationale Markenzeichen "Made in Germany", für den Absatz von Produkten wichtig sind.

An dieser, sicher nicht abschließenden Auflistung wird die Bedeutung öffentlicher und staatlicher Leistungen für die Qualität von Unternehmensstandorten deutlich: Die Schaffung – und in zunehmendem Maße die Sanierung und Wiederherstellung – industriell nutzbarer Flächen ist ohne enorme Leistungen der öffentlichen Hand zumindest in den traditionellen Industriestaaten, wie etwa der Bundesrepublik Deutschland nicht mehr vorstellbar. Dies gilt ebenso für den immensen Aufwand zur Aufrechterhaltung und zum Ausbau der Transport- und Verkehrsinfrastruktur. Bezogen auf den zentralen Faktor Arbeitskraft gehen staatliche Leistungen beispielsweise weit über Bildungs- und Qualifizierungsfunktionen hinaus. Immer wichtiger werden öffentliche Leistungen im Reproduktionsbereich Gesundheit, Freizeit und Kultur. Interessant bleibt in diesem Zusammenhang die Feststellung, daß es z.Z. keine auch nur annähernd befriedigende, integrierte Standorttheorie gibt.

4. Innovation und Kosten im Vergleich

Zu Beginn dieses Beitrags wurde auf zwei zentrale Arenen im internationalen Standortwettbewerb hingewiesen, den Innovations- und den Kostenwettbewerb. Hierauf bezogen können Aussagen über den Standort Bundesrepublik Deutschland einerseits anhand objektiver Daten und Informationen – hier beispielsweise den jährlichen Veröffentlichungen des Sachverständigenrates – festgemacht werden. Andererseits liefern empirische Umfragen und andere empirisch gestützte Studien Einschätzungen über die Qualität des Standorts Bundesrepublik Deutschland und mögliche Entscheidungsfaktoren für die unternehmerische Standortwahl.

Tabelle 1: Ausgaben für Forschung und Entwicklung in ausgewählten Ländern

	% des Bruttosozialproduktes		% der Ausrüstungsinvestitionen	
Land	1975	1987	1975	1987
BRD	2,2	2,7	29,4	32,3
Frankreich	1,8	2,3	23,1	31,6
Großbritannien	2,0	2,4[a]	24,7	29,4[a]
Italien	0,8	1,2	3,5	12,4
Japan	2,0	2,8[a]	12,3	17,2[a]
USA	2,3	2,8	34,4	40,8

a) 1986
Quelle: Sachverständigenrat 1988, S. 113

Die Position der Bundesrepublik Deutschland im internationalen Innovationswettbewerb kann anhand dreier Variablen verdeutlicht werden: den Ausgaben für Forschung und Entwicklung, der Investitionstätigkeit und der Arbeitsproduktivität (vgl. Sachverständigenrat 1988/89).

Im Wettbewerb der sechs wichtigsten Industrienationen nimmt die Bundesrepublik Deutschland hinsichtlich der Aufwendungen für Forschung und Entwicklung eine Spitzenposition ein und wurde nur von Japan und den USA knapp übertroffen; Großbritannien und Frankreich gaben dagegen weniger, Italien deutlich weniger für Forschung und Entwicklung aus.

Auch gemessen an den Ausrüstungsinvestitionen liegt die Bundesrepublik Deutschland mit an der Spitze und wird hier nur von den USA übertroffen. Die Ausgaben für Forschung und Entwicklung können zwar nicht automatisch mit der Innovationsentwicklung selbst gleichgestellt werden. Trotzdem kann aufgrund dieser Fakten – bei allen Problemen der Vergleichbarkeit – davon ausgegangen werden, daß die internationale Wettbewerbsfähigkeit der Bundesrepublik Deutschland im Bereich von Forschung und Entwicklung gewährleistet ist. Die Stärke der Bundesrepublik Deutschland liegt traditionell in der Grundlagenforschung, die allerdings international immer mehr ein kollektives Gut darstellt. Jedoch ist die Bundesrepublik vergleichsweise gut mit wissenschaftlich geschulten und technisch-manuell erfahrenen Arbeitskräften ausgestattet, die es erlauben "am technologischen

Fortschritt in der Welt teilzunehmen und die internationale Wettbewerbsfähigkeit zu erhalten" (Sachverständigenrat 1988: 113).

Innovationen realisieren sich in den Unternehmen vor allem über Investitionen, etwa in neue technische Geräte, Maschinen und Anlagen, aber auch über neue Produktions- und Kommunikationsstrukturen. Die Investitionstätigkeit ist daher ein wichtiger Indikator für den technologischen Stand der Unternehmen und ihre internationale Wettbewerbsfähigkeit. Die Bruttoinvestitionen lagen nominal (ohne Wohnbauten) in der Bundesrepublik Deutschland mit 14,6 % des Bruttosozialproduktes von 1987 etwa gleichauf mit denen Frankreichs (15,3 %), noch vor denen Großbritanniens (13,4 %) und der USA (10,7 %) und wurden nur knapp von Italien (15,6 %), allerdings deutlich von Japan (27,7%) übertroffen (Sachverständigenrat 1988: 112).

Im internationalen Vergleich der Arbeitsproduktivität, d.h. dem Verhältnis zwischen der Anzahl der Erwerbstätigen und der realen Bruttowertschöpfung, ergibt sich für die Bundesrepublik Deutschland allerdings kein ganz so gutes Bild. Im Verarbeitenden Gewerbe lag die jährliche Veränderung der Arbeitsproduktivität 1986 gegenüber 1981 bei 2,4 % und damit nur geringfügig vor Frankreich und deutlich hinter Italien, den USA, Japan und Großbritannien. Im Dienstleistungssektor nimmt die Bundesrepublik Deutschland allerdings, an zweiter Stelle hinter Großbritannien, eine bessere Position ein.

Tabelle 2: Arbeitsproduktivität in ausgewählten Ländern (durchschnittliche jährliche Veränderung 1986 gegenüber 1981 in Prozent)

Land	Verarbeitendes Gewerbe	Dienstleistungssektor
BRD	+ 2,4	+ 1,8
Frankreich	+ 2,0	+ 1,1
Großbritannien	+ 5,7	+ 2,2
Italien	+ 4,2	+ 0,1
Japan	+ 5,2	+ 1,7
USA	+ 5,0	+ 0,6

Quelle: Sachverständigenrat 1988, S. 104

Die Position der Bundesrepublik Deutschland im internationalen Kostenwettbewerb kann anhand von vier zentralen Variablen bestimmt werden: Den Lohnstückkosten, der steuerlichen Belastung, insbesondere den Unternehmenssteuern, den Energiekosten und den Ausgaben für den Umweltschutz.[2]

Tabelle 3: Lohnstückkosten im verarbeitenden Gewerbe ausgewählter Länder

Land	Bewertet mit dem effektiven Wechselkurs[1)]	
	1985	1987
BRD	85,9	108,7
Frankreich	89,3	96,9
Großbritannien	81,8	76,7
Italien	96,5	106,0
Japan	118,9	142,5
USA	151,4	96,4

1) Wechselkursbereinigte relative Veränderung der Lohnstückkosten gegenüber der Gruppe der 14 wichtigsten westlichen Industrieländer, zusammengewogen mit den jeweiligen Vorjahresanteilen der Länder an der Weltausfuhr.
Quelle: Sachverständigenrat 1988, S. 114

Die Lohnstückkosten werden nicht nur von der konkreten Lohnentwicklung, sondern auch von der Arbeitsproduktivität bestimmt. Hohe Löhne sind zunächst aber ein Indikator für die Wirtschaftskraft einer Volkswirtschaft und deuten insofern auf Standortvorteile. Erst wenn die Lohnentwicklung – bezogen auf die Bundesrepublik Deutschland vor allem auch die Entwicklung der Lohnnebenkosten – über der Entwicklung der Arbeitsproduktivität liegt, sind sie auch im internationalen Vergleich wettbewerbsrelevant. Hohe Stücklohnkosten können daher sowohl auf geringe Produktivitätssteigerungen als auch auf eine rasche Lohnentwicklung zurückgeführt werden. Um Lohnstückkosten international vergleichen zu können, müssen sie entsprechend der effektiven Wechselkurse der jeweiligen Länder bewertet werden. Bekanntlich haben die Wechselkurse im oben zugrundegelegten

2 Hierbei wird allerdings nur auf den Kostenwettbewerb im Rahmen der OECD Länder bezug genommen.

Zeitraum stark variiert, so daß der hier vorgenommene Vergleich unter einen generellen Vorbehalt gestellt werden muß. Die USA schneiden z.B. aufgrund der Dollarentwicklung hier sicher zu positiv ab. Dennoch wird aus dem Vergleich deutlich, daß die Lohnstückkosten in der Bundesrepublik Deutschland stärker gestiegen sind als in den übrigen Ländern. Die Sachverständigen kommen daher zu dem Schluß: "Der Druck zum Strukturwandel zu Lasten arbeitsintensiver Wirtschaftszweige und der Anreiz, Prozeß- und Produktionsinnovationen vorzunehmen und Arbeit durch Kapital zu ersetzen, haben dadurch zugenommen." (Sachverständigenrat 1988: 114, Ziff. 170).

Die steuerliche Belastung, insbesondere die Belastung der Unternehmen in einem internationalen Vergleich festzustellen, stößt auf ganz erhebliche, inhaltliche und methodische Probleme. (Napp/Rahmann 1989). Objektive Vergleichsdaten sind daher nicht verfügbar. Das Sachverständigengutachten hebt regelmäßig auf die jeweils gültigen Grenzsteuersätze ab, da diese maßgeblich "die Entscheidungen über zusätzliche Investitionen und F&E-Aufwendungen" beeinflußen. Bei dieser Vorgehensweise schneidet die Bundesrepublik Deutschland schlecht ab. Der Grenzsteuersatz liegt hier bei 56%, im Vergleich etwa dazu bei 35% in Großbritannien, 42% in Frankreich und etwas mehr als 46% in Italien. Zweifeln an der Stichhaltigkeit dieser Argumentation begegnen die Sachverständigen damit, daß "wichtige Konkurrenzländer Steuerreformen beschlossen haben oder planen, mit denen sie die Standortbedingungen ... relativ verbessern, teilweise sogar massiv." (Sachverständigenrat 1988: 116, Ziffer 175).

Einen anderen internationalen Vergleich bieten Napp und Rahmann (1989). Sie errechnen die gesamte Steuerlast und die Sozialversicherungsbeiträge als Prozentanteile am Bruttosozialprodukt. Aus dieser Sicht liegt die Bundesrepublik bei der Gesamtbelastung (39,3%) hinter Frankreich (46%) und nur knapp vor Großbritannien (38,5%), während die USA und Japan deutlich (10-12%) geringer Gesamtbelastungen vorweisen. Wird nur die Steuerquote zugrundegelegt, nimmt die Bundesrepublik mit 23,2% etwa eine mittlere Position hinter Großbritannien (31,6%) und Frankreich (26,2%) und vor den USA und Japan mit 3-4% niedrigerer Steuerquote ein. Tofaute (1989) kommt zu dem Gesamturteil, die "Fixierung der internationalen Wettbewerbssituation auf ... Unternehmensteuern könnte den Eindruck entstehen lassen, als hingen ...(davon)... die nationalen Standortbedingungen und speziell die Existenz der deutschen Wirtschaft ab. Dieser Eindruck ist grundlegend falsch" (Tofaute 1989: 302).

Bezogen auf die Energiekosten ergibt sich für den Standort Bundesrepublik ein recht ambivalentes Bild. Die – bei dem hohen Stand der Mechanisierung und Automatisierung der Produktion – wichtigen Stromkosten, sind vergleichsweise hoch, sie werden nur von Japan noch übertroffen. Die im internationalen Vergleich ebenfalls wichtigen Ölpreise ergeben für die Bundesrepublik Deutschland dagegen ein recht günstiges Bild.

Tabelle 4: Energiepreise für die Industrie in ausgewählten Ländern zu Dollarpreisen und prozentuale Veränderung 1987 gegenüber 1980

Land	Schweres Heizöl	Leichtes Heizöl	Strom	Kessel-kohle
	je Tonne	je 1000 l	je 1000 Kwh	je Tonne
BRD	126,87 -32,0	180,94 -39,9	83,1 +44,5	162,46 +35,1
Frankreich	148,24 -18,8	313,07 -10,5	45,5 -11,7	98,16 +3,1
Großbritannien	147,17 -31,1	177,85 -40,5	57,7 -8,1	78,52 -4,1
Italien	124,64 -31,3	385,22 +23,6	72,1 12,1	46,02 -8,0
Japan	173,74 -35,2	329,02 +10,2	127,0 47,0	59,32 -0,6
USA	108,23 -26,0	156,79 -26,3	48,7 +32,0	37,29 -3,7

Quelle: Sachverständigenrat 1988, S. 115

Die Kosten für Umweltschutzauflagen sind bisher international nur unzureichend untersucht worden. Hier ergeben sich – ähnlich wie bei der Steuerlast – erheblich Schwierigkeiten der Zurechen- und Vergleichbarkeit zwischen Ländern. Dies gilt insbesondere, weil aufgrund erheblicher nationaler Unterschiede die Auflagen und Anforderungen besonders stark im Branchenvergleich schwanken. Einen gewissen Anhaltspunkt bietet folgender Vergleich von Umweltschutzinvestitionen im produzierenden Gewerbe.

Nach Ansicht der Sachverständigen enthalten Umweltschutzauflagen auch die Chance, frühzeitig zu präventiven und dadurch kostengünstigeren

Maßnahmen zu gelangen und andererseits entsprechendes, später zu exportierendes know-how zu entwickeln (Sachverständigenrat 1988: 116, Ziffer 172).

Tabelle 5: Umweltschutzinvestitionen im Produzierenden Gewerbe (in Prozent des Bruttosozialprodukts)

Land	1975	1980	1985
BRD	0,24	0,18	0,36
Frankreich	0,12	0,13	0,12
Japan	0,52	0,13	0,12
USA	0,49	0,50	0,55

Quelle: Sachverständigenrat 1988, S.115

Die Diskussion "objektiver", volkswirtschaftlicher Daten hinterläßt kein eindeutiges Bild: Innerhalb des weltweiten Innovationswettbewerbs nimmt der Standort Bundesrepublik Deutschland eine gute Position ein, die jedoch bezogen auf den Kostenwettbewerb nicht gehalten werden kann. Die Kostensituation sorgt vielmehr für zusätzlichen, internen Innovations- und Anpassungsdruck.

Im folgenden soll nun die Diskussion um Standortqualitäten aus einer anderen Perspektive geführt werden. Stand bisher das Bemühen um vergleichsweise objektive Daten im Vordergrund, soll nun eher subjektiv danach gefragt werden, von welchen Faktoren Standortentscheidungen abhängig gemacht werden. Aus einer repräsentativen Umfrage bei mittelständischen Unternehmern können sieben zentrale Entscheidungskategorien inhaltlich bestimmt werden (vgl. die Umfrage in Unternehmer 11/1989: 29).

Aus der Sicht der befragten Unternehmer ist eine "Positive Einstellung der Bevölkerung zur Wirtschaft" die wichtigste Voraussetzung für Standortentscheidungen. Diese zunächst überraschende Antwort legt den Schluß nahe, daß sich Standortentscheidungen vor allem an langfristig wirksamen Kriterien und nicht an kurzfristigen Erwägungen orientieren. Es ist weiterhin überraschend, daß als nächster wichtige Faktor eine positive Einstellung und ein positives Verhalten der Behörden angegeben wird. Hierzu gehört beispielsweise, daß keine zu hohen behördlichen Auflagen erfolgen, die Behörden generell eher dienstleistungsorientiert sind, Planungssicherheit gewährleistet ist, die Kommune über hohe Entscheidungskompetenzen verfügt, kurze Bearbeitungszeiten für Bauvorhaben und kurze Wege zu Behörden gegeben sind sowie darüber hinaus eine hohe Qualität der Leistungen des örtlichen Arbeitsamtes vorhanden ist. Erst an dritter und vierter Stelle folgen Antworten, die im engeren Sinne Standortfaktoren zugerechnet werden können. An dritter Stelle stehen Antworten, die sich auf die Qualität der Infrastruktur beziehen, z.B. gute Autobahnanbindungen und geringes Stauaufkommen, die Nähe zu Flughäfen und gute Bahnverbindungen. An vierter Stelle folgt die Verfügbarkeit qualifizierter Arbeitskräfte auf der Basis einer insgesamt guten Sozialstruktur der Bevölkerung. Eine fünfte Kategorie ergibt sich aus Antworten, die auf den Freizeit- und Wohnwert des Standortes und allgemein auf dessen kulturelles Angebot bezogen sind. Erst an sechster Stelle sind Standortentscheidungen vom Angebot an Gewerbeflächen abhängig. In der zugrundegelegten Umfrage wurden für die Fragen entsprechend der Wichtigkeit 19 Ränge vergeben. Zur Überraschung der Auftraggeber folgt an letzter Stelle die Forderung nach einem geringen Effektivlohnniveau.

Das Ergebnis dieser Befragung entschärft die oben herausgearbeitete hohe Bedeutung des Kostenwettbewerbs. Das bedeutet im Umkehrschluß natürlich nicht, daß die Kostensituation der Unternehmen vernachlässigt werden kann. Allerdings muß davon ausgegangen werden, daß für die Standortentscheidungen von Unternehmern langfristige, auf sichere Umfeldbedingungen angelegte Standortfaktoren von vorrangiger Bedeutung sind.

5. Schluß

Anhand zweier Beispiele, der "just-in-time"-Organisation und der "high-quality"-Strategie, soll resümierend auf die Komplexität bei der Beurteilung der weiteren Entwicklung des Standortes Bundesrepublik Deutschland hingewiesen werden.

Eingangs wurde auf das Ausmaß an Arbeitsteilung und die vergleichsweise geringe Bedeutung von Unternehmensstandorten hingewiesen. Neue Produktionsverfahren und Unternehmensstrategien lassen aber auch einen gewissen Gegentrend erkennen. Große Unternehmen gehen immer stärker dazu über, Teile ihrer Produktion, oft einschließlich der Entwicklung und Konstruktion entsprechender Teile, auszulagern. Die eigene Produktion wird über solche Strategien und über sogenannte "just-in-time"-Lieferverträge mit den jeweiligen Lieferanten eng verknüpft. Dadurch entsteht eine enge, gegenseitige Abhängigkeit, die über die konkrete Lieferbeziehung hinaus netzartig das gesamte industrielle Umfeld einbezieht. Aus dieser Perspektive sind dann beispielsweise die Transportbedingungen – insbesondere die Pünktlichkeit und Sicherheit von Lieferungen – von elementarer

Bedeutung. Eine, auch geographisch gesehen engere Liefersituation, wird so möglicherweise als sicherer eingeschätzt als eine Liefersituation über große räumliche Distanzen und den entsprechenden Unwägbarkeiten hinweg. Räumliche Distanz kann aus dieser Sicht ein mögliches Flexibilitätshemmnis werden.

Ein weiteres Beispiel liefert die bundesdeutsche Textilindustrie. Über Jahrzehnte hinweg galt sie als Musterbeispiel für eine schrumpfende oder gar aussterbende Industrie. Produktionsbedingungen, wie sie etwa in Fernost geboten wurden, ließen eine hiesige Produktion vor allem aus Kostengründen obsolet erscheinen. In einem nicht unbedeutendem Restbestand dieser Industrie wurden in der Zwischenzeit allerdings Textilqualitäten entwickelt, die nur mit Hilfe eines gut ausgebildeten Facharbeiter- und Ingenieurstabes und völlig neuen Produktionsmethoden hergestellt werden können. Die enormen Qualitätsverbesserungen setzten auch auf der Nachfrageseite überdurchschnittlich hohe Standards. Aufgrund der nun auch international stark gestiegenen Nachfrage nach hohen und höchsten Textilqualitäten floriert die deutsche Textilindustrie in einer beinahe aufgegebenen Branche. Dieses Beispiel verdeutlicht recht gut, daß Standortvorteile auf der Basis bestehenden und weiterentwickelten know-hows auch zurückerobert werden können und nicht ein für alle mal verloren sein müssen.

Die Beispiele werden an dieser Stelle nicht ausgebaut. Sie sollen vielmehr punktuell zeigen, daß eine Standortdiskussion, die nur auf einzelne Standortfaktoren abhebt, überholt ist. Unternehmen, vor allem expandierende Unternehmen, machen ihre Standortentscheidung nicht allein von Kostenargumenten abhängig. Vielmehr müssen jeweils eine breite, von der spezifischen Situation des Unternehmens abhängige Palette von Faktoren berücksichtigt werden. Das heißt natürlich nicht, daß die Kostensituation vernachlässigt werden kann; jedoch sind konkrete Standortbedingungen im Zweifelsfall nicht mit Geld aufzuwiegen. Eine differenzierte Standort-Diskussion hätte dann neben den "klassischen" auch "weiche" Standortfaktoren wie z.B. die Forschung und Wissenschaft und die geistig-kreativen Potentiale einer Volkswirtschaft zu berücksichtigen (Späth 1989).

Michael N. Ebertz

"Kirchen im Gegenwind"
Über die wachsende Zukunftsunsicherheit der Kirchen in der Bundesrepublik Deutschland

1. Vorbemerkungen

Kirche metaphorisch mit dem Ausdruck Gegenwind zu verknüpfen, ist innerkirchlich zu einem gängigen Sprachritual geworden, ebenso wie die Klage, "schweren Zeiten entgegenzugehen", oder der Aufruf, von einer künftigen Sozialgestalt von Kirche zu träumen (vgl. Ludin/Seiterich/Zulehner 1987), keineswegs jedoch angesichts der sich gegenwärtig abzeichnenden Herausforderungen der Zukunft in Resignation zu verfallen[1]. Wenn sich schon Kardinäle nicht scheuen, "die Lage des Christentums in der Welt von heute mit der Krise der heidnischen Religionen im spätrömischen Kaiserreich zu vergleichen" (Höffner 1979:5), und katholische Bischöfe "zu einem ungewöhnlichen Zeitpunkt" sogar die gläubigen Laien ihrer Diözesen dazu auffordern, "über die Fragen, die uns bedrängen", ins Dauergespräch einzutreten und zur Lösung des anstehenden Problemstaus "auch neue Wege zu suchen"[2], dann scheint es fünf vor zwölf zu sein und der Gegenwind kirchliche Fundamente erzittern zu lassen. Dann erhält die Annahme Nahrung, daß der – wie auch immer zu definierende – kirchliche Kurs sogar mit hohem Ressourcenaufwand kaum oder – mit den überkommenen Mitteln – gar nicht mehr zu halten ist, daß das Schiff um sich selber kreist oder sogar seine Überlebensfrage auf der Tagesordnung steht.

Angesichts zahlreicher Indikatoren, die auf eine anhaltende und fortwirkende Erosion kirchenkonformer Orientierungen gerade auch unter den jüngeren Generationen hinweisen – zu denken ist etwa an steigende Kirchenaustrittsmeldungen und -neigungen, rückläufige Gottesdienstbesucher-

---

1 So etwa in einem Brief des Erzbischofs von Köln (Nachrichten des Presseamtes des Erzbistums Köln, 7.9.1989; vgl. auch Zulehner 1989, Lohse 1981:83).

2 So der Freiburger Erzbischof, Oskar Saier, in seinem Hirtenbrief "Miteinander Kirche sein - für die Welt von heute" (Amtsblatt der Erzdözese Freiburg, 7.9.1989. Vgl. für die evangelische Seite auch den als Gesprächsimpuls für "die Christen, die kirchlichen Gruppen, die Gemeinden, Dienste und Einrichtungen und die Synoden" gedachten Brief der 7. Synode der EKD (1988).

zahlen[3], an die abnehmende Akzeptanz kirchlicher Normen und Glaubenssätze und die sich ausbreitende Ignoranz kirchlichen Basiswissens –, ist die kirchliche Selbstthematisierung der kirchlichen Zukunft inzwischen zur Selbstverständlichkeit geworden.

Auf protestantischer Seite ist die sorgenvolle Frage: "Was wird aus der Kirche ?"[4] im Verlauf der letzten Jahrzehnte ebenfalls immer selbstverständlicher gestellt und unter anderem auch – wie auf katholischer Seite – in demoskopische Umfragen umgesetzt worden[5]. Trotz eines breiten Spektrums von Zukunftsfragen, die auf unterschiedlichen Ebenen unterschiedlicher Einheiten des jeweiligen kirchlichen Dienstleistungsverbundsystems mehr oder weniger intensiv diskutiert werden[6], ist die basale Frage nach der Zukunft der Kirche selbst deutlich ins Zentrum der Aufmerksamkeit ihrer offiziellen Repräsentanten geraten, und zu ihrer Klärung sind wohl noch nie in 25 Jahren der Kirchengeschichte so immense Mengen zeitlicher und finanzieller Ressourcen aufgewendet worden wie im ausgehenden 20. Jahrhundert.

---

3 Die Statistik der sonntäglichen Gottesdienstbesucher erfaßt derzeit für den Bundesdurchschnitt ca. 20 Prozent der Katholiken und ca. 5 Prozent der Protestanten. Die Kirchenaustritte nehmen in den letzten Jahren in beiden Kirchen wieder deutlich zu, jedoch protestantischerseits von einem höheren Prozentniveau aus. Einen statistischen Überblick der Kirchenaustritte und Gottesdienstbesucherzahlen nach einzelnen Diözesen gibt Kleindienst (1988). Eine 1985 durchgeführte Sondererhebung der EKD über die Kirchenaustritte erbrachte u.a. den Befund eines überproportionalen Zwei-Drittel-Anteils der 19- bis 39-jährigen unter den Ausgetretenen, die überwiegend männlichen Geschlechts und Erwerbspersonen, also mehrheitlich Kirchensteuerzahler sind. Siehe Statistische Beilage Nr. 80 zum Amtsblatt der EKD, Heft 10; vergleichbare Daten nach Alterskategorien aus der römisch-katholischen Kirche liegen mir nur für einige Diözesen vor. Im Bistum Essen z.B. beträgt der Anteil der 18- bis 40-jährigen unter den Ausgetretenen von 1986 bis 1988 sogar 75 Prozent (Unveröffentl. Mskr. des IKSE, Oktober 1989).

4 So der Publikationstitel der "Ergebnisse der zweiten EKD-Umfrage über Kirchenmitgliedschaft" (Hanselmann/Hild/Lohse 1984). S.a. EKD (1986b; 1986a) sowie Welker (1987).

5 Für die evangelische Kirche s.a. Hild (1974); Kuphal (1979), Feige (1976; 1982); für die katholische Kirche die noch unveröffentlichte Dokumentation "Vertrauenskrise der Kirche? Eine Repräsentativerhebung zu Kirchenbindung und -kritik". S. hierzu die Besprechung von Steuer (1990).

6 Dieses Spektrum reicht bis hin zu basalen kircheninternen Strukturfragen (z.B. Dualismus von bürokratisierter Priesterkirche bzw. Expertenkirche und Volkskirche) und Fragen der zukünftigen Profilierung von verbandlicher Diakonie und Caritas sowie zu Problemen der interkirchlichen Kooperation (Ökumene), der Ethik, der Gesellschafts- und Sozialpolitik und der Folgen der europäischen Integration für die Kirchen (vgl. bspw. ELKB 1988).

In diesem innerkirchlichen Zukunftsdiskurs geht es weniger um Fragen der öffentlichen Präsenz und Akzeptanz bzw. der institutionellen und organisationellen Stabilität der Kirchen, die in der Bundesrepublik – auch im historischen und internationalen Vergleich – nach wie vor als beachtlich eingeschätzt wird[7]. Es geht dabei schon eher um die Sicherung finanzieller Ressourcen bzw. um die Rekrutierung und den quantitativen Bestand von Basismitgliedern[8], der allerdings – obwohl anhaltend rückläufig – den Vergleich mit den Parteien, anderen Groß-Verbänden und gesellschaftlichen Einrichtungen ebensowenig zu scheuen braucht wie der Besuch kirchlicher Veranstaltungen[9]. Im Brennpunkt stehen vielmehr Fragen der künftigen Sicherung der qualitativen Ressourcen der Mitglieder, ihrer religions- bzw. christentums- und kirchenspezifischen Orientierung und ihrer amtskirchlichen Kontrolle; denn das Verhältnis von offizieller Kirche und ihren Mitgliedern hat sich, wie noch exemplarisch gezeigt werden soll, in den letzten Jahrzehnten erheblich gewandelt, so daß die Weitergabe des Glaubens an die nächste Generation[10], wie es im innerkirchlichen Jargon heißt, in den kommenden Jahrzehnten als nicht mehr gewährleistet erscheint.

---

7 Vgl. im einzelnen Geller (1976, bes. 46ff); Kaufmann (1989:120ff); v. Tiling (1969); Kasper (1988:69f); im Detail: Friesenhahn u. Scheuner (1974).

8 Vgl. hierzu etwa die Modellrechnungen und schlußfolgernden Strategie-überlegungen zur Entwicklung der Kirchenmitgliedschaft und des Finanzierungspotentials in EKD (1986a), wobei auch der Zusammenhang zwischen der öffentlichen Akzeptanz der Kirchen und der - gestiegenen - Austrittsneigung thematisiert wird. In der katholischen Kirche kommt noch massiv das Dauerproblem der Sicherung des Priesternachwuchses hinzu (vgl. SOG 1983).

9 Nach den jüngsten Ergebnissen der Volkszählung (1987) liegt der Bevölkerungsanteil der römischen Katholiken mit 42,9 Prozent inzwischen über demjenigen derer, die ihre Zugehörigkeit zur evangelischen Kirche (ohne Freikirchen) bekundeten (41,6 Prozent). Damit ist der Bevölkerungsanteil der Mitglieder der beiden christlichen Großkirchen seit der Volkszählung von 1970 von 91,6 (44,6; 47,0) Prozent auf 84,5 Prozent gefallen; der Anteil der Konfessionslosen dürfte erheblich zugenommen haben (s. Wirtschaft und Statistik 12, 1988:834). Die Besucherzahl nicht-kirchlicher Veranstaltungen liegt allerdings bereits über derjenigen kirchlicher Art, wenn man nur den Sonntagsgottesdienst berücksichtigt, also andere Großveranstaltungen wie z.B. Kirchentage, Katholikentage und Wallfahrten ausklammert. 1986 betrug die jährliche Gesamtzahl von Gottesdienstbesuchen (beider Großkirchen) 54 Mio., von Fußballsspiel- und Kinobesuchen jeweils 87 Mio., von Museumsbesuchen 56,7 Mio. und von Theaterbesuchen 20,9 Mio. S. Kirchliches Jahrbuch für die Evangelische Kirche in Deutschland 113 (1986:88).

10 Hier wären eine Unmenge von Publikationen und Dokumenten anzuführen. Vgl. exemplarisch die Beschlüsse der Diözesansynode Rottenburg-Stuttgart (BOR 1986), Feifel u. Kasper (1987), Seeber (1988), Ruh (1989) sowie den Brief der 7. Synode der EKD (1988), außerdem die jüngsten Fastenhirtenbriefe der Bischöfe von Mainz und Rottenburg-Stuttgart.

Damit geht es in diesem Zukunftsdiskurs auch weniger um Kirche als Gegenstand des Glaubens, wie sie in der theologischen Ekklesiologie als – von den Pforten der Hölle nicht zu überwältigender – Leib Christi (oder Volk Gottes) reflektiert wird[11], sondern eher um Kirche als eine gesellschaftliche Größe. Dabei werden auch Fragen der Kirche-Umwelt-Relation, insbesondere Fragen der Integration und der Vernetzung von kirchlichen und anderen sozialen Einheiten thematisch, die bisher als elementare strukturelle Garanten der Glaubenstradierung galten.

Wie jede andere Religion ist ja auch das Christentum in seinen vielfältigen (z.B. konfessionellen) Teiltraditionen "auf sozialstrukturelle Grundlagen angewiesen, um in der Zeit bestehen zu können" (Kehrer 1982:18). Grob lassen sich zwei Typen von Grundstrukturen sozialer Trägerschaft von Religion unterscheiden, die auch in der Vergangenheit für die Tradierung des Christentums von Bedeutung waren: Einerseits religionsspezifische soziale Gebilde, also z.B. Kirchen, Sekten, Klöster und Kommunitäten, andererseits religionsunspezifische, multifunktionale Sozialbeziehungen, wie z.B. Familien, Nachbarschaften, Freundschaften, Bekanntschaften[12]. Unter Einbezug ihrer Vereine und Verbände lassen sich die christlichen Kirchen als stark umweltgerichtete, aber auch extrem umweltabhängige, im Kern religionsspezifisch organisierte Kommunikations- und Handlungszuammenhänge begreifen, deren Ziel es ist, die praktische Handlungsformierung (z.B. durch moralische Vorschriften), Weltorientierung (z.B. durch Sinndeutung des historischen und natürlichen Weltganzen) und Ohnmachtsbewältigung (z.B. durch Vermittlung von Trost und Hoffnung) von Menschen unter Bezugnahme auf die christliche Überlieferung zu beeinflussen. Als organisierte, d.h. formalisierte, arbeitsteilig gegliederte und strukturell vernetzte sowie mit Leitungsinstanzen ausgestattete Kollektivitäten suchen sie auf unterschiedliche Weise – z.B. durch Maßnahmen der Verkündigung, der Liturgie, der Diakonie und der Koinonie; aber auch beispielsweise durch interessenverbandsähnlichen politischen Einfluß[13] – nicht nur auf Einzelpersonen einzuwirken, die über die Taufe als Basismitglieder aufgenommen worden sind, sondern auch auf Klienten, Akteure und

11 Vgl. hierzu die einschlägigen Bezugstexte im Neuen Testament (Matthäus-Evangelium 16,18; Epheserbrief 5,22-32; 1. Petrusbrief 2,10).

12 Zu dieser klassischen religionssoziologischen Unterscheidung (Wach 1951) s. im einzelnen Kehrer (1982:12ff).

13 Hierauf verweist sehr differenziert insbesondere v. Tiling (1969:238, 248ff, 258), ohne die Kirchen deshalb - wie die einschlägige politologische Standardliteratur - schon in der Kategorie des Interessenverbandes aufgehen zu lassen. Vgl. zum Problem immer noch Mahrenholz (1969).

soziale Gebilde ihrer äußeren Umwelt (z.B. in Politik, Recht, Wirtschaft, Familie, Bildung und Freizeit).[14]

Ein – auch im Vergleich zu den hierzulande prosperierenden Sekten und Freikirchen (vgl. Reimer 1988, 1989) – markantes Strukturmerkmal der christlichen Großkirchen besteht darin, daß in ihnen die Rekrutierung von Basismitgliedern nicht an einen ihnen abverlangten Bekenntnis- oder Bekehrungsakt gebunden ist, Mitgliedschaft nicht freiwillig erworben, sondern – durch Säuglingstaufe – zugeschrieben wird. Nachträglich erst muß Mitgliedschaft erworben, d.h. über Anreize und Sozialisationsprozesse geweckt und gepflegt werden. Zusammen mit der Kirchengemeinde stellt dabei das geistliche Personal nur einen Faktor unter vielen dar und bleibt auf kooperierende und unterstützende Kräfte angewiesen. Hierzu werden namentlich die Familien gezählt, die über ihre Reproduktionsfunktion den Kirchen auch die Mitglieder zuführen, aber auch Kindergärten, Schulen bzw. der schulische Religionsunterricht sowie Jugendverbände als Neben- und Vorfeldorganisationen der Kirchen.

Meine Generalthese ist, daß jener Gegenwind weniger auf sozusagen feindlich-aggressive Motive aus der äußeren und inneren Umwelt der Kirchen zurückführbar[15], sondern als Effekt eines problematisch gewordenen Verhältnisses zu ihrer gesellschaftlichen Umwelt zu verstehen ist. In ihr haben sich die für moderne Gesellschaften charakteristischen Prozesse der funktionalen Differenzierung, der kulturellen Pluralisierung, der Individualisierung und damit der Entplausibilisierung konkreter konfessioneller Glaubensvorstellungen und -praktiken mit erheblichen Folgewirkungen für die überschaubare Zukunft verschärft, wozu auch die Erosion der bislang die Glaubenstradierung tragende Vernetzung von kirchlichen und kirchenexternen sozialen Einheiten (insbesondere von Familie, Kindergärten, Religionsunterricht, Jugendverbänden) zu rechnen ist.

---

14 Vgl. Wichmann (1978), Heßler (1978). Um nur ein - vielleicht kurioses - Beispiel zu nennen: So kennt etwa die EKD die Stelle eines Sportpfarrers, der in ihrem Auftrag Verbindung zu den Spitzenorganisationen des Sports und den Sportlern selbst unterhält, die kirchlichen Einrichtungen in Fragen des Sports berät, bei Sportveranstaltungen kirchliche Dienste plant und koordiniert, einschlägige Tagungen veranstaltet, Stellungnahmen der EKD zum Sport vorbereitet und die Geschäfte des evangelischen Arbeitskreises Kirche und Sport führt.

15 Wie dies dennoch von fundamentalistischer Seite perzipiert wird. Vgl. Niewiadomski (1989, bes. S. 110ff). Über fundamentalistische Tendenzen im Katholizismus s.a. Ebertz (1989a).

2. Dimensionen des Kirche-Umwelt-Problems

Moderne Gesellschaften sind durch Prozesse der funktionalen Differenzierung der Lebensbereiche, der Privatisierung bzw. Individualisierung der Lebensführung und der Pluralisierung der Weltanschauungen charakterisiert, um nur, stark verallgemeinernd, einige der religionssoziologisch hier interessierenden Hauptzüge zu nennen. Eine ihrer Gemeinsamkeiten ist darin zu sehen, daß sie sich allesamt als kognitive und normative Schwächung der Selbstverständlichkeit und Verbindlichkeit religiöser Vorstellungen auswirken.

2.1. Funktionale Differenzierung

Unter funktionaler Differenzierung läßt sich die Tatsache verstehen, daß sich verschiedene Lebensbereiche der religiösen bzw. kirchlichen Vormundschaft mehr und mehr entzogen und relativ verselbständigt haben, d.h. auch immer deutlicher auseinandergetreten sind. Sie folgen jeweils ihren eigenen Zielen, Werten und Normen, gewinnen an Eigenkomplexität und sind normativ kaum mehr kontrollier-, reglementier- und integrierbar durch ein übergreifendes religiöses Sinndeutungs- und Anweisungsystem. So folgt das Wirtschaftssystem seinen eigenen (marktwirtschaftlichen) Effektivitäts- und Effizienzgesetzmäßigkeiten, was man aktuell recht deutlich auch an der von Unternehmern, Gewerkschafts- und Kirchenvertretern geführten Diskussion um die Sonntagsarbeit[16] beobachten kann. Ähnliches gilt für den Staat mit seiner eigenlogischen Machträson, für die Systeme des positiven Rechts, der werturteilsfreien Wissenschaft, für das Bildungssystem und – wie noch zu zeigen sein wird – für die Familie. Die Kirchen selbst sind zu einem Sektor dieser aufgesplitterten Gesellschaft geworden, in dem ebenfalls Sonderregeln gelten und eine Sondersprache gepflegt wird (vgl. hierzu ZdK 1986).

Wie für jedes Religionssystem bedeutet dies auch für Christentum und Kirche, daß sie zunehmend weniger die Gesamtheit des gesellschaftlichen Lebens mit ihrem auf Weltorientierung, Handlungsformierung und Ohnmachtsbewältigung zielenden Deutungssystem erfassen und integrieren

---

16 Vgl. jetzt etwa Möller (1990), der auch darauf hinweist, daß sich "die Deutsche Bischofskonferenz ebenso wie der Rat der EKD in den vergangenen vier Jahren gleich dreimal in gemeinsamen Erklärungen an die Öffentlichkeit zur Frage des Sonntags geäußert haben"; die Beiträge im Heft 1 der Zeitschrift Diakonia.

können[17]. Eine öffentliche, kollektive Sinngebung des Todes zum Beispiel wird damit "strukturell nicht zugelassen" (Nassehi/Weber 1989:274f.).

Im Widerspruch zu ihrem eigenen Selbstverständnis und Wahrheitsanspruch reduziert sich die sinngebende und handlungsanweisende Kraft der christlichen Kirchen mit steigendem Differenzierungsgrad der gesellschaftlichen Teilbereiche. Jedes Religionssystem wird damit in eine marginale Position gedrängt, während andere gesellschaftliche Teilsysteme, beispielsweise das Wirtschafts- und das Wissenschaftssystem, eine führende, zumindest eine expansive und interpenetrierende, wenn man so will, eine parasitäre bzw. quasi-missionarische Kraft entfalten (vgl. Kaufmann 1981:9; Tenbruck 1977).

Aus der öffentlichen und alltäglichen Interaktion und Kommunikation weitgehend ausgeklammert, wird christliche Religion – wie jede andere Religion – strukturell in den Privatbereich abgedrängt, verliert für den einzelnen an sozialer Bestätigung und erleidet damit schon eine empfindliche Einbuße an Plausibilität. Diese strukturell erzeugten Erfahrungszusammenhänge in den Lebensumständen des modernen Menschen spiegeln sich beispielsweise in einer allgemein verbreiteten religiösen Diffusität (etwa was die konfessionellen Lehrunterschiede oder das Gottesbild angeht) und in einem kaum mehr zu übersehenden religiösen Indifferentismus (vgl. Daiber 1985; Kaufmann 1989:146ff.) wider. Sie drücken sich konkret auch darin aus, daß etwa bei beruflichen Sorgen und Problemen der Arbeitslosigkeit nur noch ganz wenige Personen Vertreter der Kirche aufsuchen würden und bei politischen Entscheidungen die Einstellung zu einem solchen Kontakt selbst bei regelmäßigen Kirchgängern so negativ ist, "daß die Bereitschaften sich nicht mehr wesentlich nach unten verschieben können" (IKSE 1977:36ff.). Es ist auch kein Zufall, daß männliche und jüngere Befragte, deren Handlungsfelder und Erfahrungsbereiche häufiger außerhäuslich liegen als die von Frauen und Älteren, eine deutlich schwächere kirchliche Normerfüllung und Kirchenbindung aufweisen.

Dieses moderne Verhältnis des Menschen zur (kirchlich-christlichen) Religion betrifft in besonderem Maße gerade die Katholiken. Das – kirchlicherseits seit Mitte des 19.Jahrhunderts aufgebaute, teilweise in Minderheits- und vormodernen Sozialstrukturlagen (provinziell, ländlich, handwerklich, bildungsdefizitär) verankerte – katholische Sozialmilieu, das sich demonstrativ auch in seinen berufs- und freizeit-, aber auch politisch orien-

---

17 Über diesen Verlust der Integrationsfunktion jeder Religion auf der Ebene moderner Nationalgesellschaften als "Krise der Religion schlechthin" siehe Kaufmann (1981:11). Neuerdings vertritt Kaufmann (1989:252ff) die These, daß insbesondere das Christentum in Zukunft eine neue Integrationsfunktion auf weltgesellschaftlicher Ebene übernehmen könnte.

tierten Vereins- und Verbändestrukturen manifestierte und für eine Konzentration der katholischen Sozialkontakte sorgte, vermochte zwar bis in die zweite Hälfte unseres Jahrhunderts für viele Katholiken noch eine sozial gestützte und relativ einheitliche Sinnintegration der modernen differenzierten Gesellschaftsstrukturen zu leisten (vgl. Kühr 1985; Gabriel 1988). Allerdings unterlag es in nationalsozialistischer Zeit, nach dem Zweiten Weltkrieg und verstärkt seit den letzten beiden Jahrzehnten einem gewaltigen Erosionsprozeß. Mit seiner Auflösung von unten[18] und von oben[19] und der damit freigesetzten Teilhabe der Katholiken an allen gesellschaftlichen Teilbereichen fiel für sie auch das "innere Motiv" weg, "sich von Andersdenkenden zu isolieren", sowie die "äußeren Bedingungen, welche einen Kontakt zu Andersdenkenden erschwerten ... Katholiken wollen nicht mehr etwas besonderes sein, sie wollen zunehmend sein wie andere Leute und empfinden nunmehr alle diejenigen kirchlichen Bestimmungen, welche sie auf ihren partikulären Status als Katholiken festzulegen suchen, als Einengung" (Kaufmann 1979:74). Vielfach dauerkritisiert bzw. gelockert, wenn nicht aufgegeben wurden deshalb in der katholischen Bevölkerung Zölibat und Mischehengesetzgebung, Ohrenbeichte, bestimmte Formen der Marien- (s. Ebertz 1986a) und Heiligenverehrung, die Befolgung von Fastennormen, die Praxis des Sichbekreuzigens und des Benetzens mit Weihwasser (zumal aus dem häuslichen Weihwasserkesselchen), das Aufstellen eines häuslichen Maialtärchens, die Feier des Namenstages, überhaupt die Vornamensgebung nach heiligen Namenspatronen, um nur einige Beispiele zu nennen – also weitgehend das, was Katholiken von Protestanten unterscheidet.

2.2. Pluralisierung der Weltanschauungen

Kognitive und normative Selbstverständlichkeiten und Verbindlichkeiten kirchlicher Vorstellungen und Praktiken werden auch dadurch relativiert, daß christliche und außerchristliche Sinnstiftungsproduzenten alternative

18 Durch Aufhebung der konfessionellen Minderheitensituation in Folge des Kriegsverlusts der vorwiegend protestantischen Ostgebiete; durch konfessionelle Durchmischung der Bevölkerung durch Flüchtlingsansiedelung und ökonomisch bedingte Wanderungsbewegungen; durch Diffusion der öffentlichen Meinung über Massenmedien; durch Einbezug ländlicher katholischer Gebiete in den Marktnexus; durch Zugang der Katholiken zu weiterführenden Bildungseinrichtungen, d.h. den Abbau des katholischen Bildungsdefizits.

19 Hierbei ist insbesondere an die partielle Nicht-Restitution spezifisch katholischer Verbände zu denken bzw. an die amtskirchliche Unterstützung der Gründung überkonfessioneller Verbände: CDU/CSU, Einheitsgewerkschaft, Deutscher Sportbund.

Möglichkeiten der Weltorientierung, Handlungsformierung und Ohnmachtsbewältigung offerieren. Neben den sich partiell schon wechselseitig selbst relativierenden christlichen Konfessionen gehören hierzu in der Bundesrepublik miteinander rivalisierende christliche "Theologien", die direkt über den Massenmedienmarkt ihre Lesergemeinden erreichen, sowie verschiedene Organisationen von "religion totale", also sich mehr oder weniger zum Christentum rechnende religiöse Bewegungen und Sekten; sodann "Fremdreligionen", vor allem Islam und Buddhismus, der insbesondere auf Intellektuelle Faszination ausübt; nicht zuletzt aber auch Formen "politischer Religion", wie sie etwa in der ökologischen Protestbewegung zum Ausdruck kommt (Kehrer 1980). Läßt man den Blick weiterstreifen, öffnet sich ein schillerndes Spektrum sogenannter "verkappter Religionen"[20] und das offene Feld einer bürgerlichen Kultur, die in alternativer Lebensausdeutung zu rein kirchlich-christlichen Angeboten der Weltorientierung, Handlungsformierung und Ohnmachtsbewältigung eigene freie Formen der Kommunikation über die politische, ethische, gefühlsmäßige und ästhetische Wirklichkeit pflegt (vgl. Tenbruck 1986; Drehsen 1988), nicht selten mit religions- und kirchenkritischer Tönung (Mennekes 1986). Die Produzenten dieser bürgerlichen Kultur, die sich vorzugsweise in Literatur, Film, Theater, Musik, bildender Kunst und in den – selbst wieder als Multiplikator des weltanschaulichen Pluralismus fungierenden – Massenmedien manifestiert und ihren lebensgeschichtlich primären Ort schon in den – zumeist entkonfessionalisierten – Bildungseinrichtungen hat, welche heute – neben der Medien- und Freizeitindustrie – die dominante Kontrolle über die Jugendphase gewonnen haben (vgl. Zinnecker 1987, z.B. S. 311), "reflektieren auf subjektive Weise Fragen des Lebens und der Gesellschaft. Die Auseinandersetzung damit läßt den einzelnen an der Erörterung weltanschaulicher und lebenskundlicher Fragen Anteil nehmen und besorgt ihm die Möglichkeit zu einer vagen Reflexion eigener Probleme" (Mennekes 1986).

Seinen Verdichtungssraum hat der kirchlicherseits nicht mehr zu kontrollierende weltanschauliche Pluralismus in den Städten und Großstädten, wo auch die Kirchenbindung deutlich schwächer ausgeprägt ist als im Bundesdurchschnitt. Hier sind auch die konkreten lebenspraktischen Wahlmöglichkeiten und die – nicht einmal explizit weltanschaulich auftretende – Konkurrenzen um das Freizeitbudget der Bevölkerung größer (Vgl. EKD

20 Bry (1988) versteht unter dieser - polemisch getönten - Sammelbezeichnung beispielsweise Bewegungen vom Spiritismus und Okkultismus über Vegetarismus und Nacktkultur bis hin zur Theo- oder Anthroposophie und zur Psychoanalyse. Eine aktuelle Kurzübersicht über diesen Markt verkappter Religionen, wozu man auch die New-Age-Mystik zählen kann (vgl. hierzu Knoblauch 1989), findet sich in Keden (1989).

1986b:6; vgl. auch Göpfert/Modehn 1981; Nientiedt/Seeber 1989). Hier ist auch der Sonntag, um noch einmal auf dieses aktuelle und symptomatische Diskussionsbeispiel zurückzukommen, schon bald nach 1945 im Freizeit-Weekend aufgegangen und der kirchlichen Kontrolle zunehmend entglitten (vgl. Altermatt 1986: 284). Nicht nur, aber gerade auch im Hinblick auf die städtischen Verdichtungsräume der modernen Gesellschaft muß man sehen, daß sie zahlreiche Möglichkeiten bereithält, den einzelnen vor allzu intensiven und extensiven Reflexionserfordernissen und -zumutungen zu immunisieren. Neben den institutionalisierten Zielen des Berufserfolgs, des sozialen Aufstiegs, der Unterhaltung durch Massenmedien und Tourismus ist hier etwa zu denken an die Zerstreuungs- und Erlebniswelten der Sport- und Konsumzonen, an die Expansion der profanen Festkultur oder an die Möglichkeit, sich im selbstgenügsamen Rückzug am Selbstwert des kleinen und überschaubaren Familienlebens zu erbauen (vgl. Ebertz 1988:405f). In der Religionssoziologie wurde dieser kaum zu unterschätzendes soziale Sachverhalt auf die Formel von der "Sinnstiftung ohne Sinnsystem" gebracht (Döbert 1978; Mörth 1979).

Wo Vertreter der Kirchen heute reden und handeln, finden sie sich stets auf einem Marktplatz unter zahlreichen, kaum mehr überschaubaren Alternativangeboten, der sich unter den noch vorhandenen volks- bzw. massenkirchlichen Strukturbedingungen popular (vgl. Ebertz/Schultheis 1986b) und zunehmend auch offiziös (nicht nur auf Kirchen- und Katholikentagen) in die kirchlichen Binnenbereiche hineindehnt, ja auch die von den Kirchenleitungen selbst gewählten politischen Taktiken ganz entscheidend mitbestimmt (vgl. v. Tiling 1969). Nicht durch einen Verdrängungswettbewerb seitens einer geschlossenen und umfassenden Deutungsalternative ist das kirchlich verfaßte Christentum herausgefordert, sondern durch eine Vielzahl von seine Geltung relativierenden Kräften sowie durch einen schleichend-pragmatischen religiösen Synkretismus – Tendenzen, denen die gesellschaftlichen Verhältnisse auch in Zukunft immer mehr Raum verschaffen werden.

Angesichts der europäischen Einigungsbestrebungen und zahlreicher Entwicklungstendenzen hin zu einer multikulturellen Gesellschaft, welche die Kirchen beispielsweise mit ihrer liberalen Asylpraxis – mehr oder weniger reflektiert – selbst befördern (vgl. Graf 1990:10), spricht hierzulande viel dagegen, daß in der überschaubaren Zukunft eine Entschärfung des weltanschaulichen Pluralismus mit seinen marginalisierenden, relativierenden und privatisierenden Folgen für die christlichen Kirchen und darüber eine Restabilisierung des soziokulturellen Außenhalts für die von ihnen propagierten Handlungsformierungen, Welterklärungen und Ohnmachtsbewältigungsangebote erwartet werden kann. Damit drängt sich die Frage auf, mit welchem kognitiven und normativen sozialen Unterstützungspotential die Kirchen für die Tradierung ihrer Glaubensvorstellungen und -praktiken in der Privatsphäre ihrer Basismitglieder noch rechnen können.

2.3. Die Individualisierung der Lebensführung

Die These vom Prozeß der Privatisierung der Religion, der mit der funktionalen Differenzierung der gesellschaftlichen Teilbereiche und der Pluralisierung der Weltanschauungen einhergeht, kann dazu verleiten, die modernen Familien im Hinblick auf ihre Chance zur sozialen Bestätigung und Stützung von Religiosität bzw. Christlichkeit und Kirchlicheit zu überschätzen und deshalb mit überzogenen Ansprüchen zu konfrontieren. Dagegen sprechen nicht nur die – in allen westlichen Industriegesellschaften – seit etwa 20 Jahren beobachtbaren Prozesse der De-Institutionalisierung von Familie, vor allem der Ehe, sondern auch noch zahlreiche andere Befunde, auf die noch weiter unten verwiesen werden soll. Hierzu gehört, daß die Familie selbst zu einem ausdifferenzierten gesellschaftlichen Teilbereich geworden und durch Pluralisierungs- und Individualisierungsprozesse gekennzeichnet ist.

Staatlich garantierte Handlungsspielräume wie die Versammlungs- und Vereinigungsfreiheit, die Freiheit der Wahl des Berufs, des Wohnsitzes und der Religion, vor allem aber die – seit den 60er und 70er Jahren erfolgte – Erweiterungen der institutionellen Handlungsspielräume durch die soziale Öffnung des Bildungssystems haben zu einer größeren Vielfalt der Teilhabe sowohl an den funktional differenzierten gesellschaftlichen Teilbereichen als auch an den pluralisierten Weltanschauungsangeboten geführt, was sich sozialstrukturell in einer Differenzierung der sozialen Schichtung und biographisch in einer Diversifizierung der individuellen Lebenslaufmuster manifestiert (vgl. Buchmann 1989:631). Damit verringern sich die strukturellen und kulturellen Gemeinsamkeiten der Individuen, lockern sich soziale Dichte und Integration der traditionalen sozialen Beziehungen, womit die sozialisatorische Prägekraft traditionsvermittelter Werte und Normen ebenso abnimmt wie die Bindungskraft traditionsbestimmter sozialer Milieus. Wie jene Werte und Normen werden auch solche überkommenen Bindungen zunehmend zum Objekt der Dauerreflexion (Schelsky 1979) und in die epochale Bewegung vom Schicksal zur Wahl (Berger 1980:24) hineingenommen. "Das Ich, also die eigene Person, als das einzig Permanente, als die einzige Person, mit der man lebenslang zusammenleben muß" (Elias 1987: 272), tritt deshalb immer stärker hervor und verschafft sich kulturellen Ausdruck im sogenannten Wertewandel mit seiner Verbreitung von Selbstentfaltungswerten (vgl. Klages 1984; 1988) und in der damit einhergehenden Dominanz eines individualistischen Paradigmas vom Sein und Sollen des Menschen[21].

Auch das Verhältnis des einzelnen zur Kirche gerät in den Sog des Trends vom Schicksal zur Wahl und steht in all seinen Ausprägungen – zumindest potentiell – zur persönlichen Disposition, zumal es, vom hauptamtlichen Kirchenpersonal abgesehen, "kaum Bereiche (gibt), wo die materielle und physische Existenz noch von kirchlichen Entscheidungen abhängig wäre" (Kaufmann 1986:335). Als Thema – möglicher und reversibler – Entscheidungen wird auch die religiöse bzw. weltanschauliche Orientierung zum Gegenstand von Dauerreflexion. Wenn die Kirchen sozialer Stützung durch überkommene Soziallagen, Sozialformen und Sozialmilieus in wachsendem Maße entbehren müssen, sind sie tendenziell auf das Individuum verwiesen, das sich ihrem Anspruch jederzeit entziehen und ihn in ein Angebot seiner eigenen Nachfrage transformieren kann, ohne soziale Folgekosten befürchten zu müssen.

3. Die Erosion der traditionellen Vernetzung von Kirche und kirchenexternen Sozialbeziehungen. Am Beispiel der Familie

Auch die Familie wurde strukturell und kulturell von Pluralisierungs- und Individualisierungsprozessen[22] erfaßt und hat sich nach dem Zweiten Weltkrieg immer deutlicher als ein weitgehend eigen-sinniger und autonomer Lebenszusammenhang herausgegrenzt, insbesondere auch gegenüber den Sinngebungen, Handlungsvorschriften und Kontrollansprüchen der Kirchen, so daß sie als elementare Sozialisationseinheit des kirchlichen Mitgliedernachwuchses in Zukunft immer weniger zur Verfügung stehen wird.

Die fortschreitende Herausbildung eines solchen familialen Eigenprofils läßt sich empirisch recht gut belegen an Veränderungen in den Einstellungen und Verhaltensweisen der letzten Jahrzehnte. Sie betreffen 1) den institutionellen Kernbereich der Familie, 2) die religiöse Gestaltung ihres Zusammenlebens und 3) ihren Umgang mit den spezifisch religiösen Dienstleistungsangeboten der christlichen Kirchen.

---

21 So - hier paraphrasiert - J. Kardinal Ratzinger (1989) in seinem vor den Vorsitzenden der Glaubenskommissionen europäischer Bischofskonferenzen gehaltenen Referat.

22 Zur strukturellen Pluralisierung der Familie siehe Lüscher/Schultheis/Wehrspaun (1988); zu ihrer Individualisierung siehe Elias (1987).

3.1. Wandlungen im institutionellen Kernbereich der Familie

Sie sollen hier nur kurz gestreift werden und berühren vor allem ihr Rückgrat, die Ehe. Darauf deutet nicht nur die ab Mitte der 60er Jahre gewachsene Zahl der Ehescheidungen hin, sondern auch und vor allem die seit dieser Zeit erfolgte tiefgreifende Erschütterung der ganz grundlegend durch die Lehre der Kirche miterzeugten kulturellen Verbindlichkeit von Ehe als eine unhinterfragte, unauflöslich lebenslängliche, für sexuelle Beziehungen exklusive, auf Kinderzeugung angelegte und mit Lebensglückserwartungen verbundene zweigeschlechtliche Paarbeziehung. Diese Erschütterung und die damit verbundene Normalisierung des unverheirateten bzw. vorehelichen Zusammenlebens läßt sich selbst an den Einstellungen kirchennaher Protestanten und Katholiken, insbesondere der jüngeren Generation ablesen (vgl. Noelle-Neumann/Köcher 1987:260, 264-269; Martin 1981:70-75), indirekt aber auch an der defensiven Sprache der einschlägigen kirchlichen Verlautbarungen. Diese sind darum bemüht, den ehemals natürlichen, heute aber auseinanderstrebenden bzw. ins persönliche Belieben geratenen Verweisungszusammenhang von Liebe, Ehe, Sexualität, Zeugung und dauerhaftem Zusammenleben wieder neu zusammenzuflicken[23]. Solche Diskrepanzen könnten mit dazu beitragen, daß die Zahl auch kirchennaher Bundesbürger weiter wächst, welche den Kirchen überhaupt die Kompetenz absprechen, sich zu Problemen in Ehe und Familien zu äußern[24]. Entsprechend fallen "Ehe- und Familienseminare" sowie "Familiengruppenarbeit" auch ans Ende einer Skala von Dienstleistungen, die in der Bevölkerung von den Kirchen erwartet, während andere kirchliche Dienste wie die Betreuung Alter, Kranker und Behinderter als familienentlastend begrüßt werden. Dies gilt sogar für die spezielle Unterrichtung in christlicher Religion. Ihre Kompetenz hierfür schätzen die meisten Eltern

23 Dieses Bemühen wirkt um so hilfloser, als vor nicht allzu langer Zeit (1985) seitens einer christlichen Kirche, nämlich der Synode der evangelisch-reformierten Landeskirche im Kanton Zürich, im Rückbezug auf das Neue Testament nicht-eheliches Zusammenleben aufgewertet und damit die Institution der formal geschlossenen Ehe selbst aus einer Teiltradition des Christentums heraus zumindest relativiert wurde. Das von den anderen christlichen Kirchen - auch wieder mit unterschiedlichen Akzenten - vertretene institutionalistische Ehebild droht daher immer mehr als nur eine (christliche) Option unter anderen gesehen zu werden (innerchristlicher Pluralismus); s.a. Josuttis (1989).

24 Der Anteil derer, die so denken, umfaßt inzwischen zwei Drittel der Bevölkerung und ist seit den 60er Jahren gerade auch bei Katholiken deutlich gewachsen, wenn es um das Thema Empfängnisverhütung oder um andere Fragen der Sexualität geht. S. Noelle-Neumann u. Köcher (1987:231); Schmidtchen (1972:12ff.; 1984:142f.); Martin (1981:53).

nämlich immer weniger hoch ein und verweisen immer eindeutiger auf die Zuständigkeit der hierauf spezialisierten Kirchen (Martin 1981:30ff).

Diese Tendenz zum Rückzug des Familienlebens von speziell christlich-kirchlichen Erziehungsaufgaben muß sicherlich auch damit im Zusammenhang gesehen werden, daß nur gut die Hälfte der deutschen Bevölkerung die "Einstellungen zur Religion" mit dem jeweiligen Lebenspartner teilt und nur ein Fünftel es überhaupt als sehr wichtig "für eine gute Ehe" erachtet, "gemeinsame religiöse Überzeugungen" zu haben (Noelle-Neumann/Köcher 1987:120, 124). Dies läßt sich nur teilweise mit dem in den letzten Jahrzehnten gestiegenen Anteil von Ehen erklären, in denen die Partner nicht einer gemeinsamen Konfession angehören, worin im übrigen ein weiterer Hinweis auf die gewachsene Autonomie der Familie zu sehen ist: Nämlich die Zusammensetzung ihres leitenden Familienpersonals selbst zu bestimmen, nach eigenen Kriterien (erotische Liebe), unabhängig von Eltern und Verwandtschaft, unabhängig aber auch von den eheinstitutionellen Vorstellungen der Kirchen. Damit entziehen sich die Familien aber auch immer stärker dem traditionellen Interesse der Kirchen, deren Mitgliederbestand qualitativ zu sichern, also auch noch eine spezifisch konfessionelle, kirchliche Sozialisation des Nachwuchses zu erbringen. Dieses Interesse sehen die Kirchen nicht zu Unrecht besser gewahrt bei gleicher Konfessionzugehörigkeit der Eltern (vgl. Vaskovics 1970:328f).

Jedoch wird man auch in konfessionshomogenen Familien von oftmals großen Differenzen und Inkonsistenzen in den kirchlichen, christlichen bzw. religiösen Orientierungen auszugehen haben, und zwar zwischen den Eltern wie auch zwischen den Generationen, je weiter die Kinder in den Einfluß verschiedener außerhäuslicher sozialer Kreise und Denkweisen geraten, spätestens wenn sie ins Jugendalter kommen (vgl. Fuchs 1985; Lechner/Schmid 1987). Diese Differenzen befördern im ehelichen und familialen Zusammenleben die Neigung, den Privatbereich gegenüber religiösen Gegensätzen und Kircheninteressen indifferent zu halten. Ehe- und familienintern werden sie tendenziell ausgeklammert, und um den Zusammenhalt nicht zu gefährden, wird das Zusammenleben an religiös sozusagen neutralen oder an recht allgemeinen und unbestimmten Werten ausgerichtet. Es legt sich also hier schon die Vermutung nahe, daß der gesamtgesellschaftliche Prozeß der Privatisierung von Religion nicht vor der Familie Halt macht, sondern sich auch familienintern fortsetzt und in einen Prozeß der Individualisierung überläuft, sogar in konfessionell homogenen Familien. Diese Individualisierung von Religion erzeugt dann möglicherweise die Suche nach sozialer Stützung außerhalb der Familie, aber auch außerhalb der traditionellen Sozialformen der Kirchen in religiösen Sonderveranstaltungen (z.B. Kirchentagen; Reflexionsveranstaltungen für Jugendliche, für

Erwachsene; kirchliche Erwachsenenbildung usw.) und Sondergruppen, da der Mensch zur Versicherung der Realität seiner Vorstellungswelt anderer bedarf. Mit dieser These einer Privatisierung von religiösen Angelegenheiten auch innerhalb der familialen Privatsspäre ist schon unsere zweite Frage angesprochen, diejenige nach dem Wandel der religiösen Gestaltung des familialen Zusammenlebens.

3.2. Wandel der religiösen Gestaltung des familialen Zusammenlebens

Die bislang vorliegenden Untersuchungsergebnisse legen den Schluß nahe, daß das familiale Zusammenleben in den letzten Jahrzehnten immer deutlicher in Richtung einer Entkonfessionalisierung und religiösen Neutralisierung abläuft und sich auch deshalb dagegen sperrt, die von den Kirchen verbal inzwischen immer unverhüllter eingeforderte Leistung einer kirchlich-christlichen Sozialisation zu erbringen. Die ja selbst weltanschaulich zum Teil recht uneinigen Eltern scheinen den wachsenden Rollenkonflikt, dem sie sich dadurch ausgesetzt sehen, daß die Familie von verschiedenen gesellschaftlichen Mächten mit unterschiedlichen, wenn nicht sogar gegensätzlichen Erziehungserwartungen konfrontiert wird, tendenziell so zu lösen, daß sie sich in der Sozialisation der Kinder weniger an der Weitergabe vorgegebener Werte und Normen orientieren als daran, die Vermittlung der Fähigkeit zu erreichen, die auf die Kinder zukommenden unterschiedlichen Situationen zu bewältigen: "Von entscheidender Wichtigkeit werden die Kompetenzen der akuten Situationsbewältigung. Sie den Kindern zu vermitteln und dabei selber auf die eigenen situationalen Kompetenzen zu bauen – statt die eigene Familienwelt mit starren Normensystemen auszustatten ..., – scheinen die Eltern ... als ihre vorrangige Aufgabe bei der Erziehung anzusehen" (Lüscher/Wehrspaun 1985:215; vgl. Schmidtchen 1984: 168ff.). Dementsprechend ist schon seit den 70er Jahren bekannt, daß "immer weniger junge Menschen" über eine ausgesprochen "religiöse Erziehung im Elternhaus berichten", dieses "als Quelle der religiösen Sozialisation an Bedeutung verliert" und die Familie somit "als koalierende Institution der Kirche" ausfällt (Schmidtchen 1979:27,189). So erweist sich auch die "Beanspruchung und Beurteilung des Geistlichen" hinsichtlich seiner Relevanz für die Vermittlung von Sozialisationswissen aus der Sicht junger Eltern als sehr schwach und rangiert ganz am Ende hinter anderen öffentlichen Erziehungsexperten wie dem Arzt oder der Kindergärtnerin, aber auch hinter den privaten Erziehungsexperten wie den eigenen Eltern, denen man in diesen Angelegenheiten gleichwohl nicht ohne Ambivalenzen gegenübertritt (Lüscher u. Wehrspaun 1985:210f.). In der zweiten Hälfte der 70er Jahre meinen nur noch 14 Prozent der Befragten, mehr Frauen als Männer und mehr Kinderreiche als Eltern mit weniger Kindern, daß die Kirche "eine Kindererziehung ermöglicht, die ich für gut halte". In der ersten Hälfte der 70er Jahre waren es noch dreimal so viele, die eine solche Einschätzung vornahmen, Katholiken gleichermaßen wie Protestanten (Schmidtchen 1979:94, 1984:73ff., Martin 1981:47ff.).

Auch an der Reduktion und vor allem an der Intimisierung des religiösen Wandschmucks in den Wohnungen, d.h. seiner Entfernung aus den halb-öffentlichen Repräsentationsräumen wie dem Wohnzimmer und seine Zentrierung vor allem in den Schlaf- und Kinderzimmern, am Rückgang der gemeinsamen Gebetssitten und an der Minimierung konfessionspezifischer Erziehungspraktiken (s. im Detail Ebertz 1988, bes. S. 408ff.) zeigt sich der erhebliche Ausfall der Familie für die Generierung eines stabilen Kirchenmitgliedschaftsmotivs. Während von den meisten Katholiken zahlreiche konfessionsbetonte Familienbräuche im Jahreslauf aufgegeben wurden (s. oben), ist unter den meisten Protestanten die für sie ehemals typische Hausfrömmigkeit, welche an der Bibel orientiert war, schon seit längerem im Schwinden. Neuere Umfragen weisen sogar darauf hin, daß die Katholiken die Protestanten in der Praxis der privaten Bibellektüre, von der wir allerdings nicht wissen, wie oft, zu welchen Gelegenheiten und ob sie allein oder gemeinschaftlich geschieht, quantitativ überrundet haben (s. Noelle-Neumann/Piel 1983: 120; Daiber u.a. 1982:164f.).

Wie hinsichtlich des Tagesablaufs und des Jahreslaufs zeigen sich auch Tendenzen der Entkonfessionalisierung des familialen Zusammenlebens bezüglich der Markierung der Wochenzeit. Wenn auch heute noch Freitag überwiegend als der fleischlose Tag gilt, so sind doch die ehemals von Katholiken betonten spezifischen Bezüge, nämlich zu fasten in Erinnerung an das Kreuzesopfer Jesu Christi, weitgehend verblaßt. Die regelmäßige Teilnahme an den sonntäglichen Gottesdiensten ist nicht nur quantitativ erheblich zurückgegangen, sondern wird von den Kirchenmitgliedern offenbar auch immer weniger als eine familienbezogene Aktivität definiert, an der sich alle Familienmitglieder gemeinsam beteiligen. Die stärkste Familienbezogenheit weist der Kirchgang noch in frühen Phasen des Familienzyklus auf. Von den Familien, in denen man den Sonntagsgottesdienst besucht, geht in der Regel nur die Hälfte gemeinsam, häufig nehmen die Familienmitglieder auch allein oder in Untergruppen teil. Weitaus öfter als die Väter sind es die Mütter, die allein bzw. zusammen mit Kind in die Kirche gehen (vgl. Nave-Herz/Nauck 1978:53f, 118ff.). Attraktiv sind jedoch die von den Kirchen in den letzten 10 - 15 Jahren mehr oder weniger regelmäßig angebotenen Familiengottesdienste mit zumeist prominenter Beteiligung der Kinder z.B. in Spielkreisen und Chören. An den Ergebnissen der neuesten Umfrage unter evangelischen Kirchenmitgliedern fällt nicht nur auf, daß 68

Prozent der Befragten davon wußten, daß es solche Formen des Gottesdienstes gibt, sondern auch, daß 46 Prozent von ihnen behaupten, bereits daran teilgenommen zu haben. Der Kreis der Besucher von Familiengottesdiensten reicht damit weit über den Anteil derjenigen hinaus, die angeben, mehr oder weniger regelmäßig im Jahr einen Sonntagsgottesdienst zu besuchen. Paradoxerweise sagt selbst ein gutes Viertel der Evangelischen, die sich explizit als Nicht-Kirchgänger bezeichnen, "sie hätten bereits einmal an einem Familiengottesdienst teilgenommen" (Hanselmann/Hild/Lohse 1984:217). Ähnliche Erfahrungen dürften auch in der katholischen Kirche vorliegen.

3.3. Der familiale Umgang mit den kirchlichen Angeboten

Immer weniger scheinen es die offiziellen Vertreter der Kirchen zu sein, die den Familien theologisch-konfessionelle Relevanzen auferlegen. Tendenziell verhält es sich umgekehrt: Die Familien sind es, die den Kirchenleuten praktische Präferenzen setzen bzw. in Eigenregie die kirchlichen Angebote nutzen, den Bedürfnissen, Interessen und der relativen Autonomie der Familien entsprechend. Aus einer religiösen Herrschaftsbeziehung von Geistlichen über Laien, die institutionell am reinsten in der römisch-katholischen Tradition des Christentums ausgeprägt ist, scheint faktisch immer mehr ein Marktverhältnis zu werden, in dem die religiöse Nachfrage und damit auch das religiöse Angebot weitgehend durch den Eigen-Sinn der Familie mitbestimmt wird. In diese Richtung weisen nicht nur solche Umfrageergebnisse, die – selbst für die katholische Landbevölkerung – zeigen, daß man von der Kirche immer weniger erwartet, sozusagen geistlich-hoheitliche Aufgaben auszuüben, wozu z.B. die moralische Unterweisung und die Sorge um das persönliche Seelenheil gehören würde (vgl. de Bruin/Heinz 1979: 48ff.). In die gleiche Richtung weist auch die Beobachtung, daß sich viele Kirchenbesucher weniger an der theologischen Rangordnung des kirchenoffiziellen Festkalenders als an anderen Kriterien orientieren, die sich bei genauerem Hinsehen als Elemente eines spezifisch familialen Relevanzsystems entpuppen. So nähert sich die Gottesdienstgestaltung am Erntedankfest "häufig einem Familiengottesdienst an", bei dem oft "Kindergärten und örtliche Vereine mitwirken". Und der weitverbreitete "Kirchgang am Heiligen Abend" ist weithin und weiterhin "selbstverständliches Element der familiären Feiersitte: Für acht von zehn Evangelischen, die im letzten Jahr nur an einem einzigen Feiertag im Gottesdienst waren, war Weihnachten dieser Tag" (Hasselmann/Hild/Lohse 1984:215; s.a. Ebertz 1986a).

Die Neigung von Katholiken wie Protestanten, mit der Kirche in Kontakt zu treten und ihre rituellen Dienstleistungen in Anspruch zu nehmen, wächst nicht nur am Erntedankfest, bei Familiengottesdiensten und insbesondere an Weihnachten, sondern auch zu anderen besonderen Anlässen, welche ganz elementar die Sozialform der Familie betreffen: namentlich bei der Eheschließung, bei der Geburt und bei einem Todesfall. Mit ihren Riten der Trauung, Taufe und Bestattung besitzen die Kirche ein regelrechtes Arsenal von symbolischen Zeichen und Handlungen, die sich zwar auf jenseitige Mächte, aber spezifischer noch genau auf diese Übergänge im Familienleben beziehen und dieses damit sakral bestätigen, stärken und überhöhen (vgl. Ebertz/Schultheis 1986a).

Dieser Doppelbezug mit seinem starken Diesseitsakzent auf der primären Lebenswirklichkeit ist offensichtlich ausschlaggebend für die ungebrochene Nachfrage nach familienbezogenen Riten, zumal in der Bundesrepublik kaum konkurrierende Ritenanbieter in Sicht sind. Obwohl sich in den letzten Jahrzehnten die Sonntagsgottesdienstbesucher-Anteile erheblich reduziert haben, bleibt im gleichen Zeitraum die Nachfrage nach diesen familienbezogenen Riten der Kirchen auf einem hohen Niveau: Fast alle Katholiken und Evangelischen lassen sich kirchlich bestatten, (mit Ausnahme der Großstädte Berlin und Bremen, Hamburg); nach wie vor werden die meisten Kinder getauft, und die Taufbereitschaft der jungen Generation wird aller Wahrscheinlichkeit nach ungebrochen bleiben (Hasselmann/Hild/Lohse 1984:188); die Nachfrage nach einer kirchlichen Trauung ist zwar selbst seitens konfessionshomogener Ehepaare rückläufig (z.B. 1963: 85 Prozent, 1985: 69 Prozent aller ziviler Eheschließungen mit zwei evangelischen Partnern), liegt aber ebenfalls immer noch weit über der Teilnahme an nicht familienbezogenen kirchlichen Ritenangeboten.

4. Suchbewegungen nach künftigem Umwelt-Halt

Einerseits dürfte es somit wenig Sinn machen, von einem Niedergang oder gar unaufhörlichen Verfall von Religion und Religiosität zu sprechen, zumal wenn man bereit ist, die einschlägigen Umfrageergebnisse zur Kenntnis zu nehmen und Religion nicht mit Christlichkeit oder Kirchlichkeit gleichsetzt (Ebertz 1988). Andererseits ist unübersehbar, daß Religion bzw. Religiosität sich – gemessen an den Normen der kirchlichenoffiziellen Hüter des Christentums – insbesondere seit dem Anfang der 70er Jahre immer weniger (nur) christlich oder gar kirchlich-konfessionell ausdrückt und ja auch als solche aus den meisten gesellschaftlichen Daseinsbereichen hinausgedrängt und privatisiert worden ist. Einerseits hat dieser Entkirchlichungs-, Entkonfessionalisierungs- und Privatisierungsprozeß vor den Familien nicht halt gemacht, läuft inzwischen voll durch sie hindurch, erfaßt Jung und Alt, Mann und Frau. Andererseits ist ebenso unübersehbar, daß Religion und Religiosität auch und gerade noch in der Familie zu Hause sind, zwar punktuell und situativ, aber in einem Ausmaß, wie wir sie in keinem anderen religiös unspezifischen Lebensbereich mehr finden dürften.

Diese Familienreligiosität hat einen deutlich pragmatischen Charakter, ist gegenüber den Deutungen und Einwirkungen der offiziellen Kirchen weitgehend immun und autonom und weist – im Vergleich zu den kirchenoffiziellen theologischen Standards – ziemlich inkohärente, diffuse und inkonsistente Züge auf (Ebertz 1988:412).

Damit fallen die Familien zwar weniger für die Rekrutierung von Mitgliedern der Kirchen aus, wozu diese offensichtlich noch erhebliche Anreize (z.B. die kaum konkurrenzierten familienbezogenen Ritualangebote) bieten. Aber immer häufiger stehen Familien nicht mehr für eine spezifisch kirchlich ausgerichtete Sozialisation des Nachwuchses zur Verfügung, zumal es keine kirchlich durchdrungenen Familienumwelten gibt, die sie darin stützen könnten. Die konfessionellen Sozialisationseinrichtungen wie Kindergärten, Religionsunterricht (Drehsen o.J.; ZdK 1989) und Jugendverbände (vgl. Ebertz 1989b), die nur schwach mit den Familien vernetzt[25], faktisch auch kirchenamtlich nur schwach kontrollierbar und inzwischen – wegen enttäuschter (divergenter und überzogener) Erwartungen – wieder einmal unter heftige innerkirchliche Kritik geraten sind, können "die religiöse Erziehung durch die Eltern nur verstärken, nicht aber ihr Fehlen kompensieren" (Kaufmann 1989:144).

Gleichwohl gelten die Familien den Kirchen nach wie vor als Koalitionspartner allerersten Ranges, zumal sie Ort ganz elementarer Transzendenzerfahrungen (vgl. Luckmann 1985) sein können, insbesondere zur Ritualisierung eigener Anlässe den Kontakt mit den Kirchen suchen und diesen darüber auch die quantitativen Mitgliederressourcen sichern. Ihre reproduktive Abhängigkeit von den Familien zwingt die Kirchen ihnen gegenüber zu nicht unerheblichen pastoralen Zugeständnissen (Ebertz 1988). Die empfindliche Erosion der qualitativen religiösen Leistungen dieses alten Koalitionspartners und die religiöse Neutralisierung der anderen Lebensbereiche löst seitens der Kirchen – derzeit noch recht hilf- und ratlos aussehende – Suchbewegungen nach neuen Ufern in der gegenwärtigen und zukünftigen

---

25 Zur Behebung der mangelnden Vernetzung der Lernorte des Glaubens schlug Bischof Lehmann auf der Gemeinsamen Studientagung von Deutscher Bischofskonferenz und Zentralkomitee der deutschen Katholiken angeblich "einen Stammtisch zwischen Geistlichen, Lehrern und Erziehern" vor (Seeber 1988:559).

gesellschaftlichen Landschaft aus. Diese Zukunftsunsicherheit teilt sie mit zahlreichen anderen Organisationen, übrigens auch mit nicht wenigen Personen hierzulande, deren religiöse Vagabondage (vgl. Küenzlen 1988; Knoblauch 1989:517ff; Luckmann 1980) zwar Gott weiß wohin führt, möglicherweise aber auch in Zukunft nicht einmal vor den Kirchentüren mehr halt macht.

Literatur

Albach, H., 1989: Dienstleistungen in der modernen Industriegesellschaft, München.

Albertin, L., 1981: Die Zukunftschancen des politischen Liberalismus, in: Gegenwartskunde, H. 4.

Alemann, U. v., 1988: Ist die Jugend unpolitisch? Zwei Anmerkungen zur Paradoxie des Offenkundigen, in: Hesse, J.J. u.a. (Hrsg.), Zukunftswissen und Bildungsperspektiven, Baden-Baden.

Allardt, E., 1968: Past and emerging political cleavages, in: Stammer, O. (Hrsg.), Party Systems, Party Organizations, and the Politics of New Masses, Berlin.

Alt, F., 1983: Frieden ist möglich. Die Politik der Bergpredikt, München.

Altermatt, U., 1986: Vom kirchlichen Sonntag zum säkularisierten Weekend, in: Altermatt, A. M./Schnitker, Th. A. (Hrsg.), Der Sonntag. Anspruch – Wirklichkeit – Gestalt. Festschrift für Jakob Baumgartner, Würzburg/ Freiburg.

Altner, G. (Hrsg.), 1989: Ökologische Theologie. Perspektiven zur Orientierung, Stuttgart.

Altner, G., 1988: Leben auf Bestellung? Das gefährliche Dilemma der Gentechnologie, Freiburg.

Altner, G./Benda, E./Fülgraff, G., 1986: Menschenzüchtung. Ethische Diskussion über die Gentechnik, Stuttgart.

Anders, G., 1983: Die atomare Drohung. Radikale Überlegungen, München.

Anders, G., 1985: Die Antiquiertheit des Menschen, 2 Bände, München.

Arbeitslosigkeit. Erklärung der Gemeinsamen Konferenz zur Arbeitslosigkeit. (Arbeitshilfen; hrsg. vom Sekretariat der Deutschen Bischofskonferenz, 29), Bonn 1982.

Armingeon, K., 1988: Die Entwicklung der westdeutschen Gewerkschaften, 1950 - 1985, Frankfurt.

Armingeon, K., 1989: Stabilität im Wandel. Eine kritische Anmerkung zu den Thesen von Paul Windolf, in: Journal für Sozialforschung, H. 4.

Bach, U., 1986: Boden unter den Füßen hat keiner. Plädoyer für eine solidarische Diakonie, Göttingen.

Bahnmüller, R., 1985: Der Streik. Tarifkonflikt um Arbeitszeitverkürzung in der Metallindustrie, Hamburg.

Bandemer, S. v./Wewer, G. (Hrsg.), 1989: Regierungslehre, Opladen.

Barth, A., 1989: Im Reißwolf der Geschwindigkeit, in: Der Spiegel H. 20.

Bauer, P./Schmitt, H., 1990: Die Republikaner. Eine empirische Analyse von Wählerpotential und Wahlmotiven, ZEUS, Universität Mannheim.

Beck, U., 1986: Risikogesellschaft. Auf dem Weg in eine andere Moderne, Frankfurt.

Beck, U., 1988: Gegengifte. Die organisierte Unverantwortlichkeit, Frankfurt.

Becker, T., 1988: Zukunft der Arbeit? – Zukunft des Wissens! Ein Szenario der "argumentativen Gesellschaft", in: psychosozial, H. 33.

Becker, W., 1987: CDU und CSU 1945 - 1950. Vorläufer, Gründung und regionale Entwicklung bis zum Entstehen der CDU-Bundespartei, Mainz.

Behrens, K.C., 1961: Allgemeine Standortbestimmungslehre, Köln.

Bell, D. u.a., 1985: Die nachindustrielle Gesellschaft, Frankfurt.

Benjamin, W., 1974ff.: Gesammelte Schriften, hrsg. von R. Tiedemann und H. Schweppenhäuser, Frankfurt.

Berger, J., 1988: No future. Pessimismus der Zukunftsängste der Jugend?: sekundäranalytische Auswertungen der Shell-Studie "Jugend '81", in: Kreutz, H. (Hrsg.), Pragmatische Soziologie. Beiträge zur wissenschaftlichen Diagnose und praktischen Lösung gesellschaftlicher Gegenwartsprobleme, Opladen.

Berger, P.L., 1980: Der Zwang zur Häresie. Religion in der pluralistischen Gesellschaft, Frankfurt.

Bergmann, J./Jacobi, O./Müller-Jentsch, W., 1975: Gewerkschaften in der Bundesrepublik. Gewerkschaftliche Lohnpolitik zwischen Mitgliederinteressen und ökonomischen Systemzwängen, Frankfurt.

Bergmann, W., 1983: Das Problem der Zeit in der Soziologie, in: Kölner Zeitschrift für Soziologie und Sozialpsychologie, H. 2.

Bergsdorf. W., 1988: Über die Macht der Kultur. Kommunikation als Gebot der Politik, Stuttgart.

Bericht der Enquete-Kommission "Chancen und Risiken der Gentechnologie" des 10. Deutschen Bundestages, hrsg. vom Deutschen Bundestag, Referat Öffentlichkeitsarbeit, Bonn.

Beyme, K. v. 1980: Vielfalt in der Gemeinschaft. Gewerkschaften in Europa: ein Beitrag zur Programmdebatte des DGB im Lichte der vergleichenden Gewerkschaftsforschung, in: Vetter, H.O. (Hrsg.), Aus der Geschichte lernen – die Zukunft gestalten. 30 Jahre DGB; Protokoll der wissenschaftlichen Konferenz zur Geschichte der Gewerkschaften vom 12. und 13. Oktober 1979 in München.

Biedenkopf, K., 1985: Die neue Sicht der Dinge. Plädoyer für eine freiheitliche Wirtschafts- und Sozialordnung, München.

Biedenkopf, K., 1989: Zeitsignale. Parteienlandschaft im Umbruch, München.

Blanke, B., 1978: Sozialdemokratie und Gesellschaftskrise, in: Luthardt, W. (Hrsg.), Sozialdemokratische Arbeiterbewegung und Weimarer Republik, 2 Bände, Frankfurt.

Blessing, K., 1988: Die andere Zukunft. Gewerkschaftliche Strategien bis zum Jahre 2000, in: Blätter für deutsche und internationale Politik, H. 2.

Blessing, K., 1988: Gewerkschaftliche Reformperspektiven, in: WSI-Mitteilungen, H.9.

Bloch, E., 1959: Prinzip Hoffnung, Band I-III, Frankfurt.

Bloch, E., 1963: Tübinger Einleitung in die Philosophie, 2 Bände, Frankfurt.

Bollinger, S./Maleck, B., 1987: Denken zwischen Utopie und Realität. Weltanschauliche Postionen der Alternativ- und Ökologiebewegung in der BRD, Berlin.

Bonin, K. v. u.a., 1985: Menschenzüchtung. Ethische Diskussion über die Gentechnik, Stuttgart.

BOR (Bischöfliches Ordinariat Rottenburg), 1986: Beschlüsse der Diözesansynode Rottenburg-Stuttgart 1985/86, Ostfildern.

Bordieu, P., 1981: Titel und Stelle. Über die Reproduktion sozialer Macht, Frankfurt.

Bosch, G./Engelhardt, H./Hermann, K./Kurz-Scherf, I./Seifert, H., 1986: Betriebliche Umsetzung der 38,5-Stunden-Woche. Ergebnisse einer Auswertung von Betriebsvereinbarungen aus der Metallindustrie, Düsseldorf.

Böckenförde, E.-W., 1983: Demokratie und Repräsentation, Hannover.

Böckenförde, E.-W./Spaemann, R. (Hrsg.), 1987: Menschenrechte und Menschenwürde, Stuttgart.

Böckenförde, E.-W., 1972: Planung zwischen Regierung und Parlament. Ernst Forsthoff zum 7o. Geburtstag, in: Der Staat, H. 2.

Brand, M., 1987: Die Bedeutung von Absatz- und Beschaffungsrisiken für Produktions- und Standortentscheidungen, Frankfurt.

Brausewetter, H.H., 1976: Kanzlerprinzip, Ressortprinzip und Kabinettsprinzip in der ersten Regierung Brandt 1969-1972, Bonn.

Brödner, P., 1985: Fabrik 2000. Alternative Entwicklungspfade in die Fabrik der Zukunft, Berlin.

Bry, C.C., 1988: Verkappte Religionen. Kritik des kollektiven Wahns. Herausgegeben von Martin Gregor-Dellin, Nördlingen (Erstaufl. 1924).

Buchmann, M., 1989: Subkulturen und gesellschaftliche Individualisierungsprozesse, in: Haller, M./ Hoffmann-Nowottny, H.-J./ Zapf, W. (Hrsg.), Kultur und Gesellschaft. Verhandlungen des 24. Deutschen Soziologentags, des 11. Österreichischen Soziologentags und des 8. Kongresses der Schweizerischen Gesellschaft für Soziologie in Zürich 1988, Frankfurt/ New York.

Buchstab, G./Gotto, K., 1981: Die Gründung der Union. Traditionen, Entstehung und Repräsentanten, München.

Bundesministerium für Forschung und Technologie, 1989: Zur technologischen Wettbewerbsfähigkeit der deutschen Industrie, Bonn.

Bundesministerium für Wirtschaft, 1987: Außenwirtschaftliche Lage und Wettbewerbsfähigkeit der deutschen Wirtschaft. Dokumentation 284, Bonn.

Bundesministerium für Wirtschaft, 1987: Hochtechnologien und internationale Wettbewerbsfähigkeit der deutschen Wirtschaft. Dokumentation 263, Bonn.

Burger, W., 1984: Die CDU in Baden-Württemberg und die CSU in Bayern, Freiburg.

Bürklin, W.P., 1984: Grüne Politik, Opladen.

Bürklin, W.P., 1986: Alte Wähler morgen. "Graue Panther" oder konservative Stammwähler der CDU?, in: Deutsches Zentrum für Altersfragen (Hrsg.), Die ergraute Gesellschaft. Soziale Folgen des demographischen Umbruchs in der Bundesrepublik Deutschland, Berlin.

CDU 1986: Programme und Politik der Christlich Demokratischen Union Deutschlands seit 1945, bearbeitet von W. Schönbohm, Bonn.

Chodinski, H.J., 1979: Der Einfluß der Niedersächsischen CDU auf die Bundespartei unter besonderer Berücksichtigung der Programmentwicklung, Staatsexamensarbeit, Göttingen.

Christiaens, M., 1989: Was heißt Leben schützen?, in: Evangelische Kommentare, H.3.

Cooley, M., 1989: European Competitiveness in the 21st Century, Commission of the European Communities, FAST-Programme, Bruxelles.

Dahrendorf, R., 1980: Widersprüche der Modernität und die Zukunft der Freiheit, in: Brauchlin, E. u.a. (Hrsg.), Die Zukunft der westlichen Gesellschaft, Bern.

Dahrendorf, R., 1983: Die Chancen der Krise. Über die Zukunft des Liberalismus, Stuttgart.

Daiber, K.-F. u.a., 1982: Erste Ergebnisse einer Untersuchung zur Bibelfrömmigkeit, in: Meurer, S. (Hrsg.), Erneuerung aus der Bibel, Stuttgart.

Daiber, K.-F., 1985: Religiöser Indifferentismus – Eine Alltagshypothese? in: Jahrbuch des Evangelischen Bundes 28.

Dalin, P., 1988: Zukunft der Schule, in: Hesse, J.J. u.a. (Hrsg.), Zukunftswissen und Bildungsperspektiven, Baden-Baden.

Dalton, R.J., 1984: The West German Party System Between Two Ages, in: Dalton, R./Flanagan, S./Beck, P. (eds.), Electoral Change in Advanced Industrial Democracies, Princeton.

Dalton, R.J./Hildebrandt, K., 1977: Die Neue Politik: Politischer Wandel der Schönwetterpolitik? in: Politische Vierteljahresschrift, H. 2/3.

Damm, W. u.a., 1986: Die Diepgen-Formel zum Erfolg. Analyse eines neokonservativen Politikkonzepts, in: Sozialistische Politik und Wirtschaft 32.

Datenreport, 1989: Statistisches Bundesamt (Hrsg.), Datenreport 1989, Bonn.

de Bruin, H./Heinz, H. J., 1979: Laßt die Kirche im Dorf! Überlegungen zur Landseelsorge aufgrund einer Meinungsumfrage, Limburg.

Deppe, F. u. a., 1989: Gewerkschaften im Umbruch, Köln.

Deutschmann, C., 1983: Systemzeit und soziale Zeit, in: Leviathan, H. 2.

DGB-Bundesvorstand, Abteilung Jugend (Hrsg.), 1989: Zukunft. Gewerkschaftliche Perspektiven der Gewerkschaftsjugend, Köln.

Die Zeit, 1989: Die Zeit. Dauer und Augenblick, hrsg. von Gumin, H./Meier, H., München.

Dietrich, J., 1986: "Vertrauen in die Zukunft" versus "Versöhnen statt spalten": Zu den Wahlkampfkonzeptionen von CDU und SPD, in: Blätter für deutsche und internationale Politik, H. 6.

Dietz, F., 1988: Strukturwandel auf dem Arbeitsmarkt, in: Mitteilungen aus der Arbeitsmarkt- und Berufsforschung, H. 1.

Dirks, W., 1978: Was soll aus dem Christentum werden? Die Sache Jesu, in: Frankfurter Hefte, H. 4.

Dittberner, J., 1987: FDP – Partei der zweiten Wahl. Ein Beitrag zur Geschichte der Liberalen Partei und ihrer Funktionen im Parteiensystem der Bundesrepublik, Opladen.

Dittrich, W., 1985: Mitbestimmung – eine korporatistische Strategie? Eine international vergleichende Untersuchung zur Mitbestimmungspolitik in zehn europäischen Ländern, Konstanz.

Dittrich, W./Fuchs, G./Rucht, D./Watzlawczik, G.-U., 1989: Ansätze innovativer Arbeitspolitik in München, Konstanz.

Döbert, R., 1978: Sinnstiftung ohne Sinnsystem?, in: Fischer, W./ Marhold, W. (Hrsg.), Religionssoziologie als Wissenssoziologie, Stuttgart.

Dörner, K., 1989: Tödliches Mitleid, Gütersloh.

Drehsen, V., 1988: Art. Bürgertum, in: Wörterbuch des Christentums, Gütersloh/ Zürich.

Drehsen, V., o.J.: Das Bildungsdilemma der Volkskirche – das kirchliche Dilemma des Religionsunterrichts, in: Arbeitshilfe für den evangelischen Religionsunterricht an Gymnasien, Themenfolge 88, Erlangen.

Dubiel, H., 1985: Was ist Neokonservatismus?, Frankfurt.
Ebach, J., 1987: Kassandra und Jona. Wider die Macht des Schicksals, Frankfurt.
Ebertz, M.N., 1986a: Weihnachten – das Geburtstagsfest der Familie, in: Südkurier vom 24.12.1986.
Ebertz, M.N., 1986b: Maria in der Massenreligiosität. Zum Wandel des popularen Katholizismus in Deutschland, in: Ders./ Schultheis, F. (Hrsg.): Volksfrömmigkeit in Europa. Beiträge zur Soziologie popularer Religiosität aus 14 Ländern, München.
Ebertz, M.N., 1988: Heilige Familie? Zur Herausbildung einer anderen Familienreligiosität, in: Deutsches Jugendinstitut (Hrsg.), Wie geht es der Familie?, München.
Ebertz, M.N., 1989a: Fundamentalismus im Katholizismus – religionsoziologische Thesen und Notizen, in: Die Neue Gesellschaft/Frankfurter Hefte, H. 3.
Ebertz, M.N., 1989b: Handlungsbedingungen verbandlicher christlicher Jugendarbeit in der Gegenwartsgesellschaft, in: Katechetische Blätter 114.
Ebertz, M.N./Schultheis, F., 1986: Populare Religiosität in der modernen Gesellschaft. Kontinuität, Pluralität und Visibilität, in: Österreichische Zeitschrift für Soziologie 1.
Edelman, M., 1976: Politik als Ritual. Die symbolische Funktion staatlicher Institutionen und politischen Handelns, Frankfurt.
Ehmke, H., 1971: Planung im Regierungsbereich – Aufgaben und Widerstände, in: Bulletin der Bundesregierung, Nr. 178.
Ehmke, H., 1988: Eine alte Frage neu gestellt. Zur Diskussion um die Einführung von Volksabstimmungen, in: Die Neue Gesellschaft/Frankfurter Hefte, H. 3.
Eibach, U., 1989: Genmanipulation beim Menschen, in: Evangelische Kommentare, H. 3.
Eisel, S., 1986: Minimalkonsens und freiheitliche Demokratie, Paderborn/ München/ Wien/Zürich.
EKD, 1986a: Strukturbedingungen der Kirche auf längere Sicht, in: epd-Dokumentation H. 29.
EKD, 1986b: Christsein gestalten, in: epd-Dokumentation H. 28.
EKD, 1988: Glauben heute. Christ werden – Christ bleiben, Gütersloh.
Elias, N., 1982: Über die Zeit, in: Merkur, H. 9 und 10.

Elias, N., 1987: Die Gesellschaft der Individuen, Frankfurt.

Ellwein, T./Hesse, J.J., 1988: Das Regierungssystem der Bundesrepublik Deutschland, Opladen.

Ellwein, T./Hesse, J.J./Mayntz, R./Scharpf, F. W. (Hrsg.), 1987: Jahrbuch zur Staats- und Verwaltungswissenschaft 1, Baden-Baden.

Engelen-Kefer, U., 1989: Der Arbeitsmarkt in der Bundesrepublik Deutschland, in: Gewerkschaftliche Monatshefte, H. 2.

Engelhardt, N., 1988: Tarifpolitik 1984-1987. Zwischen Legitimationszwängen und Gegenmachtanspruch, in: Hildebrandt, E. Schmidt, E./Sperling, H.J. (Hrsg.), Zweidrittelgesellschaft – Eindrittelgesellschaft. Kritisches Gewerkschaftsjahrbuch 1988/89, Berlin.

Enzensberger, H.M., 1989: Vermutungen über die Turbulenz, in: Lettre international H. 21.

Epskamp, H. u.a. (Hrsg.), 1985: Die neokonservative Verheißung und ihr Preis. Zukunft der Arbeit und der Gewerkschaften, Köln.

Erd, R., 1979: Verrechtlichte Gewerkschaftspolitik. Bedingungen ihrer Entwicklung und Veränderung, in: Bergmann, J. (Hrsg.), Beiträge zur Soziologie der Gewerkschaften, Frankfurt.

Esser, J., 1982: Gewerkschaften in der Krise. Die Anpassung der deutschen Gewerkschaften an neue Weltmarktbedingungen, Frankfurt.

Esser, J./Hirsch, J., 1984: Der CDU-Staat. Ein politisches Regulierungsmodell für den nachfordistischen Kapitalismus, in: PROKLA 56.

Esser, J./Hirsch, J., 1984: Sind die "Volksparteien" am Ende?: Transformationsprozess im Parteiensystem der BRD, in: Falter, J.W., u.a., (Hrsg.), Politische Willensbildung und Interessenvermittlung, Opladen.

Europäische Ökumenische Versammlung "Frieden in Gerechtigkeit" Basel, 15.-21. Mai 1989. Das Dokument (Arbeitshilfen, hrsg. vom Sekretariat der Deutschen Bischofskonferenz, 70), Bonn 1989.

Evers, A., 1989: Risiko und Individualisierung. Was in Ulrich Becks "Risikogesellschaft" unbegriffen bleibt, in: Kommune, H. 6.

Evers, T. (Hrsg.), 1988: Konservative Zukunftsentwürfe. Umwelt – Gedanken – Sozialstruktur, Hofgeismar.

Fach, W., 1988: "Splittern" oder "Spalten"? Über Bruchlinien des Sozialen, in: Natter, E./Riedlsperger, A. (Hrsg.) 1988, Zweidrittelgesellschaft. Spalten, splittern – oder solidarisieren?, Wien/ Zürich.

Falter, J.W./Fenner, C./Greven, M.T. (Hrsg.), 1984: Politische Willensbildung und Interessenvermittlung, Opladen.

FAST-Gruppe, 1987: Die Zukunft Europas, Berlin/Heidelberg/New York.

Faust, K., 1984: Veränderung der deutschen Außenhandelsstruktur im internationalen Vergleich, in: Ifo-Schnelldienst, H. 20.

Feifel, E./Kasper, W. (Hrsg.), 1987: Tradierungskrise des Glaubens, München.

Feige, A., 1976: Kirchenaustritte. Eine soziologische Untersuchung von Ursachen und Bedingungen, Gelnhausen/Berlin.

Feige, A., 1982: Erfahrungen mit Kirche, Hannover.

Feist, U./Liepelt, K., 1987: Modernisierung zu Lasten der Großen. Wie die deutschen Volksparteien ihre Integrationskraft verlieren, in: Journal für Sozialforschung, H.3/4.

Fels, G., 1982: Internationale Wettbewerbsfähigkeit, Japan, USA, BRD, in: Schmalenbachs Zeitschrift für betriebswirtschaftliche Forschung, H. 1.

Fenner, C., 1989: Die Zukunft welcher Modernisierung? Zur Schriftenreihe des Bundeskanzleramtes "Orientierungen und Perspektiven, in: Neue Gesellschaft/Frankfurter Hefte, H. 4.

Fetscher, I., 1982: Vom Wohlfahrtsstaat zur neuen Lebensqualität. Die Herausforderungen des demokratischen Sozialismus, Köln.

Fetscher, I., 1980: Überlebensbedingungen der Menschheit. Zur Dialektik des Fortschritts, München.

Fiedler, W. u.a. (Hrsg.), 1987: Gewerkschaften auf neuen Wegen. Auf der Suche nach Alternativen innerhalb der Gewerkschaften, Marburg.

Flic, W., 1978: Methodische Aspekte der Ermittlung der internationalen Wettbewerbsfähigkeit eines Landes, Köln.

Forschungsjournal Neue Soziale Bewegungen, 1989: Themenheft "Institutionalisierungstendenzen der Neuen Sozialen Bewegungen", H. 3/4.

Foucault, M., 1976: Mikrophysik der Macht. Über Strafjustiz, Psychiatrie und Medizin, Berlin.

Foucault, M., 1978: Dispositive der Macht. Über Sexualität, Wissen und Wahrheit, Berlin.

Fraenkel, E., 1958: Die repräsentative und die plebiszitäre Komponente im demokratischen Verfassungsstaat, in: Ders., 1974: Deutschland und die westlichen Demokratien, Stuttgart.

Fraenkel, E., 1964: Strukturdefekte der Demokratie und deren Überwindung, in: Ders./Sontheimer, K., Zur Theorie der pluralistischen Demokratie, Bonn.

Friedel, K., 1990: Vom Massenintegrationsapparat zur Gewerkschaft "neuen Typs"? Der DGB im Übergang vom Fordismus zum Postfordismus, Konstanz.

Friesenhahn, E./Scheuner, U. (Hrsg.), 1974: Handbuch des Staatskirchenrechts der Bundesrepublik Deutschland. Berlin.

Frotscher, W., 1986: Die parteienstaatliche Demokratie – Krisenzeichen und Zukunftsperspektiven, in: Deutsches Verwaltungsblatt, H. 17.

Fuchs, W., 1985: Konfessionelle Milieus und Religiosität, in: Fischer, A. u.a. (Hrsg.): Jugendliche und Erwachsene '85, Band 1, Opladen.

Fülberth, G., 1985: Die Herausbildung von Zukunftsvorstellungen in der CDU nach 1973, in: Marxistische Studien 9, Jahrbuch des IMSF.

Fürstenberg, F., 1965: Die Kirche in der Stadt von morgen, in: Zeitwende, H. 36.

Gabriel, K., 1988: Nachchristliche Gesellschaft heute! Christentum und Kirche vor der entfalteten Moderne, in: Diakonia 19.

Geißler, H. (Hrsg.), 1979: Optionen auf eine lebenswerte Zukunft, München/ Wien.

Geller, H., 1976: Einflußmöglichkeiten und Einflußformen der Kirchen auf das Leben des einzelnen in der Bundesrepublik Deutschland, in: Brockmann, H.W. (Hrsg.), Kirche und moderne Gesellschaft, Düsseldorf.

Gerhardt, V./Kinkelbur, D. (Hrsg.), 1989: Wie finden wir die Zukunft? Wissenschaftler diskutieren das neue Grundsatzprogramm der SPD, Münster/ New York.

GG, 1972ff.: Geschichtliche Grundbegriffe. Historisches Lexikon zur politisch-sozialen Sprache in Deutschland, hrsg. von O. Brunner, W. Conze, R. Koselleck, Stuttgart.

Glismann, H.H./Horn, E.-J., 1977: Die internationale Wettbewerbsfähigkeit der deutschen Wirtschaft. Diagnose – Prognose, Stuttgart.

Gluchowski, P., 1987: Lebensstile und Wandel der Wählerschaft in der Bundesrepublik Deutschland, in: Aus Politik und Zeitgeschichte, B. 12.

Gordan, P. V., 1984: Die Zukunft der Zukunft. Die Vorlesungen der Salzburger Hochschulwochen 1984, Graz.

Gorz, A. 1984a: Wege ins Paradies. Thesen zur Krise, Automation und Zukunft der Arbeit, Berlin.

Gorz, A., 1984b: Ins Paradies – aber mit den Gewerkschaften. Gespräch mit Klaus Podak, in: PROKLA 55.

Gorz, A., 1989: Kritik der ökonomischen Vernunft, Berlin.

Gott ist ein Freund des Lebens. Herausforderungen und Aufgaben beim Schutz des Lebens. Gemeinsame Erklärung der Evangelischen Kirche in Deutschland und der Deutschen Bischofskonferenz, hrsg. vom Kirchenamt der Evangelischen Kirche in Deutschland und dem Sekretariat der Deutschen Bischofskonferenz, Gütersloh.

Göbel, U. u.a., 1989: Gewerkschaften 2000. Bestandsaufnahme und Perspektiven, Köln.

Göpfert, M./Modehn, Ch., 1981: Kirche in der Stadt. Erfahrungen, Experimente, Modelle in europäischen Großstädten, Stuttgart.

Graf, F. W., 1990: Bedingungen der Toleranz. Protestantismus und multikulturelle Gesellschaft, in: Evangelische Kommentare, H. 1.

Grafe, P.J., 1986: Schwarze Visionen. Die Modernisierung der CDU, Reinbek.

Greiffenhagen, M. (Hrsg.), 1980: Kampf um Wörter? Politische Begriffe im Meinungsstreit, München.

Gritzka, C., 1976: Anwendung der heuristischen Systemanalyse bei Standortentscheidungen, München.

Grupp, H./Legler, H., 1987: Spitzentechnik, Gebrauchstechnik, Innovationspotential und Preise. Trends, Positionen und Spezialisierung der deutschen Wirtschaft im internationalen Wettbewerb. Schriftenreihe des TÜV-Rheinland, Köln.

Gurland, A.R.L., 1980: Die CDU/CSU. Ursprünge und Entwicklung bis 1953, herausgegeben von D. Emig, Frankfurt.

Habermas, J., 1971: Philosophisch-politische Profile, Frankfurt.

Habermas, J., 1981a: Theorie des kommunikativen Handelns, 2 Bände, Frankfurt.

Habermas, J., 1981b: Die Moderne – ein unvollendetes Projekt, in: Ders., Kleine politische Schriften I-IV, Frankfurt.

Habermas, J., 1985a: Der philosophische Diskurs der Moderne. Zwölf Vorlesungen, Frankfurt.

Habermas, J., 1985b: Die neue Unübersichtlichkeit, Frankfurt.

Hammann, W./Kluge, T., 1985: In Zukunft. Bericht über den Wandel des Fortschritts, Kulturen und Ideen, Reinbek.

Hanselmann, J./Hild, H./Lohse, E. (Hrsg.), 1984: Was wird aus der Kirche ? Ergebnisse der zweiten EKD-Umfrage über Kirchenmitgliedschaft, Gütersloh.

Harder, O.M., 1985: Das einheitliche Erscheinungsbild ("Corporate Identity") bei politischen Parteien, Diss., Augsburg.

Hart, L., 1977: Die Beschleunigung der kulturellen Entwicklung, in: Dreitzel, H.P. (Hrsg.), Sozialer Wandel, Neuwied.

Hartwich, H.H., 1987: Die Suche nach einer wirklichkeitsnahen Lehre vom Staat, in: Aus Politik und Zeitgeschichte, B 46-47.

Hase, H.C. (Hrsg.), 1964: Evangelische Dokumente zur Ermordung der "unheilbar Kranken unter der nationalsozialistischen Herrschaft in den Jahren 1933 - 1945, Stuttgart.

Haungs, P./Jesse, E., 1987: Kommentierte Auswahlbibliographie, in: Haungs, P./Jesse, E. (Hrsg.), Parteien in der Krise?, Köln.

Haussmann, H., 1989: Die Freiburger Thesen, in: Mischnick, W. (Hrsg.), Verantwortung für die Freiheit, Stuttgart.

Härtel, H.H./Langer, C., 1984: Internationale Wettbewerbsfähigkeit und strukturelle Anpassungserfordernisse. HWWH-Strukturbericht 1983, Hamburg.

Hättich, M., 1983: Weltfrieden durch Friedfertigkeit? Eine Antwort an Franz Alt, München.

Heidenheimer, A.J., 1957: German party finance – the CDU, in: American Political Science Review, No. 1.

Heidenheimer, A.J., 1961: Der starke Regierungschef und das Parteiensystem. Der "Kanzlereffekt" in der Bundesrepublik, in: Politische Vierteljahresschrift, H.3.

Heins, V., 1988: Re-Idealisierung der Politik, in: Forschungsjournal Neue Soziale Bewegungen, H. 4.

Heins, V., 1989: Gefühl und Härte. Zur zweiten Modernisierung der CDU, in: Noetzel, Th./Zahn, H.D. (Hrsg.), Die Kunst des Möglichen, Marburg.

Heinze, R.G./Hilpert, J./Voelzkow, H., 1990: Strukturwandel und Strukturpolitik in Nordrhein-Westfalen. Entwicklungstrends und Forschungsperspektiven. Studie im Auftrag des Instituts Arbeit und Technik, Gelsenkirchen.

Heinze, R.G./Hinrichs, K./Offe, C./Olk, Th., 1981: Einheitsprobleme der Einheitsgewerkschaft, in: Soziale Welt, H. 1.

Heinze, R.G./Offe, C., 1987: Zur Requalifizierung von Zeit, in: Hesse, J.J./ Zöpel, C. (Hrsg.), Neuorganisation der Zeit, Baden-Baden.

Hennis, W., 1976: Parlamentarische Opposition und Industriegesellschaft, in: Schumann, H.G. (Hrsg.), Die Rolle der Opposition in der Bundesrepublik Deutschland, Darmstadt (Org. 1956).

Hesse, J.J. (Hrsg.), 1986: Erneuerung der Politik "von unten"?, Opladen.

Hesse, J.J./Zöpel, C. (Hrsg.), 1987a: Neuorganisation der Zeit, Baden-Baden.

Hesse, J.J./Zöpel, C. (Hrsg.), 1987b: Zukunft und staatliche Verantwortung, Baden-Baden.

Hesse, J.J., 1988: Forum Zukunft – eine Zwischenbilanz, in: Ders. u.a. (Hrsg.), Zukunftswissen und Zukunftsperspektiven, Baden-Baden.

Hesse, J.J., u.a. (Hrsg.), 1989: Zukunftsoptionen. Technikentwicklung in der Wissenschaft- und Risikogesellschaft, Baden-Baden.

Heßler, J. (Hrsg.), 1978: Kirche in der Gesellschaft. Der evangelische Beitrag, München/Wien.

Heubrock, D., 1989: Individualisierung der Arbeitswelt und gewerkschaftliches Handeln, in: Gewerkschaftliche Monatshefte, H. 6.

Hild, H. (Hrsg.), 1974: Wie stabil ist die Kirche?, Gelnhausen.

Hinrichs, K., 1989: Irreguläre Beschäftigungsverhältnisse und soziale Sicherheit. Facetten der 'Erosion' des Normalarbeitsverhältnisses in der Bundesrepublik, in: PROKLA 77.

Hirsch, J., 1985: Auf dem Weg zum Postfordismus? Die aktuelle Neuformierung des Kapitalismus und ihre politischen Folgen, in: Das Argument H. 151.

Hirsch, J./Roth, R., 1986: Das neue Gesicht des Kapitalismus. Vom Fordismus zum Post-Fordismus, Hamburg.

Hoffmann, J./Hoffmann, R./Lange, D./Mückenberger, U. (Hrsg.), 1990: Jenseits der Beschlußlage – Gewerkschaften als Zukunftswerkstatt, Köln (i. E.).

Hoffmann-Nowotny, H.-J., 1988: Ehe und Familie in der modernen Gesellschaft, in: Aus Politik und Zeitgeschichte, B 13.

Hohn, H.W., 1984: Die Zerstörung der Zeit. Wie aus einem göttlichen Gut eine Handelsware wurde, Frankfurt.

Hondrich, K.O., 1988: Zukunftsvisionen für die Industriegesellschaft, in: Frankfurter Allgemeine Zeitung vom 20.04.1988.

Honecker, M., 1986: Verantwortung für die Zukunft. Die Ethik im Dialog der Wissenschaften, in: Evangelische Kommentare, H. 9.

Horn, E.-J., 1985: Die Entwicklung der Wettbewerbsfähigkeit der Bundesrepublik Deutschland, in: Wirtschaft und Statisitik, H. 7.

Höffner, J.K., 1979: Pastoral der Kirchenfremden. Eröffnungsreferat bei der Herbstvollversammlung der deutschen Bischöfe 1979 in Fulda, Bonn.

Höhler, G., 1986: Die Zukunftsgesellschaft, Düsseldorf.

Hradil, S., 1990: Von der "Nivellierten Mittelstandsgesellschaft" zur "Pluraldifferenzierten Wohlstandsgesellschaft", in: Politische Bildung, H. 2.

Huber, J., 1987: Zukunftsfragen der Sozialdemokratie, in: Die Neue Gesellschaft, H.8.

Huber, W., 1989: Das Grundgesetz und die Menschenrechte, in: Zeitschrift für Evangelische Ethik, H. 1.

Hünermann, P./Eckholt, M. (Hrsg.), 1989: Katholische Soziallehre – Wirtschaft – Demokratie. (Entwicklung und Frieden: Wissenschaftliche Reihe, 51), Mainz/München.

HWPh, 1971ff.: Historisches Wörterbuch der Philosphie, hrsg. von J. Ritter, Basel/ Stuttgart.

IKSE (Institut für Kirchliche Sozialforschung des Bistums Essen), 1977ff: Katholiken und Pfarrgemeinde, Essen.

Inglehardt, R., 1989: Kultureller Umbruch. Wertwandel in der westlichen Welt, Frankfurt/New York.

Inglehart, R., 1977: The Silent Revolution, Princeton.

Inglehart, R., 1984: The changing structure of political cleavages in Western society, in: Dalton, R.J./Flanagan, S./Beck, P. (eds.), Electoral Change in Advanced Industrial Democracies, Princeton.

Jansen, M., 1985: Der Einfluß der Frauenbewegung auf die politische Kultur der Bundesrepublik, in: Blätter für deutsche und internationale Politik, H. 3.

Jaspert, B. 1987: Zukunftsgedanken. Zum Zeitbewußtsein am Ende des 20. Jahrhunderts; Carl Friedrich von Weizsäcker zum 75. Geburtstag, in: Evangelische Theologie, H. 4.

Jänicke, M. (Hrsg.), 1985: Vor uns die goldenen 90er? Langzeitprognosen auf dem Prüfstand, München.

Jonas, H., 1984: Das Prinzip Verantwortung. Versuch einer Ethik für die technische Zivilisation, Frankfurt.

Jonas, H., 1985: Laßt uns einen Menschen klonieren: Von der Eugenik zur Gentechnologie, in: Ders., Technik, Medizin und Ethik. Zur Praxis des Prinzips Verantwortung, Frankfurt.

Josuttis, M., 1989: Ist die Kirche mit der Ehe verheiratet, in: Zeichen der Zeit 43.

Jung, H., 1985: Umbruchperiode. Die BRD bis zum Jahre 2000, in: Marxistische Studien, Jahrbuch des IMSF 2.

Jungk, R. u.a., 1985: Zukunftswerkstätten. Wege der Wiederbelebung der Demokratie, München.

Jürgens, U., 1990: Entwicklungslinien der staatstheoretischen Diskussion seit den siebziger Jahren, in: Aus Politik und Zeitgeschichte, B 9-10.

Kahn, H./Wiener, A.J., 1968: Ihr werdet es erleben. Voraussagen der Wissenschaft bis zum Jahre 2000, Wien.

Kasper, W., 1988: Zur Lage der katholischen Kirche in Deutschland, in: Internationale kirchliche Zeitschrift 78.

Kaufmann, F.-X., 1979: Kirche begreifen, Freiburg/Basel/Wien.

Kaufmann, F.-X., 1981: Zur Zukunft des Christentums. Soziologische Überlegungen, Schwerte.

Kaufmann, F.-X., 1982: Soziologische Überlegungen zur Zukunft des Christentums, in: Baerenz, R. (Hrsg.), Die Kirche und die Zukunft des Christentums, München.

Kaufmann, F.-X., 1986: Art. Pluralismus, kirchlicher, in: Handwörterbuch religiöser Gegenwartsfragen, Freiburg/Basel/Wien.

Kaufmann, F.-X., 1989: Religion und Modernität. Sozialwissenschaftliche Perspektiven, Tübingen.

Käsler, D., 1989: Der Skandal als "Politisches Theater", in: Ebbighausen, R./ Neckel, S. (Hrsg.), Anatomie des politischen Skandals, Frankfurt.

Keden, J., 1989: Die gegenwärtige weltanschauliche Marktsituation am Beispiel einer westdeutschen Großstadt, in: Materialdienst der Evangelischen Zentrale für Weltanschauungsfragen 52.

Kehrer, G., 1980: Thesen zur Religionsgeschichte in der Bundesrepublik Deutschland, in: Ders. (Hrsg.), Zur Religionsgeschichte in der Bundesrepublik Deutschland, München.

Kehrer, G., 1982: Organisierte Religion, Stuttgart.

Keller, B., 1989: "Krise" der institutionellen Interessenvermittlung und Zukunft der Arbeitsbeziehungen. Flexibilisierung, Deregulierung, Mikrokorporatismus, in: Hartwich, H.-H. (Hrsg.), Macht und Ohnmacht politischer Institutionen, Opladen.

Kemper, P. (Hrsg.), 1988: "Postmoderne" oder Der Kampf um die Zukunft, Frankfurt.

Kern, H./Schumann, M., 1985: Das Ende der Arbeitsteilung? Eine Herausforderung für die Gewerkschaften, in: Gewerkschaftliche Monatshefte, H. 1.

Kern, H./Sabel, Ch.F., 1989: Gewerkschaften im Prozeß der industriellen Reorganisation, in: Gewerkschaftliche Monatshefte, H. 10.

Kirchheimer, O., 1967: Politische Herrschaft, Frankfurt.

Kißler, L./Kreuder, T. (Hrsg.), 1989: Der halbierte Fortschritt. Modernisierungspolitik am Ausgang des 20. Jahrhunderts, Marburg.

Klages, H., 1984: Wertorientierungen im Wandel – Rückblick, Gegenwartsanalyse, Prognose, Frankfurt.

Klages, H., 1988: Wertedynamik. Über die Wandelbarkeit des Selbstverständlichen, Zürich/Osnabrück.

Klein, W./Krämer, W. (Hrsg.), 1982: Sinn und Zukunft der Arbeit. Konsequenzen aus Laborem exercens, Mainz.

Kleindienst, E., 1988: Nähe und Distanz zur Kirche im Reflex der Statistik, in: Forum katholische Theologie 4.

Kleinknecht, A., 1984: Innovationsschübe und Lange Wellen: Was bringen neo-schumpeterianische Kriseninterpretationen?, in: PROKLA.

Klemm, G., 1983: Ökonomische Analyse von Streik und Aussperrung im Rahmen einer marktwirtschaftlichen Ordnung, Köln

Klotzsch, L./Stöss, R., 1984: Die Grünen, in: Stöss, R. (Hrsg.), Parteien-Handbuch, Band II, Opladen.

Klönne, A., 1984: Die SPD im ideologischen Konflikt, in: Frankfurter Hefte, H. 3.

Knoblauch, H., 1989: Das unsichtbare neue Zeitalter. New Age, privatisierte Religion und kultisches Milieu, in: Kölner Zeitschrift für Soziologie und Sozialpsychologie, H. 3.

Knüppel, H. 1987: Umweltpolitische Instrumente, Baden Baden.

Kommission der europäischen Gemeinschaft, 1987: Wettbewerbspolitik. 16. Bericht über die Wettbewerbspolitik, Brüssel.

Koren, S./Waldheim K. (Hrsg.), 1984: Politik für die Zukunft. Festschrift für Alois Mock, Wien.

Koselleck, R., 1985: Die Verzeitlichung der Utopie, in: Utopieforschung, hrsg. von W. Voßkamp, Band 3, Frankfurt.

Krebs, D./Hofrichter, J., 1989: Materialismus-Postmaterialismus. Effekte unterschiedlicher Frageformulierungen bei der Messung des Konzeptes von Inglehart, in: ZUMA-Nachrichten 24.

Kriegsmann K.P./Neu, A., 1982: Globale, regionale und sektorale Wettbewerbsfähigkeit der deutschen Wirtschaft, Frankfurt.

Krockow, C. Graf v., 1983: Gewalt für den Frieden. Eine politische Kultur des Konflikts, München.

Krolzik, U. 1985: Christliche Ethik angesichts der Gentechnik, in: EZW-Texte, Information H. 95/VIII.

Krysmanski, H.-J., 1984: Zukunfts-Mythen des Späth-Kapitalismus. Zum Beispiel der Kommission Zukunftsperspektiven gesellschaftlicher Entwicklungen, in: Blätter für deutsche und internationale Politik, H. 7.

Kuphal, A., 1979: Abschied von der Kirche. Traditionsbruch in der Volkskirche, Gelnhausen/Berlin.

Kurz-Scherf, I., 1988: Tarifpolitik und Arbeitskämpfe, in: Kittner, M. (Hrsg.), Gewerkschaftsjahrbuch 1988. Daten-Fakten-Analysen, Köln.

Küenzlen, G., 1988: Das New-Age-Syndrom. Zur Kultursoziologie vagabundierender Religiosität, in: Zeitschrift für Politik, H. 3.

Kühr, H., 1985: Katholische und evangelische Milieus. Vermittlungsinstanzen und Wirkungsmuster, in: Oberndorfer, D. (Hrsg.), Wirtschaftlicher Wandel, religiöser Wandel und Wertwandel. Folgen für das politische Verhalten in der Bundesrepublik, Berlin.

Lafontaine, O., 1988: Die Gesellschaft der Zukunft. Reformpolitik in einer veränderten Welt, Hamburg.

Laitenberger, V., 1986: Ludwig Erhard – Der Nationalökonom als Politiker, Göttingen/Zürich.

Lash, S./Urry, J., 1987: The End of Organized Capitalism, Cambridge.

Laurien, H.-R., 1985: Jugend braucht Visionen. Einsteigen ist besser als aussteigen, in: Die Politische Meinung, H. 219.

Lecher, W., 1981: Zukunftschancen einer international koordinierten Tarifpolitik. Ein Diskussionsbeitrag, in: Gewerkschaftliche Monatshefte, H. 1.

Lechner, M./Schmid, F. (Hrsg.), 1987: Religion und Jugend in der Shell-Studie, München.

Leggewie, C., 1987: Der Geist steht rechts. Ausflüge in die Denkfabriken der Wende, Berlin.

Leggewie, C., 1989: CDU – Integrationsmodell auf Widerruf, in: Blätter für deutsche und internationale Politik, H. 3.

Lehmbruch, G., 1989: Institutional Linkages and Policy Networks in the Federal System of West Germany, in: Publius, H. 4.

Lehner, F., 1979: Grenzen des Regierens, Königsstein/Ts.

Lehner, F., 1990a: Forschungs- und Technologiepolitik im Spannungsfeld der europäischen Integration, in: Alemann, U. v./Heinze, R.G./Hombach, B. (Hrsg.), NRW in Europa. Die Zukunft des Landes im Europa der Zukunft, Bonn.

Lehner, F., 1990b: Technisch-ökonomischer Wandel, Sozialstaat und Demokratie, in: Bermbach, U. u.a. (Hrsg.), Spaltungen der Gesellschaft als Herausforderung für den Sozialstaat, Opladen.

Lehner, F./Bandemer, S. v., 1990: Bedingungen und Grenzen des Regierens: Der Umbau moderner Industriegesellschaften, in: Hartwich, H.-H. u.a. (Hrsg.), Regieren in der Bundesrepublik Deutschland. Opladen.

Leonardy, U., 1989: Plebiszit im Grundgesetz – "Ergänzung" oder Irrweg?, in: Zeitschrift für Parlamentsfragen, Heft 3.

Lerner, D., 1964: The Passing of Traditional Society, New York.

Lohse, E., 1981: Kirche in den 80er Jahren, in: Wolff, K.D. (Hrsg.), Glaube und Gesellschaft. Festschrift für Wilhelm F. Kasch, Bayreuth.

Löwith, K., 1963: Weltgeschichte und Heilsgeschehen. Die theologischen Voraussetzungen der Geschichtsphilosophie, Stuttgart.

Löwith, K., 1964: Das Verhängnis des Fortschritts, in: Die Philosophie und die Frage nach dem Fortschritt, hrsg. von H. Kuhn/ F. Wiedmann, München.

Luckmann, Th., 1980: Säkularisierung – ein moderner Mythos, in: Ders., Lebenswelt und Gesellschaft, Paderborn/München/ Wien/Zürich.

Luckmann, Th., 1985: Über die Funktion der Religion, in: Koslowski, P. (Hrsg.), Die religiöse Dimension der Gesellschaft, Tübingen.

Ludin, W./Seiterich, Th./Zulehner, P. M., 1987: Wir Kirchenträumer. Basisgemeinschaften im deutschsprachigen Raum, Olten/ Freiburg.

Luhmann, N., 1976: The future cannot begin. Temporal structures in modern society, in: Social research 43.

Luhmann, N., 1979: Zeit und Handlung – Eine vergessene Theorie, in: Zeitschrift für Soziologie, H. 1.

Luhmann, N., 1980: Temporalstrukturen des Handlungsystems. Zum Zusammenhang von Handlungs- und Systemtheorie, in: Verhalten, Handeln und System, hrsg. von W. Schluchter, Frankfurt.

Luhmann, N., 1987: Soziale Systeme. Grundriß einer allgmeinen Theorie, Frankfurt.

Luthardt, W. (Hrsg.), 1978: Sozialdemokratische Arbeiterbewegung und Weimarer Republik, 2 Bände, Frankfurt.

Luthardt, W., 1986: Eine Staatstheorie des Demokratischen Sozialismus, in: Perspektiven ds, H. 4.

Luthardt, W., 1988: Parlamentarische Demokratie, Formen direkter Demokratie, Partizipation, in: Recht und Politik, H. 1.

Luthardt, W., 1990a: Instrumente direkter Demokratie – Bereicherung der Interessenvermittlung?, in: Klingemann, H.-D./Luthardt, W. (Hrsg.), Wohlfahrtsstaat, Sozialstruktur und Verfassungsanalyse, Opladen (i. E.).

Luthardt, W., 1990b: Strukturbruch im bundesdeutschen Parteiensystem?, in: Kleinfeld, R./Luthardt, W. (Hrsg.), Westliche Demokratien und Interessensvermittlung, Opladen (i. E.).

Lutz, B., 1984: Der kurze Traum immerwährender Prosperität, Frankfurt.

Lübbe, H., 1988: Zeit - Verhältnisse. Über die veränderte Gegenwart von Zukunft und Vergangenheit, in: Universitas, H. 12.

Lüscher, K./Schultheis, F./Wehrspaun, M. (Hrsg.), 1988: Die postmoderne Familie, Konstanz.

Lüscher, K./Wehrspaun, M., 1985: Identitätszuschreibung als familiale Leistung, in: Schweizerische Zeitschrift für Psychologie und ihre Anwendungen 44.

Lyotard, J.-F., 1985: Grabmal der Intellektuellen, Dt. von C.-C. Härle, Graz/ Wien.

Lyotard, J.-F., 1986: Das postmoderne Wissen. Ein Bericht. Dt. von O. Pfersmann, Graz/Wien.

Lyotard, J.-F., 1987: Postmoderne für Kinder. Briefe aus den Jahren 1982 - 1985, Dt. von D. Schmidt, Graz/Wien.

Mahnkopf, B., 1989: Die dezentrale Unternehmensorganisation – (k)ein Terrain für neue 'Produktionsbündnisse', in: PROKLA 76.

Mahrenholz, E.G., 1969: Die Kirchen in der Gesellschaft der Bundesrepublik, Hannover.

Mahrenholz, E.G., 1987: Teilhabe, Entscheidungslegitimation und Minderheitenrechte in der repräsentativen Demokratie, in: Däubler-Gmelin, H. (Hrsg.), Menschengerecht. 6. Rechtspolitischer Kongreß der SPD 1986 in Essen, Heidelberg.

Malunat, B.M., 1987: Umweltpolitik im Spiegel der Parteiprogramme, in: Aus Politik und Zeitgeschichte, B 29.

Mandel, E., 1980: Long Waves of Capitalist Development. The Marxist Explanation, Paris.

Mannheim, K., 1964: Das soziologische Problem der Generation, in: Ders. (Hrsg.), Wissenssoziologie, Berlin/Neuwied.

Mantl, W., 1987: Eine frühe Weichenstellung zwischen Parlamentarismus und direkter Demokratie, in: Funke, M. u.a. (Hrsg.), Demokratie und Diktatur, Bonn.

Marcuse, H., 1980: Die Idee des Fortschritts im Lichte der Psychoanalyse, in: Ders., Psychoanalyse und Politik, Frankfurt.

Marsch, W.-D., 1969: Zukunft. Themen der Theologie, hrsg. von H.J. Schultz, Band 2, Stuttgart.

Marsch, W.-D., 1974: Christliche Zukunftshoffung und rationale Zukunftsplanung, in: Ders., Folgen der Freiheit. Christliche Ethik in der technischen Welt, posthum herausgegeben von M. Schibilsky/H. Przybilsky, Gütersloh.

Martin, N., 1981: Familie und Religion. Ergebnisse einer Emnid-Spezialbefragung, Paderborn.

Maßberg, W., 1987: Fabrik der Zukunft – auf dem Weg zur rechnerintegrierten Produktion, in: Ruhr-Universität Bochum/Industriegewerkschaft Metall (Hrsg.), Neue Produktions-, Gestaltungs- und Beteiligungskonzepte, Frankfurt/Bochum.

Matzner, E., 1984: Überlegungen über die Zukunft des Wohlfahrtsstaates, in: Gewerkschaftliche Monatshefte, H. 8.

Meadows, D.H./Meadows, D.L./Zahn, E./Milling, P., 1972: Die Grenzen des Wachstums. Bericht des Club of Rome zur Lage der Menschheit, Stuttgart.

Meng, R. (Hrsg.), 1987: Modell Rot-Grün? Auswertung eines Versuches, Hamburg.

Meng, R., 1987a: Das rot-grüne Experiment, in: Ders. (Hrsg.), Modell Rot-Grün?. Auswertung eines Versuches, Hamburg.

Mennekes, F., 1986: Thesen zum heutigen Verhältnis von Kultur und Kirche, in: Religionsunterricht an höheren Schulen 29.

Methfessel, K., 1990: Die neuen Stars der Alten Welt, in: Managermagazin, H. 3.

Meyer, T. u.a., 1981: Demokratischer Sozialismus in den achtziger Jahren, in: forum ds.

Meyer, T., 1988: Der gefledderte Konsens. Zur Zukunftsdiskussion in SPD und Gewerkschaften, in: Die Mitbestimmung, H. 10.

Meyer-Abich, K. M. u.a. (Hrsg.), 1981: Wie möchten wir in Zukunft leben. Der "harte" und der "sanfte" Weg, München.

Michalski, K. (Hrsg.), 1988: Europa und die Folgen. Castelgandolfo-Gespräche 1987, Stuttgart.

Miller, S./Potthoff, H., 1988: Kleine Geschichte der SPD, Bonn.

Mintzel, A., 1989: Großparteien im Parteienstaat der Bundesrepublik, in: Aus Politik und Zeitgeschichte, B 11.

Möller, Ch., 1990: Freizeitkult oder Heiligung. Ist der Sonntag noch zu retten?, in: Evangelische Kommentare, H. 1.

Mörth, I., 1979: Religiöse Sinnstiftung und gesellschaftliches Bewußtsein, in: Österreichische Zeitschrift für Soziologie, H. 1.

Murphy, D. u. a., 1981: Haben links und rechts noch Zukunft? Zur aktuellen Diskussion über die politischen Richtungsbegriffe, in: Politische Vierteljahresschrift, H. 4.

Mückenberger, U., 1989: Der Wandel des Normalarbeitsverhältnisses unter Bedingungen einer "Krise der Normalität", in: Gewerkschaftliche Monatshefte, H. 4.

Müller-Jentsch, W. 1988: Gewerkschaften im Umbruch. Ein qualitativer Vergleich, in: Ders. (Hrsg.), Zukunft der Gewerkschaften. Ein internationaler Vergleich, Frankfurt.

Müller-Jentsch, W. (Hrsg.), 1988: Zukunft der Gewerkschaften. Ein internationaler Vergleich, Frankfurt.

Müller-Rommel, F./Poguntke, T., 1990: Die Grünen, in: Mintzel, A./Oberreuter, H. (Hrsg.), Die Parteien der Bundesrepublik Deutschland, Bonn.

Münkler, H., 1987: Die Aktualität des Utopischen, in: Perspektiven ds, H. 4.

Münkler, H., 1989a: "Eine neue Epoche der Weltgeschichte". Revolution als Fortschritt oder als Rückkehr?, in: Aus Politik und Zeitgeschichte, B 22.

Münkler, H., 1989b: Vom Verlust des revolutionären Subjekts. Die politische Dimension moderner und postmoderner Ästhetiken, in: Ders./Saage, R. (Hrsg.), Kultur und Politik. Brechungen der Fortschrittsperspektive heute. Für Iring Fetscher, Opladen.

Münkler, H., 1990: Die Idee der Tugend. Ein politischer Leitbegriff im vorrevolutionären Europa, Manuskript, Frankfurt.

Münkler, H./Saage, R. (Hrsg.), 1989: Kultur und Politik. Brechungen der Fortschrittsperspektive heute, Opladen.

Napp, H.-G./Rahmann, B., 1989: Probleme eines internationalen Vergleichs der steuerlichen Belastung von Unternehmen, in: WSI-Mitteilungen, H. 6.

Naschold, F., 1969: Organisation und Demokratie, Stuttgart.

Nassehi, A./Weber, G., 1989: Tod, Modernität und Gesellschaft. Entwurf einer Theorie der Todesverdrängung, Opladen.

Naßmacher, H., 1989: Die Parteien der Bundesrepublik im Umbau. Gesellschaftlicher Wandel und Organisationsentwicklung, in: Der Bürger im Staat, H. 4.

Naumann, K., 1984: Die Regierung Kohl und ihre Perspektiven. Eine Zwischenbilanz, in: Blätter für deutsche und internationale Politik, H. 2.

Naumann, K., 1985a: "Modell deutscher Möglichkeiten"? Späth-Politik in Baden-Württemberg, in: Blätter für deutsche und internationale Politik, H. 7.

Naumann, K., 1985b: Diskurse über die "Zukunft" – ein neues Potential konservativer Hegemonie? Zum Bericht der Späth-Kommission "Zukunftsperspektiven gesellschaftlicher Entwicklung" – 1983, in: Krause, D./Regenbogen, A. (Hrsg.) 1985: Ideologie – Aufklärung über Bewußtsein, Köln.

Naumann, K., 1985c: Diskurse über die Zukunft – ein neues Potential konservativer Hegemonie, in: Dialektik 10.

Naumann, K., 1986: Weichenstellungen für die 90er Jahre. Konsenserneuerung, Parteikoalitionen und Politikmodelle zwischen Wahlkampf und Zukunftsaufgaben, in: Blätter für deutsche und internationale Politik, H. 12.

Nave-Herz, R./Nauck, B., 1978: Familie und Freizeit: eine empirische Studie, München.

Neckel, S., 1988: Entzauberung der Zukunft. Zur Geschichte und Theorie sozialer Zeitperspektiven, in: Zoll, R. (Hrsg.), Zerstörung und Wiederaneignung von Zeit, Frankfurt.

Negt, O., 1984: Lebendige Arbeit, enteignete Zeit. Politische und kulturelle Dimensionen des Kampfes um die Arbeitszeit, Frankfurt.

Neifer, E., 1989: Tarifliche Arbeitszeitpolitik – Ein Instrument der Beschäftigungspolitik?, Frankfurt/Bern/New York/Paris.

Neudeck, R., 1978: Die Neuen Philosophen, in: Frankfurter Hefte, H. 7.

Nientiedt, K./Seeber, D., 1989: Bemüht euch um das Wohl der Stadt ... Fragen zu Kirche und Großstadt am Beispiel Frankfurt an Bischof Franz Kamphaus, in: Herder Korrespondenz 43.
Niewiadomski, J., 1989: Fundamentalistische Versuchung des Katholizismus, in: Theologie der Gegenwart, H. 2.
Noelle-Neumann, E./Köcher, R. (Hrsg.), 1987: Die verletzte Nation. Stuttgart.
Noelle-Neumann, E./Piel, E. (Hrsg.), 1983: Allensbacher Jahrbuch der Demoskopie 1979-1983, München.
Noetzel, T./Zahn, H.-D. (Hrsg.), 1989: Die Kunst des Möglichen. Neokonservatismus und die industrielle Kultur, Marburg.
Nowotny, E./Tieber, H. (Hrsg.), 1985: Perspektiven '90. Sozialdemokratische Wirtschaftspolitik - Eine Diskussion, Wien/München/Zürich.
Nowotny, H., 1989: Eigenzeit. Entstehung und Strukturierung eines Zeitgefühls, Frankfurt.
o.V., 1989: Das Klima muß stimmen, in: Unternehmer, H. 11.
o.V., 1989: Technologieregionen – Konkurrenz von der Küste, in: Industriemagazin, H. 1.
Obermeyer, U., 1985: Das Nein der SPD – Eine neue Ära? SPD und Raketen 1977 - 1983, Marburg.
Offe, C., 1984: "Arbeitsgesellschaft". Strukturprobleme und Zukunftsperspektiven, Frankfurt/New York.
Offe, C., 1985: Disorganized Capitalism, Oxford.
Offe, C., 1987: Staatstheorie auf der Suche nach ihrem Gegenstand, in: Ellwein, T. u.a. (Hrsg.), Jahrbuch zur Staats- und Verwaltungswissenschaft 1, Baden-Baden.
Offe, C., 1989: Staatliches Handeln und Strukturen der kollektiven Willensbildung – Aspekte einer sozialwissenschaftlichen Staatstheorie. Unveröffentlichtes Manuskript, Bremen.
Olson, M., 1983: Aufstieg und Niedergang von Nationen, Tübingen.
Olzog, G./Liese, H.J., 1988: Die politischen Parteien in der Bundesrepublik Deutschland, München (18. Aufl.).
Orlowski, D., 1982: Die internationale Wettbewerbsfähigkeit einer Volkswirtschaft. Konzeptionelle Grundlagen, Göttingen.
Ouchi, W., 1981: Theory Z, Reading, Mass..
Papcke, S./Schuon, K.T., 1985: 25 Jahre nach Godesberg. Braucht die SPD ein neues Programm?, Berlin.

Pappi, F.-U., 1984: The West German Party System, in: West European Politics, Vol.7.

Paterson, W.E., 1989: Self Regulation under Pressure – Environmental Protection Policy in the Chemical Industry and Response of the Sectoral Business Associatons, paper presented at the ECPR Joint Sessions, Paris 1989.

Peukert, R., 1989: Der soziale Wandel der Familienformen in der Bundesrepublik Deutschland seit der Nachkriegszeit, in: Gegenwartskunde, H. 2.

Piore, M.J./Sabel, Ch., 1984, The Second Industrial Divide. Possibilities for Prosperity, New York.

Piore, M.J./Sabel, Ch., 1985: Das Ende der Massenproduktion. Studie über die Requalifizierung der Arbeit und die Rückkehr der Ökonomie in die Gesellschaft, Berlin

Poguntke, T., 1987: Grün-alternative Parteien: Eine neue Farbe in westlichen Parteiensystemen, in: Zeitschrift für Parlamentsfragen, H. 3.

Popper, K., 1984: Prognose und Prophetie in den Sozialwissenschaften, in: Topitsch, E. (Hrsg.), Logik der Sozialwissenschaften, Frankfurt (11. Aufl.).

Preuße, H.G., 1988: Ist die Frage nach der internationalen Wettbewerbsfähigkeit einer Volkswirtschaft überholt? Diskussionsbeiträge des Ibero-Amerika Instituts für Wirtschaftsforschung, Göttingen H. 46.

Pridham, G., 1977: Christian Democracy in West germany. The CDU/CSU in government and opposition, 1945-1976, London.

Prinzip Fortschritt, 1989: Prinzip Fortschritt. Natur und Gesellschaft zwischen Legitimation und Verantwortung, hrsg. von der Bundeszentrale für politische Bildung, Bonn.

Prisching, M., 1989: Der Wandel gesellschaftlicher Stimmungslagen – staatliches Handeln in einer "unübersichtlichen Gesellschaft", in: Wirtschaft und Gesellschaft, H. 1.

Pulzer, P., 1989: Political Ideology, in: Smith, G./Paterson, W.E./ Merkl, P.H. (Eds.): Developments in West German Politics, London.

Puntscher-Riekmann, S., 1989: Die Zukunft ist tot. Es lebe die Zukunft! Zur Karriere eines Begriffs, in: Östereichische Zeitschrift für Politikwissenschaft, H. 2.

Raiser, K., 1989: Ökumene im Übergang. Paradigmenwechsel in der ökumenischen Bewegung, München.

Raschke, J. (Hrsg.), 1982: Bürger und Parteien, Bonn.

Raschke, J., 1980: Politischer Paradigmenwandel in den westlichen Demokratien, in: Ellwein, T. (Hrsg.), Politikfeld-Analysen, Opladen.

Raschke, J., 1985: Soziale Bewegungen, Frankfurt/New York.

Ratzinger, J. K., 1989: Wenn das taube Gewissen einer blinden Natur folgt, in: Deutsche Tagespost vom 11.7.1989.

Rau, J., 1987: Fragen zur Zukunft des Sozialstaates, in: Heinze, R. G. u.a. (Hrsg.), Sozialstaat 2000. Auf dem Weg zu neuen Grundlagen der sozialen Sicherung, Bonn.

Rauscher, A., 1988: Kirche in der Welt, 2 Bände, Würzburg.

Regini, M., 1986: Das neue Lexikon industrieller Beziehungen. Flexibilität, Mikrokorporatismus, Dualismus, in: Erd, R. u.a. (Hrsg.), Strukturwandel in der Industriegesellschaft, Frankfurt/New York.

Reif, K., 1984: National electoral cycles and European elections 1979 and 1984, in: Electoral Studies, Vol. 3.

Reif, K./Schmitt, H., 1980: Nine second order national elections: A conceptual framework for the analysis of European elections results, in: European Journal of Political Research, Vol. 8.

Reimer, H.-D., 1988: Kirche – Freikirche – Sekte ... und? Eine begriffliche Klärung, in: Materialdienst der Evangelischen Zentrale für Weltanschauungsfragen 51.

Reimer, H.-D., 1989: Sektenstatistik, in: Materialdienst der Evangelischen Zentrale für Weltanschauungsfragen 52.

Reinalter, H. (Hrsg.), 1980: Revolution und Gesellschaft. Zur Entwicklung des neuzeitlichen Revolutionsbegriffs, Innsbruck.

Rhinow, R.A., 1984: Grundprobleme der schweizerischen Demokratie, Basel.

Ringer, F.K., 1969: The Decline of German Mandarins. The German Academic Community 1890-1933, Cambridge, Mass. (Dt. 1983).

Ronneburger, U. u. a., 1978: Liberale Perspektiven, in: liberal, H. 9.

Roßmann, W., 1987: Ökonomische und politische Konturen des Arbeitszeitkonflikts 1987, in: Blätter für deutsche und internationale Politik, H. 1.

Rowold, M., 1974: Im Schatten der Macht. Zur Oppositionsrolle der nicht-etablierten Parteien in der Bundesrepublik, Düsseldorf.

Ruh, U., 1989: Zeugnis geben, oder wie? Evangelische und katholische Überlegungen zur Glaubensweitergabe, in: Herder Korrespondenz 43.

Rürup, B., 1989: Wirtschaftliche und gesellschaftliche Perspektiven der Bundesrepublik Deutschland, München.

Rüsen, J. u.a. (Hrsg.), 1988: Die Zukunft der Aufklärung, Frankfurt.

Sabel, C.F., 1986: Struktureller Wandel der Produktion und neue gewerkschaftliche Strategien, in: PROKLA 62.

Sachverständigenrat zur Begutachtung der gesamtwirtschaftlichen Entwicklung 1988: Arbeitsplätze im Wettbewerb. Jahresgutachten 1988/89, Stuttgart/Mainz.

Sarcinelli, U., 1980: Etablierte Parteien und "Parteienverdrossenheit": Reflexionen von Politikern zur Parteiensystemkritik, in: Kaack, H./Roth, R. (Hrsg.), Handbuch des deutschen Parteiensystems: Struktur und Politik in der Bundesrepublik zu Beginn der achtziger Jahre, Band 1, Opladen.

Satori, G., 1976: Parties and Party Systems. A Framework for Analysis, Cambridge, Mass..

Schabedoth, H.J./Tiemann, H., 1989: Zukunftsdiskussion der Parteien und Gewerkschaften, in: WSI-Mitteilungen, H. 11.

Schabedoth, H.J./Weckenmann, R., 1988: Strategien für die Zukunft. Neue Technologien zwischen Fortschrittserwartung und Gestaltungsauftrag, Marburg.

Scharpf, F.W. u.a., 1976: Politikverflechtung, Königstein/Ts..

Scharpf, F.W., 1986: Strukturen der post-industriellen Gesellschaft, oder: Verschwindet die Massenarbeitslosigkeit in der Dienstleistungs- und Informationsökonomie, in: Soziale Welt, H. 1.

Schauer, H., 1990: Gegen eine weitere Ökonomisierung der Zeit, in: taz vom 10.1.1990.

Schäfers, B., 1990: Soziale Differenzierung oder soziale Ungleichkeit, in: Politische Bildung, H. 2.

Scheer, H., 1977: Die nachgeholte Parteibildung und die politische Säkularisierung der CDU, in: W.D. Narr (Hrsg.), Auf dem Weg zum Einparteienstaat, Opladen.

Schefold, D., 1989: Politische Mitwirkung der Bürger auf Landesebene, in: Zeitschrift für Parlamentsfragen, H. 3.

Schelsky, H., 1979: Ist die Dauerreflexion institutionalisierbar? Zum Thema einer modernen Religionssoziologie, in: Auf der Suche nach Wirklichkeit, München (Org. 1957).

Schibilsky, M., 1988: Kirche und ihre Glaubwürdigkeit. Legitimationsprobleme einer Überzeugungsgemeinschaft, in: Pastoraltheologie. Monatszeitschrift für Wissenschaft und Praxis in Kirche und Gesellschaft 77.

Schibilsky, M., 1989: Wächteramt Ethik. Hintergründe der Debatte um Peter Singer, in: Evangelische Kommentare, H. 11.

Schiblisky, M./Schlüter, U./Stobbe, H. (Hrsg.), 1990: Gerechtigkeit – Frieden – Bewahrung der Schöpfung. Ein Werkbuch für die Gemeinde, Düsseldorf.

Schifrin, A., 1974: Parteiapparat und innerparteiliche Demokratie, in: Lenk, K./Neumann, F. (Hrsg.), Theorie und Soziologie der politischen Parteien, Darmstadt (Org. 1930).

Schiller, T., 1989: Die FDP: Partei der wechselnden Wechselwähler, in: Der Bürger im Staat, H. 4.

Schmid, J., 1988: Landesverbände und Bundespartei der CDU. Organisationsstrukturen, Politiken und Funktionsweisen einer Partei im Föderalismus, Diss., Konstanz.

Schmid, J., 1989a: Parteien im Föderalismus, in: Der Bürger im Staat, H. 4.

Schmid, J., 1989b: Die Finanzen der CDU, in: Wewer, G. (Hrsg.), Parteifinanzen, Opladen 1989.

Schmid, J., 1990: Die CDU. Organisationsstrukturen, Politiken und Funktionsweisen einer Partei im Föderalismus, Opladen.

Schmid, J./Tiemann, H., 1989: Postmoderne CDU. Bastelei am christlichen Menschenbild und am politischen Profil der Union, in: Die Neue Gesellschaft/Frankfurter Hefte, H. 1.

Schmid, J./Tiemann, H., 1990: Reform des DGB. Exekution finanzieller Zwänge oder innovative Reorganisation, in: Perspektiven ds, H. 1.

Schmid, Th., 1986: Zwischen oder auf den Tankern? Der schwierige Weg der Grünen in die Reformpolitik, in: Aus Politik und Zeitgeschichte, B 11.

Schmidt, M.G., 1989: Regierungspolitik in der Bundesrepublik Deutschland, Hagen.

Schmidt-Biggemann, W., 1986: Zeiterfahrung und Zeitgeist. Über das intellektuelle Risiko unserer Gegenwartserkenntnis, in: Burger, H. (Hrsg.), Zeit, Natur und Mensch. Beiträge von Wissenschaftlern zum Thema "Zeit", Berlin.

Schmidtchen, G., 1972: Zwischen Kirche und Gesellschaft, Freiburg/Basel/ Wien.

Schmidtchen, G., 1979: Was den Deutschen heilig ist, München.

Schmidtchen, G., 1984: Die Situation der Frau, Berlin.

Schmitt, H., 1987a: Das Parteiensystem der Bundesrepublik Deutschland. Eine Einführung aus politik-soziologischer Perspektive (Kurs 3207 der Fernuniversität Hagen), Hagen.

Schmitt, H., 1987b: Neue Politik in alten Parteien, Opladen.

Schmitt, H., 1988: Von den Siebzigern in die Achtziger Jahre. Die mittlere Parteielite der SPD im Wandel, paper für die Tagung der AG Wahl- und Einstellungsforschung der Sektion Politische Soziologie der Deutschen Vereinigung für Politische Wissenschaft, Köln (Tagungsband hrsg. von K. Schmitt; i. E.).

Schmitt, H., 1990: Die Sozialdemokratische Partei Deutschlands (SPD), in: Mintzel, A./Oberreuter, H. (Hrsg.), Die Parteien der Bundesrepublik Deutschland, Bonn.

Schmitt, H./Hofrichter, J., 1989: One or two ideological dimensions? On the relationship of New Politics- and Left-Right-orientations in Western Europe, paper prepared for the Wertekonferenz convened by H. Klages (Verwaltungshochschule Speyer) and H.J. Hippler (ZUMA, Mannheim), September 1989 in Speyer.

Schneider, H.-P., 1987a: Souverän ohne Macht. Das Verhältnis von Staat und Bürger als Legitimationsproblem staatlicher Herrschaft, in: Dokumentation. Gustav-Radbruch-Forum für Rechtspolitik, Rechtswissenschaft, Rechtspraxis, Bonn.

Schneider, H.-P., 1987b: Verfassungsrecht der Länder – Relikt oder Rezept?, in: Die Öffentliche Verwaltung, H. 17.

Schönbohm, W., 1985: Die CDU wird moderne Volkspartei. Selbstverständnis, Mitglieder, Organisation und Apparat 1950-1980, Stuttgart.

Schubert, K., 1989: Interessenvermittlung und staatliche Regulation, Opladen.

Schultz-Wild, R./Nuber, F./Rehberg, F., 1989: An der Schwelle zu CIM. Strategien, Verbreitung, Auswirkung, Eschborn.

Schulze, P.W., 1986: Der Kampf um die Märkte der Zukunft: Internationaler Wettbewerb und Technologieentwicklung, in: WSI-Mitteilungen, H. 6.

Schwartländer, J. (Hrsg.), 1979: Menschenrechte – eine Herausforderung der Kirche. (Entwicklung und Frieden: Materialien 11), München/Mainz.

Seeber, D., 1988: Die Sorge um die Weitergabe des Glaubens. Zur Gemeinsamen Studientagung von Bischofskonferenz und ZdK, in: Herder Korrespondenz 42.

Segal, L., 1989: Ist die Zukunft weiblich? Probleme des Feminismus heute, Frankfurt.

Seibel, W., 1987: Der Staatsstil für Krisenzeiten. "Selbststeuerung" öffentlicher Aufgabenträger und das Problem der Kontrolle, in: Politische Vierteljahresschrift, H. 2.

Seim, J. (Hrsg.), 1988: ...mehr ist eben nicht. Kranksein, Behindertsein, Menschsein. Beiträge des Arbeitskreises Kirche und "Euthanasie" der Evangelischen Kirche im Rheinland, Gütersloh.

Singer, P., 1984: Praktische Ethik, Stuttgart.

SOG (Solidaritätsgruppe katholischer Priester) (Hrsg.), 1983: Gemeinde ohne Priester – Kirche ohne Zukunft?, Frankfurt.

Soltwedel, R., 1984: Mehr Markt am Arbeitsmarkt. Ein Plädoyer für weniger Arbeitsmarktpolitik, München.

Sonntag, P., 1983: Die Zukunft der Informationsgesellschaft, Frankfurt.

Sozialwissenschaftliche Studiengesellschaft, 1978: Ehe ohne Zukunft? in: Journal für Sozialforschung, H. 3.

Sölle, D., 1978: Leiden, Stuttgart.

Späth, L., 1985: Wende in die Zukunft. Die Bundesrepublik auf dem Weg in die Informationsgesellschaft, Reinbek.

Späth, L., 1989: Für eine differenzierende Standort-Diskussion, in: Der Arbeitgeber, H. 21.

SPD-Parteivorstand (Hrsg.), 1989: Die Zukunft des Fortschritts. Beiträge zur sozialdemokratischen Programmdiskussion, Bonn.

Speck, O., 1988: System Heilpädagogik. Eine ökologisch reflexive Grundlegung, München.

Standfest, E., 1980: Die Zukunft des Wohlfahrtsstaates aus der Sicht der Gewerkschaften, in: Sozialer Fortschritt, H. 4.

Staudt, E., 1986: Innovation durch Partizipation: Möglichkeiten und Grenzen von Qualitätszirkeln, in: Staudt, E. (Hrsg.), Das Management von Innovationen. Frankfurt.

Steg, E./Jesinghaus, J., 1987: Die Zukunft der Stadt ist weiblich. Frauenpolitik in der Kommune, Bielefeld.

Steinkühler, F., 1985: Krisenverwaltung oder Zukunftsgestaltung? Zur Notwendigkeit neuer Gestaltungs- und Verteilungsansätze, in: Ruhr-Universität Bochum/Industriegewerkschaft Metall (Hrsg.), Ringvorlesung 1984/85 "Arbeitsgesellschaft im Umbruch", Frankfurt/Bochum.

Steuer, A., 1990: Generationenkluft prägt Einstellung in religiösen Fragen, in: Katholisches Sonntagsblatt für die Diözese Rottenburg-Stuttgart vom 4.2.1990.

Strasser, J., 1977: Die Zukunft der Demokratie. Grenzen des Wachstums – Grenzen der Freiheit?, Reinbek.

Strathmann, E. u. a., 1983: Die Kirche und die "Zukunft der Arbeit", in: Die Mitarbeit, H. 4.

Streeck, W., 1981: Gewerkschaftliche Organisationsprobleme in der sozialstaatlichen Demokratie, Königstein/Ts..

Streeck, W., 1987: Vielfalt und Interdependenz. Überlegungen zur Rolle von intermediären Organisationen in sich ändernden Umwelten, in: Kölner Zeitschrift für Soziologie und Sozialpsychologie, H. 3.

Sylos Labini, P.S., 1988: Die neuen Klassenverhältnisse. Ein internationaler Vergleich des gesellschaftlichen und ökonomischen Wandels, Frankfurt/ New York.

Tegtmeier, W., 1973: Wirkungen der Mitbestimmung, Göttingen.

Tenbruck, F. H., 1977: Wahrheit und Mission, in: Baier, H. (Hrsg.), Freiheit und Sachzwang. Beiträge zu Ehren Helmut Schelskys, Opladen.

Tenbruck, F. H., 1986: Bürgerliche Kultur, in: Kölner Zeitschrift für Soziologie und Sozialpsychologie, Sonderheft 27.

Thüer, H., 1985: Die Zukunft des "sozialen Friedens". Das Verhältnis der SPD zu den Gewerkschaften und die Programmdiskussion "Zukunft der Arbeit", in: Blätter für deutsche und internationale Politik, H. 11.

Tiemann, H./Schmid, J., 1990: Die Modernisierung der CDU, in: Schabedoth, H.J./ Scherer, K.J. (Hrsg.), Ende der Wende?, Marburg 1990.
Tiling, P. v., 1969: Die Kirche in der pluralistischen Gesellschaft, in: Zeitschrift für evangelisches Kirchenrecht 14.
Timm, G., 1988: Epochenende – Epochenwende?, in: Kommune, H. 6.
Tofaute, H., 1989: Muß die Steuerlast der deutschen Wirtschaft und ihrer Unternehmen gesenkt werden?, in: WSI-Mitteilungen, H. 6.
Toffler, A., 1983: Der Zukunftsschock. Strategien für die Welt von morgen, München.
V. A., 1990: Themenheft Sonntag und Wochenende, in: Diakonia 21.
Vaskovics, L., 1970: Familie und religiöse Sozialisation, Wien.
Veen, H.J., 1976: Opposition im Bundestag. Ihre Funktionen, institutionellen Handlungsbedingungen und das Verhalten der CDU/CSU-Fraktion in der 6. Wahlperiode 1969 - 1972, Bonn.
Vilmar, F., 1982: In Zukunft. Wachsendes Chaos oder eine Revolution des Gemeinsinns. Eine Zielkorrektur am Ende der Wachstumsgesellschaft, in: Landeszentrale für politische Bildung des Landes Nordrhein-Westfalen (Hrsg.), Ziele für die Zukunft – Entscheidungen für morgen, Köln.
Vobruba, G., 1989: Individualisierung und Solidarität, in: PROKLA 76.
Vogel, B. (Hrsg.), 1986: Wie wir leben wollen, Bonn.
Voigt, R. (Hrsg.), 1989: Politik der Symbole – Symbole der Politik, Opladen.
Volkmann, G., 1989: EG-Binnenmarkt 1992, in: WSI-Mitteilungen, H. 10.
Vondung, K., 1988: Die Apokalypse in Deutschland, München.
Vorgänge 1987: Zukünfte denken, H. 3.
Vorländer, H. (Hrsg.), 1987: Verfall oder Renaissance des Liberalismus? Beiträge zum deutschen und internationalen Liberalismus, München.
Wach, J., 1951: Religionssoziologie, Tübingen.
Wange, E., 1983: Politmarketing, Opladen 1983.
Wassermann, R., 1986: Die Zuschauerdemokratie, Düsseldorf.

Weber, A., 1909: Über den Standort der Industrien. Erster Teil: Reine Theorie des Standorts, Tübingen.

Weidenfeld, W., 1986: Die Ratio der Wende stößt an ihre Grenzen, in: Rheinischer Merkur/Christ und Welt vom 12.9.1986.

Weidenfeld, W., 1986a: Die Zukunft verschlingt ihre Ignoranten, in: Rheinischer Merkur/Christ und Welt vom 21.11.1986.

Weigelt, K., 1986b: Die Tagesordnung der Zukunft, hrsg. im Auftrag der Konrad-Adenauer-Stiftung, Bonn.

Weinberger, M.-L., 1985: Vom Mythos zur Erstarrung? Die Grünen-Partei ohne Zukunft? in: Gewerkschaftliche Monatshefte, H. 8.

Weizsäcker, C. F. v. u.a. (Hrsg.), 1985: Bilder einer Welt von morgen – Modelle bis 2009, Bonn.

Welker, M., 1987: Kirche ohne Kurs? Aus Anlaß der EKD-Studie Christsein gestalten, Neukirchen-Vluyn.

Welsch, W., 1988: "Postmoderne". Genealogie und Bedeutung eines umstrittenen Begriffs, in: Postmoderne oder der Kampf um die Zukunft, hrsg. von P. Kemper, Frankfurt.

Welzmüller, R., 1988: Solidarität und Individualisierung, in: Gewerkschaftliche Monatshefte, H. 11.

Wendorff, R., 1981: Zeit und Kultur. Geschichte des Zeitbewußtseins in Europa, Opladen.

Werner, H., 1985: Der Streit in den Kirchen um die Zukunft, in: Marxistische Studien, H. 2.

Wiechmann, J. (Hrsg.), 1978: Kirche in der Gesellschaft. Der katholische Beitrag, München/Wien.

Wiesendahl, E., 1984: Wie politisch sind politische Parteien?, in: Falter, J. u.a. (Hrsg.), Politische Willensbildung und Interessenvermittlung, Opladen.

Wildemann, H., 1988: Die modulare Fabrik. Kundennahe Produktion durch Fertigungssegmentierung, München.

Wildemann, R., 1981: Die Zukunft der Partei-Regierung – neu überdacht. Kritische Überlegungen zum Konzept und zur Problemlage, in: Albertin, L./Link, W. (Hrsg.), Politische Parteien auf dem Weg zur parlamentarischen Demokratie in Deutschland, Düsseldorf.

Windolf, P., 1989: Vom Korporatismus zur Deregulierung. Thesen zum Strukturwandel der Gewerkschaften, in: Journal für Sozialforschung, H. 4.

Zapf, W., 1989: Die Sozialstruktur der Bundesrepublik in den 1980-er Jahren, Discussion-Paper 89-101 des Wissenschaftszentrum für Sozialforschung Berlin.

Zapf, W./Breuer, S./Hampel, J./Krause, P./Mohr, H.-M./Wiegand, E., 1987: Individualisierung und Sicherheit. Untersuchungen zur Lebensqualität in der Bundesrepublik Deutschland, München.

ZdK (Zentralkomitee der Deutschen Katholiken), 1986: Jugend. Hoffnung der Kirche, Manuskript, Bonn.

ZdK (Zentralkomitee der Deutschen Katholiken), 1986: Abbau der Arbeitslosigkeit, in: Die Heimstatt, H. 3/4.

ZdK (Zentralkommittee der deutschen Katholiken), 1989: Schulischer Religionsunterricht in einer säkularen Gesellschaft, in: Herder Korrespondenz 44.

Zinnecker, J., 1987: Jugendkultur 1940 - 1985, Opladen.

Zoll, R. (Hrsg.), 1988: Zerstörung und Wiederaneignung von Zeit, Frankfurt.

Zoll, R., 1989: Für den Ausbau der Grundsicherung, in: Gewerkschaftliche Monatshefte, H. 11.

Zukunftsmanifest der CDU, 1986: Für eine Gesellschaft von morgen. Fortschrittlich und menschlich, in: sonde, H. 3/4.

Zulehner, P. M., 1989: Wider die Resignation in der Kirche. Aufruf zu kritischer Loyalität, Wien/Freiburg/Basel.

Autoren

Walter Dittrich, geb. 1952, Dr., Sekretär beim Gesamtbetriebsrat eines süddeutschen Großunternehmens.

Michael N. Ebertz, geb. 1953, Dr., Hochschulassistent in der Fachgruppe Soziologie der Universität Konstanz.

Stephan Eisel, geb. 1955, Dr., Stellvertretender Leiter des Kanzlerbüros im Bundeskanzleramt Bonn.

Joschka Fischer, geb. 1948, Mitglied des Hessischen Landtages; Vorsitzender der GRÜNEN-Landtagsfraktion.

Peter Glotz, geb. 1939, Dr., Mitglied des Deutschen Bundestages; ehem. Bundesgeschäftsführer; Vorsitzender des Bezirks Südbayern der Sozialdemokratischen Partei Deutschlands.

Rolf G. Heinze, geb. 1951, Prof. Dr., Lehrstuhl für Soziologie an der Ruhr-Universität Bochum.

Josef Hilbert, geb. 1954, Dr., Wissenschaftlicher Mitarbeiter am Institut Arbeit und Technik, Wissenschaftszentrum Nordrhein-Westfalen, Gelsenkirchen.

Franz Lehner, geb. 1946 , Prof. Dr., Präsident des Instituts Arbeit und Technik, Wissenschaftszentrum Nordrhein-Westfalen; Sprecher des Sonderforschungsbereichs 187 an der Ruhr-Universität Bochum.

Wolfgang Luthardt, geb. 1948, Dr., Hochschulassistent am Fachbereich Politische Wissenschaft an der Freien Universität Berlin; z.Z. German Kennedy Fellow, ab September Assoc. Prof., Washington University, St. Louis.

Herfried Münkler, geb. 1951, PD Dr., Vertreter einer Professur für Politikwissenschaft an der J.-W.-Goethe-Universität Frankfurt.

Thomas Poguntke, geb. 1959, Dr., Wissenschaftlicher Mitarbeiter an der Forschungsstelle für Gesellschaftliche Entwicklungen, Universität Mannheim.

Anton Rauscher, geb. 1928, Prof. Dr., Lehrstuhl für Christliche Gesellschaftslehre an der Universität Augsburg; Direktor der Katholischen Sozialwissenschaftlichen Zentralstelle Mönchengladbach.

Michael Schibilsky, geb. 1946, Prof. Dr., Evangelische Fachhochschule Rheinland-Westfalen-Lippe in Bochum, diverse Ämter und Funktionen im Bereich der evangelischen Kirche.

Theo Schiller, geb. 1942, Prof. Dr., Professur für Politikwissenschaft an der Philipps-Universität Marburg.

Josef Schmid, geb. 1956, Dr., Hochschulassistent an der Fakultät für Sozialwissenschaft an der Ruhr-Universität Bochum.

Hermann Schmitt, geb. 1952, Dr., Leiter des Zentrums für Europäische Umfrageanalysen und Studien, Universität Mannheim.

Wulf Schönbohm, geb. 1941, Dr., Leiter der Grundsatz- und Planungsabteilung in der CDU-Bundesgeschäftsstelle Bonn.

Klaus Schubert, geb. 1951, Dr., Hochschulassistent an der Fakultät für Sozialwissenschaft an der Ruhr-Universität Bochum.

Franz Steinkühler, geb. 1937, Erster Vorsitzender der IG Metall für die Bundesrepublik Deutschland, Frankfurt.

Heinrich Tiemann, geb. 1951, Dipl. Verw.Wiss., Mitarbeiter der Abteilung für Grundsatzfragen der IG Metall Vorstandsverwaltung, Frankfurt.

Helmut Voelzkow, geb. 1957, Dr., Hochschulassistent an der Fakultät für Sozialwissenschaft an der Ruhr-Universität Bochum

Otto Vogel, geb. 1928, Dr., Leiter der Hauptabteilung Wirtschafts- und Sozialwissenschaften; Mitglied der Geschäftsführung des Instituts der deutschen Wirtschaft Köln.

Guido Westerwelle, geb. 1961, Jurist, ehem. Bundesvorsitzender der Jungen Liberalen; Mitglied des Bundesvorstandes und der Perspektivkommission der F.D.P.